Tout droit!

Cours avancé
première partie

DEUXIEME EDITION

Rod Hares
David Mort

JOHN MURRAY

Author acknowledgements

Special thanks to our friends Robert Mirbeau, la famille Martin (Alain, Carmen, Nelly, Mimi, Pierre-Yves) and Ghislaine Mercx for the interviews and helpful suggestions, to Pauline Hares for her proofreading and constant encouragement, to Gareth and Ceri Hares for their help with the admin.

Our thanks to the editorial team of Carolyn Burch and Talya Baker for their good-humoured dedication to the project.

David Mort would like to thank the Master and dons of Christ Church, Oxford, for their generous hospitality, Linda, Andrew and Daniel for their tolerance and the sixth-form students at Stockport Grammar School for their constructive criticism. Also, Christine Wilshaw for her patience in deciphering his handwriting.

The authors and publishers would also like to thank the following people for their contributions to *Tout droit! deuxième édition*:

Gill Tayles, Claude Coulton and Pat Fellows (OCR)
Ian Bauckham (ALL)
Sabine Comorossami Andrews, Emmanuel Bonami, Ben Caulfield, Claire Charlwood, Estelle Courtes, Caroline Cox, Sue Crooks, Adèle Duffy, Laurent Gould, Angela Grouille, Dave Holmes, David Hood, Garry Hudson, Hélène Huttner, Alex Pageon, Catherine Pageon, Daniel Pageon, Maureen Raud, Lana Savic, Marie-Madeleine Scott, Anne Singer, Carole Rousseau, Dominique Slade, Sylvie Salahuddine.

This edition first published 2000
by John Murray (Publishers) Ltd, a member of the Hodder Headline Group
338 Euston Road
London NW1 3BH

Reprinted 2000, 2001, 2003, 2004

Layouts by Janet McCallum
Illustrations by Mike Flanagan, Mike Humphries and Linden Artists
Cover design by John Townson/Creation

Typeset in 10½ on 12 pt Berthold Walbaum by Wearset, Boldon, Tyne and Wear
Printed and bound in Spain by Bookprint, S.L., Barcelona

A CIP catalogue record for this book is available from the British Library

ISBN 0 7195 7533 8
Teacher's Resource Book 0 7195 7534 6

Contents

	Acknowledgements	iv
	Introduction	1
	La francophonie	3
	La France métropolitaine	4
Unité 1	**Les rapports personnels**	6
Unité 2	**Le monde des loisirs**	24
Unité 3	**L'enseignement**	42
Unité 4	**Manger et boire**	59
Unité 5	**Le monde du sport**	74
Unité 6	**Les médias**	92
Unité 7	**Les transports**	111
Unité 8	**Le monde du travail**	131
Unité 9	**La France métropolitaine**	154
Unité 10	**Les vacances!**	174
	Study Skills for Advanced French	191
	Grammar reference	205
	Vocabulary	229

Acknowledgements

The authors and publishers are grateful to the following for permission to include material in the text:

p.5 www.diplomatie.fr (website for Le Ministère des affaires étrangères); **p.10** «Ados/parents: Sondage», *Phosphore* No.92, 9/88; **p.12** «Mais qu'est-ce qui ne va pas?», *Salut!* No.81, 19/12/90–1/1/91; **p.13** extract from *La Clé sur la porte*, Marie Cardinal, © Editions Bernard Grasset; **pp.14–15** «Même en groupe je me sens seul», Ghislaine Buffard, *Le Parisien*, 18–19/1/97; **pp.16–17** «Ce que les garçons détestent chez vous, les filles», *OK* No.667, 24–30/10/88; **pp.24, 26, 27** «Comment passer de super week-ends sans vous ennuyer», *OK* No.723, 20–26/1/89; **p.29** «Tube Minute», Julien Pot (Canal +), *Le Monde*, 21/6/99; **p.30** «Les Français se font encore plaisir», Joëlle Frasnetti, *Le Parisien*, 21/10/93; **pp.32–3** «Quel plaisir éprouvez-vous à chiner dans les brocantes?», *Aujourd'hui*, 19/8/96; **p.39** «Jérôme Le Franc, 22 ans, de Vannes à la jungle», Jean-Christophe Phélep, *Ouest-France*, 4/5/95; **p.41** extract from *La Peste*, Albert Camus, © Editions Gallimard; **p.45** *coin infos* from www.diplomatie.fr; **p.47** from «L'école ne vous donne pas un métier», *Phosphore* No.94, 11/88; **p.48** «Sensibiliser les jeunes au tiers-monde», Jean-Louis Botte, *Ouest-France*, 19/10/92; **pp.49–50** « Séjours à l'étranger: les langues intensément», *Le Figaro*, 4/12/91; **p.51** «L'Europe de la connaissance», *Le Figaro* website; **p.52** «Séjours au pair: pour devenir polyglotte», *Le Figaro (Education)*, 13/7/97; **p.54** «Je fais mes devoirs de vacances» © Astrapi, Bayard Presse, 1991. Scénario: Dominique de Saint Mars. Illustration: Bernadette Després; **p.56** «Des cahiers pour les vacances», Maryline Baumard, *Aujourd'hui*, 26/6/96; **p.57** extract from *Les Petits Enfants du siècle*, Christiane Rochefort, © Editions Bernard Grasset; **p.58** «L'obligation des parents de financier les études», Mickaël Grasty, *Le Parisien*, 24/6/92; **p.60** «Allez-vous souvent au restaurant?», *Aujourd'hui*, 29/5/97; **p.61** *coin infos* from www.diplomatie.fr; **pp.62–3** «Combien y a-t-il de calories dans votre déjeuner?», *Elle* No.206, 19–25/2/96; **p.64** *coin infos* from www.diplomatie.fr; 4.5A based on «Les bouffes de grands chefs», *Le Parisien*, 19/10/92; **p.65** based on «Est-ce que boire du vin vous paraît bon pour la santé?», *Aujourd'hui*, 17/9/97; **p.67** «Enviropig, pour ne plus polluer comme un cochon», Corinne Manoury, *Le Monde*, 29/6/99; **p.68** «Stéphane, 26 ans, jongle avec les entrecôtes», Pierre Boquérat, *Aujourd'hui*, 4–5/10/97; **p.70** «A cheval sur les principes», *Le Berry Républicain*, 12/6/91; **p.73** extract from *La Place*, Annie Ernaux, © Editions Gallimard; **pp.76–7** «Toutes les (mauvaises) bonnes raisons pour ne pas faire de sport», Françoise Simpère, *Avantages* No.99, 12/96; **p.78** «Comment ne pas assister à un cours gymnastique», *Gibus* No.4; **p.80** «Les nouvelles formes de pratiques sportives», *Gibus*; **pp.81–2** «La varappe», *Le Parisien*, 22/8/91; **p.83** from «Le sport sur les ondes», radio *Top Ouest*, 4/97; **p.86** «Economie et sport! Choquant», *Gibus*; «La Passion du Tour», Jacques Touffait, *Le Parisien*, 29/6/99; **p.91** *coin infos* © zidane.net 1998; **p.94** «Vingt minutes pour obtenir un livre», *Le Parisien*, 20/12/96; **p.96** «Fréquence-Collège du Rondeau», source unknown; **p.97** *coin infos* from www.diplomatie.fr; **p.99** «On voit tout, on n'apprend rien», *L'Express*, 11/5/90; **p.100** «Le service public, le secteur privé», www.diplomatie.fr; **p.101** «L'ordinateur, quelqu'un à qui parler», Guillaume Fraissard, *Le Monde*, 19/5/99; **pp.102–104** from «Les Français connaissent mal Internet», Jean-François Moruzzi, *Aujourd'hui*, 28/5/96; *coin infos* from «Les internautes ont la parole», *Le Figaro* website; **p.105** «Ces Français câblés et fous d'internet», *Le Nouvel Observateur*, 28/1/97; **p.106** «Le net descend dans la rue», *Le Figaro* website; **p.108** «La Presse libre? Le temps presse», Al Nasier, source unknown; **p.110** *coin infos* from www.diplomatie.fr; **p.111** «Objet culte: le scooter», *Phosphore, Le Guide de votre année étudiante*, 1997; **p.112** «Partir en auto-stop organisé», Ghislaine Buffard, *Aujourd'hui*, 9/7/96; **p.115** «Conduite accompagnée: roulez jeunesse», *Phosphore, Le magazine des années lycée*; **p.116** *coin infos* from www.diplomatie.fr; **p.117** «A 29 ans, ils sont 80% à posséder une voiture», Viviane Chocas, *Aujourd'hui*, 23/7/96, statistics in diagram INSEE; **pp.118–19** «Trouvez-vous que téléphoner en conduisant soit dangereux?», *Aujourd'hui*, 16/7/97; **p.120** «Deux piétons et un motard blessés», *Le Dauphiné Libéré*, 23/2/90; **p.121** «La sécurité routière», www.equipement.gouv.fr; **pp.122–3** *coin infos* from www.chez.com/operationnezrouge/quoi.htm; various texts from La Prévention Routière Française; **p.124** *coin infos* from www.diplomatie.fr; **p.125** *coin infos* from www.equipement.gouv.fr/bisonfute; **p.126** «L'Europe veut des routes plus sûres», Huges de Lestapis, *Aujourd'hui*, 15/10/97; **p.128** extract from *Les Saintes Chéries*, Nicole de Buron, © Flammarion; **p.129** «Lyon renoue avec le tramway» Catherine Lagrange, *Aujourd'hui*, 21/10/97; **p.130** *coin infos* from www.diplomatie.fr; **pp.132–3** «Des petits jobs pour l'été», *Salut!*, 27/8/91; **pp.136–7** «Les rêves de la jeunesse», Joëlle Frasnetti, *Aujourd'hui*, 30/5/96; **pp.142–3** «Les femmes ne reviendront plus en arrière», Michel Rouger, *Ouest-France*, 28/1/92; **p.144** «Chômeuse ici, salariée outre-Rhin», Jean-François Ercksen, *Ouest-France*, 11/1/92; **p.145** «Emploi: soyons euro», *Le Figaro* website; **pp.146–7** «Vétérinaire: la filière se féminise», Sabine Argenti, *Prima* No. 144, 9/94; **p.149** *coin infos* from www.diplomatie.fr; **p.150** «Télévendeur», Catherine Gasté, *Aujourd'hui*; **p.152** «Les douze métiers préférés des Français», *VSD*; **pp.158–9** «Une ceinture verte contre le béton», *Le Figaro*; **p.162** «Métiers: les rois du village», Sophie Décosse, *Grands Reportages*; **p.164** *coin infos* from www.diplomatie.fr; **pp.167–8** «Image de la Bretagne: les clichés ont la vie dure», Louis Roger Dautriat, *Télégramme*, 27/6/97; **p168** «Davantage d'habitants dans les villes bretonnes», *Ouest-France* website; «Le soleil a fait venir les touristes», Alain Guellec, *Ouest-France*, 18/4/97; **p.171** «Un fest-noz au lycée», Gwénaëlle Fleur, source unknown; **p.172** «Centre-Bretagne: la culture pour richesse», *Ouest-France* website; **p.173** «Le breton dans le vent», *Le Télégramme*, 31/3/98; **p.175** «Les vraies vacances», Juliette Bénabent, *Aujourd'hui*, 12/8/96; **p.177** «Vacances en famille: dans la bonne humeur», *Salut!* No.96, 17/7/91; **p.178** «Ces vacances, quel ennui pour moi!» *OK* No.533, 31/3–6/4/86; **p.180** «Des pommes, des poires et des saisonniers», Ghislaine Buffard, *Aujourd'hui*, 11/6/96; **p.182** extract from *Qui c'est, ce garçon?*, Nicole de Buron, © Flammarion, 1985; **p.184** «Vacances pour le meilleur et pour le pire ...», *Salut!* No.96, 17/7/91; **p.186** «Des tas d'idées pour des vacances musclées», *OK*, 11–17/6/90; **pp.188–9** «Enfin je retrouve mes copains ...», *OK*, 3–9/9/79.

Picture acknowledgements

Cover The Metropolitan Museum of Art, New York/The Bridgeman Art Library; **p.2** Rod Hares and David Mort; **p.6** *t* Labat/Jerrican; **p.7** *t* Nieto/Jerrican, *b* Sally & Richard Greenhill; **p.8** J.Allan Cash Ltd; **p.9** *t* Jacques Thomas/Jerrican, *b* Explorer/Iconos/Robert Harding Picture Library; **p.10** Agnès Chaumat/Petit Format; **p.13** cover of *La Clé sur la porte*, Marie Cardinal, Le Livre de Poche, Couv. Lucy Willis: *Fillette à la fenêtre* (détail), 1989. Aquarelle, Galerie Chris Beetles, Londres. © Edimédia; **pp.14, 15** *b* Daudier/Jerrican; **p.18** Wolff/Jerrican; **p.19** S. Villeger/Explorer/Robert Harding Picture Library; **p.20** Xavier Miolard; **p.22** *photos* Sabine Comorossami Andrews; **p.24** Agnès Chaumat/Petit Format; **p.25** Dianne/Jerrican; **p.26** Agnès Chaumat/Petit Format; **p.27** *t* Laguet/Jerrican, *b* Robert Harding Picture Library; **p.28** Philippe Dubocq/Petit Format; **p.30** François Charron/Jerrican; **p.32** de Hogues/Jerrican; **p.33** Dianne/Jerrican; **p.34** Jacques Ferrandez/Casterman/Editions de la Treille; **p.35** Gaillard/Jerrican; **p.36** *l* Ulf Anderson/Sipa Press, *r* cover of *La Place*, Annie Ernaux, Folio Plus. Illustration de Dominique Bouchard. Photo Bénédicte Parfait © Gallimard; **p.37** *b* Achdou/Jerrican; **p.38** Lansard/Jerrican; **p.39** *photo* Kimball Morrison/South American Pictures; **p.40** CORBIS/Bettman; **p.41** *b* Fuste Raga/Jerrican; **p.42** Agnès Chaumat/Petit Format; **p.43** Charron/Jerrican; **p.45** Rocher/Jerrican; **p.46** Gaillard/Jerrican; **p.48** John Widdowson; **p.50** Agnès Chaumat/Petit Format; **p.51** J.M. Labat/Jerrican; **p.52** Gaillard/Jerrican; **p.56** Ranson; **p.57** cover of *Les Petits Enfants du siècle*, Christiane Rochefort, Le Livre de Poche, Photo Garros/Fotogram; **p.59** © Simon Brown/Robert Harding Syndication; **p.60** *t* Lecourieux/Jerrican, *b* Achdou/Jerrican; **p.64** Dufeu/Jerrican; **p.65** *t* Keith Gibson; **p.67** *t* Nigel Cattlin/Holt Studios International; **p.68** *b* Robert Cundy/Robert Harding Picture Library; **p.70** *l* Keith Gibson; **p.72** Elie Bernager/Explorer/Robert Harding Picture Library; **p.73** The Stock Market; **p.74** *l* Chauvet/Jerrican, *r* Mike Hewett/Allsport; **p.75** Keith Gibson; **p.78** Philippe Dubocq/Petit Format; **p.79** *t* Hoviv, *b* Richard Greenhill; **p.80** Keith Gibson; **p.81** Pekka Sakki/Rex Features; **p.82** Gilles Lansard/Jerrican; **p.83** Ray Fairall/Rex Features; **p.85** *t, b* ACI/Robert Harding Picture Library; **p.86** *t* Graham Chadwick/Allsport; **p.88** *t* Mike Hewitt/Allsport; **p.94** © Morris/Sipa Press/Rex Features; **p.96** Explorer/Iconos/Robert Harding Picture Library; **p.97** Ben Caulfield; **p.99** Gable/Jerrican; **p.102** Ranson; **p.105** *t* Gaillard/Jerrican; **p.108** Hanoteau/Jerrican; **p.111** *l* Chauvet/Jerrican, *r* J.Allan Cash Ltd; **p.112** Greg Balfour Evans/Greg Evans Photo Library; **p.114** Jennie Woodcock/Bubbles; **p.115** Laguet/Jerrican; **p.116** Ministère de l'Equipement, du Logement, des Transports et du Tourisme; **p.118** Gaillard/Jerrican; **p.120** *t* Beinat/Jerrican; **p.122** *t* Ministère de l'Equipement, du Logement, des Transports et du Tourisme; **p.124** J. Nicolas/Jerrican; **p.130** Bowman/Robert Harding Picture Library; **p.131** Labat/Bon Marché/Jerrican; **p.132** John Powell/Rex Features; **p.134** Gable/Jerrican; **p.135** *b* Sabine Comorossami Andrews; **p.136** Ranson; **p.139** Urtado/Jerrican; **p.141** Daudier/Jerrican Air; **p.143** Beinat/Jerrican; **p.144** *b* Peter Sylent/Bubbles; **pp.146, 147** Favre-Félix/Jerrican; **p.148** *from top* Ghislaine Mercx, Gus/Jerrican, Labat/Jerrican, Frans Rombout/Bubbles; **p.150** Gus/Jerrican; **p.153** Colette Morin/Jerrican; **p.154** *tl* Lespinasse/Jerrican, *bl, br* Mary Evans Picture Library; **p.155** *t* David Martyn Hughes/Robert Harding Picture Library, *b* Jerrican; **p.157** Robert Harding Picture Library; **p.160** *b* Renier van Raders/Greg Evans Photo Library; **p.161** *l* J.Allan Cash Ltd; **p.162** Robert Harding Picture Library; **p.169** Perquis/Jerrican; **p.170** Tony Gervis/Robert Harding Picture Library; **p.174** Keith Gibson; **p.175** Ranson; **p.177** Wolff/Jerrican; **p.178** Robert Harding Picture Library; **p.180** *l* Nicolas/Jerrican; **p.181** Perquis/Jerrican; **p.182** *t* Limier/Jerrican; **p.184** Chauvet/Jerrican; **p.186** Delhay/Jerrican; **p.187** *t* Gable/Jerrican, *b* Valls/Jerrican; **p.189** Elie/Jerrican. (*t* = top, *b* = bottom, *l* = left, *r* = right)

While every effort has been made to contact copyright holders, the publishers apologise for any omissions, which they will be pleased to rectify at the earliest opportunity.

Introduction

How does Tout droit! *work?*

Making the adjustment to advanced-level French from a GCSE which may already seem a long time ago is quite a challenge, but one which we think you will enjoy with *Tout droit!* It is the first part of a two-part course, and will enable you to bridge the gap from GCSE and develop a much greater scope and freedom in using French. For AS French, or Higher French in Scotland, *Tout droit!* is a complete course. For those going on to do the full A2 A level, *Droit au but!* is the second part of the course.

= Listening

= Reading

= Writing

= Speaking

= *Face à face* (role play/ dialogue)

= Group task

= Workplace task

= ICT opportunity

= Radio task

What does Tout droit! *include?*

The ten units

Each of the ten units looks at aspects of an advanced topic (see *Contents*) and focuses on particular language points which are listed at the start of the unit. The texts on the pages and the recording are the basis of a range of tasks, many of which will be familiar in form as they are similar to the kind of activities you will have done for GCSE or Standard grade. The skills practised in these tasks are indicated by the symbols on the right.

Building your language skills

Apart from the tasks, you will also find throughout the units the following features designed to develop various language skills:

Case-phrases presents key vocabulary which you can re-use in a range of contexts, often to express an opinion or carry forward an argument.

Consolidation practises a specific grammar point arising from the text.

Coin infos presents background information about France and *la francophonie.*

Coin accent – prononciation and *Coin accent – intonation* provide tips to improve your French accent, using recordings and practical guidance.

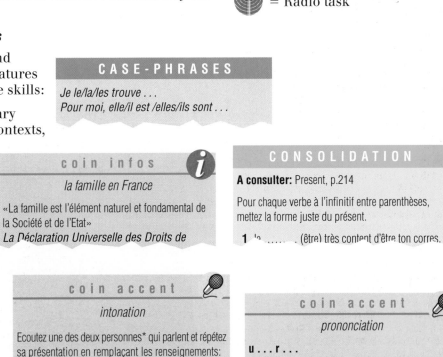

CASE-PHRASES

Je le/la/les trouve . . .
Pour moi, elle/il est /elles/ils sont . . .

coin infos *i*

la famille en France

«La famille est l'élément naturel et fondamental de la Société et de l'Etat»
La Déclaration Universelle des Droits de

CONSOLIDATION

A consulter: Present, p.214

Pour chaque verbe à l'infinitif entre parenthèses, mettez la forme juste du présent.

1 Je . . . . (être) très content d'être ton corres.

coin accent

intonation

Ecoutez une des deux personnes* qui parlent et répétez sa présentation en remplaçant les renseignements:

Christophe

coin accent

prononciation

u . . . r . . .
Ecoutez la cassette, puis répétez les mots suivants:

The Study Skills unit

This Study Skills unit gives practical advice on how to raise the level of your skills as you work through the course.

- We strongly recommend you read it through before you start work on the units.
- Refer to it as you work through the units.

Grammar Reference and Vocabulary

After the Study Skills unit comes the **Grammar Reference**, with clear explanations in English of all the grammar points practised in the course. Use it:

- to look up points of grammar when you are carrying out your work or checking it;
- to help you do the *Consolidations*;
- for revision.

Finally, at the back of the book, is the **Vocabulary** – the French-English vocabulary list. This is for quick reference – but you will develop your language skills much better if you build the habit of using a dictionary effectively. A section on dictionary skills can be found in the Study Skills unit.

Plus . . .

- **Radio extra!** (extra listening tasks based on live radio)
- **Supplementary speaking practice**
- **Coursework themes** and an
- **Assessment unit**
  are supplied in the Teacher's Resource Book that goes with this course. Your teacher or supervisor will guide you on when and how to use these.

Bon courage!

Rod Hares David Mort

La francophonie

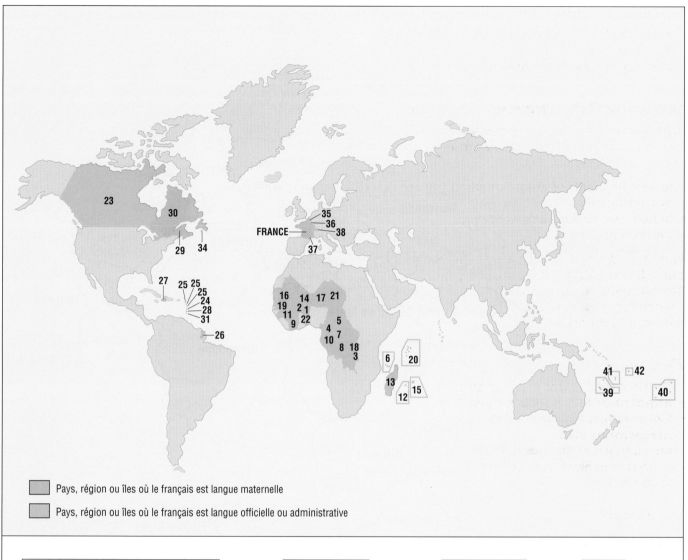

Pays, région ou îles où le français est langue maternelle

Pays, région ou îles où le français est langue officielle ou administrative

Afrique et Proche-Orient		**Amérique**	**Europe**	**Océanie**
1 Bénin	**16** Mauritanie	**23** Canada	**35** Belgique	**39** Nouvelle-Calédonie
2 Burkina Faso	**17** Niger	**24** Dominique	**36** Luxembourg	**40** Polynésie française
3 Burundi	**18** Rwanda	**25** Guadeloupe	**37** Monaco	**41** Vanuatu
4 Cameroun	**19** Sénégal	**26** Guyane	**38** Suisse	**42** Wallis-et-Futuna
5 Centrafrique	**20** Seychelles	**27** Haïti		
6 Comores	**21** Tchad	**28** Martinique		
7 Congo	**22** Togo	**29** Nouveau-Brunswick		
8 Congo (Zaïre)		**30** Québec		
9 Côte-d'Ivoire		**31** Sainte-Lucie		
10 Gabon		**32** St-Barthélemy		
11 Guinée		**33** St-Martin		
12 La Réunion		**34** St-Pierre-et-Miquelon		
13 Madagascar				
14 Mali				
15 Maurice (île)				

La France métropolitaine

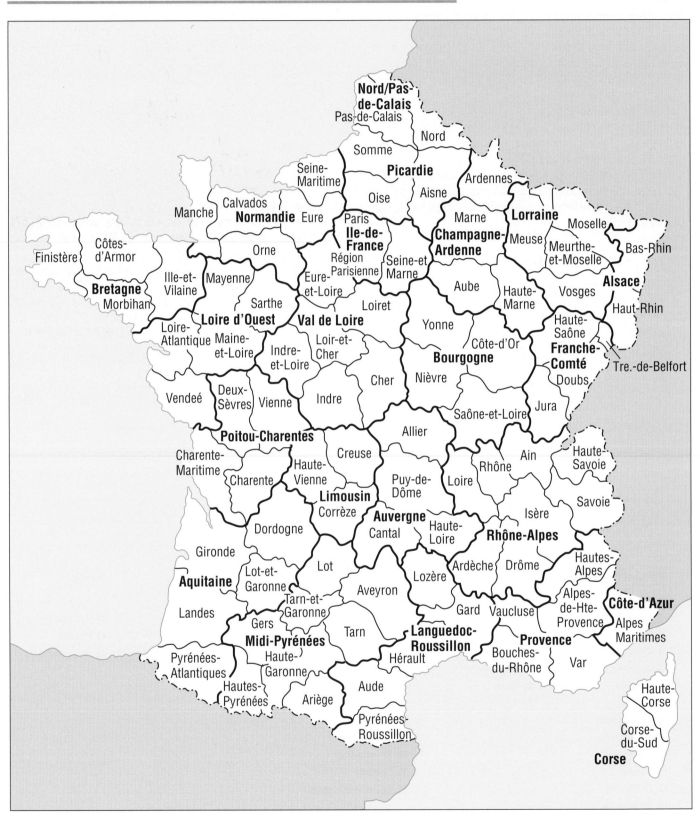

portrait de la France

Située à la pointe occidentale de l'Europe, la France a la forme d'un hexagone délimité en grande partie par des mers et des montagnes. Elle se caractérise par la diversité de son relief, de ses climats, de ses paysages et de ses types d'habitation.

La France possède 5 500 km de frontières: à l'ouest, 2 075 km de frontières maritimes sur la Manche et l'océan Atlantique et, au sud, 625 km sur la Méditerranée. Elle a également 2 800 km de frontières terrestres, dont 1 000 sont des massifs montagneux (Alpes et Pyrénées), et 195 km de frontière fluviale avec le Rhin.

Avec 550 000 km^2 de superficie, c'est le pays le plus étendu d'Europe occidentale. Elle est entourée de plusieurs pays: au nord, la Belgique et le Luxembourg; à l'est, l'Allemagne et la Suisse; au sud-est l'Italie, et au sud-ouest l'Espagne.

Le relief

Son relief est très varié, on y trouve:

– des plaines (Beauce, Brie, dans le Bassin parisien, Flandre au nord, Landes au sud-ouest dans le Bassin aquitain) et des plateaux (Ardennes au nord-est et massif Armoricain à l'ouest).
– des chaînes de montagnes de moyenne altitude (1 200 à 1 800 m) comme le Massif central, les Vosges, le Jura ou d'altitude élevée (3 000 à 4 000 m) comme les Pyrénées et les Alpes que domine le plus haut sommet d'Europe, le mont Blanc (4 807 m).

– des côtes aux longues plages de sable fin avec dunes (Nord, Vendée, Landes, Languedoc) et d'autres rocheuses et escarpées (Bretagne, Côte-d'Azur, ouest de la Corse).

Les grands fleuves

Plusieurs grands fleuves irriguent le pays, dont: la Seine (775 km), la plus importante voie fluviale; la Loire (1 010 km), le plus long mais peu navigable; le Rhône, qui prend sa source en Suisse à 1 800 m d'altitude, puis s'étend en France sur 520 km où il est entrecoupé de nombreux barrages et centrales hydro-électriques ou nucléaires.

La population

Au 1e janvier 1998, la population totale de la France était de 58 722 571 personnes, dont 30 133 470 femmes et 28 589 101 hommes.

Comme c'est le cas depuis 1975, l'accroissement de la population reste faible (0,5% par an), en raison notamment de la baisse continue de la natalité (725 000 naissances en 1997, contre 805 000 en 1981).

Tout comme en Grande-Bretagne, on voit en France le vieillissement progressif de la population: les personnes de plus de 65 ans représentent actuellement 15,6% de l'ensemble, contre 11% après la guerre.

unité 1
Les rapports personnels

*Q*uand on est très jeune, on se fait très facilement des amis. Les rapports avec les autres sont simples et vite établis. Pourtant, à mesure qu'on grandit, la vie peut se compliquer.

Dans cette unité vous allez rencontrer plusieurs jeunes Français qui parlent de leurs rapports avec leur famille, et avec leurs amis.

Dans cette unité on va consolider votre compréhension des points suivants:

- Le présent (*present tense*)
- Les adverbes (*adverbs*)
- Les adjectifs (*adjectives*)
- Les verbes pronominaux (*reflexive verbs*)
- Le futur (*future tense*)
- Le pronom «on» (*the pronoun «on»*)

1.1 *Des corres se présentent*

Neuilly-Plaisance est une ville à une vingtaine de kilomètres de Paris. Il existe un échange scolaire entre Neuilly-Plaisance et Intake High School dans la banlieue de Leeds.

Dans les lettres suivantes, Christophe écrit à Alison, sa nouvelle correspondante anglaise, et lui envoie aussi une photo de sa famille. Alison lui rend la réciproque.

Neuilly-Plaisance, le 4 septembre

Chère Alison,
Mme Berrabi, ma prof d'anglais et la responsable de l'échange entre le lycée Jean-Moulin et ton collège à Leeds, m'a donné ton nom. Je suis très content d'être ton corres et j'ai hâte de te voir pendant la période de l'échange.

Alors, je me présente. Je m'appelle Christophe et, comme toi, j'ai seize ans. J'habite 5 rue Léon L'Hermitte à Neuilly-Plaisance et comme toi je suis en classe de première, ici à Jean-Moulin. Neuilly-Plaisance se situe à 25 km du centre de Paris et comme mes copains j'aime bien prendre le RER pour aller m'amuser à Paris le week-end.

Je suis fils unique. Sur la photo tu me vois avec mes parents, Jean-Yves et Bernadette. Ils sont très gentils mais assez stricts en ce qui concerne les sorties. Je dois être de retour avant minuit! Est-ce que c'est comme ça pour toi?

Au lycée je prépare un Bac A1 (lettres et maths). C'est peut-être une erreur, puisque je ne suis pas très fort en littérature. Mes passe-temps? J'aime bien les discos, le tennis et le rugby. Qu'est-ce que tu fais quand tu n'as pas de cours? Tu as des frères et des sœurs? Tu habites à Leeds ou dans une autre ville?

Ecris-moi bientôt,
Salut,

Christophe

Christophe (Renard)

aîné *eldest*
avoir hâte (f) de *to look forward to*
bac(calauréat) (m) *post-16 qualification (≈ A levels)*
banlieue (f) *suburbs*
moyen(ne) *average*
municipalité (f) *≈ local (town) council*
rendre la réciproque *to reciprocate, do the same back*
RER (m) (Réseau express régional) *Paris district railway*
taille (f) *size*

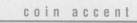
le bac(calauréat) en France

Le bac est l'équivalent des A Levels ou des Advanced GNVQ au Royaume-Uni et de l'Abitur en Allemagne. Il consiste en une demi-douzaine de matières étudiées par chaque élève dans les combinaisons suivantes:

A1	lettres, mathématiques	C	maths et sciences physiques
A2	lettres, langues	D	maths et sciences de la nature
A3	lettres, arts	D1	sciences agronomiques et techniques
B	économique et social	E	sciences et techniques

Pour d'autres renseignements, voir le Coin infos à la page 43.

LYCEE LA FAYETTE

---

coin accent

intonation

Ecoutez une des deux personnes* qui parlent et répétez sa présentation en remplaçant les renseignements:

Christophe

Alors, je me présente. Je m'appelle Christophe et j'ai seize ans. J'habite 5 rue Léon L'Hermitte à Neuilly-Plaisance. Je suis en classe de première. Au lycée, je prépare un bac lettres et maths. Je n'ai pas de frères ni de sœurs.

Alison

Alors, je me présente. Je m'appelle Alison et j'ai seize ans. J'habite Jackson Avenue à Oakwood dans le nord-est de Leeds. Je suis en classe de première. Au lycée, je prépare un bac français, anglais et maths. J'ai deux frères et une sœur.

*Choisissez la voix qui correspond à votre sexe.

Leeds, le 4 septembre

Salut Christophe!

Je suis ta nouvelle corres, Alison Weaver. Ma prof m'a dit que toi et ta famille, vous m'invitez chez vous pour l'échange – super!

Comme toi, j'ai seize ans (seize ans et demi). Je suis blonde, de taille moyenne et je ne suis pas très sérieuse. Je t'envoie une photo de ma famille et moi. Il ne faut pas rire. Comme tu vois, j'ai une sœur (Caroline, six ans) et deux frères (Ben et Jack, douze et dix ans), et je suis l'aînée. Mes parents, Dan et Marilyn, ont quarante ans et travaillent pour la Municipalité.

Nous habitons Oakwood dans le nord-est de Leeds. Je t'envoie une brochure. C'est un peu comme un village ici à Oakwood. Ecris-moi vite. J'ai hâte de te rendre visite à Neuilly-Plaisance!

A bientôt!

Alison

A En utilisant les lettres de Christophe et d'Alison comme tremplin, écrivez une lettre de 120 mots à votre nouveau/nouvelle corres, Claude, pour vous présenter.

CONSOLIDATION

A consulter: Present, p.214

Pour chaque verbe à l'infinitif entre parenthèses, mettez la forme juste du présent.

1 Je .... (être) très content d'être ton corres.
2 Je me .... (présenter).
3 Je m'......... (appeler) David.
4 J'......... (avoir) hâte de te voir.
5 Tu me .... (voir) avec mes parents.
6 Ils .... (être) assez stricts.
7 Je .... (devoir) être de retour avant minuit.
8 Je .... (préparer) un Bac A1.
9 Qu'est-ce que tu .... (faire)?
10 Tu n'......... (avoir) pas cours.
11 Vous m'......... (inviter) chez vous.
12 Je t'......... (envoyer) une photo de ma famille.
13 J'......... (avoir) une sœur.
14 Mes parents .... (avoir) quarante ans.
15 Nous .... (habiter) Oakwood.

1.2 *Hélène parle d'elle-même*

A   Maintenant, écoutez bien ce que dit Hélène et prenez des notes pour remplir les blancs.

1 Hélène a .... *15* ans.
2 Sa sœur cadette a ...... *12* ans.
3 Et sa sœur aînée a ... *18* .
4 Ses parents ont .... *divorcé*
5 Sa mère travaille à .. *la mairie*
6 Hélène trouve sa mère ... *cool*
7 Après les cours, elle boit .... *un verre*
8 Elle sort tous les jours après ... *le lycée*
9 Elle va en ville avec ... *ses copains*
10 Ils vont .... *au café*

B   Ecoutez Hélène encore une fois.
Comment dit-elle ... ?

1 My parents were divorced a long time ago.
2 We have a good time.
3 I have lots of friends.
4 I go for a drink.
5 I go home.
6 Every day's the same.

1.3 *Vous vous présentez!*

A   Imaginez que vous êtes en vacances en France et que vous rencontrez un(e) jeune Français(e). Voici les questions qu'il/elle vous pose.

1 Tu t'appelles comment?
2 Tu habites où?
3 Tu as quel âge?
4 Tu restes combien de temps?
5 Qu'est-ce que tu fais ici?
6 Tu loges chez qui?
7 On peut se revoir?

Mais les réponses ont été mélangées! A vous de les remettre dans le bon ordre.

a Je reste quinze jours.
b Oui. Si on allait au ciné ce soir?
c J'habite Manchester.
d Je loge chez des amis.
e Je m'appelle Marie.
f J'apprends le français.
g J'ai seize ans.

> ### CONSOLIDATION
>
> **A consulter:** Pronouns, p.207
> **«Tu» et «vous»**
> Pour l'exercice 1.3A, vous avez dû imaginer une conversation avec un(e) jeune Français(e). Quand les jeunes se parlent, on «se tutoie» – c'est-à-dire on se dit «tu». Imaginez maintenant que la conversation a eu lieu au cours d'un entretien pour un job de vacances. Adaptez les questions 1 à 6 en utilisant «vous». Pour la septième question, inventez une question appropriée pour terminer l'entretien.

B *Face à face*

Vous êtes dans l'Eurostar. Vous êtes assis(e) à côté d'une Française qui s'appelle Françoise. Elle vous parle. Ecoutez ses questions et répondez en donnant les renseignements nécessaires (vrais ou inventés).

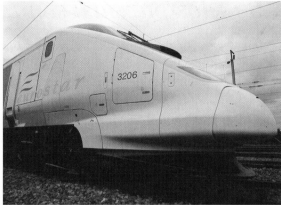

Françoise   Vous êtes britannique?
Vous   ....
Françoise   Vous venez de quelle région?
Vous   ....
Françoise   Vous habitez quelle ville, quel village?
Vous   ....
Françoise   C'est grand ou petit?
Vous   ....
Françoise   Votre région est plutôt industrielle ou rurale?
Vous   ....
Françoise   Où est-ce que vous allez en France?
Vous   ....
Françoise   Vous y allez seul(e) ou avec votre famille ou . . . ?
Vous   ....
Françoise   Vous allez rester combien de temps en France?
Vous   ....

Maintenant, faites le même jeu de rôle deux fois avec votre partenaire, en changeant de rôles après la première répétition.

1.4 *Les ados et leurs parents*

Même si vous vous entendez bien avec vos amis, vous avez peut-être quelquefois des problèmes chez vous. Beaucoup de jeunes Français ont souvent des problèmes, eux aussi, avec leur famille.

Ecoutez Ariane, 19 ans, qui parle de ses rapports avec ses parents. Le texte suivant est le résumé de ce qu'elle dit. Notez les détails qui manquent, numérotés 1–12.

Ariane habite avec sa mère et sa sœur et toutes les trois sont très 1 .... Elle ne voit pas très souvent son père car ses parents sont 2 .... Son père habite 3 .... de la France. Ariane 4 .... bien avec sa mère et il n'y a pas souvent de 5 .... Avec sa mère elle peut parler de 6 .... et même de son 7 .... Quand il arrive des disputes c'est souvent à cause de 8 .... Cela ne dure pas 9 .... Avec le père d'Ariane, c'est 10 .... Elle ne le voit pas souvent. Il n'est pas content quand elle veut 11 .... Il ne veut pas la voir 12 ....

ado (m/f)   *adolescent, teenager*
durer   *to last*
même   *even*

CONSOLIDATION

A consulter: Adverbial phrases, p.213

1   Décrivez la manière dont vous faites les choses suivantes, en complétant chaque phrase par une expression prise dans la case:

   a Je m'entends .... avec ma mère/mon père.
   b Je travaille .... en classe.
   c Je comprends .... les enregistrement.
   d Je fais .... mes devoirs de français.
   e Je suis .... les films français.
   f Je vais .... au cinéma.
   g J'ai .... visité la France.
   h Je progresse .... en français.
   i Je passe .... des CD.
   j Je comprends .... le français parlé.

   > très bien   plutôt bien   plutôt mal
   > très mal   jamais   souvent   parfois
   > rarement   de temps en temps
   > facilement   tout le temps

2   Maintenant, écrivez dix phrases en utilisant chaque fois une des expressions adverbiales de la case pour décrire ce que vous faites personnellement.

1.5 *Ados/parents: sondage*

Et vous? Regardez ce sondage, paru dans *Phosphore*, un magazine destiné aux adolescents. Ce sont les résultats d'une enquête sur les rapports parents/enfants.

Parents-enfants: C'est l'amour!		
Comment vous entendez-vous avec vos parents?[1]		
	Avec votre père	Avec votre mère
Très bien	41	52
Plutôt bien	45	41
Plutôt mal	8	5
Très mal	3	1
Sans réponse	3	1

[1] Tous les chiffres de ce sondage sont exprimés en pourcentages.

Jeunes, vous disputez-vous avec vos parents?	
Souvent	71
Parfois	19
Jamais	10

Parents, vous disputez-vous avec vos enfants?	
Souvent	8
Parfois	81
Jamais	10

convenir	to suit, agree, fit
se disputer avec	to argue, quarrel with
dur	hard
enquête (f)	survey
s'entendre avec	to get on with
jeune d'esprit	young at heart
paraître (paru)	appear(ed)
parfois	sometimes
plutôt	rather
rétro/rétrograde	old-fashioned
sondage (m)	poll

A *Face à face*

Comment vous entendez-vous avec vos parents? A quel propos vous disputez-vous? Pourquoi (pas)? Discutez avec un(e) partenaire. Utilisez la *Case-phrases* à droite pour vous aider.

«Mes parents? Sympa et attentifs»		
Dans les couples d'adjectifs suivants, lesquels conviennent le mieux à vos parents?		
	A votre père	A votre mère
Attentif	62	85
Indifférent	23	6
Présent	60	85
Absent	28	4
Tendre	55	74
Dur	24	10
Jeune d'esprit	46	61
Rétro	35	25
Autoritaire	44	36
Libéral	43	50

B Regardez maintenant le quatrième tableau du sondage (en bas). Quels adjectifs conviennent le mieux pour décrire vos parents? Ecrivez vos raisons. Par exemple, «Mon père est attentif. Il n'est jamais trop occupé pour m'aider avec mes devoirs.»

Utilisez la *Case-phrases* ci-dessous pour vous aider. Ecrivez environ 100 mots.

CASE-PHRASES

Je le/la/les trouve . . .
Pour moi, elle/il est / elles/ils sont . . .
Elle/Il me semble . . .
Elle/Il me paraît . . .
Elle/Il (ré)agit d'une façon *(1 adjectif au féminin)*
Elle/Il se comporte d'une manière *(1 adjectif au féminin)*
parce qu'elle/il . . .
   (ne) s'occupe (pas) de moi
   (ne) s'intéresse (pas) à moi
   me traite d'une façon *(1 adjectif au féminin)*
   est très .... pour moi.
   (ne) me permet (pas) de . . .

C *Profil de caractère*

Voici une liste d'adjectifs pour communiquer votre opinion sur les gens.

Répertoriez les adjectifs dans votre carnet de vocabulaire, puis complétez le profil pour trois personnes que vous connaissez, y compris un membre de votre famille.

Choisissez une autre personne qui va être le sujet d'un profil de caractère. Maintenant regardez le tableau ci-dessous. Dans chaque ligne essayez de trouver une qualité possédée par le sujet du profil et écrivez-la.

Pour approfondir votre profil de caractère, suivez les idées clés aux pages 200–201. Ecrivez enfin un 'profil' de 50 mots.

positif	négatif	ça dépend
marrant	froid	direct
drôle/rigolo	vulgaire	affranchi *emancipated*
chaleureux(-se)	distant	impulsif(-ve)
gentil	insupportable	taquin
tolérant	intolérant	sensible
patient	impatient	décidé
sensé	épuisant	intelligent
fiable	peu fiable	terre à terre
consciencieux(-se)	insouciant	détendu
fidèle	infidèle	distrait

affranchi *liberated*
chaleureux(-se) *warm*
détendu *relaxed, laid back*
distrait *absent-minded*
drôle/rigolo *funny*
enthousiaste *enthusiastic*
épuisant *exhausting*
fiable *reliable*
fidèle *faithful*
gentil *friendly*
infidèle *unfaithful*
insouciant *casual*
insupportable *unbearable*
marrant *good fun*
peu fiable *unreliable*
sensé *sensible*
sensible *sensitive*
taquin *teasing, a tease*
terre à terre *down to earth*
Voir aussi la page 201.

CONSOLIDATION

A consulter: Agreement of adjectives p.210

1 Utilisez quelques-uns des adjectifs dans la case pour compléter les phrases suivantes:

  a Elle a un caractère ....
  b Il agit d'une façon ....
  c Ils sont assez ....
  d Elle et sa sœur sont toujours ....

> sensé doux fidèle distrait enthousiaste
> amical chaleureux sensible affranchi
> insouciant

2 Vous avez rencontré les adjectifs suivants dans le sondage:

attentif indifférent présent absent tendre
dur jeune d'esprit rétro autoritaire libéral

Utilisez-les (avec la terminaison appropriée) pour compléter les phrases suivantes:

  a Je trouve mon (grand-)père relativement ....
  b Ma (grand-)mère est plutôt .... pour moi.
  c Mes grands-parents sont restés ....
  d Ma mère est plus .... que mon père.
  e Mon père est plus .... que ma mère.
  f Ma famille est toujours .... quand il le faut.
  g Ma tante a toujours été .... envers moi.
  h Dans notre pays les parents sont moins .... qu'autrefois.
  i Je ne voudrais pas avoir un père ....
  j Je traiterai mes enfants d'une façon ....
  k Les enfants ont besoin de parents ....

1.6 *Ils ne me comprennent pas!*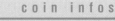

Voici, ci-dessous, d'autres adolescents qui décrivent leurs rapports avec leurs parents.

Mais qu'est-ce qui ne va pas?

Vous avez l'impression de ne pas être compris, de ne pas être aimé et vos parents, au contraire, ont la conviction qu'ils font tout pour vous ... Vous vous opposez sans cesse, et pourtant vous avez le même chemin à faire ensemble. Pourquoi ne pas essayer de vous rencontrer enfin?

François, 16 ans

«Mon père sait toujours tout sur tout, c'est insupportable. Si je ne suis pas d'accord avec lui, je passe pour un petit con qui a encore plein de choses à apprendre.»

Jean-Marie, 14 ans et demi

«Je m'engueule presque tous les soirs avec mes parents, et toujours pour des conneries. Ils sont sans arrêt sur mon dos et ne posent jamais les bonnes questions: par exemple, savoir si je suis heureux.»

Anna, 12 ans

«Moi j'ai surtout l'impression que je leur complique la vie. Dès que je leur demande un truc, ils en font tout un monde. Je voudrais bien qu'ils me fassent de temps en temps confiance et qu'ils me lâchent un peu les baskets ... »

Séverine, 14 ans

«J'ai l'impression de passer mon temps à les décevoir, de n'être pas du tout la fille qu'ils rêvaient d'avoir. Je voudrais bien pouvoir leur parler, dire ce que j'ai sur le cœur, mais personne ne m'écoute.»

Pauline, 15 ans

«Je voudrais leur parler mais je n'y arrive pas. J'ai l'impression qu'ils ne m'écoutent jamais et que de toute façon ils pensent avoir raison sur tout.»

Raphaël, 15 ans et demi

«J'ai tellement pas envie de rentrer chez moi, que le soir après le lycée, je traîne le plus possible avec mes copains. Quand je rentre, c'est le drame. Au lieu de se mettre en colère, ils pourraient se demander pourquoi je fais ça.»

A Qui dit ... ?

1 Ils sont indifférents.
2 Je ne fais jamais ce qu'il faut.
3 Mon père a toujours raison.
4 Aucune communication.
5 Un affrontement permanent.
6 Je les dérange.

B Comment est-ce qu'ils disent ... ?

1 They think they're right about everything.
2 It's unbearable.
3 To say what's on my mind.
4 They make a big deal of it.
5 There is a big scene.
6 I argue with my parents.

C Rendez en anglais les propos de François et de Jean-Marie.

---

chemin (m)	*road, path*
compris	*understood*
connerie (f)	*stupid thing*
dès que	*as soon as*
ensemble	*together*
lâcher les baskets	*to give someone some space, get off someone's back*
petit con (m) (vulg.)	*little idiot*
plein de choses	*heaps of things*
poser	*to put (question)*
pourtant	*and yet, however*
se rencontrer	(here) *to meet halfway*
sans arrêt	*constantly*
sans cesse	*all the time*
truc (m)	*something or other*

---

coin infos *i*

la famille en France

«La famille est l'élément naturel et fondamental de la Société et de l'Etat»
La Déclaration Universelle des Droits de l'Homme (1948)

Plus de 80% du peuple français approuvent la famille comme cellule de base de la société.

Un taux de naissances en pleine dérive:
1972: 877 000 naissances
1997: 752 000 naissances

Un taux de mariages qui est aussi en pleine déroute:
1972: vers 420 000 mariages
1997: environ 280 000 mariages

Une augmentation parallèle dans la cohabitation (l'union libre):
50% des couples de moins de 25 ans
20% des couples de moins de 35 ans

Le taux des naissances hors mariage: 30% de toutes les naissances.

Le nombre de familles monoparentales:
1.21 million dont 79% avec une femme chef de famille.

CONSOLIDATION

A consulter: *tout, toute, tous, toutes,* p.212

Vous avez probablement remarqué qu'il y a plusieurs exemples du mot *tout* dans l'article. Mettez la forme correcte de *tout* dans chacune des phrases suivantes:

1 Je la vois .... le temps.
2 Leur mère a .... fait pour ces deux criminels!
3 .... nos amis étaient là.
4 .... les filles ont protesté contre la décision.
5 Il y a .... un monde de différence!
6 Elle sait .... sur les maths!
7 Nous y participons .... les mois.
8 Elle était .... endimanchée.
9 Il l'a fait .... sa vie.
10 Nous l'avons considéré .... au début.

D Et vous? Ecrivez votre propre paragraphe (environ 50 mots).

1.7 *Impossibles, les parents!*

Vous êtes rentré(e) à la maison à une heure du matin, ayant promis d'être de retour avant minuit. Ecrivez le script de la dispute qui a eu lieu entre vous et vos parents. Jouez les rôles avec un ou deux camarades.

1.8 *Moi et mes filles*

Mais très souvent pour les rapports parents/enfants, ça se passe très bien. Ecoutez Claire, une mère de famille, qui parle de ses rapports avec ses filles. Cherchez et notez les détails suivants.

1 Claire a .... enfants.
2 Ses jumelles ont .... ans.
3 Avec sa fille aînée, elle ....
4 Ses rapports avec ses filles cadettes sont ....
5 Claire croit que cela, c'est parce qu' ....

à la suite de	*as a result of*
ailleurs	*elsewhere*
allées et venues (fpl)	*comings and goings*
amitié (f)	*friendship*
en fait	*in fact, actually*
loi (f)	*law*
partage (m)	*sharing*
quatre-pièces (m)	*four-roomed flat*
rien de meilleur	*nothing better*

1.9 *Parents – et amis*

Les rapports entre parents et enfants sont un thème courant tant dans la littérature française que dans la vie elle-même. Dans *La Clé sur la porte*, un roman de Marie Cardinal, sont décrits les rapports très ouverts entre une mère de famille et tout un groupe de jeunes, les copains de ses enfants. Lisez l'extrait ci-dessous et complétez les exercices à droite.

A Vrai ou faux? Corrigez les phrases inexactes et expliquez vos réponses.

1 Tous les membres de la famille habitent ensemble.
2 On se revoit quand il y a de grandes fêtes.
3 Marie Cardinal s'exprime très amèrement sur son mari.
4 Marie croit qu'il est très important d'avoir des amis.
5 Il ne faut pas partager.

B Maintenant inventez et écrivez cinq questions à poser à Marie sur sa famille. Utilisez la forme «vous», et employez une forme interrogative différente pour chaque question.

C *A vous maintenant!*

Lisez ce résumé en anglais de l'extrait de *La Clé sur la porte*. En vous aidant du texte, rendez-le en français.

Marie has three children but her husband doesn't live with the family. They live in a four-roomed flat which they share with many of her children's friends. The mother encourages these relationships because she believes that friendship is a good lesson for life.

J'en ai trois: un garçon et deux filles; Grégoire, Charlotte et Dorothée. A la suite d'événements qui ne sont pas dramatiques je les élève seule. Mon mari vit de l'autre côté de l'océan Atlantique. Nous passons nos étés avec lui, là-bas ou ailleurs. Au cours de l'année il y a des allées et venues, surtout au moment de Noël et de Pâques.

Ici, en France, nous vivons tous les quatre. Je devrais plutôt dire tous les dix, tous les vingt. Je ne sais pas exactement à combien nous vivons dans cet appartement. En fait, je n'ai pas de maison, j'ai un quatre-pièces qui appartient à mes enfants et à leurs copains dont le nombre est variable. Le centre du groupe est composé d'une douzaine d'adolescents, autour d'eux évoluent des «groupies».

Au début, quand j'ai dit à mes enfants que leurs amis étaient les bienvenus, je l'ai fait parce que je ne connais rien de meilleur que l'amitié et je voulais que mes enfants profitent très vite de ses plaisirs et de ses lois. Le partage, l'échange, ce n'est pas si simple. L'amitié c'est une bonne école pour la vie.

1.10 *«Même en groupe je me sens seul»*

Nous sommes d'accord là-dessus: les rapports personnels ne sont pas toujours faciles. Dans notre société moderne la vraie difficulté est souvent d'établir ces rapports, tout court, puisque nous avons tendance à être trop pressés pour nous occuper des gens qui fonctionnent en marge de notre petit monde personnel.

Lisez alors l'histoire de Haïk.

affronté à	*face to face with*
angoisse (f)	*hurt, pain*
animateur (m)	*presenter*
se confier (à)	*to trust (in)*
croiser	*to bump into*
en dépit de	*despite*
en marge de	*on the margins of*
enjeu (m)	*(here) ulterior motive*
entourer	*to surround*
fac(ulté) (f)	*university*
glisser	*to slip*

Haïk a 23 ans. Monté en septembre de La Ciotat pour faire ses études dans la capitale, il a du mal à se faire des amis et s'ennuie dans son studio en banlieue. Malgré son envie d'aller vers les autres, lui qui rêve d'être animateur de télé, il se heurte à l'indifférence des Parisiens, toujours trop pressés.

Haïk est arrivé à Boulogne-Billancourt (Hauts-de-Seine) en septembre dernier. Avant, il vivait chez ses parents à La Ciotat (Bouches-du-Rhône), passant son temps entre ses cours à la fac de droit d'Aix-en-Provence et quelques expériences de chroniqueur à la radio locale, «Golfe d'amour». Il se sentait entouré, soutenu par une grande sœur à qui il se confiait. Dans son quartier du centre-ville, les voisins et les clients du restaurant familial le connaissaient. Mais Haïk est tenté par la capitale. Il veut entrer dans une école de communication, flirter avec la télé ou la radio pour devenir animateur. Alors, Haïk fait ses valises en dépit de la moue de ses parents et quitte les rivages de sa Méditerranée pour l'air pollué de la capitale. Il se déniche un 18 mètres carrés à Boulogne-Billancourt, près de sa nouvelle école.

Le rêve, affronté à la réalité, se transforme en déception. «Je pensais que ce serait facile de se faire des amis à Paris. Il y a tellement de loisirs et d'activités ici!» Seulement, Haïk se heurte à l'indifférence générale. «J'ai l'impression que les gens fonctionnent avec des cases. Le lundi soir, cours de théâtre; le jeudi, piscine, etc … Leur emploi du temps est déjà rempli alors ça ne les intéresse pas de nouer d'autres liens.»

De La Ciotat, Haïk a conservé un petit voilier coloré, posé au milieu de ses feuilles de cours. Parfois le téléphone sonne, avec au bout du fil des amis de là-bas. Sa famille bien sûr et quelques voix familières, comme celle d'une dame de quarante ans qui s'est fait baptiser l'an dernier en même temps que lui. Ici à Boulogne, Haïk n'a vraiment rencontré qu'une seule personne qu'il apprécie. Il la croise tous les jours puisque c'est la gardienne de l'immeuble. A chaque fois, cette femme prend le temps de poser son balai pour papoter, elle lui glisse des médicaments quand il n'est pas en forme, elle lui fait parfois son repassage.

«Pour une fois, quelqu'un me parle sans qu'il y ait d'enjeu derrière. J'ai souvent remarqué que l'on s'intéressait à moi de façon momentanée parce que les gens avaient besoin de mes services à ce moment-là, puis après plus rien.» Haïk apprécie sa concierge mais ne va pas jusqu'à lui faire des confidences.

immeuble (m) *block of flats*
momentané *temporary*
moue (f) *scowl, unpleasant face*
nom (m) *noun*
nouer *to knot, establish*
papoter *to have a chat*
repassage (m) *ironing*
sans pudeur *without embarrassment*
tout court (here) *full stop*
voilier (m) *sailing ship*

Il lui manque cet(te) ami(e) à qui l'on peut «parler de soi, de ses angoisses sans pudeur ni crainte». Il décide alors de consulter une psychologue. Depuis trois mois, il va la voir une fois par semaine. «Je ne suis pas malade. Ma psychologue remplace seulement l'ami que je n'ai pas, à la différence que je la paie. Avec elle, j'ai vraiment une qualité de paroles. Ça me fait tellement de bien d'être écouté et compris.» Au mur, Haïk avait noté «Tu dois faire rêver.»

Ghislaine Buffard, *Le Parisien*

A Choisissez un nom pour compléter chaque phrase. Ensuite, mettez dans le bon ordre cette série d'événements dans la vie de Haïk. La première phrase est le numéro 8.

1 Haïk a consulté une ....
2 Haïk est arrivé à Paris en ....
3 Il a un bon rapport avec la .... de son immeuble.
4 Il s'est inscrit dans une .... de communication.
5 Avant de quitter le Midi, Haïk a fait quelques émissions pour la .... locale.
6 Haïk a trouvé un petit ....
7 Il a trouvé facile de parler avec la psychologue qui est comme une ....
8 Haïk a vécu son enfance à La Ciotat dans le .... de la France.
9 Il a quitté ses ...., à leur grand mécontentement.
10 Il a fait son .... à Aix-en-Provence.

B Faites comme si vous étiez Haïk, en écrivant toutes les phrases de l'Activité A à la première personne du singulier et dans le bon ordre. Par exemple:

J'ai vécu mon enfance à La Ciotat, dans le sud de la France.

Maintenant, enregistrez cette histoire sur cassette.

C Comment décrivez-vous la personnalité de Haïk? Dans la liste suivante de caractéristiques personnelles, écrivez celles qui, pour vous, déterminent son caractère (consultez le profil de caractère à la page 201).

direct froid chaleureux impulsif isolé tolérant intolérant patient impatient agressif calme sensé sensible intelligent créateur/rice consciencieux terre à terre seul méchant vulgaire

Maintenant, écrivez 60–80 mots pour décrire Haïk, en employant les expressions utiles à la page 200.

D Sur un banc de jardin public à Paris, vous rencontrez Haïk et il entre en conversation avec vous. Voici son côté de la conversation. Préparez le vôtre et faites le jeu de rôles en arrêtant, enregistrement dans les pauses.

Haïk Vous habitez à Paris ou est-ce que vous êtes touriste?
Vous ....
Haïk Vous passez combien de temps à Paris?
Vous ....
Haïk Vous êtes de quelle nationalité?
Vous ....
Haïk Vous parlez bien le français. Depuis combien de temps apprenez-vous le français?
Vous ....
Haïk Pourquoi visitez-vous Paris?
Vous ....
Haïk Vous aimez Paris?
Vous ....
Haïk Qu'est-ce que vous aimez particulièrement?
Vous ....
Haïk Je trouve Paris très difficile.
Vous (*Ask him why he finds Paris difficult.*)
Haïk Je suis très isolé. Les gens ne vous parlent pas.
Vous (*Ask Haïk what he does in his spare time.*)
Haïk Je fais du théâtre et un peu de radio.

1.11 *Les garçons parlent des filles*

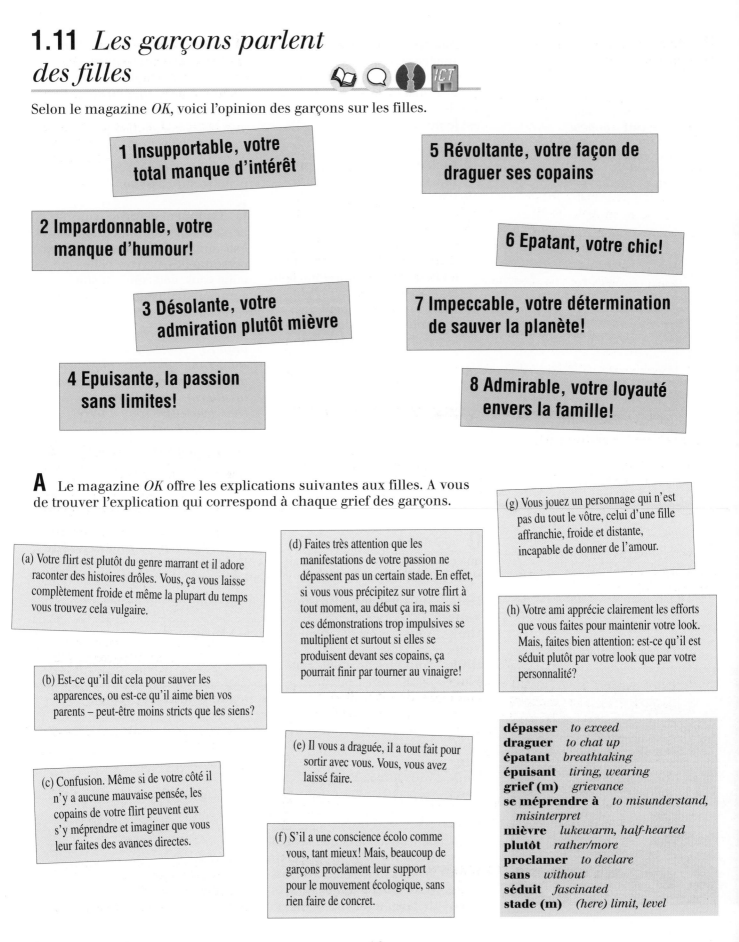

Selon le magazine *OK*, voici l'opinion des garçons sur les filles.

1 Insupportable, votre total manque d'intérêt

2 Impardonnable, votre manque d'humour!

3 Désolante, votre admiration plutôt mièvre

4 Epuisante, la passion sans limites!

5 Révoltante, votre façon de draguer ses copains

6 Epatant, votre chic!

7 Impeccable, votre détermination de sauver la planète!

8 Admirable, votre loyauté envers la famille!

A Le magazine *OK* offre les explications suivantes aux filles. A vous de trouver l'explication qui correspond à chaque grief des garçons.

(a) Votre flirt est plutôt du genre marrant et il adore raconter des histoires drôles. Vous, ça vous laisse complètement froide et même la plupart du temps vous trouvez cela vulgaire.

(b) Est-ce qu'il dit cela pour sauver les apparences, ou est-ce qu'il aime bien vos parents – peut-être moins stricts que les siens?

(c) Confusion. Même si de votre côté il n'y a aucune mauvaise pensée, les copains de votre flirt peuvent eux s'y méprendre et imaginer que vous leur faites des avances directes.

(d) Faites très attention que les manifestations de votre passion ne dépassent pas un certain stade. En effet, si vous vous précipitez sur votre flirt à tout moment, au début ça ira, mais si ces démonstrations trop impulsives se multiplient et surtout si elles se produisent devant ses copains, ça pourrait finir par tourner au vinaigre!

(e) Il vous a draguée, il a tout fait pour sortir avec vous. Vous, vous avez laissé faire.

(f) S'il a une conscience écolo comme vous, tant mieux! Mais, beaucoup de garçons proclament leur support pour le mouvement écologique, sans rien faire de concret.

(g) Vous jouez un personnage qui n'est pas du tout le vôtre, celui d'une fille affranchie, froide et distante, incapable de donner de l'amour.

(h) Votre ami apprécie clairement les efforts que vous faites pour maintenir votre look. Mais, faites bien attention: est-ce qu'il est séduit plutôt par votre look que par votre personnalité?

dépasser *to exceed*
draguer *to chat up*
épatant *breathtaking*
épuisant *tiring, wearing*
grief (m) *grievance*
se méprendre à *to misunderstand, misinterpret*
mièvre *lukewarm, half-hearted*
plutôt *rather/more*
proclamer *to declare*
sans *without*
séduit *fascinated*
stade (m) *(here) limit, level*

B Maintenant lisez ce deuxième extrait du même article et complétez l'exercice suivant.

FATIGANTES, LES FILLES TROP COLLANTES

Même si votre flirt est très amoureux de vous, il a besoin d'un minimum de liberté ne serait-ce que pour voir les copains, se détendre un peu, exister en tant que garçon et non plus uniquement en tant qu'amoureux. Alors, laissez-le vivre sinon il se lassera bien vite de vous et de vos exigences permanentes. Il y a un temps pour tout: pour le flirt et pour les copains. Vous aussi d'ailleurs vous ne seriez pas particulièrement ravie d'avoir toujours votre flirt derrière vos baskets. Il y a des moments où il est super agréable de se laisser aller, de ne pas se maquiller ou de ne pas se coiffer par exemple, de traîner avec un vieux jean et de ne voir personne. Les garçons ont exactement le même raisonnement, et ils veulent pouvoir se sentir libres de leurs faits et gestes sans toujours traîner derrière eux leur petite amie.

Comment dit-on en français?

1	in love with	**5**	he will soon get tired of you
2	even if it's only to	**6**	there's a time for everything
3	to relax a bit	**7**	crowding you
4	solely	**8**	to feel free

C Dans le troisième extrait remplissez chaque blanc avec un des mots donnés ci-dessous. Mais attention! Vous allez utiliser chaque mot une fois seulement.

EXASPERANT, VOTRE ART DE LE FAIRE TOUJOURS PAYER

C'est toujours **1** .... si l'envie lui en prend, que votre flirt vous **2** .... un chocolat ou une place de ciné. Vous en serez **3** .... et lui ça lui fera **4** .... parce qu'il l'a décidé, qu'il considère cela comme une sorte de **5** .... Mais si, systématiquement, vous n'avez jamais un **6** .... sur vous lorsque vous sortez avec lui ça finira **7** .... Votre flirt n'est pas une machine à sous! Apprenez à **8** .... de temps à autre les **9** .... avec lui, et quand l'un ou l'autre paiera ce sera un cadeau, un **10** .... de faire plaisir.

dépenses	sympa	offre	touchée	plaisir
centime	cadeau	moyen	mal	partager

D *Discutez à deux*

Croyez-vous que les griefs des garçons sont justes? Regardez encore la page 16 et consultez avec un(e) ami(e). Parmi les griefs 1–5, lequel est le plus juste? Vous êtes d'accord? Pour mieux vous exprimer, référez-vous aux pages 198–9.

CONSOLIDATION

A consulter: Reflexive verbs, p.215

1 Cherchez d'abord tous les verbes pronominaux dans les extraits aux pages 16–17. Il y en a dix.

2 Maintenant, utilisez les verbes que vous avez trouvés pour compléter les phrases ci-dessous:

  a Jeannine .... et .... toujours avant de sortir avec François.

  b Nous .... libres sous le soleil du Midi.

  c Quand on travaille dur, on a besoin des vacances pour ....

  d Moi et Laurent, nous avons tendance à .... sur les nanas avec des résultats désastreux. Elles préfèrent un peu de tact!

  e En vacances j'aime bien .... aller.

  f Après avoir rencontré Paul, Annette .... peu à peu de moi.

  g Tes problèmes semblent .... quand tu es malade!

A consulter: Future, p.217

3 Notez tous les verbes au futur dans le dernier extrait (C) et expliquez en anglais les expressions dans lesquelles ils figurent.

4 Comment dit-on en français ...?

  a The affair will work out rather well.

  b This will be the first time.

  c We will pay dearly.

  d That will give us a lot of pleasure.

E *Face à face*

Personne A   Vous êtes au cinéma avec votre petit(e) ami(e) et vous insistez pour payer les places parce que c'est son anniversaire. Vous trouverez des idées dans la *Case-phrases* à droite. Répondez aux arguments de votre petit(e) ami(e), qui jouera le rôle écrit ci-dessous. Il y a deux versions de la personne B enregistrées.

Personne B   Vous n'êtes pas d'accord, car vous êtes d'esprit indépendant.

B   Même si c'est mon anniversaire, je voudrais partager!

A   ....

B   Je comprends ce que tu dis, mais je suis trop indépendant(e) pour accepter!

A   ....

B   C'est peut-être une sorte de cadeau supplémentaire, mais tu m'as déjà fait un cadeau!

A   ....

B   Je sais que tu m'aimes bien, mais ça, c'est un peu exagéré!

A   ....

B   Tu insistes trop!

A   ....

B   Si tu n'arrêtes pas d'insister, je vais aller seul(e) au cinéma!

A   ....

B   Dans ce cas-là, allons au cinéma, mais n'oublie pas, on partage!

Maintenant, changez de rôle. Quand vous l'aurez pratiqué suffisamment, enregistrez votre jeu de rôle sur cassette.

F *Face à face*

1   Choisissez une personnalité de la radio, de la télévision, du monde du cinéma ou de la musique, etc. Faites la liste de ses qualités, en utilisant le profil de caractère à la page 201. Ensuite répétez la liste à votre partenaire; votre partenaire doit deviner l'identité de la personnalité.

2   Faites la même chose pour quelqu'un en classe de première (pas nécessairement dans votre classe de français). Il faut mettre un mélange de bonnes et de mauvaises qualités dans le profil.

CASE-PHRASES

Tu sais, ton anniversaire est important!
Ce n'est qu'une fois par an!
Tu as toujours été très généreux(-se) avec moi.
J'ai beaucoup d'argent pour une fois! J'ai eu une promotion au travail.
Ça peut être une sorte de cadeau supplémentaire.
Nous pouvons faire une exception pour ton anniversaire.
J'accepte ton point de vue.
Je comprends ton attitude.
C'est parce que tu comptes beaucoup pour moi
D'accord, je ne vais pas insister.

1.12 *Les filles parlent des garçons*

Maintenant ce sont les filles qui donnent leur opinion des garçons, en disant ce qu'elles ne supportent pas chez eux.

A

Julie discute avec sa mère de ce qu'elle pense des garçons. Pour chaque phrase 1–10, écrivez *oui*, *non*, ou *pas dit*, selon l'avis de la mère de Julie.

1 détestable, leur prétention
2 attristant, leur manque d'attention
3 insupportable, leur jalousie
4 dramatiques, les maladroits
5 odieux, leur égoïsme
6 minable, leur besoin de se battre
7 hyper-vexants, les dragueurs
8 épuisants, les vrais amoureux
9 redoutables, les bavards
10 énervants, les indifférents

B *A vous maintenant!*

Décrivez en une centaine de mots quelque chose que vous détestez chez les filles et qui, selon vous, ne se trouve pas chez les garçons. Choisissez et décrivez aussi un trait détestable chez les garçons qui ne se trouve pas chez les filles. Quelle doit être l'attitude de quelqu'un lorsque son/sa petit(e) ami(e) se conduit si mal? Utilisez les questions et la *Case-phrases* ci-dessous pour structurer votre réponse.

1 Expliquez une chose que vous n'aimez pas chez les filles.
2 Montrez ce que font les garçons par contraste.
3 Comment les filles peuvent-elle mieux faire?
4 Expliquez quelque chose que vous n'acceptez pas chez les garçons.
5 Montrez ce que font les filles par contraste.
6 Comment les garçons peuvent-ils apprendre?
7 Notez les qualités qu'il faut avoir pour calmer la situation, quand un(e) ami(e) se comporte mal.

CASE-PHRASES
Pour moi, . . .
Quant à moi, . . .
Je suis d'avis que . . .
Elles/Ils me semblent/paraissent . . .
Je la/le/les trouve . . .
Elles/Ils me frappent par . . .
Elles/Ils agissent d'une façon . . .
Elles/Ils se comportent d'une manière . . .

attristant	*saddening*
détestable	*hateful, odious*
dragueur (m)	*woman-chaser*
énervant	*irritating, annoying*
hyper-vexant	*mega-irritating*
maladroit	*clumsy*
minable	*pathetic*
redoutable	*fearsome, formidable*

CONSOLIDATION

A consulter: Present, p.214

Dans chaque phrase, choisissez la forme juste du verbe:

1 Il .... (*adore/adores/adorent*) raconter des histoires drôles.
2 Ça vous .... (*laissez/laisse/laisses*) complètement froide.
3 Vous .... (*trouve/trouves/trouvez*) cela vulgaire.
4 Il .... (*dis/dit/disent*) cela pour sauver les apparences.
5 Il .... (*aime/aimes/aiment*) bien tes parents.
6 Il .... (*a/as/ont*) une conscience écolo.
7 Beaucoup de garçons .... (*accorde/accordes/accordent*) leur support.
8 Votre ami .... (*apprécie/apprécies/appréciez*) les efforts . . .
9 Ce que vous .... (*fais/fait/faites*) pour maintenir votre look.
10 Est-ce qu'il .... (*suis/es/est*) séduit par ton look?

1.13 «En Guadeloupe, la mère, c'est le chef de famille!»

Lisez l'interview suivante, dans laquelle Xavier Miolard parle de ses parents. Pour voir où se trouve la Guadeloupe, regardez la carte de la francophonie à la page 3.

Xavier Miolard interviewé: la famille guadeloupéenne

Interviewer: Et, tes parents, est-ce que tes parents ont exercé une grande influence sur ta vie?

Xavier: Ah! bien sûr . . . Je pense que tous les parents devraient. D'abord mes parents sont enseignants, donc je ne voulais pas être enseignant . . .

I: Ça se comprend!

X: Parce qu'on voit les inconvénients quand même . . . de la profession. Ensuite euh, par l'éducation, forcément, j'ai appris beaucoup d'eux. Mais je pense que maintenant, je pourrais leur apprendre . . . et ça, c'est bien.

I: Est-ce que l'un de tes parents a eu une plus grande influence que l'autre?

X: Oui, je dirais ma mère car j'ai toujours été très, très proche d'elle. Mon père un peu moins, car il est un petit peu plus mâle, plus . . . féroce, on va dire.

I: Ah! oui. Ça . . . c'est très intéressant, parce que tu ne crées pas l'impression d'avoir un côté féroce, toi-même.

X: Disons que j'appelle un côté . . . non, mon père, il a un côté féroce, mais il n'est pas méchant, il est doux, et il passe à tous les caprices en fait. Il fait Papa-gâteau.

I: Ça veut dire quoi, exactement? Je ne comprends pas ce mot.

X: Papa-gâteau? C'est euh, il donne tout, il laisse passer à tous les caprices . . . il fait pas obstruction, il veut faire du bien, quoi.

I: Et décris-moi un peu la personnalité de ta mère. Est-ce que c'est complémentaire, ou est-ce qu'elle a à peu près les mêmes qualités . . . les mêmes défauts?

X: Ah! oui. En Guadeloupe, c'est très important, la mère est le chef de famille. Bien que sur les papiers, c'est le père, mais la mère a toujours tendance à être plus stricte, plus sévère, et a plus stricte attention aux petits détails, à mener le foyer vraiment . . . et à tenir les enfants. Donc ma mère est un peu l'opposée de mon père, on va dire, pas vraiment, mais un peu.

I: Ah, oui. Et est-ce que toi, tu tiens plutôt de ton père ou de ta mère, par ta personnalité?

X: Je pense, de mon père, car je suis assez faible. Oui, plutôt de mon père.

A Comme vous le voyez, Xavier comprend bien la personnalité de ses parents, en parlant de leurs qualités positives et négatives. Recopiez la grille et complétez-la.

Qualités	
Père	**Mère**

B Voici un résumé de ce que dit Xavier sur ses parents. Utilisez quelques-uns des mots ci-dessous pour remplir les blancs.

> côté faible fort irresponsable responsable profession professeur
> doux importante stricte sensé tous plus

Pour Xavier, l'influence de ses parents a été très **1** ...., ce qui est le cas avec **2** .... les parents. Xavier n'a pas voulu devenir **3** .... , parce qu'il a vu tous les inconvénients de la **4** .... C'est plutôt sa mère qui a eu la **5** .... grande influence, peut-être parce que son père avait un **6** .... un peu féroce. Mais, son père avait aussi un côté très **7** .... Comme partout à la Guadeloupe la mère était **8** ....de la famille. Alors, elle a dû être plus **9** .... que son père, qui était un peu **10** .... comme lui.

C *A vous maintenant!*

Et votre père/votre mère, est-ce qu'ils réagissent de la même façon que les parents de Xavier? Expliquez leur personnalité en une centaine de mots, en utilisant la *Case-profil* et le reste du matériel à la page 201.

D Maintenant, écoutez Xavier qui parle de son frère, David, et identifiez les mots qui manquent dans le texte ci-dessous:

Xavier Mon frère fait des études en Martinique, des études **1** .... Moi, je finirai mes études sûrement avant mon **2** .... , car il a des, il a eu des problèmes l'année **3** ....

Rod Ah, oui. Est-ce que tu voudrais **4** .... de ses problèmes, ou non?

Xavier Ben, c'est pas vraiment des problèmes **5** .... Je dirais qu'il a mal choisi ... sa voie ... qu'il a **6** .... du droit d'abord, pour rester en Guadeloupe, pour ne pas **7** .... , et le droit étant très difficile, il a arrêté. **8** .... ma mère a **9** .... qu'il pouvait aller en Martinique pour faire de l'anglais. Il n'aime pas la Martinique et **10** .... il stagne un peu ... parce qu'il n'est pas très intéressé **11** .... les études. Il est un peu **12** .... Il a une philosophie un peu différente, car il **13** .... rasta ...

Rod Ça veut dire quoi, exactement?

Xavier Euh, disons, qu'il croit aux choses **14** .... de la vie. Bien que lui, il accepte le **15** .... Il ne l'est pas totalement. **16** .... il croit aux choses simples de la vie.

Rod Et, est-ce qu'il aime aussi la musique rasta ou non?

Xavier Il fait **17** .... la musique.

Rod Et, est-ce que vous vous comprenez **18** .... bien, vous deux?

Xavier Disons ... comme **19** .... les frères, on a **20** .... beaucoup de problèmes à l'origine ... après on a **21** .... de chemin. Donc, je ne l'ai plus suivi ... et maintenant ça **22** .... Quand on se revoit, c'est toujours avec plaisir, **23** .... pense.

à peu près *more or less*
caprice (m) *whim*
créer *to create*
doux(-ce) *gentle*
enseignant(e) *teacher*
exercer *to exercise, fulfil*
faible *weak*
forcément *of necessity*
mener le foyer *to run the household*
Papa-gâteau (m) *indulgent father*
préciser *to state precisely, specify*
tenir de *to take after (= resemble)*

coin infos

la Guadeloupe

La Guadeloupe est depuis 1946 un véritable département français dans les Antilles de l'Est. Elle est en effet deux îles séparées par un pont. La plupart de la population habite *Grande-Terre*, île plate et centre touristique. *Basse-Terre* est en revanche une île volcanique avec une chaîne impressionnante de montagnes boisées.

Son économie, autrefois fondée sur l'esclavage et la canne à sucre, dépend toujours de l'industrie sucrière et du tourisme.
SITE INTERNET:
http://www.idee.com/antilles/guadel/default.htm

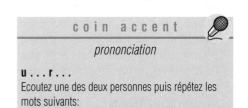

coin accent

prononciation

u . . . r . . .
Ecoutez une des deux personnes puis répétez les mots suivants:

du tu pu su dune tunnel pub sud rat
réel rincé roué rude raté réalité grincer
rousse crudités

1.14 *Sabine parle de sa famille à l'île de la Réunion*

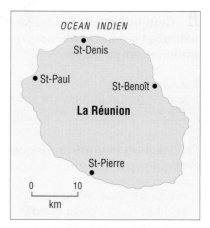

A *Le pronom* on

Très souvent, les Français disent *on* au lieu de *nous*. Quand Sabine parle des hommes et de la vie de famille, on le remarque facilement. Ecoutez Sabine et remplacez chaque blanc dans la transcription par une expression avec *on*.

Pour voir où se trouve la Réunion, regardez la carte de la francophonie à la page 3.

Rod   Bon, Sabine, dis-moi: est-ce que tu trouves que les rapports personnels chez toi sont plus fiables, que plus solides … qu'en France métropolitaine?

Sabine   Oui, tout à fait! Oui. Parce que … ce qui est très, très important pour nous, c'est d'avoir une famille. Donc en général, heu … le travail ou les autres problèmes personnels ne passent pas avant la famille. Et s'il faut par exemple abandonner son travail pour … pour se donner à fond dans une relation, **1** ……… normalement à le faire. Et donc **2** ……… , on trouve heu … on trouve toujours des, heu, je dirai des raisons vraiment pour avoir … pour avoir une bonne famille, pour avoir une bonne entente dans la famille.

Rod   Oui. Et les rapports avec nos voisins et les amis?

Sabine   **3** ……… avec les voisins en général heu … bon, je ne dirais pas que c'est … c'est vraiment une grande famille, mais par exemple **4** ……… chez le voisin sans problème, sans donner un coup de fil, **5** ……… tout simplement comme ça et puis heu, **6** ……… discuter avec le voisin ou la voisine. Et puis, par exemple si **7** ……… , **8** ……… et lui demander heu …

Rod   Oui …

Sabine   … il y a des relations comme ça, mais heu … le problème aussi avec les voisins, c'est que bon, il y a ce côté très familier mais aussi ce côté où **9** ……… vie privée.

Rod   Oui, bien sûr. C'est le revers de la médaille.

Sabine   Oui, c'est le revers de la médaille, tout à fait.

Rod   Oui, bien sûr. Mais, disons sur le plan des rapports homme–femme, femme–homme, est-ce que tu crois qu'il est possible d'avoir un rapport 100% égal avec son partenaire?

Sabine   Heu … dans mon île, pas du tout! Non!

Rod   Hum! Pour quelle raison?

Sabine   Parce que tout simplement les hommes là-bas sont très machos. Moi, c'est mon opinion personnelle. Heu … mais je pense pas si personnelle que ça! Mais, en général, les hommes … les hommes de mon île, bon … avant de se marier, ils sont prêts à tout faire, mais à tout faire alors: les beaux cadeaux, tout ce qu'il y a. Et puis quand **10** ……… , c'est fini. Il faut que, quand … quand ils arrivent que le repas soit prêt, il faut que la maison soit nettoyée, finalement, **11** ……… pour eux, quoi. Tout à fait! Et bon, c'est une des raisons pour laquelle j'ai jamais voulu me marier avec un homme de chez moi.

attendre   (here) *to expect*
chacun   *everybody*
dialoguer   *to talk to each other*
domaine (m)   *field, area*
se donner à fond   *to give oneself up to*
entente (f)   *understanding*
France métropolitaine   *mainland France*
ménage (m)   *household*
nettoyé   *cleaned*
sur le plan de …   *on a … level*
pot (m)   *jar, drink (of beer, etc.)*
quelque part   *somewhere*
rapport (m)   *relationship*
revers (m) de la médaille   *the opposite side of the coin*
tenace   *tenacious, stubborn*

B Remplissez chaque blanc dans cette partie de la conversation avec Sabine et ses amis Lana et Ben par un verbe pronominal. Le premier est fait pour vous aider.

Lana   Il ne faut pas oublier qu'avec la révolution sexuelle a eu lieu il y a ... dans les années soixante, donc le chemin **1 s'est fait** petit à petit: y a d'abord eu la confrontation, les hommes et les femmes **2** ...., heu ... et puis finalement ils ont vu que ça n'allait pas non plus comme ça, donc on commence à ... à dialoguer, je dirais.

Rod   Oui, c'est vrai!

Lana   Et c'est beaucoup mieux comme ça ... Et chacun a son rôle d'une façon, chacun remplit son domaine: le domaine pré ... prédominant, là où il est le plus fort, là où **3** .... à l'aise et il y a une complémentarité. Voilà!

Ben   C'est trop fatigant de **4** .... de toute façon! [Rire] Elles sont trop ... trop tenaces.

Sabine   Oui, d'accord!

[Rire]

Rod   Est-ce ... c'est à peu près la raison pour laquelle tu as eu la décision de ... de trouver, à la fin, un mari, disons, métro ... métropolitain pour ainsi dire plutôt que ...

Sabine   ... européen.

[Rire]

Rod   Européen! Bien sûr! Plutôt que de repartir trouver ton mari à l'île de la Réunion, quoi?

Sabine   Oui, ça c'est une des raisons. C'est une des raisons. Bon, j'aimerais quelqu'un ... avec qui partager ma vie entièrement. C'est pas quelqu'un qui attend tout de moi et puis qui donne rien en quelque sorte. Heu ... moi, j'aime bien ... j'aimerais bien avoir un mari qui ... qui ait le temps de m'écouter, qui ait le temps de ... qui ait le temps de ... qui a le temps de **5** .... un p'tit peu, même juste pour sortir cinq ..., pas cinq minutes non, mais pour aller prendre un pot par exemple quelque part, etc. Ça, c'est quelque chose que je ne peux pas faire dans mon île, sortir avec son mari le soir pour aller prendre un pot, c'est ... c'est même pas ... c'est pas nécessaire vraiment d'y penser.

C Maintenant, regardez de nouveau les deux parties de la conversation avec Sabine et montrez par un ✓ ou une ✗ si chacune des idées ci-dessous y figure ou non.

1 Les amis vous aident à abandonner le travail.
2 Un bon rapport familial est essentiel.
3 On peut rendre visite aux voisins sans rendez-vous.
4 Il peut être difficile de maintenir une vie privée.
5 A la Réunion les femmes et les hommes sont sur un pied d'égalité.
6 La femme devient un peu l'esclave de l'homme.
7 L'égalité sexuelle s'est établie tout d'un coup.
8 Le secret de l'égalité est de prendre chacun la responsabilité pour ce qu'on fait bien.
9 Quand on est fatigué, on se bat.
10 Les femmes sont plus libres en France qu'à la Réunion.

D Exprimez autrement en français les phrases suivantes, en vous référant encore à ce que Sabine a dit.

1 Le travail ne passe pas avant la famille.
2 se donner à fond
3 du même genre
4 ils sont prêts à tout faire
5 une femme de ménage
6 aller prendre un pot

CONSOLIDATION

A consulter: Future, p.217; Imperfect, p.216

Lisez cette transcription d'un extrait d'une interview avec Dominique et Lana. Tous les verbes sont au présent.

Dominique   Je trouve qu'en Angleterre les liens sociaux, les liens familiaux sont beaucoup plus détendus qu'en France. En France la famille c'est très important, il y a des liens importants, et je pense que c'est certainement dû à ça aussi qu'on reste plus longtemps avec ses parents. Enfin je trouve que c'est assez choquant en Angleterre de voir ...

Lana   ... ils coupent tout de suite.

Dominique   Voilà. On voit très souvent des jeunes qui ont vingt ans qui voient leurs parents une fois par an à Noël, moi ça me choque, qu'ils ne leur téléphonent pas, qu'on coupe les liens.

1 Mettez les verbes à l'imparfait.
2 Mettez ces mêmes verbes au futur.

unité 2
Le monde des loisirs

Quand on est jeune on a l'impression de passer tout son temps à étudier. Pourtant on ne peut pas passer toute sa vie à travailler! Il faut du temps pour se décontracter et pour se remettre en forme.

2.1 *Le week-end*

Dans un article du magazine *OK* on parle de l'attitude des jeunes envers le week-end. Lisez l'article une fois avant de faire l'exercice A à la page 25.

Le lundi on a du mal à se lever mais, dès le vendredi, une merveilleuse énergie s'empare de nous. Demain, ça va être la fête avec des tas de projets en perspective! Et puis l'essentiel c'est, dès midi, de ne plus avoir à supporter les cours. Samedi soir sera forcément riche en événements puisqu'il n'y aura pas d'heure pour se coucher, pas d'heure pour se réveiller le dimanche matin. Tout le stress de la semaine va s'envoler et même les parents sont plus détendus, décidés eux aussi à profiter au maximum de leur week-end.

Dans l'absolu, c'est comme cela que ça devrait être, mais bien souvent les choses se gâtent. Les parents s'énervent dès le samedi après-midi avec toutes les courses à faire dans les magasins bondés. Epuisés le soir ils ne diront pas forcément oui pour la boum, la boîte ou le bal où vous aviez l'intention de vous rendre avec votre bande.

Et puis vous, vous n'avez pas pensé à prévenir Noémie, Florence ou Bruno et, alors que vous tentez de les joindre par téléphone, personne ne décroche. Et, s'ils étaient partis en week-end avec leurs parents? Aïe, aïe, aïe!

Allez-vous passer encore un week-end à vous ennuyer ferme entre les braillements de la petite sœur ou du petit frère, la promenade hygiénique du chien et la profusion de feuilletons et de jeux-télé? Tout dépend de vous. Car un week-end ça s'organise et, même si vous ne faites pas toujours exactement ce que vous souhaitez, il y a toujours des moyens pour vous en sortir au mieux.

Dans cette unité on va consolider votre compréhension des points suivants:

- L'infinitif précédé de «de» ou «à» (*infinitives with* à *or* de)
- Les verbes pronominaux (*reflexive verbs*)
- Le futur (*future tense*)
- L'impératif (*imperatives*)
- Les adjectifs (*adjectives*)
- Le passé composé (*perfect tense*)

coin accent

intonation et prononciation

Ecoutez Patrice/Laurent qui parlent du lundi et du samedi soir, puis répétez ce qu'ils ont dit sur cassette après un peu de pratique.

Faites surtout attention à l'intonation, qui est marquée une fois de plus, et à la prononciation du son **s**, qui se prononce plus doucement en français qu'en anglais.

Le lundi on a du mal à **s**e lever, mais, dès le vendredi, une merveilleuse énergie **s**'empare de nous.

Demain **ç**a va être la fête avec des tas de projets en per**s**pective!

Et puis l'e**ss**entiel **c**'est, dès midi, de ne plus avoir à **s**upporter les cours.

Samedi **s**oir **s**era forcément riche en événements pui**s**qu'il n'y aura pas d'heure pour **s**e coucher, pas d'heure pour **s**e réveiller le dimanche matin.

Tout le st**r**e**ss** de la **s**emaine va **s**'envoler et même les parents **s**ont plus détendus, dé**c**idés eux au**ss**i à profiter au maximum de leur week-end.

A noter: merveilleuse énergie = merveilleuze énergie

plus avoir = pluz avoir

---

s'emparer de   *to seize*
s'envoler   *to fly away, disappear*
se gâter   *to spoil, go wrong*
prévenir   *to warn, inform*

A Les opinions suivantes sont exprimées dans le texte, mais elles ne sont pas dans le bon ordre. A vous de les ranger dans l'ordre du texte.

1   Les parents fatigués ne sont pas toujours de bonne humeur.
2   Dimanche on peut faire la grasse matinée.
3   C'est à vous de décider si vous allez vous ennuyer ou non.
4   Il y a trop de gens qui font des achats.
5   Les copains ne sont pas là quand vous leur passez un coup de fil.
6   On redécouvre ses forces à la fin de la semaine scolaire.
7   Toute la famille est plus décontractée.

B Lisez le texte encore une fois et trouvez-y l'équivalent de chacune des expressions suivantes.

1   il est difficile de ...
2   énormément de ...
3   la chose la plus importante
4   disparaître
5   tournent mal
6   pleins de monde
7   essayez
8   Quel désastre!

C Ecoutez Bernard qui parle de ses week-ends. Complétez en français le résumé suivant, en écrivant un seul mot dans chaque blanc. Choisissez parmi les mots donnés ci-dessous mais faites attention – vous n'allez pas les utiliser tous.

1 .... les week-ends de Bernard se **2** .... Il n'est pas **3** .... parce que son copain **4** .... du camping. Bernard pense qu'il **5** .... être avec ses copains. Alors, il **6** .... écouter ses grands-parents qui n'**7** .... pas de parler et de lui **8** .... des questions sur ses études. Puis, pendant qu'on **9** .... , on parle des mêmes choses que d'habitude. Après, si le temps **10** .... beau, tout le monde **11** .... faire une promenade. Puis, ça **12** .... comme avant. Pour Bernard, le week-end, c'est vraiment casse-pied!

> tous disputent doit vont recommence mange promenade content triste
> ressemblent osent fait arrêtent poser tout dort est demander préfère va

D *Face à face*

Personne A   C'est le week-end. Vous vous ennuyez chez votre ami(e) français(e). On vous propose plusieurs façons de faire passer le temps.

• Expliquez pourquoi vous vous ennuyez.
• Refusez les idées proposées, en expliquant pourquoi chaque fois.

Personne B   Votre ami(e) s'ennuie le week-end.

• Essayez de le/la persuader de faire quelque chose pour s'occuper.
• Proposez au moins cinq activités, en expliquant pourquoi chacune serait intéressante.

CONSOLIDATION

A consulter: Constructions with the infinitive, p.221

1   Trouvez dans l'article à la page 24 les huit phrases où il y a un infinitif précédé d'un verbe avec *à* ou *de*. Exemples:

on a du mal *à se lever*
l'essentiel est *de ne plus avoir*

2   Maintenant, écrivez huit phrases, en utilisant ces structures dans des exemples personnels.

Exemple: J'ai du mal à parler allemand.

A consulter: Reflexive verbs, p.215

3   Relisez l'article à la page 24 en faisant attention aux verbes pronominaux, puis rendez en français les phrases suivantes:

a I have difficulty getting up.
b Tiredness overcame me.
c There's no set time for me to go to bed.
d All the problems are going to disappear.
e I get fed up when Monday comes!
f I'm going to spend a week-end enjoying myself.
g A party was organised.
h I made the most of it.

CASE-PHRASES

il n'y a rien à faire!
mes copains/copines sont parti(e)s
ça coûte trop cher
pourquoi pas ...
si on allait ...

2.2 *Quelques conseils*

Le magazine *OK* a donné quelques conseils à ses lecteurs pour les aider à profiter d'un week-end sans parents – c'est-à-dire deux jours de vraie grande liberté!

C'EST d'abord le week-end où l'on fait vraiment ce que l'on a envie de faire, mais sans abus, sans excès.

1   Apprenez à vous doser, vous ne vous en sentirez que mieux.

2   Consacrez du temps à vos activités favorites, autant de temps à ne rien faire en apparence, comme ça vous pourrez récupérer et vous détendre.

3   Le week-end, pour être bénéfique, doit différer en tout du reste de la semaine.

4   Un minimum d'organisation vous aidera à profiter au mieux de votre temps sans jamais vous ennuyer.

5   Le système de la carotte-récompense, ça marche toujours. Par exemple, si vous avez pris la précaution de donner rendez-vous la veille à

vos copains pour le dimanche vers 15 heures, vous pourrez soit traîner le matin, soit faire le reste de vos devoirs, mais le cœur léger parce que vous savez que vous allez passer un super après-midi ensuite.

6   Ne vous épuisez pas, ne vous laissez pas non plus envahir par la langueur. Sinon vous serez dans un drôle d'état d'esprit et une pensée vraiment idiote viendra vous effleurer: «Vivement lundi!»

7   Résistez à la tentation de vous coucher trop tard, vous ne serez pas en pleine forme le lendemain.

8   Téléphonez le vendredi soir à vos copains/copines pour savoir si au moins un(e) d'entre eux/elles sera là pendant le week-end.

A   Les phrases suivantes ont le même sens que les conseils donnés dans l'article, mais les deuxièmes moitiés (**a–i**) sont dans le désordre. Trouvez la bonne deuxième partie pour chaque première. Il y a une deuxième partie de trop.

1   Le samedi et le dimanche ...
2   Allez-y doucement ...
3   Passer une nuit sans sommeil, ou presque ...
4   Un coup de fil avant le week-end ...
5   Faites ce qui vous plaît le plus ...
6   Vous pourrez éviter l'ennui ...
7   Vous pouvez éviter ...
8   Pendant le week-end, évitez la fatigue ou la paresse excessive ...

a   ce n'est pas bon pour la santé.
b   d'avoir mauvaise conscience.
c   mais passez aussi du temps à ne rien faire.
d   faites quelque chose d'autre.
e   pour éviter le désir de reprendre les cours.
f   ne vaut pas la peine.
g   vous garderez votre énergie.
h   en faisant des projets à l'avance.
i   pourra éviter le risque de la solitude.

CONSOLIDATION

A consulter: Future, p.217

1   Faites la liste de tous les verbes différents au futur qui se trouvent dans le texte ci-dessus.

2   Mettez tous ces verbes à la première personne du singulier et du pluriel.

3   Interprétez en français ces propos de votre ami(e) anglophone:

   a   I will help you.
   b   He'll be in a funny mood!
   c   I shall feel better tomorrow.
   d   We'll be able to play in the evening.
   e   That won't be funny!

A consulter: Imperatives, p.215

4   Mettez au singulier les impératifs (= conseils) dans le texte.

5   Tout en utilisant les impératifs dans le texte comme guide, interprétez pour un(e) ami(e) français(e) les ordres suivants:

   a   Learn to relax.
   b   Devote an hour to practice.
   c   Don't get exhausted at work!
   d   Don't let yourself be overcome by despair.

B *A discuter et à décider*

Enfin, *OK* vous propose une liste de «choses à ne jamais faire» et une liste de «choses possibles» pendant un week-end sans parents.

A ne jamais faire	*Les choses possibles*
• **Inviter** tous vos copains pour une mégaboum qui ne s'achèvera que très tard dans la nuit avec musique à fond, cris et hurlements de joie. Et les voisins alors? Vos parents seraient au courant dès leur retour. • **Sécher** les cours du samedi matin. Pas très malin …	• **Aller** au cinéma, à la patinoire ou faire du shopping. • **Traîner** dans la baignoire, d'habitude la salle de bains est toujours sur-bookée! • **Jouer** au Trivial, au Scrabble ou à un quelconque jeu de société.

Peut-être votre liste de conseils serait-elle beaucoup plus intéressante? Discutez en groupes de trois ou quatre et établissez deux listes sous les titres «choses à ne jamais faire» et «choses possibles». Il faut inclure au moins une idée suggérée par chaque membre du groupe.

C Ecrivez trois paragraphes dans lesquels vous décrivez un week-end de rêve que vous avez organisé pour:

• votre sœur, qui a douze ans
• votre mère ou votre père
• vous-même.

Utilisez **le futur**, par exemple:
Elle passera deux heures à parler avec des amies …

Il ne fera pas de courses …

2.3 *Le saut à l'élastique*

Si vous rêvez de week-ends un peu différents, êtes-vous tenté(e) par le saut à l'élastique?

A Ecoutez Claire, puis faites correspondre les deux parties des phrases suivantes (il y a une deuxième partie de trop):

1 D'abord Claire n'était pas …
2 Son ami a eu du mal …
3 Après avoir assisté à un saut …
4 Quand elle a fait son premier saut …
5 Il y a plusieurs formules …
6 La seule chose qu'il faut payer en plus …
7 Tout le reste …
8 Claire n'est pas encore …

a ce sont les frais de voyage.
b elle a voulu essayer elle-même.
c est prévu.
d très enthousiaste.
e à prouver qu'on a fait un saut.
f à la persuader.
g accro du saut à l'élastique.
h pour ceux qui veulent en faire.
i elle a voulu recommencer.

accro (m/f) (pop.) *keen fan, enthusiast*
bien-être (m) *well-being*
ça ne m'a rien dit du tout *it didn't appeal to me at all*
se faire inscrire *to sign up, enrol*
hébergement (m) *accommodation*
se mettre à *to begin to*
posé *steady, settled*
prendre en charge *to look after*
si ça vous dit *if you like the idea*
souci (m) *care, worry, concern*
surmonter *to overcome, conquer*
des tas de *loads of*

B   Maintenant, écoutez la deuxième partie. Comment est-ce que Claire dit:

1   My heart began to beat faster and faster.
2   I was really going to have to do it.
3   I began to like it.

C   Ecoutez la section qui commence «Et puis, alors, après le saut» jusqu'à «plus posée, plus calme», puis écrivez-la à la troisième personne. Commencez: «Et puis, après le saut, *elle a eu* une telle sensation . . .».

2.4 *Plus ça change . . .*

Vous n'avez peut-être plus les mêmes centres d'intérêt que lorsque vous étiez plus jeune. Ecoutez Caroline, 21 ans, qui vous parle de ce qu'elle aimait faire lorsqu'elle était ado.

A   Il y a certaines différences entre ce qu'elle dit et le texte suivant. A vous de noter les différences.

Exemple: Notez: *jouais/pratiquais*

«*Quand j'avais dix-sept ans, j'aimais beaucoup la musique, et je jouais de la flûte traversière ainsi que le solfège. Euh, j'étais intéressée par cet instrument et maintenant que je ne le fais plus je le regrette beaucoup. J'étais aussi attirée par le sport: je faisais de la gymnastique, deux fois par semaine; du volley, du handball et également du basketball. Quand j'avais dix-sept ans également, . . . j'aimais . . . c'est l'époque où j'adorais sortir en soirée, les premières soirées, les premières boums, les sorties au cinéma avec les copains, les copines et les bonnes parties de plaisir et de rigolade. Je, je n'étais pas très attirée par la lecture, au contraire, contrairement à maintenant. Mais, par contre, je, à cette époque, j'étais attirée par le hockey sur glace. C'est un sport qui me passionnait beaucoup quoiqu' . . . un peu violent, mais ça m'attire beaucoup moins maintenant.*»

D   Pour terminer, mettez-vous à la place de l'ami(e) de Claire. Racontez votre premier saut à l'élastique. Mentionnez les points suivants:

*   qui vous a offert ce cadeau et pourquoi;
*   quand et où vous avez fait votre premier saut;
*   vos émotions avant, pendant et après le saut;
*   le souvenir que vous avez gardé de cette expérience;
*   la réaction de vos amis;
*   votre attitude, maintenant – vous allez recommencer?

Ecrivez environ 120 mots.

B   Maintenant résumez le texte à gauche à la troisième personne en racontant ce qu'elle aimait faire quand elle était plus jeune.

C   *Face à face*

Chacun à son tour! Découvrez les passions présentes et passées de votre partenaire en lui posant des questions comme celles-ci:

Avec qui . . . ?
Quand . . . ?
Depuis quand . . . ?
Où . . . ?
Pourquoi . . . ?
Comment . . . ?

Notez en français les réponses de votre partenaire et présentez-les au groupe. Voir la *Case-phrases* à la page 29.

2.5 *La musique, ça change*

Vous aimez la musique mais vous n'êtes pas doué(e) pour la flûte ni pour le violon? Votre clavier préféré, c'est celui qui est attaché à votre ordinateur? Lisez la page d'Internet suivante qui explique un programme pour les accros de la musique électronique.

A Expliquez en anglais les phrases suivantes. Cherchez dans votre dictionnaire français–anglais s'il le faut:

1 le solfège
2 le moindre ordinateur étant aujourd'hui équipé d'une carte son
3 Ça donne des CD-ROM toujours plus conviviaux
4 sans aucune connaissance préalable
5 pistes sonores
6 des samples déjà travaillés
7 les accords d'une guitare
8 une banque de données
9 un jeu d'enfant
10 un schéma type

CASE-PHRASES

Pour exprimer vos opinions, utilisez les phrases suivantes tirées du texte:

- J'aimais beaucoup ...
- J'étais intéressé(e) par ...
- Je le regrette
- J'étais attiré(e) par ...
- J'adorais ...
- Mais, par contre ...
- ... me passionnait
- ... ça m'attire beaucoup moins ...
- c'est l'époque où ...

Le Monde

INTERACTIF

Tube minute

ACID permet au profane de créer ses morceaux de musique en piochant dans une bibliothèque de sons

Mis à jour le lundi 21 juin 1999

ACID DJ et ACID ROCK Editeur: Sonic Foundry Distribué par Waves System Support: PC CD-ROM Configuration minimale: Pentium 133, 32 Mo de RAM, 3 Go de disque dur, Windows 95/98 Prix: 75 euros

VOUS DÉTESTEZ le solfège. Normal. Votre dernier cours de musique remonte à la classe de 3e, quand on vous obligeait à jouer sur une flûte à bec nasillarde des reprises des Beatles terrifiantes. Rien n'est perdu: depuis un an, on assiste à l'explosion des logiciels de musique grand public. Le moindre ordinateur étant aujourd'hui équipé d'une carte son, les concepteurs de logiciels commencent à en exploiter toutes les possibilités. Ça donne des CD-ROM toujours plus conviviaux pour apprendre la musique – de la théorie à la technique d'un instrument – mais surtout pour s'amuser, *«sans aucune connaissance préalable»*. Et à condition de ne pas être trop exigeant et d'aimer la musique sauce «boum-boum», c'est plutôt pas mal!

ACID, le plus perfectionné de ces programmes, propose de réaliser facilement des morceaux de techno, de rock ou toute autre musique pour peu qu'elle soit répétitive. Ambiance juke-box rose bonbon ou plus «pro», le grand principe de ces nouveaux logiciels de musique multimédias est toujours le même: on organise plusieurs pistes sonores; on va chercher des samples déjà travaillés – comme les accords d'une guitare et un solo de percussion – dans des banques de données. Plusieurs centaines d'échantillons – souvent très «clichés» – sont ainsi classés selon leur style et leur tempo; un simple «glissé-déposé» permet de positionner la ligne de basse sur une grille qui se synchronise automatiquement avec la batterie. Un jeu d'enfant. On propose même quelquefois un schéma type, pour les plus maladroits qui n'arrivent pas à placer un «break» ou à conclure une mélodie. Tout cela se fait sans clavier de synthétiseur, avec un peu d'oreille et un vague sens du rythme. On peut alors enregistrer tout et n'importe quoi: sa voix, un CD audio ou bien sûr un vieux vinyle.

http://www.lemonde.fr/article/0,2320,seq-2059-12294-MIA,00.html

2.6 *L'achat-plaisir*

Autre façon de se faire plaisir: s'offrir des articles de luxe à prix raisonnable. Même quand on se serre la ceinture, en particulier dans les milieux à faibles revenus, on craque pour le superflu qui rend la vie moins morose. Une étude du Credoc (Centre de recherche pour l'étude et l'observation des conditions de vie) a révélé les secrets de l'achat-plaisir.

Cela peut être un bouquet de fleurs, un bijou ou un disque CD, un Big Mac dans un fast-food après une séance de cinéma ou un très bon repas chez un cuisinier «à toque» ... L'achat-plaisir, effectué sur un coup de tête, n'a pas disparu. Selon une étude du Credoc (Centre de recherche pour l'étude et l'observation des conditions de vie) plus d'un Français sur deux (56%) s'y adonne encore avec délice et d'autant plus facilement qu'il habite en ville, lieu de toutes les tentations. Et comme l'achat-plaisir est essentiellement petit et futile, non guidé par le besoin, il est surtout le fait des femmes (62%) et des jeunes (86% des 18–24 ans contre 37% des plus de 50 ans).

Ces consommateurs de superflu ne se recrutent pas seulement, comme on pourrait s'y attendre, chez les personnes riches. Une tendance confirmant que la consommation n'est pas qu'une question d'argent, puisque les acheteurs impulsifs sont presque aussi nombreux parmi les moins aisés s'imposant de nombreuses restrictions (61%), que parmi les gros salaires moins près de leurs sous (69%)! Pour les Français à revenus modestes qui se serrent la ceinture sur le nécessaire, cette manière d'acheter sur un coup de tête même s'il s'agit d'un investissement minime, est avant tout

une échappatoire pour supporter la pression économique. On assiste à un effet «soupape-de-sûreté», histoire de se ménager un îlot de plaisir dans la morosité ambiante.

Les frileux (51%), ceux qui répugnent à se faire un petit cadeau pour cause de sombres perspectives et de peur de l'avenir, ont des revenus moins modestes et des restrictions limitées. Mais ils répugnent aujourd'hui à céder à leurs envies et repoussent à une époque meilleure les achats jugés inutiles. C'est la classe moyenne, dont les rangs ont grossi ces dix dernières années, qui boude la société de consommation.

De l'utile à l'agréable, les Français évoluent dans leur façon de consommer. Le Credoc définit quatre types de consommateurs en fonction de ces critères: 12% ne font jamais d'achat sur un coup de tête, faute de désir plus que d'argent; 32% se serrent la ceinture par obligation et rejettent la société de consommation dont ils se sentent exclus; 30% achètent par plaisir mais pas les yeux fermés, véritables hédonistes sensibles à la qualité du produit; 25% ne sortent leur portefeuille que pour se faire plaisir, que l'objet convoité soit gros ou petit.

Joëlle Frasnetti

A Trouvez dans l'article des expressions qui ont le même sens que les suivantes:

1 fait sans réfléchir
2 gens qui achètent des choses dont ils n'ont pas besoin
3 qui ne gagnent pas beaucoup d'argent
4 font des économies
5 les gens qui ont horreur de
6 changent
7 parce que c'est nécessaire
8 à laquelle ils ne croient pas appartenir

---

s'attendre à *to expect*
bouder (here) *to shun, ignore*
convoité *sought after*
échappatoire (f) *way out, loophole*
frileux (here) *cautious*
histoire de (+ infinitive) *for the sake of, in order to*
îlot (m) *small island*
se ménager (here) *to provide for oneself*
soupape (f) de sûreté (f) *safety valve*
toque (f) *chef's hat*

B   Complétez les phrases suivantes sans copier directement le texte.

1   L'achat-plaisir, c'est un phénomène qui se trouve surtout chez . . .
2   Ce ne sont pas que les gens riches qui s'adonnent à . . .
3   Les Français moins fortunés font de petites folies afin de . . .
4   Certains ne s'offrent rien parce que . . .
5   Certains Français ont les moyens de s'offrir une petite folie mais . . .

C   Les noms et les verbes dans la grille ci-dessous se trouvent dans l'article. Utilisez votre dictionnaire pour trouver la forme qui manque.

nom	verbe
tentation	1 . . . .
2	disparaître
obligation	3 . . . .
4	recruter
tendance	5 . . . .
6	répugner
fait	7 . . . .
8	évoluer
investissement	9 . . . .
10	convoiter
envie	11 . . . .
12	imposer
restriction	13 . . . .
14	rejeter

D   Ecrivez en entier les phrases suivantes, en remplaçant chaque blanc par un mot approprié choisi parmi ceux que vous avez trouvés pour faire l'exercice C.

1   Personne n'est . . . . d'. . . . . de l'argent dans cette compagnie.
2   Les Français . . . . à refuser l'. . . . . des lois.
3   Malgré sa . . . . pour la violence, le footballeur n'a pas pu se . . . . devant les insultes du supporter.
4   Selon le général, la . . . . dans la jungle des nouvelles . . . . était un mystère.
5   On remarque de plus en plus dans l'. . . . . de la société le . . . . des vieilles habitudes.

E   Ecoutez deux jeunes Français, et indiquez qui c'est: Gérard, Marie-Laure ou personne?

Qui . . .
1   . . . achète des choses coûteuses?
2   . . . faisait autrefois plus de petites folies que maintenant?
3   . . . était pauvre autrefois?
4   . . . n'a plus besoin de demander de l'argent à sa famille?
5   . . . hésite, puis achète quand même?
6   . . . pense que tout pourrait changer à l'avenir?
7   . . . explique ce qu'il/elle entend par «une petite folie»?
8   . . . croit qu'il faut profiter du moment?
9   . . . a des goûts plutôt culturels?
10   . . . croit qu'un jour il/elle aura des regrets?
11   . . . explique le changement dans sa situation familiale?

F   Et vous? Vous arrive-t-il peut-être de faire une petite folie? Racontez-la au groupe! Chacun doit parler pendant une minute. Les phrases dans les bulles sont là pour vous aider.

> J'ai eu l'idée de . . .

> J'ai craqué pour . . .

> Cela m'est arrivé de . . .

> J'ai eu un coup de foudre et . . .

coin accent

prononciation et intonation

ou, u, r
(*ou* = *oo* et non pas «*iew*»)

Ecoutez encore une fois ce que Gérard a dit sur l'achat-plaisir, réenregistré par Gérard et Marie-Laure. Imitez seulement la voix de votre sexe et concentrez-vous sur les sons *ou, u* et *r* sans oublier la ligne d'intonation.

Oui, cela m'a**rr**ive d'acheter des vêtements à 90€ **ou** des chauss**u**res à 180€. Je n'en ai pas besoin absol**u**ment, mais je **cr**aque **pou**r me faire plaisir. Avant, je n'avais pas les moyens. Je me balade, je passe devant **u**ne bo**u**tique, et j'ai un **cou**p de fo**u**d**r**e. Alors, j'achète. Cela permet de mett**r**e un peu de joie dans la vie, sortir de la **rou**tine . . . Il faut en **pr**ofiter car, à mon avis, ce sera plus d**u**r un jou**r**.

2.7 *Chiner: passe-temps ou passion?*

Si les grands magasins ne vous tentent pas, vous préférez peut-être chercher quelque chose de rare ou de bon marché dans les brocantes? Pour les touristes, c'est un passe-temps – pour les collectionneurs, c'est une passion.

Quel plaisir éprouvez-vous à chiner dans les brocantes?

- **Gérald**
- **49 ans**
- **Employé PTT**
- **Lausanne (Suisse)**

«Mon plaisir, pendant les week-ends et les vacances, n'est pas d'aller bronzer mais de chiner. On rencontre beaucoup de gens intéressants, on a des contacts avec des personnes qui partagent l'amour des vieilles choses. Moi, j'aime les vieux disques, les 45 tours, et tout ce qui fait tic-tac – et qui n'explose pas! Réveils, pendules, montres ... Pendant ce temps, mon épouse cherche de vieux ours en peluche pour sa collection.»

- **Jean-Pierre**
- **32 ans**
- **Chef de vente de spiritueux**
- **Dijon (21)**

«Je profite du grand air de l'été tout en chinant. Je chine tout seul en général, et je cherche surtout des bandes dessinées, les Alix, les Astérix, les Ric Hochet ... Ça me plaît de fouiller un peu au hasard, de discuter les prix. Ici l'ambiance est chaleureuse, les contacts se nouent facilement même s'ils ne durent pas. On partage tous un intérêt commun, et c'est très agréable.»

- **Marilyne**
- **18 ans**
- **A la recherche d'un emploi**
- **Lachau (71)**

«L'ambiance, les gens, sont très sympa. J'achète un peu, surtout du linge ancien, napperons, pochettes. Cela a beaucoup de charme. Et puis on fait des rencontres, il y a des habitués qui se retrouvent souvent. J'ai envie d'acheter plein de choses, j'essaie de me freiner, mais si je trouve une belle pièce, je suis prête à y mettre le prix. J'adore les puces, d'ailleurs, ça me plairait de trouver un emploi dans la brocante.»

- **Frédéric**
- **19 ans**
- **Musicien**
- **Saint-Nizier-le-Bouchoux (01)**

«Je cherche des instruments de musique, quels qu'ils soient, qui enrichissent une collection que j'ai commencée récemment. Tandis que mon père recherche des pièces de voiture, moi je chine pour trouver un violon, par exemple. Je regarde aussi tout le reste, les bibelots ou les livres, mais je me limite, surtout que les instruments ne sont pas toujours donnés!»

A Lisez l'opinion de ces cinq personnes. Qui ... ?

1 ... ne s'intéresse pas aux bains de soleil
2 ... vient de commencer à collectionner
3 ... aime marchander
4 ... accompagne quelqu'un qui collectionne des livres
5 ... voudrait y travailler
6 ... trouve que les choses qu'il/elle cherche coûtent souvent très cher
7 ... cherche des livres
8 ... accompagne quelqu'un qui cherche des jouets
9 ... aime retrouver des gens qu'il/elle connaît
10 ... profite de l'occasion pour faire la fête avec des amis

bibelot (m) *trinket, knick-knack*
brocantes (fpl) *secondhand goods
  sales*
chiner *to rummage*
fouiller *to rummage*
napperon (m) *small, linen cloth*
se nouer (here) *to be established*
ours (m) en peluche *teddy bear*
pochette (f) (here) *handkerchief*
puces (fpl) (here) *flea markets*

- **Michel**
- **48 ans**
- **Commerçant**
- **Lyon (69)**

«On trouve ici ce qu'on ne trouve
pas ailleurs, des objets de
caractère, un peu inédits. Et puis il
faut bien dire que c'est aussi un
prétexte pour venir s'offrir un bon
déjeuner dans un restaurant avec
des copains! Ma femme
collectionne les prix Goncourt,
donc nous cherchons plutôt des
livres, mais encore une fois, c'est
un prétexte pour se balader et bien
rigoler dans un joli cadre et une
bonne ambiance.»

B Les verbes suivants sont utilisés par ces cinq personnes. D'abord, trouvez un nom qui correspond à chaque verbe. Utilisez votre dictionnaire, s'il le faut.

Exemple: acheter → un achat

1 partager   **5** commencer
2 profiter   **6** trouver
3 discuter   **7** se balader
4 durer

C Maintenant expliquez en français pourquoi vous aimeriez/ n'aimeriez pas passer un week-end à chiner. Il faut utiliser chacun des noms que vous avez trouvés pour l'exercice B. Ecrivez environ 150 mots.

D *Face à face*

Vous êtes en train de chiner, espérant augmenter votre collection de BD. Le brocanteur voit que vous êtes intéressé(e) par un vieux Tintin. Le rôle du brocanteur est déjà donné ci-dessous. Préparez le vôtre avant d'enregistrer la conversation avec votre partenaire.

Broc. Tintin, très vieux, très rare. A 16€ c'est une bonne affaire.
Vous **1** (*Say it's too dear.*)
Broc. Mais c'est de 1946, *Le Secret de la Licorne,* c'est une première edition.
Vous **2** (*Say you understand, but tell him that several pages are missing.*)
Broc. Ah bon? Laissez-moi voir ça.
Vous **3** (*Ask if he'll accept 8€.*)
Broc. Mais non quand même! Vous plaisantez?
Vous **4** (*Say you don't have much money.*)
Broc. Alors qu'est-ce que vous me proposez?
Vous **5** (*Say you'll give him 12€ if you can have another Tintin book as well.*)
Broc. Soixante-quinze francs pour deux Tintin très rares, c'est du vol! Non! Désolé! Désolé!
Vous **6** (*Say you're sorry too, and that you're going to look at another bookstall.*)
Broc. Attendez, attendez s'il vous plaît. Voilà, je vous donne les deux à 15€, d'accord?
Vous **7** (*Say you'll give him 16€ – for three books: two Tintins and* Astérix chez les Bretons.)
Broc. Mais c'est pas possible! Vous me volez! Bon – tenez, voilà trois BD pour 16€. Je vous salue – vous êtes un vrai professionnel!
Vous **8** (*Give him the money and thank him. Say you hope to see him again next year.*)

2.8 *Les bandes dessinées*

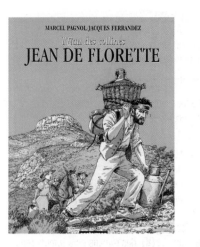

Ecoutez François qui parle d'une autre de ses passions.

A Parmi les phrases suivantes, il y en a huit qui forment le résumé de la première partie de ce que dit François. Cependant, trois phrases ne correspondent pas à ce qu'il dit. A vous d'identifier les huit phrases appropriées et les mettre dans le bon ordre.

1 François s'y intéresse depuis son enfance.
2 C'était un autre membre de sa famille qui lui a fait découvrir les bandes dessinées.
3 Sa cousine est venue chez lui pour lui montrer sa collection.
4 François voulait être supérieur à sa cousine.
5 La découverte de *Jean de Florette* en version BD lui a donné l'envie de lire le roman.
6 Comme cadeaux François ne voulait que des BD.
7 François n'a pas mis longtemps à acquérir de nombreuses BD.
8 François a fait la connaissance d'autres BD.
9 Il ne savait pas que l'on en prêtait.
10 Les grands-parents de François lui ont donné leur propre collection.
11 Il a découvert qu'il y avait des expositions de BD.

B Ecoutez encore la première partie. Comment François dit-il:

1 I had a cousin who loved cartoon books.
2 I was dying to do the same thing.
3 There were also libraries where you could borrow lots of cartoon books.

C Ecoutez la deuxième partie de l'interview avec François puis complétez le résumé suivant, en choisissant la bonne parmi les trois réponses possibles pour chaque blanc. Choisissez parmi les mots donnés ci-dessous, à droite.

En France, il y a beaucoup de
1 .... de la bande **2** ....
mais François est **3** ....
seulement à celui d'Angoulême.
4 .... la connaissance de
beaucoup de gens qui s'y **5** ....
et il a **6** .... du troc. Au dernier
festival il **7** .... un Tintin qui
lui **8** .... 200 euros, une
première édition très rare et qu'il
ne **9** .... jamais.

1 festivals/festival/festivaux
2 dessiner/dessinés/dessinée
3 aller/allée/allé
4 Il as fait/Il a faits/Il a fait
5 intéressent/intérêts/intéresse
6 faire/faite/fait
7 a trouvé/a trouvée/à trouver
8 à côté/a coûtée/a coûté
9 vendre à/vendre/vendra

D Ecoutez la dernière partie de l'interview. Notez en français les opinions pour et contre la bande dessinée qui sont mentionnées par François.

E *Face à face*

«La bande dessinée décourage la lecture du texte original.»
Utilisez ce que vous avez noté pour discuter de cette proposition: la personne A méprise les BD; la personne B en est collectionneur.

Ecoutez Ben et Dominique qui parlent des BD. Puis regardez la transcription de l'interview et faites les activités qui l'accompagnent.

A consulter: Adjectival endings, p.210

1 Chaque blanc dans la transcription représente la dernière lettre/les dernières lettres de l'adjectif utilisé par Ben. Ecrivez la forme complète de chaque adjectif.

Rod   Bon alors Ben, les passe-temps, on accepte de nos jours euh que le cinéma est le septième art, mais il y a des Français qui commencent à dire que les BD sont le huitième art. Est-ce que tu es d'accord avec ça ou non?

Ben   Pas vraiment pour vous dire la vérité, je dirais que euh, que les BD sont là, plus ou moins pour euh . . . pour divertir, et je crois que c'est simplement euh, bon c'est un, c'est quelque chose à lire pour des jeunes, qui est facil. . . . **(a)** à lire, qui les encourage à commencer à lire, et de là je crois qu'il y a une progression nature. . . . **(b)** vers euh ce que je dirais la euh vra. . . . **(c)** lecture, des des des romans classiqu. . . . **(d)**, des romans de d'auteurs réputé. . . . **(e)** ou de, ou de qualité. Mais par exemple en France, je sais que euh, il y a il y a une certai. . . . **(f)** évolution euh où il y a la Bibliothèque Ros. . . . **(g)** par exemple, après les livres de la collection de la Bibliothèque Ros. . . . **(h)** , après les bandes dessiné. . . . **(i)** et de là ça va à la Bibliothèque Ver. . . . **(j)** et de là ils commencent à lire des, des livres plus compliqu. . . . **(k)**. C'est ce que j'ai fait moi par exemple.

Rod   Mais pourquoi est-ce qu'il y a tant d'adultes maintenant qui lisent ces BD en France?

Dominique   Peut-être qu'il y a des BD pour adultes. Je ne connais pas assez les BD, mais j'ai j'ai des amis qui en lisent, qui trouvent ça très bien, qui trouvent ça, qui sont des . . . j'ai un ami qui est historien, spécialiste de la Gaule romai. . . . **(l)**, et qui adore les BD. Pas uniquement Astérix d'ailleurs, qui adore . . . qui adore les BD et qui qui trouve que ça peut être très série. . . . **(m)**. Après tout il y a des films qui sont des films pour enfants, et puis il y a des films qui sont des films pour adultes, alors peut-être que la mê. . . . **(n)** chose peut exister avec les BD.

A consulter: Perfect, p.215

2 Les verbes ci-dessous figurent tous dans l'interview avec Ben et Dominique. Mettez-les au passé composé.

on accepte   qui commencent   les BD sont   tu es   je dirai   je crois   c'est   qui les encourage
il y a   je sais   je ne connais pas   qui en lisent   qui trouvent   qui adore   peut exister

A consulter: Future, p.217

3 Voilà un extrait des notes de classe de Dominique sur l'avenir des passe-temps actifs, dans lequel elle a utilisé le futur proche. Mettez chaque verbe en italique au futur.

a Le sport *va être* pris de façon beaucoup plus sérieuse.
b Il *va falloir* le pratiquer.
c Ça *va faire* partie d'une hygiène de vie.
d Tout *va être* sérieux.
e Il *va* toujours *y avoir* des gens qui préfèrent la promenade.
f Je *vais suggérer* quelque chose de plus tranquille.
g On *va prendre* le temps de regarder le paysage.
h La promenade en vélo *va* toujours *être* agréable.
i On *va faire* ça en montagne.
j On *va avoir* des pistes cyclables dans toutes les villes.

2.9 *Les jeunes et la lecture*

Il paraît qu'aujourd'hui la lecture est moins populaire chez les jeunes. Mais est-ce que la lecture est vraiment en train de disparaître?

A   Ecoutez une bibliothécaire, Anne-Louise Durand. Répondez en français aux questions suivantes.

1 Depuis combien de temps travaille-t-elle dans cette bibliothèque?
2 Qu'est-ce qu'elle dit sur les jeunes de seize à vingt-cinq ans?
3 Quelle est l'influence de la famille sur les jeunes en ce qui concerne la lecture?
4 Qu'est-ce que la lecture apporte, selon elle?

B   Enfin, trouvez comment Anne-Louise dit . . .

1 je suis surtout responsable de ce que lisent les jeunes
2 j'ai remarqué que les ados et les jeunes adultes
3 la lecture, c'est tout de même un moyen utile
4 c'est alors quelque chose qu'ils sont en général obligés de faire
5 en dépit de ce que nous leur proposons
6 ils protestent d'habitude si le livre est assez long
7 quant aux poèmes, je note que l'on s'y intéresse

C   Anne-Louise est d'avis que «les adolescents ont beaucoup de mal à lire» et qu'ils s'intéressent plutôt à autre chose. Etes-vous d'accord? Pourquoi (pas)?

Préparez une présentation sur «Les jeunes et la lecture».

2.10 *Une romancière parle de la lecture*

La romancière Annie Ernaux, qui a été professeur, a aussi des idées sur la lecture et les jeunes. Lisez cet extrait d'une interview avec elle pour connaître ses idées plutôt originales.

Lisez! Lisez! C'est le leitmotiv des profs de français. Vous êtes écrivain, romancière, vous avez été professeur, vous aussi. C'est donc si irremplaçable que cela, la lecture?

Evidemment, moi je réponds oui, la lecture, c'est irremplaçable, parce que toute ma vie a été conditionnée par les livres. Je disais toujours à mes élèves au premier cours: «C'est vital de lire.» Je ne leur parlais pas de littérature avec un grand L, je leur disais: «Ouvrez un livre, n'importe lequel . . . science-fiction, histoire . . . Vous avez une passion pour les étoiles? Lisez des bouquins scientifiques sur le ciel . . .» J'insistais sur l'utilité d'acquérir le langage dominant, de maîtriser un outil de base.

Quand on lit, on s'imprègne – sans douleur – de mots, de structures grammaticales. C'est un atout formidable d'avoir du vocabulaire, de pouvoir choisir le mot juste, de jouer avec les différents registres de la langue, de pouvoir, à la sortie du cinéma, quand on a aimé le film, dire autre chose que: «C'est super.» Aux plus vieux, j'expliquais que la littérature peut aussi nous aider à nous comprendre, nous, même si on n'a pas encore l'expérience de ce dont parle le livre. La lecture accumule l'expérience des autres, on emmagasine dans son inconscient des choses qui serviront plus tard.

A   Complétez chacune des phrases suivantes.

1   Tous les profs de français encouragent leurs élèves . . .
2   Annie Ernaux est d'accord que la lecture, on ne peut pas . . .
3   Selon elle, le genre de livre qu'on lit n'a . . .
4   En lisant, on s'imprègne des structures et de la . . .
5   Plus on a de vocabulaire, plus il est facile d'exprimer des . . .
6   Même si on n'a pas encore eu l'expérience dont parle un livre, on va peut-être s'en souvenir quand . . .

B   *Travail en groupe*

Trouvez dans le deuxième paragraphe trois avantages qu'apporte la lecture, et exprimez-les – en français – avec vos propres mots. Puis montrez-les aux autres membres du groupe. Est-ce que vous êtes tous/toutes d'accord? Mettez-vous ensemble pour trouver encore un avantage qu'apporte la lecture.

Référez-vous aux pages 198–9 pour vous aider à exprimer vos opinions.

coin infos

Annie Ernaux

Annie Ernaux est bien connue et bien aimée en France, surtout peut-être pour son œuvre autobiographique, *La Place* (voir l'extrait, section 4.14, à la page 73). Née en 1940 de parents ouvriers, devenus petits commerçants, Annie reçoit une instruction beaucoup plus poussée que celle de ses parents. Dès son enfance elle s'intéresse aux livres, tandis que ses parents ne comprennent guère ni cet intérêt ni les métiers qu'elle finit par choisir – ceux de professeur et d'écrivain.

«La plus grande honte, c'est d'avoir eu honte de mes parents. Ce qui me fait honte, c'est cette honte-là, dont je ne suis pas vraiment responsable, c'est la société inégalitaire qui impose cette honte.» (interview avec Gro Locky, le 17 avril 1992)

En écrivant *La Place* (ainsi nommé à cause de la place où se trouvait le magasin de ses parents, mais aussi pour la «place» sociale qu'elle a quittée), elle a tenté d'expier cette «honte». Elle a essayé aussi de rendre la dignité à un homme (son père) qui, humilié par sa condition sociale, avait voulu améliorer le sort de sa fille par le moyen de l'éducation.

2.11 *Le cinéma à 2€*

Si la lecture ne dit rien à certains, le cinéma, par contre, devient de plus en plus populaire. A Nantes, le cinéma Apollo a connu un grand succès. La cause? Des entrées réduites à 2€.

A Ecoutez l'enregistrement, et complétez la transcription des extraits suivants.

1   pour aller voir un film au cinéma .... 5, 90 euros.
2   je ne pouvais pas y aller .... voulu.
3   le directeur de l'Apollo, ... mon père.
4   Et ça, c'est .... pour les jeunes comme moi.
5   la plupart des spectateurs .... et ça fait une ambiance sympa.
6   et qu'il fallait .... suite.
7   c'est plutôt .... permanente.
8   C'est donc parfait pour .... pour moi.

B   Ecoutez encore une fois, puis complétez, en français, les phrases suivantes. Ne copiez pas directement les mots que vous entendez.

1   Pour des jeunes, ça coûte ...
2   Récemment, le directeur de l'Apollo a décidé ...
3   Il a fait ça parce qu'il n'y avait pas ...
4   Ce sont maintenant des jeunes qui ...
5   Au début les gens y sont allés parce ...
6   Ils croyaient que ...
7   La conséquence de cette mesure, c'est que beaucoup de gens ...
8   En effet, ce soir elle y va pour ...

C   Vous êtes le directeur de l'Apollo, et vous donnez une interview pour la radio régionale. Expliquez sur cassette ...

• pourquoi vous avez lancé ce projet;
• pourquoi vous êtes content;
• l'effet de la publicité sur le projet;
• comment et pourquoi l'ambiance de l'Apollo a changé;
• le choix que vous offrez à vos clients;
• la réaction de vos concurrents et votre opinion.

D   Imaginez que vous êtes le patron de l'Apollo. Expliquez votre idée dans une lettre qui va être publiée dans le journal régional. Notez les points suivants et écrivez environ 120 mots.

• le prix des billets et les jeunes
• la salle à moitié vide
• ambiance actuelle – raison
• tarif réduit permanent
• avantages pour tous

ambiance (f)	*atmosphere, 'scene'*
attirer	*to attract*
d'ailleurs	*what's more*
dans un premier temps	*at first*
drôlement (here)	*very*
génial	*brilliant, fantastic*
lancer	*to launch*
se payer	*to afford*
sortie (f)	*exit*, (here) *release*
vachement	(pop.) *very*

2.12 *La randonnée*

A Brigitte parle d'une de ses passions. Ecoutez ce qu'elle dit, puis faites correspondre la deuxième partie de chaque phrase à la première. Il y a une deuxième partie de trop.

1	Le week-end elle aime se promener . . .	**a**	c'est de manger ensemble.
2	Ce qu'elle apprécie à la campagne . . .	**b**	on se sent libre.
3	L'important dans la randonnée . . .	**c**	parce qu'elle n'aime pas manger seule chez elle.
4	Pour Brigitte, manger en groupe . . .	**d**	loin de l'endroit où elle habite.
5	Quand on fait une randonnée . . .	**e**	c'est l'absence de bruit.
		f	favorise l'amitié.

B Ecoutez encore Brigitte et identifiez les mots qui manquent dans les transcriptions.

1 Ma passion, c'est la randonnée. Je trouve .... aller un peu se, se décontracter.

2 . . . dans un coin tranquille, ... et donc de pouvoir profiter.

3 . . . parce que, finalement, ... ; on boit, on parle, on rigole.

4 Et puis, bon, c'est pas cher, ... , de pollution.

2.13 *De Vannes à la jungle*

Quand on pense à la randonnée on imagine un paysage tranquille, des chemins marqués, peut-être une pause-snack dans une jolie auberge de campagne. Pour Jérôme Le Franc, cette sorte de randonnée ne lui dit rien – lui, il préfère la jungle! Lisez l'article à la page 39.

A Choisissez la bonne réponse.

1 Jérôme . . .
  a est retourné au Venezuela.
  b est rentré du Venezuela le mois dernier.
  c a vécu un mois loin de sa ville natale.

2 En arrivant au Venezuela, Jérôme . . .
  a ne savait pas parler la langue du pays.
  b connaissait déjà d'autres étudiants.
  c craignait de se faire voler.

3 Jérôme et ses amis ont eu l'idée . . .
  a d'explorer en bateau l'intérieur du pays.
  b de partir à la pêche.
  c de se passer de leur guide.

4 Jérôme a découvert que . . .
  a certains animaux sauvages ne sont généralement pas dangereux.
  b certains animaux s'attaquent les uns les autres.
  c les serpents ne lui faisaient pas peur.

5 Les gens qui habitent dans la jungle . . .
  a ne mangent que du poisson.
  b mènent une vie très simple.
  c troquent du métal précieux contre de la nourriture.

6 Ce que Jérôme a apprécié surtout lors de son voyage au Venezuela, c'est . . .
  a la diversité de sa géographie.
  b la grande variété des poissons.
  c la possibilité de faire de l'alpinisme.

---

faubourg (m)	*suburb*
mélange (m)	*mixture*
pouls (m)	*pulse*
répéter	*to rehearse*
se tenir	*to take place, be held*
tenir la route	*to keep up*
tenter de	*to try to*
truc (m)	(pop.) *thing, whatsit*

C *Face à face*

Personne A Vous proposez à un(e) ami(e) français(e) de faire une randonnée, mais il/elle ne se montre pas très enthousiaste. Essayez de le/la persuader d'en faire une. Parlez du plein air, de l'amitié, de la nature, etc.

Personne B Vous n'aimez pas trop l'exercice, la nature, la vie à l'extérieur, etc. Vous aimeriez mieux faire autre chose. Répondez à votre ami(e) et proposez une activité toute différente.

Référez-vous aux pages 198–9.

Jérôme Le Franc, 22 ans, de Vannes à la jungle

De retour d'un périple au Venezuela, Jérôme Le Franc, un jeune de Vannes, raconte son mois passé au fin fond de la jungle. Une aventure au bout du monde.

«J'ai atterri au Venezuela en octobre. Seul et ne connaissant pas vraiment l'espagnol». Jérôme Le Franc, un étudiant vannetais de 22 ans, n'a peur de rien. «Le premier jour, à Caracas, un homme armé a volé ma montre». Jérôme ne s'est pas découragé. Par hasard, il rencontre d'autres jeunes Européens.

Très vite, un projet de raid à travers la jungle en pirogue se monte. «Un Indien nous guidait. Nous devions vivre de notre chasse, de la pêche aussi. C'était la règle du jeu. C'était dur! Heureusement, le guide indien nous montrait comment se servir du courant pour pêcher, comment bien se diriger».

Un guide très utile aussi pour faire face aux risques de la jungle: «Nous avons rencontré des caïmans, des pumas. Ils ne sont pas très redoutables et n'attaquent que lorsqu'ils ont vraiment faim». Jérôme a quand même frissonné en voyant un serpent ramper sur sa jambe...

L'intérêt du voyage, c'est aussi la rencontre avec les Indiens au bord du fleuve: «Ils vivent encore de pêche et de cueillette et ne connaissent pas l'argent. Là-bas, il n'existe que le troc».

Aujourd'hui revenu à Vannes, en attendant de partir accomplir son service militaire, Jérôme savoure son aventure: «J'ai découvert une petite société, dans laquelle chacun a fait des efforts pour trouver sa place. Moi, c'était la pêche, debout des heures dans l'eau, l'hameçon à la main».

Une aventure humaine, donc, au milieu de la jungle, sous 35 degrés étouffants et les moustiques tout autour.

«Cette expérience m'a donné l'envie de retourner au Venezuela, ce pays dont le paysage change tous les 200 kilomètres, entre grandes plaines inondées, Andes, jungle et Caracas, la capitale», dit-il en feuilletant l'album-souvenir, des projets de départ à nouveau plein la tête.

Jean-Christophe PHELEP

à nouveau *again, anew*	
atterrir *to land*	
au fin fond de *in the depths of*	
caïman (m) *cayman crocodile*	
cueillette (f) *picking fruit*	
de retour de *having returned from*	
se diriger *(here) to steer*	
envie (f) *wish, desire*	
étouffer *to stifle*	
fleuve (m) *(major) river*	
frissonner *to shudder (with fear)*	
hameçon (m) *fishing hook*	
inonder *to flood*	
moustique (m) *mosquito*	
paysage (m) *landscape*	
périple (m) *long journey*	
pirogue (f) *dug-out canoe*	
projet (m) de raid (m) *plan for a long trek*	
ramper *to crawl*	
redoutable *fearsome, frightening*	
règle (f) du jeu *rule(s) of the game*	
troc (m) *bartering, exchange*	
vannetais *from Vannes (in Brittany)*	

B Les mots suivants sont utilisés dans l'article sur Jérôme. Trouvez dans votre dictionnaire la forme demandée pour chacun.

nom	verbe
pêche	pêcher
étudiant	1 ....
2	connaître
projet	3 ....
4	découvrir
règle	5 ....
6	vivre
troc	7 ....
8	frissonner
départ	9 ....
10	accomplir
cueillette	11 ....
12	changer

La mer des Antilles
Les Antilles
TRINITE-ET-TOBAGO
Caracas
VENEZUELA
GUYANE
COLOMBIE
BRESIL

C Complétez les phrases suivantes, en remplaçant chaque blanc par un des mots que vous avez trouvés pour faire l'exercice B. Attention! Vous devrez changer, peut-être, la forme du mot que vous avez trouvé.

1 Quelles matières est-ce que tu .... cette année?
2 J'ai une bonne .... du français.
3 Il a .... son chapeau contre un poisson.
4 Apprendre à parler espagnol en trois mois, c'est un grand ....
5 Où est-ce que ta famille .... en vacances?
6 Quand je suis entré(e) en première, j'ai remarqué un grand .... dans l'attitude de mes professeurs.
7 Qu'est-ce que tu voudrais faire dans la .... ?
8 Tout le temps, on fait de grandes .... scientifiques.
9 En voyant le monstre, j'ai eu un grand .... de peur.
10 En été, j'aime aller .... des fruits à la campagne.
11 Avant de quitter le restaurant, il faut .... l'addition.
12 Après mes examens, je .... des vacances en France.

D Vous êtes le/la journaliste qui a interviewé Jérôme avant d'écrire l'article. Il a répondu sur cassette à vos questions. A vous de poser ces questions – les formes interrogatives en bas de la page vont vous aider.

Vous 1 .... ?
Jérôme J'ai atterri au Venezuela en octobre.
Vous 2 .... ?
Jérôme Non, j'y suis allé seul.
Vous 3 .... ?
Jérôme Je suis allé dans la jungle avec d'autres jeunes Européens.
Vous 4 .... ?
Jérôme Nous avons projeté de traverser la jungle en pirogue.
Vous 5 .... ?
Jérôme Nous vivions de notre chasse, comme les Indiens.
Vous 6 .... ?
Jérôme C'était intéressant de rencontrer les Indiens au bord du fleuve.
Vous 7 .... ?
Jérôme Parce que j'attends de partir faire mon service militaire.
Vous 8 .... ?
Jérôme Après, je veux retourner au Venezuela.

> Quand ... ?
> Avec qui ... ?
> De quoi ... ?
> Qu'est-ce qui ... ?
> Est-ce que ... ?
> Pourquoi ... ?
> Qu'est-ce que ... ?
> Comment ... ?

2.14 *Le temps libre à Oran*

L'extrait à droite de *La Peste*, d'Albert Camus, décrit les loisirs des habitants d'Oran, en Algérie, pendant les années quarante.

A Lisez le texte, puis notez «vrai» or «faux» pour chacune des phrases suivantes.

1 Pour bien connaître une ville il faut y travailler.
2 Le temps a une influence sur la vie des habitants.
3 On s'applique à gagner de l'argent.
4 Les passe-temps des citoyens n'ont rien d'extraordinaire.
5 On ne pense à se détendre que le week-end.
6 Après le travail, les gens rentrent vite chez eux.
7 Il y a beaucoup de violence parmi les jeunes.
8 Les gens plus âgés sont dépassés par les événements.

---

coin infos ⓘ

Albert Camus

Albert Camus, né en 1913 en Algérie, est un des écrivains français les plus respectés et les plus lus du 20ᵉ siècle. Ses romans les plus connus, *La Peste* et *L'Etranger*, sont de vrais classiques, et il a écrit aussi des œuvres importantes de philosophie (par exemple, *Le Mythe de Sisyphe*).

Camus passe son enfance et sa jeunesse dans un quartier pauvre d'Alger dans un petit appartement avec sa mère analphabète, son frère, sa grand-mère et son oncle (son père est tué au début de la première guerre mondiale, avant le premier anniversaire du petit Albert). Il observe de près les habitudes et les mœurs de l'Algérie – à l'époque colonie française – et c'est à Alger que se situe *La Peste*. Jeune, il joue au football, mais ne devient jamais gardien de but de l'équipe nationale d'Algérie, comme vous le savez peut-être.

En 1957, à l'âge de 44 ans, Albert Camus reçoit le prix Nobel de littérature (le plus jeune Français à le recevoir). Moins de trois ans plus tard, le 4 janvier 1960, il se tue en voiture avec son éditeur, Pierre Gallimard.

Une manière commode de faire la connaissance d'une ville est de chercher comment on y travaille, comment on y aime et comment on y meurt. Dans notre petite ville, est-ce l'effet du climat, tout cela se fait ensemble, du même air frénétique et absent. C'est-à-dire qu'on s'y ennuie et qu'on s'applique à prendre des habitudes. Nos concitoyens travaillent beaucoup, mais toujours pour s'enrichir. Ils s'intéressent surtout au commerce et ils s'occupent d'abord, selon leur expression, de faire des affaires. Naturellement, ils ont du goût aussi pour les joies simples, ils aiment les femmes, le cinéma et les bains de mer. Mais, très raisonnablement, ils réservent ces plaisirs pour le samedi soir et le dimanche, essayant, les autres jours de la semaine, de gagner beaucoup d'argent. Le soir, lorsqu'ils quittent leurs bureaux, ils se réunissent à heure fixe dans les cafés, ils se promènent sur le même boulevard ou bien se mettent à leurs balcons. Les désirs des plus jeunes sont violents et brefs, tandis que les vices des plus âgés ne dépassent pas les associations de boulomanes, les banquets des amicales et les cercles où l'on joue gros jeu sur le hasard des cartes.

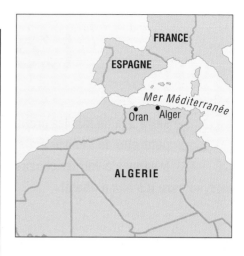

B Les mots suivants se trouvent dans l'extrait de *La Peste*. Utilisez votre dictionnaire pour trouver la forme demandée.

nom	verbe
connaissance	**1** ………
2 ………	travailler
habitude	**3** ………
4 ………	aimer
plaisir	**5** ………
6 ………	s'intéresser
bain	**7** ………
8 ………	se réunir
association	**9** ………
10 ………	mourir

C Croyez-vous que l'écrivain se voit comme «un concitoyen» tout comme les autres? Est-ce qu'il les admire ou non? Expliquez vos réponses.

unité 3
L'enseignement

A seize ans on fait des projets, on rêve d'un avenir de liberté ou peut-être de l'amour mais les parents et les profs, eux, ont tendance à voir les choses autrement, et on les entend souvent dire, «Passe ton bac d'abord!»

3.1 *Carinne parle de son bac*

Ecoutez Carinne, une jeune Française, qui parle de son bac.

A Carinne est en première et notre reporter lui a posé des questions sur ses études. Voici les questions auxquelles elle a répondu. A vous de les ranger dans l'ordre où on les a posées au cours de l'interview. Après avoir vérifié l'ordre de ces questions, imaginez que vous êtes Carinne, et répondez!

1 Est-ce que vous serez obligée de redoubler?
2 Quel métier comptez-vous faire plus tard?
3 Quelles sont les conséquences de la grève des profs?
4 Quel bac préparez-vous?
5 Vers quelle carrière pourriez-vous vous orienter autrement?
6 Vous êtes en quelle classe?
7 Est-ce qu'il y a eu des problèmes cette année? Lesquels?
8 Quand est-ce que vous saurez ce que vous allez faire?

B Ecrivez le résumé de l'interview avec Carinne, à la troisième personne. Commencez avec «Carinne est en première et elle a choisi . . .».

Dans cette unité on va consolider votre compréhension des points suivants:

- Expressions avec l'infinitif (*infinitive constructions*)
- Expressions négatives (*negative constructions*)
- Le passé composé (*perfect tense*)
- Les verbes pronominaux (*reflexive verbs*)
- «du»/«de la»/«d'»/«des» (*partitive articles*)
- Expressions adverbiales (*adverbial phrases*)
- Pronoms relatifs («qui», «que») (*relative pronouns*)

CONSOLIDATION

A consulter: Constructions with the infinitive, p.221

1 Notez toutes les expressions dans ce que dit Carinne qui utilisent un infinitif. Pour chaque expression, notez le numéro de la section de l'unité *Grammar Reference* qui explique le cas. Par exemple: «Pour toucher l'opinion . . .» – Section 6.13.6.

2 Maintenant rendez en français les phrases suivantes, où vous trouverez les expressions que vous venez de répertorier.

a In order to make an impact on public opinion, the teachers are on strike during the exam period.
b We have too much to do.
c It's essential to give us our marks.
d I have to wait until the end of the school year.
e She doesn't think she'll be able to finish her revision.
f He can't go on to the science course without taking this exam.
g If I choose this section, it will mean I can continue to study without repeating (a year).
h I would rather work in a bar than take a scientific *bac*.

3.2 *Le bac*

A Lisez le *Coin infos* sur le bac français. Cherchez les mots suivants dans votre dictionnaire et notez leur définition avec vos propres mots.

1 baccalauréat
2 épreuves anticipées
3 première
4 terminale
5 inscription
6 études supérieures
7 Grandes Ecoles

B Vous envisagez d'écrire une lettre d'environ 150 mots à votre corres français qui vous a demandé d'expliquer votre système d'examens. Faites une liste des aspects importants, matières, examens, système de notes, projets d'avenir, etc.

se rajoutent à   *are added to*
temps (m)   (here) *stage*

l'enseignement secondaire: le bac

Le baccalauréat actuel en France est constitué par trois séries: une série scientifique, une série littéraire et une série économique et sociale. Dans le bac actuel, on étudie les matières telles que l'histoire-géo, le français, les langues, etc., mais pour chaque série, il y a des matières spécifiques, comme pour la série scientifique où l'on étudie en plus la physique-chimie, la biologie, les mathématiques. Les littéraires étudient en plus des textes qui leur serviront pour des commentaires, des essais. Et dans la série économique et sociale il y a bien sûr les matières économiques qui se rajoutent à l'emploi du temps.

Alors en France on passe le bac en deux temps. Il y a une première série d'épreuves, les épreuves anticipées, qui consistent en un écrit et un oral de français à la fin de la première. La seconde série vient à la fin de la classe de terminale où l'on passe toutes les autres matières, c'est-à-dire l'histoire-géo, les mathématiques, etc. Deux semaines après la fin des épreuves de terminale, nous avons les résultats. Cette correction rapide sert pour l'inscription dans les universités ou les écoles qui recrutent très rapidement. En France, il y a à peu près 80 pour cent de réussite au baccalauréat. Le bac actuel n'est pas facile, mais n'est pas vraiment une fin en soi. C'est une clé qui permet d'ouvrir les portes des études supérieures, de l'université et de toutes les Grandes Ecoles.

A consulter: Negative expressions, p.209
Rendez en français les phrases suivantes:

1 I haven't done anything more.
2 No one knew if he had any intellectual capacity.
3 He did it without any consideration.
4 She wouldn't give me any address on the telephone.
5 I didn't ask for my colleagues' help in any way.
6 We never used to go out with them.
7 Nothing was said in reply.
8 I was short of nothing.
9 She had only given advice to the students.
10 It was hardly a fine reward.

3.3 *Les copies de français corrigées*

en raison de	*because of, due to*
erroné	*mistaken, erroneous*
étayer	*to back up, support*
orthographe (f)	*spelling*
terne	*lacklustre, drab*

A Bien sûr, les profs critiquent souvent le travail de leurs élèves. Voici quelques commentaires plutôt sévères – mais longs aussi. Dans la liste suivante, trouvez l'équivalent simple pour chaque avis du prof.

1
«Le sujet a été compris et tu as fait un effort pour construire ton devoir, mais le vocabulaire reste terne et pauvre. Des confusions de mots. Il faut lire davantage.»

2
«Vous avez compris, mais l'expression et le style sont fort moyens . . . Des fautes d'orthographe inadmissibles!»

3
«Début de devoir hors sujet en raison d'une interprétation erronée.»

4
«Réflexion trop mince; surtout, devoir trop abstrait. Il faut absolument étayer la pensée avec des exemples.»

5
«Ton introduction n'annonce pas de plan articulé; ton devoir n'est donc pas construit.» «Les arguments sont placés dans un ordre décroissant.»

6
«La succession des idées n'est pas toujours cohérente, pas toujours logique.»

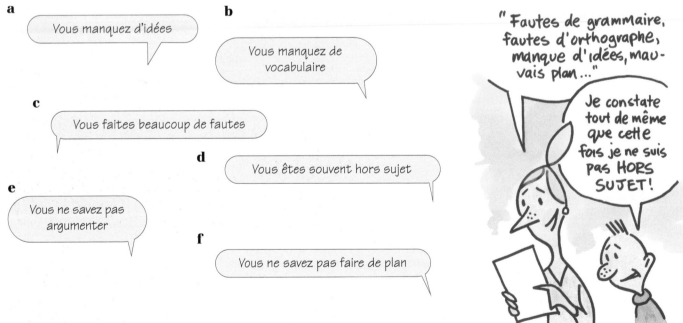

a Vous manquez d'idées

b Vous manquez de vocabulaire

c Vous faites beaucoup de fautes

d Vous êtes souvent hors sujet

e Vous ne savez pas argumenter

f Vous ne savez pas faire de plan

"Fautes de grammaire, fautes d'orthographe, manque d'idées, mauvais plan..."

Je constate tout de même que cette fois je ne suis pas HORS SUJET!

B *A vous maintenant!*

Renversez les rôles! Rédigez un bulletin sur un prof imaginaire plein de défauts, en utilisant les expressions que vous avez déjà rencontrées.

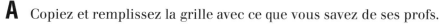

CONSOLIDATION

A consulter: Perfect, p.215

La grille ci-dessous contient les infinitifs de plusieurs verbes que vous avez rencontrés dans «Les copies de français corrigées». Remplissez la colonne de droite, en donnant la forme appropriée du passé composé de chaque verbe. Pour vous aider, un exemple est déjà fait.

construire	je	j'ai construit
1 rester	on	
2 lire	nous	
3 falloir	il	
4 étayer	vous	
5 annoncer	elles	
6 décroître	tu	
7 manquer	je	
8 faire	ils	
9 savoir	on	
10 argumenter	vous	

à l'issue de   *at the end of*
issu de   *coming from*

3.4 *Anne parle de ses profs*

Ecoutez Anne qui parle de ses profs d'une manière plutôt franche.

A Copiez et remplissez la grille avec ce que vous savez de ses profs.

Matière enseignée	Age	Caractère	Autres observations

B Lequel/Laquelle des profs d'Anne est-ce que vous aimez le plus? Pourquoi? Discutez vos raisons avec les autres membres du groupe.

C Trouvez dans le *Coin infos* les mots ou les expressions qui signifient:
1 coming from, leaving
2 junior education
3 a general education
4 basic knowledge and skills
5 subjects
6 a modern language
7 citizenship studies
8 visual arts
9 guided study
10 special needs
11 all these subjects
12 compulsory
13 the vocational sphere
14 on completing year x
15 will move on to

---

coin infos

l'enseignement secondaire: le collège

Appelé collège unique depuis 1975, il accueille tous les élèves issus de l'enseignement élémentaire, au plus tard lorsqu'ils ont douze ans. L'enseignement dure quatre ans et correspond aux classes de 6e, 5e, 4e et 3e.

L'objectif du collège est de donner aux élèves une formation générale leur permettant d'acquérir les savoirs et savoir-faire fondamentaux, qui constituent une culture commune, et de les préparer aux différentes formations qui suivent les études au collège.

Les disciplines enseignées au collège sont le français, les mathématiques, une langue vivante étrangère, l'histoire, la géographie et l'éducation civique, les sciences de la vie et de la terre, la technologie, les enseignements artistiques (arts plastiques et éducation musicale), l'éducation physique et sportive, soit au total un horaire de 23–4 heures, auxquelles s'ajoutent deux heures d'études dirigées.

Les élèves qui ont des difficultés particulières peuvent bénéficier d'un enseignement de consolidation.

L'ensemble de ces disciplines est enseigné tout au long des quatre années du collège, avec quelques légères modifications d'horaires et de nouvelles matières.

En classe de 5e est introduit l'enseignement de la physique-chimie et de la technologie.

En 4e, l'enseignement d'une deuxième langue vivante, étrangère ou régionale, devient obligatoire. Les élèves peuvent également choisir facultativement une langue régionale, le latin ou la technologie.

En 3e, un enseignement d'économie complète celui d'histoire et géographie et l'étude de la biologie–géologie est introduite. Dans certains cas, les élèves intéressés par le domaine professionnel peuvent choisir une 3e technologique, des classes leur pemettant de recevoir un enseignement de musique, de danse ou de sport, ainsi que des sections bilingues, internationales ou européennes.

A l'issue de la classe de 3e, les élèves s'orienteront vers le lycée d'enseignement général, technologique ou professionnel.

3.5 *Un professeur vous a-t-il marqué dans votre scolarité?*

A Ecoutez ce que racontent ces cinq personnes, et écrivez le nom de la personne qui a été marquée par un professeur ...

| Christophe   Sandrine   Stéphane |
| Christelle   Philippe |

1 qui avait beaucoup de patience
2 qui inspirait le désir de la découverte
3 que tout le monde écoutait sans parler
4 dont on avait peur
5 pour des raisons négatives
6 d'esprit très large
7 qui l'a fait changer d'avis sur une matière
8 qui l'encourageait à poursuivre ses études
9 pendant la dernière année de ses études secondaires
10 d'un certain âge

B Il y a peut-être un(e) professeur que vous n'oublierez jamais. Décrivez, en une centaine de mots, ce qu'il/elle faisait/a fait pour se rendre mémorable.

3.6 *A l'internat*

A Dans ce monologue, Monique exprime autrement les notions suivantes. Ecrivez comment elle dit:

1 j'ai plus de mal à faire mes études
2 pour la bonne raison que
3 il faut se coucher
4 en revanche, les demi-pensionnaires
5 quand on a envie de bosser à la maison
6 quant à moi, ce dont j'ai besoin, c'est ...
7 dans une certaine mesure, je suis favorable à ...

B Ecoutez encore Monique qui parle de sa vie à l'internat. Recopiez en grand la grille suivante et notez-y les avantages et les inconvénients de:

• rester chez soi
• aller à l'internat

	Pour	Contre
L'internat		
Chez soi		

C Discutez, à deux ou à trois: «L'internat – pour ou contre». Après la discussion, résumez la discussion et la conclusion. Préparez et enregistrez une présentation orale sur ce thème (deux minutes). Pour vous aider, référez-vous aux pages 194 et 198–9.

3.7 *Sondage*

Le magazine *Phosphore* a fait un sondage auprès des lycéens sur le rôle du lycée.

A En travaillant avec un(e) partenaire, discutez les points dans la grille ci-dessous. Cochez les cases appropriées de la grille pour montrer comment votre école remplit son rôle.

Pour chacun des points suivants, pouvez-vous dire si l'école y prépare bien, assez bien, assez mal ou très mal?		🙂	🙂	🙁	🙁
1	Maîtriser les connaissances de base				
2	Acquérir une bonne culture générale				
3	Acquérir les méthodes de travail				
4	Parler les langues étrangères				
5	Travailler en équipe				
6	Se sentir à l'aise dans la société				
7	Devenir autonome				
8	Connaître le monde du travail				
9	Acquérir une pratique professionnelle				
10	Affronter la compétition				

Calculez vos résultats:

Chaque 🙂 = 3 points   Chaque 🙂 = 2 points

Chaque 🙁 = 1 point   Chaque 🙁 = 0 point

Combien de points est-ce que vous avez donnés à votre école?

B Est-ce que vos camarades sont d'accord? Discutez avec eux et identifiez ensemble des exemples pour justifier vos réponses.

C Adaptez tous les points de ce tableau à votre position personnelle en faisant un commentaire sur votre scolarité l'année dernière. Par exemple, vous pourriez commencer ainsi: «J'ai maîtrisé les connaissances de base dans mes matières principales, mais je n'ai pas acquis une bonne culture générale, ...»

3.8 *Sensibiliser les jeunes au tiers-monde*

Un aspect important de l'éducation est d'encourager les jeunes à penser aux autres, surtout à ceux qui sont moins fortunés.

Demain à l'école, au collège et au lycée
Sensibiliser les jeunes au tiers-monde

Les discours généraux ne suffisent pas. Bien souvent, ils ne débouchent que sur une collecte (argent, livres) qui ne fait qu'entretenir l'idée d'un tiers-monde perpétuellement assisté. On est alors bien loin de l'objectif des pouvoirs publics: l'éducation au développement doit être un **«acte éducatif, pédagogique et éthique»** (Bulletin officiel de l'Éducation nationale n° 30/1984) fondé sur les programmes.

Il s'agit avant tout de **«sensibiliser les enfants à des réalités très différentes des leurs; provoquer une prise de conscience de l'interdépendance de tous les pays; faire découvrir la nécessaire solidarité avec les populations du Sud par une meilleure connaissance de leur situation économique, sociale, culturelle.»** (Note de service du 17 septembre 1991)

Ainsi, les professeurs d'histoire-géographie peuvent-ils parler des pays du Sud, de leurs difficultés mais aussi de leurs ressources, de leur passé (souvent commun avec le nôtre); les professeurs de français de la francophonie et ceux d'économie pourquoi il est tellement difficile de décoller.

Plusieurs expériences sont lancées ici et là, mais rares sont les supports qui ont la dimension pédagogique nécessaire. Dans certaines communes, des associations ont réalisé une valise pédagogique pour montrer les différences et les richesses culturelles ou économiques de ces pays pauvres. Vous pouvez aussi vous adresser au mensuel *Peuples en marche* qui vient de sortir un dossier de 65 pages avec des idées d'animations et de supports (vidéos, dossiers, expos...) sur le tiers-monde, l'environnement, le développement. Un prolongement intéressant.

Car la journée tiers-monde à l'école, c'est demain. Mais la formation et l'éducation, c'est tous les jours.
Jean-Louis BOTTE

B Les mots dans la case sont utilisés dans l'article. Trouvez dans votre dictionnaire le verbe ou le nom correspondant.

nom	verbe
prise	**1** ....
2	déboucher
connaissance	**3** ....
4	entretenir
situation	**5** ....
6	sensibiliser
collecte	**7** ....
8	découvrir
éducation	**9** ....
10	pouvoir
environnement	**11** ....
12	faire
réalité	**13** ....
14	décoller
formation	**15** ....
16	lancer

A Lisez l'article puis notez «vrai» ou «faux» pour chacune des phrases suivantes.

1 On va faire des discours pour encourager les jeunes à donner de l'argent.
2 On veut changer les idées traditionnelles sur la charité.
3 Les autorités cherchent à mettre en vigueur la politique du gouvernement.
4 A l'école ce ne sont pas que les professeurs d'histoire-géo qui profitent de cette journée dans leurs cours.
5 On explique pourquoi il n'y a pas beaucoup d'avions dans certains pays africains.
6 Certains professeurs parlent de leurs expériences en Afrique.
7 Pour en savoir plus on peut s'abonner à un magazine qui sort chaque semaine.
8 Pour la journée tiers-monde, il ne s'agit pas que des très jeunes.

C Maintenant, choisissez – et adaptez, s'il le faut – certains des mots de l'exercice précédent pour compléter les phrases suivantes:

1 Par le passé, beaucoup d'élèves français ont .... la solidarité avec leurs semblables africains.
2 La pauvreté du tiers-monde, c'est un .... indéniable.
3 La journée a pour but la .... des écoliers français à cette question.
4 Le gouvernement espère .... son programme pédagogique.
5 Le .... de cet appel a lieu tous les ans.

D Pour terminer, traduisez oralement en anglais les phrases complètes 1–5.

destiné à *meant, intended for*
mettre à profit *to make the most of*
se rendre (à) *to go (to)*

CASE-PHRASES

Notez ces expressions très utiles:
il s'agit avant tout de ... *the main point is to ...*
ceux qui s'intéressent à ... *those who are interested in ...*
il existe aussi ... *there are also ...*

3.9 *Séjours linguistiques*

A l'approche des examens – ou même avant – pas mal de jeunes font un séjour linguistique dans le pays dont ils étudient la langue.

A Lisez cette partie d'un article tiré du journal *Le Figaro*, et répertoriez tous les termes (il y en a une douzaine) qui se rapportent à l'enseignement, par exemple: séjours linguistiques.

Séjours à l'étranger: les langues intensément ...

Des dizaines de milliers de jeunes mettent à profit les petites vacances scolaires pour améliorer leurs connaissances linguistiques en se rendant à l'étranger.

Vacances de Noël, de février, de printemps: le temps des séjours linguistiques à l'étranger est revenu. Et des dizaines de milliers d'écoliers, de collégiens, de lycéens, d'étudiants vont mettre à profit leurs petits congés scolaires pour améliorer leurs connaissances en langue étrangère. Traditionnellement, en raison de leur courte durée, ces séjours se distinguent des stages d'été par un caractère plus intensif des apprentissages, mais aussi par le choix de destinations relativement proches: Grande-Bretagne et Irlande – mais très rarement Etats-Unis et Canada – pour ceux qui s'intéressent à la langue de Shakespeare, Allemagne et Autriche pour les germanistes, Italie et Espagne, etc. Il existe aussi des séjours «hors vacances scolaires», également assez brefs, souvent destinés aux enseignants et à leurs classes ainsi que des possibilités de séjour à l'étranger durant une année entière ...

B Trouvez dans le texte ci-dessus un mot ou une expression qui a le même sens que chacune des expressions suivantes.

1 parce qu'ils ne durent pas longtemps
2 sont différents
3 qui ne sont pas lointains
4 peu souvent
5 l'anglais
6 professeurs
7 de douze mois

CONSOLIDATION

A consulter: Reflexive verbs, p.215

Il y a trois verbes pronominaux dans l'article «Séjours à l'étranger». Pour vous donner encore de la pratique avec ce genre de verbe, recopiez la grille et remplissez-la avec les formes appropriées.

infinitif	présent	futur	passé composé	imparfait	présent du conditionnel
se rendre	je	nous	elles	vous	tu ......
se distinguer	tu	ils	elle	il	je ......
s'intéresser	je	tu	nous	elles	vous ......

LA GAMME DES FORMULES

La gamme des possibilités est suffisamment vaste pour répondre à tous les types de demandes. Les familles ont notamment le choix entre des séjours:

1 «En famille sans cours», qui permettent à des jeunes déjà assez mûrs et capables de se débrouiller dans la langue du pays de partager entièrement la vie quotidienne d'une famille.

2 «En famille avec cours individuels», séjours qui présentent tous les avantages de l'immersion totale mais introduisent également des devoirs contrôlés, à domicile, par un enseignant.

3 «En famille avec cours collectifs»: si le système de l'immersion familiale est maintenu, il s'accompagne d'une bonne dose d'activités collectives. Les élèves se retrouvent l'après-midi pour suivre des cours, faire du sport, des excursions ou des visites de monuments, etc.

4 «Hébergement avec cours collectifs»: dans cette formule, plus de contact avec une famille mais un hébergement dans un collège, un foyer ou une résidence, avec des cours et d'autres activités collectives.

5 «Echange»: ce type de séjour linguistique où le jeune Français est reçu dans une famille étrangère puis accueille un jeune étranger chez lui est surtout proposé par les collèges et lycées publics et privés.

C Lisez (ci-dessus) la deuxième partie de l'article. Les cinq jeunes de la photo ont tous fait des séjours à l'étranger pour améliorer leur connaissance en langue étrangère. D'après ce qu'ils racontent, décidez quel séjour mentionné dans le texte a été choisi par chacun.

se débrouiller	*to cope, manage, get by*
formule (f)	*method, system*
gamme (f)	*range, gamut*
notamment	*in particular, among others*

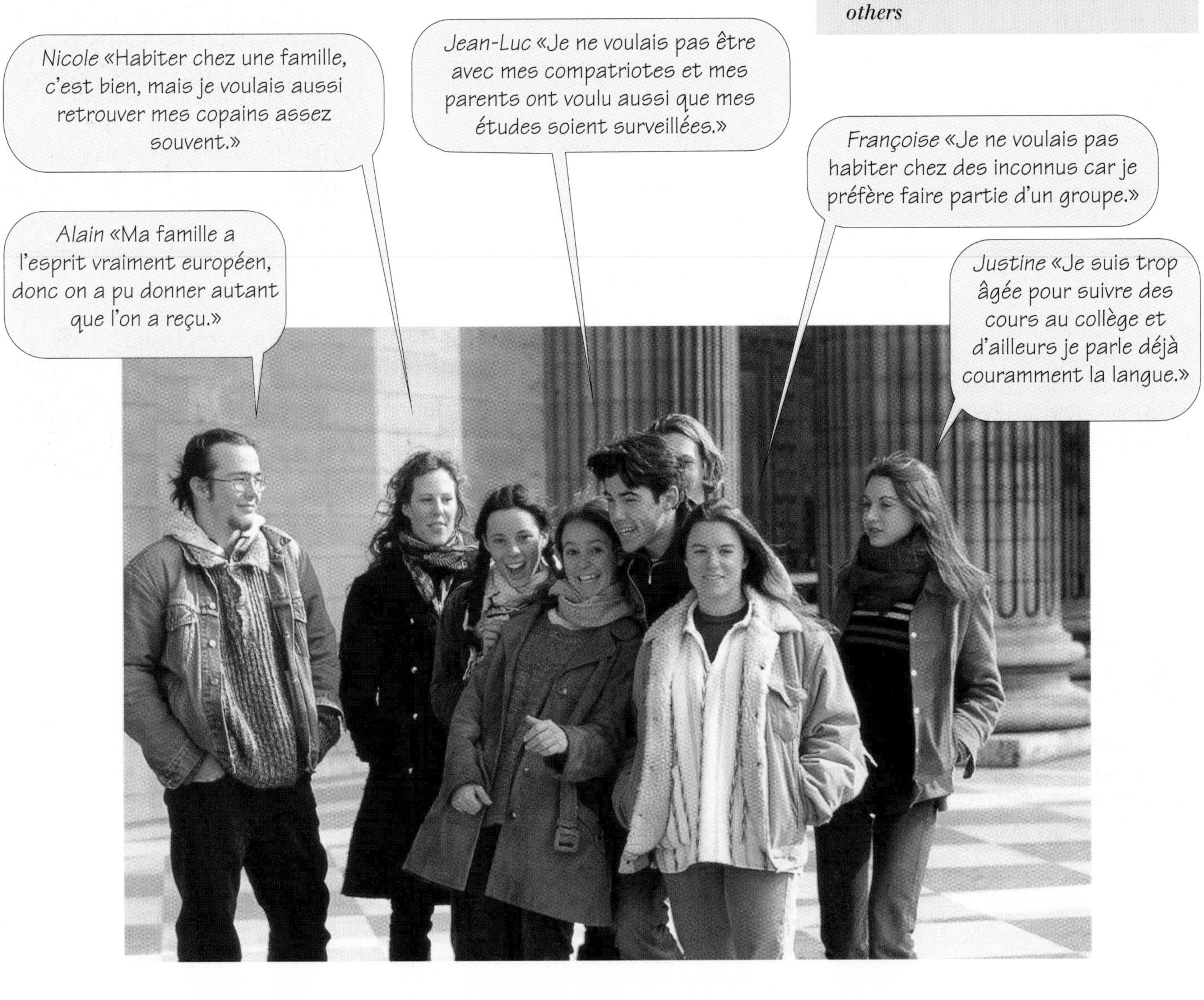

Nicole «Habiter chez une famille, c'est bien, mais je voulais aussi retrouver mes copains assez souvent.»

Jean-Luc «Je ne voulais pas être avec mes compatriotes et mes parents ont voulu aussi que mes études soient surveillées.»

Françoise «Je ne voulais pas habiter chez des inconnus car je préfère faire partie d'un groupe.»

Alain «Ma famille a l'esprit vraiment européen, donc on a pu donner autant que l'on a reçu.»

Justine «Je suis trop âgée pour suivre des cours au collège et d'ailleurs je parle déjà couramment la langue.»

D   Lequel des programmes proposés à la page 50 vous intéresserait le plus? Ecrivez une trentaine de mots pour expliquer votre choix.

E   Au cours de votre séjour linguistique en France, un professeur français vous interviewe sur vos expériences. Vous avez choisi une des cinq formules de l'article. Répondez aux questions du professeur que vous entendrez.

3.10 *Philippe se souvient de ses séjours linguistiques*

A   Ecoutez Philippe puis notez en français ce qu'il dit sur les points suivants:

	1er séjour	2e séjour
le pays du séjour		
la famille d'accueil		
les problèmes		
les aspects positifs du séjour		

B   Ecoutez Philippe encore une fois. Comment dit-il . . . ?

1   it hadn't gone well
2   I wanted, nevertheless, to go abroad
3   my parents regarded it as important
4   a girl who was almost as old as myself
5   of course the first few days are difficult

3.11 *Séjours au pair*

Quelques mois au service d'une famille pour l'apprentissage d'une langue, la formule intéresse de plus en plus de jeunes.

au préalable   *beforehand*
famille (f) d'accueil (m)   *host family*
s'inscrire   *to apply; sign up, enrol*
moindre   *smaller*
moyennant   *in return for*
percevoir   *to receive*
prestations (fpl)   *services*
prétendre   *to claim*

Séjours au pair

L'étranger: c'est la destination rêvée pour beaucoup de jeunes au début des grandes vacances. Des centaines choisissent la formule des séjours «au pair», qui est un excellent moyen de découvrir un pays et d'améliorer ses connaissances linguistiques en «immersion» à moindres frais. Cette formule est également valable pendant l'année scolaire. De nombreuses destinations sont accessibles: la plupart des pays d'Europe, les Etats-Unis, le Canada, la Russie, etc. Les filles sont les principales concernées, mais les garçons sont aussi acceptés dans certains cas.

Les formules

Les jeunes «au pair» sont accueillis temporairement dans une famille, moyennant certaines prestations: ils doivent en général fournir entre 5 et 6 heures de travail journalier, plus quelques soirées de baby-sitting, avec une journée de repos hebdomadaire. Dans certains pays on demande 7 heures de travail quotidien, mais un repos d'une journée et demie est accordé. Les services rendus consistent à garder les enfants de la famille et à faire quelques petits travaux ménagers. En contrepartie, les intéressés sont logés, nourris et perçoivent de l'argent de poche; en général l'équivalent de 180 à 270 euros par mois. D'autres formules sont proposées, comme le «demi-pair» (3h de travail quotidien sans rémunération) ou «l'hôte demi-payant» (quelques heures par semaine avec participation aux frais de séjour).

Le séjour au pair gagne à être complété par des cours de langue, financés par le ou la bénéficiaire, surtout en cas de séjour long. Les candidats au départ doivent accepter un séjour d'au moins 6 mois pendant l'année scolaire, mais souvent les familles d'accueil préfèrent 9 mois. Quant à la période des vacances d'été, les durées des séjours varient entre 1 et 3 mois. Rares sont les placements pendant les vacances de Noël ou de printemps, faute de demandes de la part des familles. Il est conseillé de s'inscrire au moins 2 mois à l'avance, et dès février pour les séjours d'été.

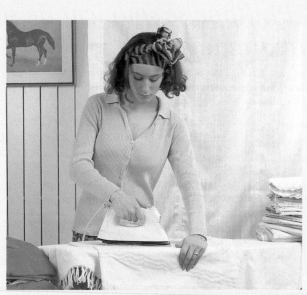

Petites annonces

Le placement au pair s'effectue généralement par l'intermédiaire d'organismes ou d'associations pour les pays les plus demandés. Mais on peut aussi trouver une famille d'accueil par relations ou en faisant paraître une petite annonce dans un périodique du pays choisi.

Le voyage aller-retour est à la charge du jeune; quelques organismes offrent des facilités pour organiser le transport. Certaines conditions, variables selon les pays, sont nécessaires pour partir au pair: par exemple, être âgé de plus de 18 ans et de moins de 30 ans (parfois 26 ans), avoir le permis de conduire, ou encore être non-fumeur. La plupart du temps, une connaissance suffisante de la langue du pays est obligatoire. Bien s'informer au préalable.

Les jeunes étrangers peuvent eux aussi prétendre au statut de stagiaire aide familial. Pour séjourner en France ils doivent notamment être inscrits à un cours de français pour étrangers. La mise en contact des jeunes et des familles se fait par l'intermédiaire d'organismes spécialisés.

N.-A. S.

Le Figaro

A Trouvez dans la première partie de l'article (jusqu'au sous-titre «petites annonces») un mot ou une expression qui a le même sens que:

1 pour moins d'argent
2 aussi
3 chaque semaine
4 chaque jour
5 en échange
6 en ce qui concerne
7 il n'y a pas beaucoup de
8 parce qu'il n'y a pas de

B Lisez cet article puis répondez aux questions suivantes.

1 A la fin de l'année scolaire pas mal d'ados se mettent en tête de faire quoi?
2 En général, le travail d'un au pair consiste en quoi?
3 Si on veut profiter de son séjour en apprenant la langue du pays, qui doit payer les cours?
4 Quelle est la durée du séjour chez la famille?
5 D'habitude, si on veut travailler au pair, où fait-on une demande?
6 Pour ce genre de travail qu'est-ce qu'il faut faire avant de s'engager?

CONSOLIDATION

A consulter: Adverbs and adverbial phrases, p.213

Utilisez les locutions adverbiales dans l'article comme modèle pour vous aider à choisir une expression dans la case pour compléter les phrases ci-dessous:

1 .... la période de Noël
2 .... je ne fais rien!
3 Je le fais quatre fois ....
4 .... la haute saison, c'est plus cher!
5 Téléphone-moi .... difficulté.
6 Je commencerai .... juillet.
7 Ses parents sont stricts, mais .... généreux pour l'argent de poche.
8 Les exceptions à la règle sont .... les Britanniques et les Danois.
9 Nous sommes logés .... à l'auberge de jeunesse.
10 Il pleut rarement et fait du soleil ....

au début de
dès
en cas de
en contrepartie
en général
la plupart du temps
notamment
par semaine
pendant
temporairement

D L'agence vous demande d'écrire une lettre, en français, adressée à une famille éventuelle. Ecrivez cette lettre, en donnant les renseignements suivants:

• pourquoi vous voulez être au pair;
• expérience de travail avec enfants;
• connaissance du français;
• disponibilité;
• scolarité – diplômes;
• passe-temps;
• description de votre personnalité.

C Ayant lu une petite annonce pour des personnes au pair vous allez téléphoner à une agence pour vous renseigner. Préparez des questions avec l'aide des notes ci-dessous.

• Hoping to spend June–August working in France next summer.
• Is there a minimum period an au pair has to work?
• Where are there plenty of jobs? Preferred region(s) …
• What would the work involve?
• Hours' work per day? How much free time?
• Rates of pay?
• Own room?
• Travel expenses paid?
• Ask for details to be sent by post/fax/e-mail, provide own details.

---

coin accent

prononciation

ai . . . ai . . . ai

En général, **ai** se prononce plutôt comme l'anglais **ai** (comme *hair*) et non pas comme l'anglais **ay**. (Exception principale: *j'ai*.)
Ecoutez une des deux versions de ces phrases. Pratiquez-les et enregistrez-les sur cassette, en faisant surtout attention au son **ai**.

Allô, ici l'agence Placements au p**ai**r.
Est-ce que je peux vous **ai**der?
Il y a un choix énorme, m**ai**s surtout sur la Côte d'Azur.
Alors, normalement vous **ai**derez aux travaux ménagers.
Alors, les fr**ai**s de voyage, c'est à votre charge . . .

3.12 *Je fais mes devoirs de vacances*

Et toi ? Fais-tu tes devoirs de vacances ? Trouves-tu que c'est utile ? En parles-tu avec tes parents ?

A Regardez la série de dessins à la page 54, puis faites correspondre les slogans suivants avec les images.

Exemple: Je vais faire mes devoirs avec papa. (image **g**)

1 J'ai d'autres choses à faire.
2 Ma sœur s'ennuie.
3 En ce qui concerne les vacances je ne suis pas d'accord avec ma mère.
4 Mon père ne s'inquiète pas pour moi.
5 J'ai oublié où se trouvent mes bouquins.
6 Mon père s'intéresse beaucoup à mes devoirs.
7 Je ne suis pas d'accord avec ma sœur.
8 Pour moi, c'était bien mais papa a trouvé ça difficile.
9 J'ai seulement un désir.
10 Maintenant, il est fatigué, papa!
11 Mon père a des doutes sur ce que je propose.

B Un jour, pendant les grandes vacances, votre mère vous parle de vos études. Ecoutez-la et répondez selon les indications données. C'est elle qui entame la conversation.

- Say you haven't got much to do and that the holidays are for rest, not for work.
- Say you've got plenty of time, remind her of your exam results and tell her not to worry.
- Say you've already started one of the books but it's boring.
- Mention an appropriate book and ask if she has read it.
- Suggest that she could re-read the book and then you could discuss it together.
- Say you understand completely and that she needs the holidays to rest – like you.

3.13 *Des cahiers pour les vacances*

A Les phrases suivantes résument l'article à la page 56 mais la deuxième partie ne correspond pas à la première. A vous de les faire correspondre après avoir lu l'article, en faisant attention au *sens* et à la *grammaire*.

1 En moyenne, 50% des élèves français …
2 Le premier cahier de vacances est apparu …
3 Quinze ans plus tard on en vendait …
4 Autrefois on donnait un prix …
5 Cinquante pour cent des ventes actuelles …
6 Quatre sur cinq des cahiers de la série *Passeport* …
7 Hachette fait très attention …
8 Les cahiers publiés par Nathan reflètent …
9 Il existe même des cahiers de vacances …
10 Après l'âge de dix ans …

a … sont achetés aux hypermarchés.
b … à l'élève qui complétait le mieux son cahier.
c … il y a plus de 60 ans.
d … ce que l'enfant a déjà appris à l'école.
e … pour les tout petits enfants.
f … reçoivent un cahier de vacances.
g … les enfants commencent à résister.
h … à ce qui intéresse les enfants.
i … plus d'un million par an.
j … sont réalisées par Hachette.

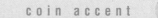

coin infos

nombre d'heures annuelles de collège par élève

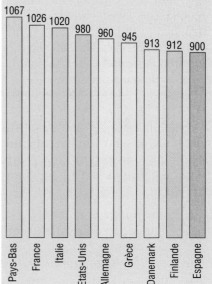

Pays-Bas	1067
France	1026
Italie	1020
Etats-Unis	980
Allemagne	960
Grèce	945
Danemark	913
Finlande	912
Espagne	900

L'école est finie? Pas tout à fait. Un écolier français sur deux consacre une petite partie de ses deux mois de repos estival à travailler sur un cahier de vacances. Mais les enseignants sont formels: cela doit rester un jeu, ne pas durer trop longtemps et les parents ne doivent pas s'énerver.

L'ÉCOLE est finie . . . A quelques jours des vacances, les manuels à peine rangés, les mamans pensent déjà au cahier de devoirs de vacances. Douze millions d'élèves, six millions de cahiers vendus chaque été . . . dans un pays où les vacances d'été sont les plus longues d'Europe.

Il faut remonter à 1933 pour voir apparaître cette punition estivale. Cinq ans plus tard, les ventes flirtent déjà avec les 300 000 exemplaires. En 1948, elles dépassent le million. Il faut dire que le cahier fini est retourné à l'éditeur. Une bicyclette flambant neuve était offerte au plus méritant. A l'époque, cela faisait rêver les enfants.

Aujourd'hui, chez Hachette, la collection *Passeport* et ses 33 titres réalise à elle seule une vente sur deux. La maison d'édition Nathan suit de près avec deux millions six cent mille exemplaires.

«Un jeu sérieux»

Passeport est très présent dans les hypermarchés qui raflent 80% des ventes. Aujourd'hui, Hachette regarde à la loupe l'évolution des goûts enfantins, qui deviennent plus écolos, plus proches de l'environnement et les cahiers suivent ces grandes tendances.

Chez Nathan, on vend plutôt le côté scolaire. «Le cahier de vacances, c'est le dernier acte pédagogique avant la plage. C'est un jeu sérieux. Voilà pourquoi nous mettons l'accent sur les mathématiques et le français et nous n'anticipons jamais sur les programmes de l'année suivante», explique Dominique Korach, directrice de collection.

D'une année à l'autre, les très jeunes enfants sont de plus en plus ciblés. Plus la peine d'attendre la grande école pour avoir ses devoirs.

Les 3–4 ans disposent déjà d'une gamme de produits pour «gribouiller». Il faut dire que les cahiers se vendaient bien jusqu'à 10 ans, mais qu'après . . . les enfants étaient un peu moins dociles . . . En tout cas, le pic d'acheteurs reste l'enfant de 6–7 ans chez Hachette et le collégien de 11–13 ans chez Nathan.

Maryline BAUMARD

B   Les phrases et expressions suivantes (a) sont utilisées dans l'article mais il est possible de les exprimer autrement. En utilisant votre dictionnaire, si vous voulez, remplissez les blancs dans l'autre version (b) qui est proposée. Chaque blanc représente *un* mot. Le premier est déjà fait.

1   **a**   *cette punition estivale*
    b   cette façon de **punir** les enfants pendant les **grandes** vacances

2   **a**   *une bicyclette flambant neuve était offerte au plus méritant*
    b   on ……… un ……… neuf à l'élève le plus doué

3   **a**   *Hachette regarde à la loupe l'évolution des goûts enfantins.*
    b   Hachette fait très ……… aux goûts toujours ……… des enfants.

4   **a**   *Voilà pourquoi nous mettons l'accent sur les maths et le français.*
    b   C'est pour cette ……… que nous ……… sur les maths et le français.

5   **a**   *les 3–4 ans disposent déjà d'une gamme de produits*
    b   Il y a un grand ……… de cahiers de vacances même pour les enfants de ……… de cinq ans.

C   Et vous, vous êtes pour ou contre les devoirs de vacances? Ecrivez environ 120 mots pour donner votre avis sur cette question. Pour vous aider, lisez encore une fois les conseils aux pages 195–9.

---

ciblé   targeted
formel   definite, categoric
gribouiller   to scribble, scrawl
instit(uteur) (m)   primary school teacher
loupe (f)   magnifying glass
manuel (m)   text book

CONSOLIDATION

A consulter: qui/que/où/dont, p.208

Remplissez par un pronom relatif chaque blanc dans ce résumé de la première partie du rapport:

Ce sont les grandes vacances ……… sont à l'origine des cahiers de vacances ……… presque chaque écolier est muni. Le cahier ……… ses parents lui auront acheté et ……… le but est d'instruire en amusant date de 1933. La maison d'édition ……… l'a inventé voulait occuper les écoliers ……… leurs familles devaient amuser à la maison pendant plus de deux mois et ……… ne voulaient pas vraiment travailler comme à l'école.

3.14 «*Les Petits Enfants du siècle*»

Les Petits Enfants du siècle est paru en 1961. Josyane, la jeune fille qui est le personnage principal du roman célèbre de Christiane Rochefort, raconte ici une leçon à l'école. L'histoire de Josyane révèle les joies et les tristesses de son enfance vécue dans la banlieue de Paris pendant les années 40 et 50.

«Le mouchoir que tu m'as donné quand j'ai eu la croix est blanc. Le mouchoir — que tu m'as donné — quand j'ai eu la croix — est blanc.

«Le mouchoir est blanc», proposition principale;

«Le», article défini;

«Mouchoir», nom commun masculin singulier, sujet de «est»;

«Est», verbe être, 3ᵉ personne du singulier, présent de l'indicatif;

«Blanc», adjectif masculin singulier; attribut de «mouchoir»;

«Que tu m'as donné», proposition subordonnée, complément de «mouchoir»;

«Que», conjonction de subordination;

«Tu», pronom personnel, 2ᵉ personne du singulier, sujet de «as donné»;

«M'», pronom personnel, 1ʳᵉ personne du singulier, complément indirect de «as donné».

Plus un devoir était long, plus j'étais contente. La plume grattait, dans le silence. J'aimais ça. J'aimais la plume, le papier, et même les cinq petites lignes dans lesquelles il fallait mettre les lettres, et les devoirs les plus embêtants, les grandes divisions, les règles de trois, et j'aimais par-dessus tout l'analyse grammaticale. Ce truc-là m'emballait. Les autres filles disaient que ça ne servait à rien. Moi ça ne me gênait pas. Même je crois que plus ça ne servait à rien plus ça me plaisait.

J'aurais bien passé ma vie à faire rien que des choses qui ne servaient à rien.

«As», verbe être, 2ᵉ personne du singulier, auxiliaire de «donné»;

«Donné», verbe donner, participe passé.

La maîtresse disait: «Ce n'est pas la peine d'en mettre tant Josyane; essaie plutôt de ne pas laisser d'étourderies ça vaudra mieux.» Car des fautes ça j'en faisais, et finalement j'étais plutôt dans les moyennes; de toute façon, je n'essayais pas de me battre pour être première. Ça ne m'intéressait pas. Pourquoi être première? Ce que les gens pensaient de moi m'était dans l'ensemble bien égal. La maîtresse avait écrit dans le livret: «Indifférente aux compliments comme aux reproches», mais comme personne ne l'avait jamais regardé ce livret elle aurait aussi bien pu marquer c'est le printemps ou Toto aime Zizi ou cette fille est une nouille, ça n'aurait pas fait de différence. Une fois dans la classe d'avant j'avais été troisième, on ne sait pas pourquoi, un coup de veine, toutes les autres devaient être malades; j'avais mis le livret sous le nez de papa ce coup-là, il l'avait regardé et me l'avait rendu en disant Bon. Au cas où la colonne lui aurait échappé je dis: «Je suis troisième.» Ça donna: «Ah! bon.» Point c'est tout. Du reste, je m'en foutais de ce qu'il pouvait dire.

A
Les phrases suivantes résument cet extrait du livre, mais elles ne sont pas dans le bon ordre. A vous de les ranger correctement.

1 Josyane ne s'intéressait pas à ce que les autres pensaient d'elle.
2 Ses camarades de classe croyaient qu'il était inutile d'apprendre la grammaire.
3 L'institutrice disait que Josyane écrivait trop.
4 Son père n'avait témoigné aucun intérêt quand elle avait obtenu une bonne note.
5 Pour Josyane, l'avis de son père ne comptait pour rien.
6 Faire quelque chose d'inutile rendait Josyane heureuse.
7 Josyane trouvait fascinante la syntaxe française.
8 Avoir les meilleures notes n'était pas important pour elle.

B *Face à face*

En vous mettant à la place de l'institutrice de Josyane, expliquez en français la structure de la phrase suivante. Référez-vous aux termes grammaticaux utilisés dans le texte.

«Les livres qu'elle a achetés quand elle est allée au marché sont très rares.»

En travaillant avec un(e) partenaire, inventez une phrase sur le même modèle et faites-en l'analyse grammaticale.

3.15 «*Sommes-nous obligés de financer ses études?*»

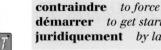

contraindre	*to force*
démarrer	*to get started*
juridiquement	*by law*

La lettre du jour
L'obligation des parents de financer les études

Notre fils passe actuellement son bac. Il souhaite continuer ses études et parle de cinq ou six ans d'université. Pendant ce temps-là, il dit qu'il ne pourra pas travailler. Sommes-nous obligés juridiquement de financer ses études alors qu'il est majeur? Pouvons-nous l'obliger à prendre une activité rémunérée pour qu'il finance lui-même ses cours?

Mme R.B..., Clamart

Il n'est plus rare qu'un enfant de dix-huit ans, donc majeur, passe son bac. Il est également tout à fait normal que celui-ci désire prolonger ses études afin de mettre de son côté le plus de chances possibles pour bien démarrer dans la vie active. Le choix de faire des études signifie pour les parents qu'ils vont devoir entretenir financièrement l'enfant tout au long de ses études ou tout au moins le temps qu'il parvienne à subsister à ses besoins par ses propres moyens.

La durée des études varie selon le type de cursus choisi et, lorsqu'il s'agit de cinq ou six ans, le financement des études par les parents peut poser de sérieux problèmes matériels, particulièrement lorsque les ressources des familles sont modestes.

L'obligation légale d'entretien du père et de la mère vis-à-vis de leur enfant ne comporte aucune limite dans le temps. Aussi, ce n'est pas parce que l'enfant est majeur que les parents doivent se croire dispensés de contribuer à l'entretien et à l'éducation de celui-ci.

Cependant pour contraindre des parents à assurer ce devoir d'entretien au-delà de la majorité de l'enfant, il faut tenir compte des éléments suivants: en premier lieu, il convient de s'assurer des possibilités de l'enfant (motivation, réussite scolaire, assiduité au travail). Des échecs répétés pourraient, selon les tribunaux, suspendre l'aide financière apportée par les parents.

Mickaël GVASTY

A Faites correspondre les deux parties des phrases suivantes. Attention! Il y a une deuxième partie de trop.

1 Il y a de plus en plus de jeunes adultes...
2 Ce choix veut dire que les parents ont toujours la charge de leurs enfants...
3 Si les études poursuivies durent assez longtemps...
4 Le fait qu'un enfant a plus de dix-huit ans ne veut pas dire...
5 Si l'enfant ne remplit pas certaines conditions...

a les parents pauvres auront de gros ennuis d'argent.
b qui choisissent de faire des études supérieures.
c on risque de ne pas trouver un emploi plus tard.
d les parents ne seront plus obligés de l'aider.
e jusqu'à ce qu'ils gagnent assez d'argent pour être indépendants.
f que les parents n'ont plus d'obligations envers lui.

B Trouvez dans la même partie du texte des mots ou des expressions qui ont le même sens que les suivants:

1 complètement
2 le monde du travail
3 de façon indépendante
4 quand il est question de
5 en ce qui concerne
6 obliger
7 après

C Lisez la dernière partie de l'article, puis choisissez le mot le plus approprié pour mettre après chaque numéro dans le texte.

Ensuite, il est important de savoir sur quelle durée s'étendront les études **1** envisagés/envisagées. Là encore, les tribunaux estiment que, pour préparer un diplôme **2** universitaire/université, il faut compter trois à cinq ans après le baccalauréat. Ce délai **3** passée/passé, le jeune devrait être à même de pouvoir commencer à gagner sa vie. Enfin, les moyens des parents doivent être **4** prises/pris en considération. Leur aide peut se matérialiser de **5** différentes/différents manières: soit ils continuent à assurer l'hébergement de l'enfant soit ils l'installent en lui versant une pension **6** déductible/déductable fiscalement de leurs revenus. Cette pension doit, en **7** tous/tout état de cause, tenir compte de ses besoins **8** quotidiennes/quotidiens et des charges de ses parents.

D *Travail de groupe*

Faites la comparaison entre le système de financement français et celui qui est en vigueur dans votre pays. Utilisez les phrases aux pages 198–9. Vous êtes d'accord que les parents devraient financer vos études supérieures?

Manger et boire

*P*our les Français, bien manger, c'est quelque chose de très important. Malgré le rythme de plus en plus effréné de la vie moderne, la gastronomie reste pour beaucoup de Français un des grands plaisirs de la vie.

4.1 *Comment on mange en France*

Ecoutez ce que dit Chantal Dubois, une ménagère française, à propos de la cuisine française.

A Vérifiez que vous avez bien compris en écrivant «vrai» ou «faux».

1 En France on ne mange que pour se nourrir.
2 Chantal ne connaît pas l'origine du mot «copain».
3 Souvent, un repas, ça ressemble à une fête familiale.
4 A table on parle tellement qu'on ne remarque pas ce qu'on mange.
5 Les Français font les courses avec soin.

B Ecoutez encore Chantal, puis complétez les phrases avec les mots qui manquent.

1 La nourriture ……… pour les Français.
2 Je crois que les Français ……… aiment partager leur nourriture.
3 On peut se mettre ……… quatre ou cinq heures de l'après-midi.
4 Cela ne veut pas dire ……… on mange.
5 Ils font attention ……… pour savoir quel est le meilleur.
6 Bien qu'ils ne passent ……… ils apprécient ce qu'ils mangent.

C *Face à face*

Les repas en famille, qu'est-ce que ça signifie pour vous? Est-ce une nécessité ennuyeuse ou cela n'arrive-t-il presque jamais? Ou bien un des grands plaisirs de la vie? Discutez–en avec un(e) partenaire.

Dans cette unité on va consolider votre compréhension des points suivants:

- Expressions avec «que» (*constructions with* que)
- Expressions adverbiales (*adverbial phrases*)
- Comparatifs et superlatifs (*comparatives and superlatives*)
- Terminaisons masculines/féminines (*gender of nouns by ending*)
- Le présent (*present tense*)
- Conjonctions (*conjunctions*)
- L'impératif (*imperative*)
- L'imparfait (*imperfect tense*)
- Pronoms possessifs (*possessive pronouns*)

CONSOLIDATION

A consulter: *qui/que/où/dont*, p.208; Comparatives, p.212; *plus. . . que*, p.214; Negative pronouns, adjectives and adverbs, p.209

Vous savez déjà que le mot *que* a plusieurs fonctions. Lisez la version écrite de l'interview avec Chantal Dubois, que votre prof va vous donner. Chaque fois que vous rencontrez le mot *que*, classez-le en l'écrivant dans la section appropriée de la grille ci-dessous selon les traductions anglaises. Pour vous aider, le premier exemple est déjà fait.

que = *that*	on dit que
que = *which*	
que = *what*	
que = *than*	
que = *only*	

4.2 *Allez-vous souvent au restaurant?*

• **Sébastien**
• **19 ans**
• **Etudiant**

«Je vais très rarement au restaurant car je suis étudiant et je n'en ai pas les moyens. Cela ne me gêne pas car je n'ai aucune confiance dans la nourriture servie dans ces établissements: la viande vient d'Italie, le lait du Canada et les céréales des Etats-Unis … Je suis fils d'agriculteur, alors je suis en général très déçu par le niveau de fraîcheur des plats que je mange à l'extérieur de chez moi.»

• **Claude**
• **64 ans**
• **Retraitée**

«En règle générale, je vais au restaurant une fois par mois avec des amis ou de la famille. C'est surtout l'occasion de passer un moment agréable et j'attache assez peu d'importance à ce qu'il y a dans l'assiette, pourvu que cela soit correct. J'ai horreur des plats trop recherchés, type nouvelle cuisine … J'aime les recettes simples, mais je suis très sensible à la chaleur de l'accueil, au cadre et au service.»

• **Jacques**
• **47 ans**
• **Directeur de PME**

«Je me rends au restaurant trois ou quatre fois par semaine pour le plaisir ou pour le travail. Je trouve qu'en France nous avons la chance d'avoir de multiples formules de restauration. Du bistrot avec son plat du jour à moins de 6€ au grand restaurant en passant par le fast-food, tout le monde y trouve son compte. Moi en tout cas, je passe de l'un à l'autre sans complexe et … avec plaisir.»

• **Caroline**
• **31 ans**
• **Secrétaire**

«J'y vais assez régulièrement car mes deux enfants adorent cela. Mais nous sommes surtout de bons clients de Quick et de McDonalds qui offrent souvent des gadgets. En famille, nous allons aussi dans les crêperies et les pizzerias car leurs prix sont corrects. Lorsque je suis seule avec mon mari, je préfère les restaurants asiatiques et indiens pour le dépaysement.»

• **Christophe**
• **33 ans**
• **Chômeur**

«Je suis au chômage depuis peu alors j'évite de plus en plus les sorties au restaurant. Lorsque je veux me faire un petit plaisir, je choisis un chinois ou un couscous car les restaurants qui servent de la cuisine française sont trop chers. Dans les premiers on peut faire un repas complet – entrée, plat, dessert et vin – pour moins de 10€ alors que dans les autres il faut compter entre 24 et 32€ par tête.»

A Lisez les opinions de ces cinq Français. Qui …

1 reste indifférent(e) à l'idée d'aller au restaurant?
2 préfère la cuisine étrangère?
3 y va le plus souvent?
4 y va pour faire plaisir aux autres?
5 y va moins souvent qu'autrefois?
6 croit que l'ambiance compte plus que la nourriture?
7 ne se fie pas aux produits qu'on y mange?
8 choisit le restaurant selon les circonstances?
9 va au restaurant une douzaine de fois par an?
10 est content d'avoir un grand choix de restaurants?

CONSOLIDATION

A consulter: Adverbs and adverbial phrases, p.213

Il y a toute une gamme de locutions adverbiales dans les cinq interviews à la page 60. Lisez de nouveau la petite enquête et, en prenant le contexte original des locutions comme modèle, écrivez de nouvelles phrases incorporant les expressions ci-dessous:

à l'extérieur	lorsque
en général	rarement
en règle générale	souvent
en tout cas	surtout
fois par mois	(assez) régulièrement

Exemple: *rarement*
Je suis très rarement chez moi le vendredi soir.

B On a posé la même question à une étudiante, Bernadette. Il y a certains mots qui manquent dans sa réponse. Choisissez parmi ceux qui se trouvent en dessous pour la compléter.

«Je ne vais **1** .... dans les grands restaurants. Les **2** .... dans lesquels je me rends ce sont les restaurants **3** .... ou les Macdo. Je suis étudiante et je n'ai pas les **4** .... de dépenser de l'argent de cette façon. Moi, mon argent me sert à acheter des **5** .... en vue de passer ma licence d'**6** .... Cela dit, ne croyez pas que j'ai mauvais **7** .... : j'adorerais goûter les grands plats des grands chefs.»

allemand Allemagne goût hamburgers jamais livres moyens rien
seulement seuls temps universitaires universités

C *Face à face*

Vous êtes en ville en France avec votre nouvelle amie, qui vous propose d'aller manger dans un restaurant. Répondez à ce qu'elle dit en utilisant, si vous voulez, des mots et des expressions trouvés dans le texte. C'est elle qui parle le premier.

Louise Tiens, voilà un petit restaurant où on mange bien.
Vous **1** (*Ask what sort of food is served there.*)
Louise Oh, on sert des plats chinois, et des steaks, bien sûr.
Vous **2** (*Say you don't eat meat and ask if they serve vegetarian dishes.*)
Louise Oui, je crois. Aujourd'hui, bien des restaurants proposent des trucs végétariens.
Vous **3** (*Ask what the atmosphere is like in the restaurant.*)
Louise A cette heure de la journée, c'est assez tranquille, mais le soir c'est plus animé.
Vous **4** (*Ask if it's expensive, because you haven't much money with you.*)
Louise Non, pas trop. De toute façon, c'est moi qui t'invite.
Vous **5** (*Say that it's very kind but point out that you're both students and suggest a less expensive alternative.*)
Louise Alors, il y a une petite crêperie près d'ici, si tu préfères ça.
Vous **6** (*Respond enthusiastically.*)

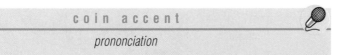

coin accent

prononciation

Liaisons

Très souvent, quand un mot commence par une voyelle (y compris une voyelle avec *h* muet) il y a une sorte de pont entre la fin du mot précédent et le commencement de ce mot quand on prononce une lettre qui sera muette ailleurs.
Ecoutez encore Chantal dans l'activité 4.1 en faisant bien attention aux liaisons. Vous entendrez:

plu**s** importants, leur**s** amis, c'es**t** une

et neuf autres. Faites-en une liste.
Maintenant, enregistrez sur cassette cinq de vos propres phrases qui ont une liaison.

---

où mangent les Français?

Les Français mangent de plus en plus souvent hors de chez eux (55 repas par an), mais vont de moins en moins au restaurant (30% de l'ensemble de leurs repas). Secteur en expansion depuis le début des années 60, la restauration est en récession depuis trois ans. En 1997, son taux de fréquentation a baissé d'environ 10%, qu'il s'agisse des fast-food ou des restaurants trois étoiles.

Aujourd'hui, la restauration s'est transformée: on change de type de restaurant selon les circonstances (repas de travail, en famille, avec des amis …). La restauration est désormais à thèmes (poissons, cuisine bourgeoise, diététique …) ou ethniques (japonaise, baltique, tex-mex …).

Soixante-quinze pour cent des repas des Français sont pris à la maison, 18% à la cantine ou au restaurant, 5,1% sont consommés sur place et 2,3% sont consommés à l'extérieur (sandwichs dans un café).

repas traditionnels en France

Traditionnellement, les Français mangent frais et ils mangent sain. C'est-à-dire que la cuisine française est moins grasse que celle des Américains, des Allemands et des Britanniques. Il y a donc beaucoup moins de Français qui ont des problèmes de cœur ou qui sont obèses.

7h–8h: le petit déjeuner
Un bol de café (au lait), chocolat chaud, ou thé, biscottes, tartines (grillées), et des céréales.

12h–14h: le déjeuner
Un plat unique pour ceux au travail, quelque chose de plus élaboré pour ceux qui ont un peu plus de temps, souvent avec de la charcuterie comme entrée.

16h–17h: le goûter
Les enfants prennent du pain et du chocolat ou peut-être une pâtisserie. Pour les adultes, il y aura aussi du pain grillé, des gâteaux secs et du thé.

19h–21h: le dîner (le souper)
Le repas de famille qui peut durer facilement deux heures et comprend souvent entre trois et cinq plats selon l'occasion. Normalement, il y a un minimum d'une entrée (charcuterie, crudités), un plat principal, un dessert ou l'assiette de fromages.

4.3 *Combien de calories?*

DIÉTÉTIQUE

Combien y a-t-il de calories dans votre déjeuner?

Vous déjeunez sur le pouce, au café, à la cantine, au resto. Mais au fait, savez-vous ce que contiennent vos repas? Trop de calories, pas assez, ou juste ce qu'il faut? Nous avons choisi les huit formules les plus courantes, avec le total de leurs calories.

a **SANDWICHERIE**
- jambon beurre
- pomme
- café + 1 sucre
- ¼ Badoit

b **PIZZERIA**
- tomate mozzarella
- pizza reine
- ¼ de rosé
- café + sucrettes

c **RESTAURANT CHINOIS**
- nems
- poulet aux pousses de bambou
- bol de riz blanc
- coupe de lychees
- thé sans sucre

d **CANTINE**
- hors-d'œuvre variés
- veau marengo
- purée
- fromage **1** pain
- ¼ de vin rouge

e **TERRASSE DE CAFE**
- salade niçoise
- tranche de pain
- crème brûlée
- bière

f **REPAS «REGIME»**
- carottes râpées
- steak
- haricots verts
- fromage blanc à 0% + sucre
- thé sans sucre

g **FAST-FOOD**
- cheeseburger
- 1 portion de frites
- 1 dose de ketchup
- 1 Coca-Cola

h **SALON DE THE**
- tarte salée
- salade verte
- salade de fruits
- jus de tomate

A Regardez bien ces repas typiques, **a–h**. Lequel choisissez-vous? Pourquoi? Après avoir décidé, expliquez votre choix en 30 secondes aux autres membres du groupe.

B Maintenant, essayez de les ranger selon leur contenu calorifique, en complétant la liste.

Exemple: 1: repas **c** et **d**

1 1000 calories
2 980 calories
3 930 calories
4 720 calories
5 550 calories
6 530 calories

Demandez en français à votre prof si vous avez bien choisi.

C Regardez encore les formules et composez, par écrit, un repas de quatre plats qui soit le meilleur possible pour la santé, en vous servant des plats montrés. Lisez votre choix/formule aux autres membres du groupe. Vous ne pouvez pas choisir plus d'un plat/ingrédient de chaque formule.

4.4 *Sandwichs et repas consistants*

Pour ceux qui travaillent, soit à la maison, soit au bureau, soit à l'usine, il est souvent difficile de trouver le temps de faire un bon repas. Il leur faut donc manger sur le pouce. Ecoutez Françoise et Christine, deux étudiantes françaises. Recopiez et remplissez la grille en bas.
Laquelle dit . . .

1 qu'elle préfère manger des sandwichs?
2 qu'il ne lui faut rien d'autre à manger?
3 qu'elle préfère manger des sandwichs au pâté?
4 que la question de santé est importante pour elle?
5 que l'on est trop pressé à midi pour faire la cuisine, si l'on travaille?
6 que l'on risque de perdre sa ligne en mangeant tout le temps des sandwichs?
7 que, pour quelqu'un qui travaille, un sandwich apporte tout ce qu'il faut?
8 que même les diététiciens préfèrent les fast-foods?
9 qu'elle a beaucoup grossi en mangeant des sandwichs?

	Françoise	Christine	Personne
1	✓		
2			

4.5 *Les bouffes de grands chefs*

A Deux grands chefs français décrivent la façon dont ils composent leur sandwich préféré. Ecoutez-les et identifiez le nom du chef qui se sert de chaque ingrédient: Pierre Troisgros (le premier à parler) ou Lionel Poilâne. Attention! Tous les ingrédients dans la liste ne sont pas utilisés!

1 viande coupée menu
2 laitue
3 jaune d'œuf
4 huile
5 une tranche de pain grillé
6 tranche de fromage
7 noisettes
8 mayonnaise
9 olives
10 tomate entière, en morceaux
11 assaisonnement
12 quatre tranches de pain grillé
13 fromage râpé
14 tomate préparée à l'avance
15 d'autres légumes

coin infos

ce que mangent les Français

Soixante-deux pour cent des Français prennent un petit déjeuner traditionnel (tartines de pain beurré trempées dans du café …) et 14%, en majorité des jeunes, un petit déjeuner plus complet, composé de céréales, de laitages, de fruits, etc.

De même que la durée des repas, la façon de manger a évolué, qu'il s'agisse de l'horaire des repas ou de la succession des plats … Mais ce qui a probablement le plus changé c'est le contenu des repas. Par exemple, les Français mangent beaucoup moins de pain (100g par personne et par jour, soit deux fois moins qu'en 1965), tandis que 15% d'entre eux n'en mangent pas du tout. Ils consomment également trois fois moins de pommes de terre, beaucoup moins de sucre, de beurre, de vin ordinaire …

Certains produits en revanche connaissent beaucoup plus de succès: 95% achètent des yaourts (ils n'étaient que 75% en 1980 et 45% en 1965). La consommation de produits surgelés est passée de 2kg en 1965 à 37kg en 1995). Il en est de même pour la charcuterie et le fromage, pour les eaux minérales et les sodas.

Le pain reste cependant l'aliment le plus consommé devant les pommes de terre, les œufs, le jambon cuit, tandis que le bifteck tombait de la quatrième à la huitième place.

B *Face à face*

Interprétez!
Vous êtes dans un café-sandwicherie en Angleterre avec votre ami(e) français(e). Il/Elle vous explique en français ce qu'il/elle veut manger et boire. Vous devez expliquer, en anglais, au garçon/à la serveuse et en français à votre ami(e). Il y a des problèmes . . . à vous trois de les inventer!

OU

Travail de fantaisie
Composez votre sandwich de rêve. Donnez, en français, les ingrédients au garçon/à la serveuse (votre partenaire), qui va les noter avant de vous les répéter. Vérifiez qu'il n'y a pas d'erreurs! Puis, changez de rôle.

4.6 *Est-ce que boire du vin est bon pour la santé?*

D'après la culture populaire – appuyée par des recherches scientifiques – le vin peut vous faire du bien.

A Ecoutez les opinions de Carole, Louis, Abdelhaziz, David et Jean-François. Qui . . .

1   n'a pas le droit de boire du vin?
2   ne boit que très rarement?
3   est convaincu(e) que le vin rouge est bénéfique pour la santé?
4   dit qu'il ne faut pas consommer trop de vin?
5   ne pense pas aux effets bénéfiques du vin rouge?
6   vous met en garde contre le vin de mauvaise qualité?
7   associe le vin rouge au bonheur?
8   a des doutes sur les effets thérapeutiques du vin rouge?

B Notez les expressions utilisées par ces personnes pour exprimer:

1   l'aspect social du vin rouge
2   l'aspect médicinal du vin rouge

C Trouvez comment on dit:

1   une partie du pays où l'on fait du vin
2   on est tous d'accord
3   ça favorise l'entente
4   on ne doit pas en consommer trop
5   il semble que ça fasse du bien
6   je n'en sais pas autant
7   pourvu que l'on ne devienne pas alcoolique
8   afin d'être à l'aise
9   je suis tout à fait convaincu
10 le vin de qualité inférieure

---

coin infos

les Français et leur vin

Introduit en France par les Grecs il y a plus de 2 000 ans, le vin est plus qu'une boisson, c'est une partie intégrante de la civilisation et de la culture de ce pays.

Voilà quelques règles qui accompagnent la consommation du vin:

un vin blanc { se sert avec les entrées
sec ou mousseux, se sert avec le poisson
doux ou mousseux, se sert avec les desserts

un vin rouge { généreux, se sert avec la volaille et les autres viandes blanches
corsé, se sert avec les fromages

Et pour les vieux Français de la France profonde, un petit coup de rouge se sert à toute heure dans le café du coin!

4.7 *L'opinion d'un chef français*

LE PARI DE PAUL BOCUSE

«La grande cuisine française que je défends est née dans nos régions. Elle est faite des produits de notre terroir. Je fais le pari de la faire connaître au plus grand nombre et de la rendre accessible à tous ceux qui ont gardé le goût du bon, tant en France qu'à l'étranger.»

Paul BOCUSE n'a plus grand-chose à prouver ni en France, ni à l'étranger où il est considéré comme l'ambassadeur de la grande cuisine française. Il s'en est fait le promoteur, et le «BOCUSE D'OR», qui rassemble toute la presse et les télévisions du monde, en est un exemple évident. Il préside par ailleurs «l'Ecole des Arts Culinaires et de l'Hôtellerie» à Ecully qui permet à de jeunes futurs cuisiniers d'apprendre leur métier pour devenir peut-être «le meilleur ouvrier de France» (ce que Paul Bocuse fut en 1961).

Paul Bocuse «mijotait» depuis des années le projet qu'il réalise aujourd'hui et qui fait l'objet de ce nouveau «challenge» qui le conduira à mettre à la portée de tous cette bonne cuisine française que nous aimons tant.

Les plats cuisinés de Paul Bocuse devront arriver sur chaque table aussi frais qu'ils le sont à la sortie des cuisines. Ce fut ce premier challenge qui conduisit Paul Bocuse à choisir la nouvelle technologie du sous-vide de William Saurin qui permet de magnifier la matière première et de conserver ses arômes, sa fermeté, en un mot, sa qualité.

Il restait, pour constituer la «carte Paul Bocuse», à sélectionner les meilleures recettes, à choisir les meilleurs produits du terroir et à concevoir leur élaboration à une grande échelle. Là aussi, l'expérience et le savoir-faire de William Saurin, conjugués au talent de Paul Bocuse, firent miracle. Résultat: au rayon frais de votre magasin, vous trouverez le fruit de leur travail: les 12 recettes de «Paul Bocuse à la carte».

Rangez dans le bon ordre les phrases suivantes qui résument cette pub.

1 Paul Bocuse cherche à populariser la grande cuisine française.
2 Il a conjugué la science à l'art culinaire.
3 Paul Bocuse a une réputation internationale.
4 Il avait cette idée en tête depuis longtemps.
5 Il a réussi à conjuguer la production industrielle à la qualité.
6 Il joue un rôle très important dans l'apprentissage des futurs cuisiniers.

mijoter	*to simmer*
pari (m)	*bet, wager*
sous-vide (m)	*vacuum packing*
tant … que	*as much … as*
terroir (m)	*land*

4.8 *Ce qu'on mange, ça change*

Paul Bocuse (voir 4.7) «mélange» la tradition et le progrès dans sa cuisine. Que penserait-il, et que pensez-vous, du «progrès» représenté par les produits GM – génétiquement modifié? Par exemple, Enviropig …

A Identifiez dans l'article du *Monde Interactif* les expressions équivalentes en français:

1 anyone anywhere else in France
2 consumers
3 a growing anxiety
4 researchers
5 capable of
6 which is normally missing
7 is still necessary to
8 x years from now

CONSOLIDATION

A consulter: Comparatives, p.212, Superlatives, p.213

1 Classifiez les expressions adjectivales dans l'article ci-dessus selon les catégories suivantes:

Egal		Superlatif
Exemples:	*évident*	*le meilleur ouvrier*

2 Rendez ces expressions en anglais.

A consulter: Gender of nouns, p.205

3 Vous trouverez dans l'article sur Paul Bocuse les noms écrits ci-dessous. Rangez-les dans le tableau selon les catégories et selon les règles expliquées à la page 205. Faites bien attention – il y a trois exceptions ici!

Terminaisons généralement masculines	Terminaisons généralement féminines
-(i)er -et -t -eur	-e -té -ée -erie -ette -ion

cuisine région produit nombre goût étranger ambassadeur promoteur presse télévision exemple hôtellerie métier ouvrier cuisinier année projet objet portée plat sortie technologie fermeté qualité recette échelle talent miracle

Le Monde
INTERACTIF

Enviropig, pour ne plus polluer comme un cochon

Des chercheurs canadiens ont annoncé la naissance de porcs transgéniques capables de digérer le phosphore pour moins polluer l'environnement.

Les habitants de Bretagne, qui paient l'eau plus cher que quiconque ailleurs dans l'Hexagone, accueilleront peut-être la nouvelle avec enthousiasme. Mais pour les consommateurs, qui manifestent depuis plusieurs mois une inquiétude grandissante face aux organismes génétiquement modifiés, l'annonce reviendra sûrement à choisir entre la peste et le choléra.
Des chercheurs canadiens de l'université de Guelph dans l'Ontario, ont annoncé vendredi 25 juin la naissance de porcs transgéniques susceptibles de moins polluer l'environnement. Ces porcelets, baptisés respectivement Jacques, Gordie et Wayne, d'après les noms de joueurs de hockey célèbres, devraient produire un purin moins riche en phosphores de 20% à 50%, selon les chercheurs. Ils ont été créés par introduction directe dans l'embryon, alors qu'il était dans l'utérus de la mère, d'un gène étranger.

Ce gène, issu du croisement de différentes lignées cellulaires, bactéries et cellules de souris notamment, doit leur conférer la capacité à digérer naturellement le phosphore présent dans leur nourriture. Qualité qui fait normalement défaut aux porcs, explique l'importante pollution par le phosphore, et oblige surtout les éleveurs à ajouter de coûteux suppléments nutritifs. Car le phosphore reste indispensable à la croissance et au bien-être des porcs.

Les professeurs Cecil Forsberg et John Phillips, spécialistes de microbiologie et biologie moléculaire, pensent que ce porc transgénique, baptisé «Enviropig», pourrait devenir une réalité d'ici 4 ans.

http://www.lemonde.fr/article/0,2320,seq-2043-13334-MIA,00.html

B   Vous êtes journaliste pour un magazine écolo et vous allez interviewer l'un des chercheurs. Votre partenaire jouera le rôle du chercheur. Préparez ensemble au moins cinq questions et les réponses. Enregistrez l'interview.

• Votre première question: Quel était le problème que vous cherchiez à résoudre?

C   Lorsqu'on remplit son chariot au supermarché, est-ce qu'on sait vraiment ce qu'on achète? Est-ce que cela se voit, par exemple, quand on choisit des tomates ou du pain, si l'on mange des produits génétiquement modifiés? Faut-il le savoir? Ecoutez les opinions de cinq Français: Robert, Vincent, Nicolas, Marie-Christine et Stéphanie (attention! Un des avis suivants n'est pas donné dans l'interview). Qui . . .

1   . . . n'a pas d'inquiétude parce que les risques potentiels lui semblent minimes?

2   . . . préfère éviter les produits «trafiqués» même si cela représente un sacrifice financier?

3   . . . à cause de son origine veut manger des produits naturels, et exige donc un étiquetage très explicite?

4   . . . pense que, tant que des preuves certaines n'auront pas été apportées, il est indispensable que le public soit clairement informé?

5   . . . considère qu'une obligation légale d'étiquetage est nécessaire, qui permette l'identification au premier coup d'œil des produits génétiquement modifiés?

6   . . . estime qu'une taxe sur les produits génétiquement modifiés devrait être instaurée?

7   . . . pense que ces aliments ne présentent aucun intérêt diététique ou gastronomique?

D   Discutez en petites groupes pour préparer ensemble un résumé des avantages et des inconvénients qu'il y a à étiqueter les produits génétiquement modifiés. Essayez de vous mettre d'accord sur une conclusion «pour» ou «contre».

4.9 *Un jeune chef décrit son métier*

Lisez cet article sur une journée typique de Stéphane, un jeune chef de cuisine.

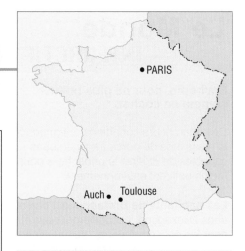

● PARIS

Auch ● ● Toulouse

Stéphane, 26 ans, jongle avec les entrecôtes

VESTE et toque d'un blanc immaculé, Stéphane, vingt-six ans, officie, tel un jongleur, avec rapidité et dextérité devant le vaste gril où filets et entrecôtes sont alignés. La cuisine, c'est une vocation pour lui. «Ça me vient de ma grand-mère, elle m'a donné le goût de ce métier», explique-t-il, avec un accent du Sud-Ouest prometteur de bonne chère. Entré en apprentissage à seize ans à Auch, dans le Gers, il est depuis un an cuisinier à l'Hippopotamus, avenue de Wagram, à Paris. Titulaire d'un CAP, il a complété son expérience à Toulouse, sa ville natale, puis à l'étranger, en Gambie.

Chaque matin, à 7h10, il franchit la porte de l'«Hippo». «Je commence par faire le tour des frigos avec le responsable du froid», raconte-t-il. Ensuite, il y a la préparation des sauces, des garnitures et des desserts. «Fabriquer une béarnaise, ça prend un quart d'heure ou vingt minutes», commente notre cuisinier.

Il faut aussi sortir les viandes et les préparer ... Sans oublier la mise en service du gril et toutes les tâches de nettoyage, ainsi que la commande et la réception des marchandises. Pas le temps de s'ennuyer.

«Il faut savoir travailler vite»

Vient la confection des repas du personnel de l'établissement et, à 11 heures, c'est le déjeuner, en attendant les premiers clients, qui arrivent à 11h30. Et quelque deux cents grillades plus tard, c'est-à-dire à 17 heures, la journée est terminée.

Le rythme est comparable pour l'équipe du soir, que Stéphane rejoint par roulement. Petite différence, il y a «moins de préparation et plus de service». Dans ce cas, l'horaire va de 17 heures à 2h20 du matin.

«C'est un métier exigeant et même si l'on n'est pas en contact direct avec les clients, on est quand même en première ligne. Il faut de l'organisation, savoir travailler vite et avoir de l'imagination. Il faut aussi penser que c'est un métier physique, on est toujours debout, dans la chaleur des fourneaux. On doit aussi accepter de travailler quand les autres se reposent, ce qui est parfois difficilement compatible avec la vie privée», souligne Stéphane.

«Mais il y a aussi des satisfactions, remarque-t-il. On a la possibilité de s'exprimer, c'est une profession où les tâches sont variées et où l'on apprend tous les jours. Ce n'est pas un métier, c'est un art.» Aussi n'est-il pas étonnant que même à ses heures de loisir il se livre volontiers à la préparation de petits et grands plats pour le plus grand plaisir de ses invités. Petite entorse à cette passion, il soigne aussi une collection d'une vingtaine de bonsaïs et dispute volontiers une partie de rugby avec d'autres amateurs.

Pierre BOQUERAT

CAP certificat d'aptitude professionnelle
entorse (f) *twist*
par roulement (m) *on a rota basis*
volontiers *gladly, willingly*

A Cherchez dans un dictionnaire monolingue les mots et expressions suivants, puis expliquez-les, oralement, aux autres membres de votre groupe.

garnitures entrecôte
béarnaise bonne chère

B   Après avoir interviewé Stéphane, le journaliste a noté sur son carnet certains points, mais ils ne sont pas dans le bon ordre. A vous de les remettre en ordre.

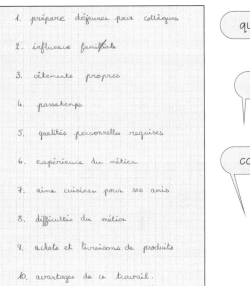

1. prépare déjeuner pour collègues
2. influence familiale
3. vêtements propres
4. passetemps
5. qualités personnelles requises
6. expérience du métier
7. aime cuisiner pour ses amis
8. difficultés du métier
9. achats et livraisons de produits
10. avantages de ce travail.

C   Quelles questions le journaliste aurait-il posées à Stéphane? Ecrivez-en cinq, en utilisant une forme interrogative différente pour chaque question.

qui?

où?

quand?

pourquoi?

qu'est-ce que?

combien (de)?

quel(le)(s)?

est-ce que?

CONSOLIDATION

A consulter: Present, p.214

Sans regarder de nouveau l'article, remplacez chaque infinitif entre parenthèses dans les phrases ci-dessous par la forme appropriée du présent du verbe.

1 Ça me (venir) de ma grand-mère.
2 Il (être) depuis un an cuisinier à l'Hippopotamus.
3 Nous (franchir) la porte.
4 Ça (prendre) une heure.
5 Il (falloir) sortir les viandes.
6 Il ne (falloir) pas travailler trop vite.
7 Les premiers clients qui (arriver) . . .
8 Stéphane (rejoindre) par roulement.
9 L'horaire (aller) de 17 heures à 2h20 du matin.
10 On n'(être) pas en contact direct.
11 On (devoir) accepter de travailler.
12 Les tâches (être) variées.
13 L'on (apprendre) tous les jours.
14 Vous vous (livrer) volontiers à la préparation.
15 Tu (soigner) aussi une collection de bonsaïs!

D   Lisez (ci-dessous) le dernier paragraphe de l'article, où il manque certains mots. Choisissez dans la case à droite le mot approprié pour remplir chaque blanc.

Aujourd'hui «chef de partie», Stéphane **1** ……… passer dans quelques mois à l'échelon **2** ……… et ajouter le mot «confirmé» à son **3** ……… , ce qui lui conférera un salaire **4** ……… de 1 500€ brut. Outre la différence de salaire, cette **5** ……… en grade est «une satisfaction personnelle». Car le **6** ……… de ce jeune cuisinier est d'avoir un jour son **7** ……… établissement. «Dans le Sud», bien **8** ……… .

annuel inférieur propre bout mensuel
supérieur but montée sur emploi
montage sûr espère nouveau titre

4.10 *Etre cuisinier, ça vous tente?*

Ecoutez cet extrait de Radio–Jeunesse où on parle du métier de cuisinier.

A   Notez ce que vous entendez sous les titres suivants.

1 Les débouchés
2 Les salaires
3 La carrière

B   Vous envisagez une carrière dans la restauration? Le métier de cuisinier vous attire-t-il? Ecrivez une lettre pour vous renseigner sur ce métier, en vous référant aux catégories mentionnées. Donnez des renseignements sur vos études/diplômes et posez une question touchant à chaque catégorie. Ecrivez 100 mots environ.

4.11 *Pourquoi pas manger du cheval?*

Il y a certaines spécialités gastronomiques qui ne sont pas encore bien connues hors de France. On pense, par exemple, aux cuisses de grenouilles et aux escargots. Mais en France on trouve également dans chaque ville l'enseigne de la boucherie chevaline soit dans la rue soit sur le marché.

Lisez cet article où Michel Bonnard, un boucher chevalin, défend son métier.

A cheval sur les principes!

Si manger du cheval pose des problèmes d'éthique pour certains, ne pouvant imaginer un instant ce noble animal dans l'assiette, d'autres s'en accommodent très bien, puisque la viande de cheval est très saine.

Michel Bonnard, dont le métier est de préparer et de vendre de la viande de cheval sur les marchés de Bourges et d'Henrichemont, insiste sur la qualité de ce produit: «Les clients adeptes de la viande de cheval préfèrent celle-ci au bœuf, parce que c'est meilleur à consommer et on est au moins sûr que lorsque l'on en consomme, la bête n'a pas subi d'apport d'hormone! Elle est au pâturage, un point c'est tout».

Auparavant, semble-t-il, on consommait beaucoup plus de cette chair; maintenant elle est considérée comme une viande de luxe car son prix est élevé.

Gustativement parlant, son goût n'est pas si éloigné du bœuf et on peut l'accommoder de la même façon: «Cette viande, précise Michel Bonnard, est plus sucrée et surtout plus maigre que la viande de bœuf».

La fraîcheur est de rigueur. Chaque jour, il «épluche» les quartiers de viande, et fabrique lui-même les produits, les saucisses, de manière artisanale.

A

1   Quels avantages M. Bonnard trouve-t-il à la viande de cheval? Cherchez au moins six avantages et notez-les.
2   Quel inconvénient M. Bonnard constate-t-il?
3   Et vous, trouvez-vous d'autres inconvénients à la viande de cheval? Ecrivez des notes «pour» et «contre».

accommoder *to prepare (food)*
s'accommoder de *to come to terms with*
adepte de *fan of*
apport (m) (here) *additive*
de rigueur *essential*
un point c'est tout *and that's that*

B *A vous maintenant!*

En vous aidant de l'article, rendez en français le texte suivant.

Some people cannot get used to the idea of eating horse meat. However, it has many advantages and, as far as taste is concerned, is not unlike beef. But nowadays it is a luxury product and is very expensive.

C Vous êtes chez votre correspondant français. Un soir sa mère apporte un plat sur la table. Ecoutez-la et répondez sur cassette à ce qu'elle dit.

Mère   Alors, ce soir je t'ai préparé quelque chose de spécial.

Vous   **1** (*Say it looks good and ask what it is.*)

Mère   Ça, c'est du cheval.

Vous   **2** (*Say you've never eaten horse meat before and you're not sure about it . . .*)

Mère   Mais il faut vraiment que tu y goûtes, c'est un vrai produit de luxe.

Vous   **3** (*Say that you think of horses as domestic animals and that you've never thought of them as food.*)

Mère   Mais les lapins, c'est pareil, n'est-ce pas? Tu n'as jamais mangé de lapin?

Vous   **4** (*Respond appropriately but say you prefer steak.*)

Mère   D'accord. Alors, la viande de cheval, ça ressemble beaucoup au steak, vois-tu, et d'ailleurs c'est plus sain. Essaie!

Vous   **5** (*Agree to try it, but ask for a very small piece.*)

Mère   Alors, comment tu la trouves?

Vous   **6** (*Reply appropriately.*)

4.12 *Un repas pour des amis*

Mademoiselle Delouche vit seule mais elle prend plaisir à cuisiner pour ses invités. Ecoutez-la qui décrit un repas qu'elle ferait pour des amis.

A Notez ce qu'elle dit en complétant les phrases suivantes.

1 Aujourd'hui on . . .

2 De temps en temps, on . . .

3 Quand elle reçoit des amis, elle . . .

4 Elle leur sert . . .

5 Comme fromage . . .

6 On boit . . .

7 Comme dessert . . .

B Maintenant notez et écrivez comment elle dit . . .

1 on aime toujours la bonne chère

2 lorsque j'invite des copains

3 ma préférence, c'est de faire personnellement la cuisine

4 que j'y mets juste avant de le servir

5 avec, bien sûr, un petit coup de rouge pour finir

---

coin accent

prononciation

u . . . r

Ce sont peut-être les deux sons les plus importants pour avoir un bon accent français. Ecoutez la voix de la mère ou le père, en vous concentrant sur les mots avec *u* et *r*. Puis, enregistrez ce qu'elle/il dit.

Alors, ce soir je t'ai préparé quelque chose de spécial.
Ça, c'est du cheval.
Mais il faut vraiment que tu y goûtes, c'est un vrai produit de luxe.
Mais les lapins, c'est pareil, n'est-ce pas?
Tu n'as jamais mangé de lapin?
D'accord. Alors, la viande de cheval, ça ressemble beaucoup au steak, vois-tu. Et d'ailleurs, c'est plus sain.
Essaie!

CONSOLIDATION

A consulter: Conjunctions, p.214

Il y a plusieurs conjonctions importantes dans cet article, notamment *si*, *puisque* et *parce que*. Lisez de nouveau le texte puis traduisez en français les phrases suivantes qui reprennent au sens large le thème de l'article et dont chacune contient une conjonction.

1 If the consumption of meat has its disadvantages, . . .

2 I'm happy, because he has refused the horse meat.

3 I eat fruit because it's healthier.

4 I can't eat horse meat, (just) like my friends.

5 I eat soup or else a vegetable quiche.

6 Either you accept horse meat or you find an alternative.

7 Seeing that producing meat is expensive, . . .

8 From now on, I'm giving up meat!

9 Until now, I've had no problems with meat.

10 In the future, we'll still be eating meat.

---

coin infos

Les plus gros mangeurs de fromage au monde:
(en grammes consommés par jour par habitant)

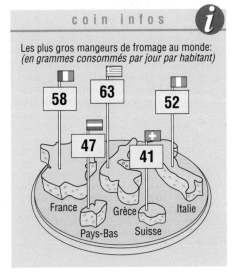

France 58
États-Unis 63
Italie 52
Pays-Bas 47
Suisse 41
Grèce

4.13 *Qu'est-ce que la tarte Tatin?*

Ecoutez Karine, qui explique l'origine de la célèbre tarte Tatin.

A Choisissez la bonne réponse.

1   La tarte Tatin ...
   a   a son origine dans le Midi.
   b   est très à la mode aujourd'hui.
   c   a été inventée par hasard.

2   L'endroit où elle a été créée ...
   a   est assez près d'Orléans.
   b   est près de la Loire.
   c   est réputé pour la bonne chère.

3   Les femmes qui ont inventé la tarte Tatin ...
   a   étaient propriétaires d'un restaurant.
   b   s'occupaient à préparer des repas chez elles.
   c   étaient très jeunes.

4   Un client a commandé ...
   a   un plat qu'elles n'avaient pas sous la main.
   b   un plat rapide.
   c   un plat original.

5   Les femmes ...
   a   n'avaient pas tous les ingrédients nécessaires.
   b   ont fait aussi vite que possible.
   c   ont fait la tarte avec beaucoup de soin.

6   La tarte ...
   a   est tombée au sol.
   b   a été renversée par le client.
   c   a été mangée par les sœurs Tatin.

B Ecoutez encore Karine. Comment dit-elle ... ?

1   I must tell you about
2   about 20km from Orléans
3   in the centre of France
4   were busy cooking
5   in a hurry
6   as they were about to put it on the table ...

C Maintenant Karine va vous donner la recette de la tarte Tatin. Mais attention! Il y a quelques différences entre ce qu'elle dit et ce qui est écrit ici. A vous de trouver ces différences et de noter les erreurs que vous entendrez dans ce qu'elle dit.

napper	*to cover with a(nother) layer*
pâte brisée (f)	*shortcrust pastry*
tasser	*to press down*

CONSOLIDATION

A consulter: Imperative, p.215

Lisez la version écrite de la recette de Karine que votre prof va vous donner.

1   Chaque expression soulignée dans le texte est une sorte d'ordre indirect. Changez chacune en ordre direct.

   Exemple: *Vous devez préparer une pâte → Préparez une pâte*

2   Maintenant mettez chacun de vos ordres directs à la deuxième personne du singulier (= la forme pour «tu»).

   Exemple: *Préparez une pâte → Prépare une pâte*

A consulter: Comparatives, p.212; Superlatives, p.213

Ecoutez la courte interview avec Sabine sur les spécialités gastronomiques de l'île de la Réunion.

3   Décidez comment elle dit en français:

   a   it's very varied
   b   the cuisine is mixed
   c   the most well-known dish
   d   of Indian origin
   e   a very popular speciality
   f   of Chinese origin
   g   it's not sweet (= sugary)
   h   the most popular dishes
   i   the most popular drink
   j   less alcoholic ones (m.pl.)

4   Maintenant, comment dit-on en français ... ?

   a   it's more varied
   b   the cuisine is less mixed
   c   the least well-known dish
   d   of a more Indian origin
   e   a less popular speciality
   f   of a more Chinese origin
   g   it's less sweet (= sugary)
   h   the least popular dishes
   i   the least popular drink
   j   it's the most alcoholic (m.)
   k   the most alcoholic ones (m.pl.)

Tarte Tatin

préparation: 30 minutes
cuisson: 40 minutes
pâte brisée
1kg de pommes (Calville
   de préférence, à défaut
   des pommes à chair ferme,
   légèrement acides)
60g de beurre
3 cuillerées de sucre en poudre
Le caramel
30 morceaux de sucre
½ verre d'eau

1   Choisir un moule à tarte à bord fixe (moule à tourte) de 26 à 28cm de diamètre. Napper soigneusement le fond et les bords du moule avec un caramel assez coloré.
2   Peler les pommes. Les couper en gros quartiers. Disposer ces quartiers sur le caramel refroidi en les tassant bien et en les superposant même un peu s'il le faut.
3   Disperser sur les pommes le beurre en petits morceaux et saupoudrer de sucre.
4   Etendre la pâte au rouleau. Lui donner la forme d'un disque légèrement plus grand que le diamètre du moule. Poser le disque de pâte sur les pommes et, à l'aide d'un couteau, faire glisser les bords de la pâte entre les pommes et le bord du moule.
5   Faire cuire la tarte à four assez doux (Th. 3) 30 minutes environ.
6   Démouler la tarte chaude dans le plat de service. La pâte sera dessous, les pommes caramélisées dessus.

4.14 *Des goûts simples*

Dans son roman *La Place*, Annie Ernaux, dont on a parlé à la page 36, décrit la façon dont mange son père. Lisez cet extrait et faites les exercices.

Pour manger, il ne se servait que de son Opinel. Il coupait le pain en petits cubes, déposés près de son assiette pour y piquer des bouts de fromage, de charcuterie, et saucer. Me voir laisser de la nourriture dans l'assiette lui faisait deuil. On aurait pu ranger la sienne sans la laver. Le repas fini, il essuyait son couteau contre son bleu. S'il avait mangé du hareng, il l'enfouissait dans la terre pour lui enlever l'odeur. Jusqu'à la fin des années cinquante, il a mangé de la soupe le matin, après il s'est mis au café au lait, avec réticence, comme s'il se sacrifiait à une délicatesse féminine. Il le buvait cuillère par cuillère, en aspirant, comme de la soupe. A cinq heures, il se faisait sa collation, des œufs, des radis, des pommes cuites et se contentait le soir d'un potage. La mayonnaise, les sauces compliquées, les gâteaux, le dégoûtaient.

A   Dans un dictionnaire monolingue trouvez le sens des mots suivants. Puis expliquez-les en anglais. Faites bien attention au contexte.

1   déposer
2   piquer
3   saucer
4   faire deuil à quelqu'un
5   un bleu
6   enfouir
7   collation
8   se contenter de

B   Les expressions suivantes ont le même sens que d'autres utilisées dans le texte. A vous de trouver et d'écrire la forme originale.

1   une espèce de couteau
2   petits morceaux
3   l'assiette du père
4   après avoir mangé
5   avec hésitation
6   il en avait horreur

C   Répondez aux questions suivantes.

1   Comment réagissait-il quand sa fille ne mangeait pas tout?
2   Pourquoi laissait-il toujours son assiette très propre?
3   Qu'est-ce qu'il mangeait, le matin, qui sortait un peu de l'ordinaire?
4   Qu'est-ce qui nous montre que dans sa jeunesse, il n'avait pas l'habitude de boire du café?
5   Quelle sorte de cuisine lui plaisait?
6   A votre avis, quelle sorte de cuisine préférait sa fille?

CONSOLIDATION

A consulter: Imperfect, p.216

1   Identifiez tous les verbes à l'imparfait qui se trouvent dans le texte.

2   Ecrivez une phrase pour chaque verbe à l'imparfait, en utilisant la première personne (du singulier ou du pluriel).

Exemple: *Je me servais de l'ordinateur pour écrire mes essais.*

CONSOLIDATION

A consulter: Possessive pronouns, p.209

3   Mettez un pronom possessif dans chaque blanc.

Exemple: **a** C'est ton Opinel? Non, c'est *le tien*. (yours (*tu* form))

a   C'est ton Opinel? Non, c'est .... (yours (*tu* form))
b   C'est ton pain? Non, c'est .... (hers)
c   Quels outils va-t-on utiliser? ...... ou ...... ? (mine/yours (*tu* form))
d   Vous avez joué avec quelles raquettes? ...... ! [yours (*vous* form))
e   C'est l'assiette de qui? C'est .... (his)
f   Ces stylos ne sont pas à nous. Si, ce sont ...... ! (ours)
g   C'est votre maison? Non, c'est .... (theirs)
h   Ils étaient dans quelle voiture? Dans .... (ours)
i   Mon auto est plus belle que .... (yours (*vous* form))
j   Mais ...... est meilleur marché! (mine)

unité 5
Le monde du sport

L'explosion du sport organisé en France depuis le début des années 80 est bien connu. Réservées à un petit nombre de pratiquants il y a moins de vingt ans, la plupart des disciplines sportives se sont développées à une allure vertigineuse. Mais on assiste maintenant à encore un changement dans la nature du sport pratiqué par les habitants de l'Hexagone. La proportion de participants monte toujours, mais c'est plutôt pour ce qu'on appelle les pratiques sportives informelles en dehors des structures associatives. Si on est pêcheur ou cycliste, on tend à le faire seul, sans être adhérent d'un club. Considérez les diverses formes d'activité sportive dans cette unité et décidez si vous vous intéressez plutôt au sport organisé ou si vous préférez les pratiques informelles.

Dans cette unité on va consolider votre compréhension des points suivants:

- ce, cette, cet, ces (*demonstrative pronouns*)
- «faire» avec l'infinitif (faire *with the infinitive*)
- Le conditionnel (*conditional tense*)
- Les adjectifs (*adjectives*)
- Expressions avec l'infinitif (*infinitive constructions*)
- Le passé composé (*perfect tense*)
- Le passé simple (*past historic tense*)
- qui, que, où, dont (*relative pronouns*)

coin infos

les Français aiment leur sport

- Le sport le plus populaire est la pêche (en mer, en eau douce, à la ligne, au lancer), pratiquée par plus de trois millions de Français.
- Il y a presque deux millions de footballeurs (20 000 clubs, 700 professionnels).
- Plus de 1 700 000 d'habitants vont à la chasse. La plus importante est la chasse à tir (au fusil et à la carabine).
- La France est le pays natal du cyclisme. Impossible d'estimer le nombre de cyclistes. Il dépasse certainement les cinq millions, si on comprend tous les gens qui ont leur vélo.
- Chaque année on a le Tour de France (fondé en 1903), couru en juillet avec une vingtaine d'étapes.
- Les foules adorent aussi les courses automobiles, dont les plus importantes sont: les 24 Heures du Mans, le Rallye de Monte Carlo, le Grand Prix de Pau, le Tour de Corse.

- Le rugby prend une importance toujours plus grande et bien que pratiqué principalement dans le Sud-Ouest, il a une dimension nationale. Il y a un réseau de 1 800 clubs avec 225 000 joueurs. Ces chiffres sont en accroissement constant.
- Le tennis jouit aussi d'une popularité énorme grâce au succès de toute une gamme de joueurs français comme Yannick Noah, Henri Leconte, Guy Forget et Mary Pierce et à la décision prise dans les années 70 d'investir des fonds sur le plan national. Il y a actuellement vers 1 400 000 licenciés du sport dans l'Hexagone.
- L'athlétisme avec 120 000 licenciés jouit également d'une popularité grandissante. Dans ce domaine aussi le gouvernement a investi des fonds et on a vu le résultat aux Jeux Olympiques de 1996 où la France a gagné beaucoup de médailles. Marie-Jo Pérec a gagné la médaille d'or dans le 200 mètres et le 400 mètres.

5.1 *Le sport dans ma vie*

Les loisirs – et surtout les loisirs sportifs – jouent un rôle de plus en plus significatif dans la vie des Français, souvent parce qu'ils souhaitent se détendre après le stress du travail quotidien. La pratique du sport aide aussi dans le développement des rapports sociaux. Ecoutez maintenant Jean-Paul Martineau qui explique l'importance du sport dans sa vie, puis complétez les activités suivantes.

A Ecoutez la première partie de la conversation et remplissez les blancs dans la transcription ci-dessous.

Dans le temps, moi, j'ai **1** .... pas mal de sport, surtout au départ du ping-pong. J' **2** .... à une équipe qui était située dans un petit village à la campagne **3** .... de ma ville natale. Et je suis **4** .... toujours très fidèle à ce club puisque même quand je **5** .... allé vivre à Paris, je **6** .... pratiquement tous les week-ends pour **7** .... dans mon club dans mon petit village. Et c'était assez sympathique **8** .... que, bon, c'était pas de la compétition de très haut niveau, mais il y **9** .... une ambiance extrêmement chaleureuse et je crois que beaucoup de gens **10** .... que, dans le sport, le plus important, c'est la troisième mi-temps, euh, le principal c'est de **11** ....

B Dans la même partie de l'enregistrement, trouvez comment on dit en français ...

1   I played quite a lot of sport.
2   near the town where I was born
3   I used to go back nearly every week-end.
4   a lot of people think that ...
5   the most important thing ...
6   the main thing is taking part

C Ecoutez la deuxième section où Jean-Paul parle des sports qu'il a pratiqués plus récemment. Faites le résumé de ce qu'il dit à partir des mots-clés suivants.

Exemple: handball – équipe – Paris
Il a fait beaucoup de handball avec l'équipe de son école à Paris.

1   Plus tard – enseignant – volleyball
2   Sympathique – aspect social – après le match
3   Maintenant – temps – footing
4   De temps en temps – enfants – tennis

D Et vous? Discutez en groupes de trois ou quatre et résumez vos idées à l'écrit.

1   Quels sports pratiquiez-vous quand vous étiez plus jeune?
2   Et actuellement?
3   Il y a peut-être des sports que vous n'avez pas encore pratiqués et qui vous attirent. Lesquels? Pourquoi?

---

appartenir à   *to belong to*
atteindre   *to reach*
chaleureux(-euse)   *warm (personality)*
s'entretenir   *to keep oneself fit*
fidèle   *loyal, faithful*
footing (m)   *jogging, running*
luxe (m)   *luxury*
mi-temps (f)   *half-time*
niveau (m)   *level*
ville (f) natale   *native town*

---

coin accent

intonation et prononciation

1 L'intonation

Ecoutez encore Jean-Paul Martineau et pratiquez les phrases ci-dessous sur cassette en faisant surtout attention à l'intonation.

Dans le temps moi j'ai fait pas mal de sport,

surtout au départ du ping-pong.

J'appartenais à une équipe

qui était située dans un petit village à la campagne

près de ma ville natale.

Et puis, par la suite, quand j'étais enseignant,

j'ai fait surtout du volleyball.

2 Les voyelles nasales

Ecoutez encore Jean-Paul et pratiquez sur cassette les phrases qu'il a prononcées, en faisant surtout attention aux voyelles nasales.

Alors, vous avez m**ain**ten**ant** tout **un** tas de cyclistes qui **ont** les, les coll**ant**s, la fluoresc**ent**, les casques **en** polystyrène exp**an**sé, tout ça, ils **font** très, très pro. J'sais pas si c'est surtout pour **im**pressionner la galerie...

E En vous servant des notes que vous avez écrites pour l'exercice D, préparez et enregistrez une présentation sur le thème: «Le sport dans ma vie: le passé, l'avenir».

5.2 «J'aimerais bien mais…»

Comment est-ce que vous réagissez à l'idée de faire du sport? Y participez-vous ou non? Est-ce que vous restez sur le canapé quand d'autres membres de votre classe ou de votre entourage font de l'exercice? Vous reconnaissez-vous dans certaines des excuses données par les personnes dans l'article?

Toutes les (mauvaises) bonnes raisons pour ne pas faire de

sport

En hiver, nous avons toujours mille raisons de ne plus aller à la gym ou de délaisser la piscine. L'ennui, c'est qu'aucune ne tient sérieusement la route!

1 Une personne qui fait régulièrement du sport ou de la gymnastique a une espérance de vie très supérieure à celle d'une personne sédentaire. Les jeux Olympiques, notamment ceux des handicapés, ont démontré avec éclat que le sport est un outil fabuleux d'épanouissement physique et mental. Aujourd'hui, l'heure est à l'équilibre entre le corps et l'esprit. Dans les pays nordiques, on traite des dépressifs ou des gens stressés en leur faisant faire des exercices intenses. La fatigue nerveuse est alors remplacée par une fatigue physique qui s'élimine facilement au repos, alors que la première, elle, empêche de dormir. Le même phénomène se produit lorsque vous allez à contrecœur à la piscine après une journée de bureau éprouvante. Les premières minutes sont difficiles, mais en fin de séance, après la douche, l'impression de bien-être est totale. Alors assez des mauvaises raisons pour rester sur le canapé!

J'aimerais bien mais …

2 Je n'ai pas fait de sport depuis des années, il est trop tard pour m'y remettre. Faux, dit le Dr Jean-Pierre Voignier, médecin sportif conseiller des *Gymnase Club*. A

condition de commencer doucement et de s'entraîner régulièrement, on progresse à tout âge. Plusieurs concurrents du marathon ont recommencé à courir vers l'âge de 40 ans, en commençant par un, puis deux, puis trois kilomètres.

3 Je ne veux pas être trop musclée. Aucun risque, même avec trois séances par semaine! Se fabriquer de la masse musculaire demande un entraînement spécifique. En revanche, l'exercice vous fera perdre de la masse grasse, notamment au niveau de l'abdomen et des cuisses, et vos muscles seront plus fermes et toniques. Le sport ne fait donc pas perdre de poids et ne supprime pas la cellulite, mais il affine et raffermit la silhouette en trois à six mois, suivant ce qu'elle était au départ.

4 Les champions qui arrêtent le sport ont souvent des ennuis de santé, alors mieux vaut ne pas commencer. C'est vrai pour la haute compétition qui a pu solliciter excessivement l'organisme; c'est faux pour l'exercice régulier et modéré.

5 En hiver, l'organisme doit vivre au ralenti. En réalité, le métabolisme augmente parce que l'organisme doit lutter contre le froid et produit des calories pour cela. L'entraînement en salle, en hiver, est indispensable pour aborder les sports d'été au mieux de sa forme.

6 Je manque de souffle, une heure de gym m'épuise. C'est signe que vous avez besoin d'entraînement. Il faut commencer

à contrecœur *reluctantly*
affiner *to sharpen (up)*
au mieux de *at the top of*
au ralenti *at a slower pace*
avec éclat *brilliantly*
concurrent (m) *competitor*
délaisser *to drop, give up*
en revanche *on the other hand*
épanouissement (m) *blossoming*
éprouvant *trying*
essoufflement (m) *breathlessness*
s'estomper *(here) to diminish*
lutter *to struggle*
masse (f) grasse *(stored) fat*
mieux vaut (+ inf.) *(it's) better to*
outil (m) *tool*
raffermir *to firm (up)*
séance (f) *session*
souffle (m) *breath*
tonique (adj) *well-toned*

A Les définitions suivantes se rapportent à certains mots dans le texte. Vous devez écrire un mot pour chaque phrase. Le numéro du paragraphe où figurent ces mots est donné entre parenthèses.

Exemple: Ce que sont les gens qui restent sur leur canapé quand les autres font du sport. (1)
Réponse: *sédentaires*

1 Les personnes dont les activités courantes sont gênées par une maladie, une malformation ou une blessure. (1)
2 Les gens qui participent à une compétition. (2)
3 Un programme d'exercices. (3)
4 Appeler de manière pressante. (4)
5 L'ensemble de toutes les parties du corps. (5)
6 Quand on a perdu toute son énergie. (6)
7 discipline, contrôle de soi-même, résolution (7)

B Utilisez les phrases en tête des paragraphes (en caractère gras) pour rédiger un sondage sur les attitudes vis-à-vis du sport parmi une vingtaine de personnes de tous âges que vous connaissez. Ecrivez le résumé des opinions exprimées par ces personnes.

doucement, avec des pauses tous les quarts d'heure par exemple, et augmenter progressivement la durée et l'intensité des exercices. L'impression de fatigue, d'essoufflement s'estompe en deux à trois mois.

7 Je n'ai pas le temps. Si réellement vous n'avez pas deux fois une heure par semaine à consacrer à votre santé – car c'est de cela qu'il s'agit – votre corps vous rappellera à l'ordre. Notez vos rendez-vous sportifs sur votre agenda comme des rendez-vous professionnels ou médicaux, et respectez-les avec autant de rigueur.

Françoise SIMPERE■

Le sport, ça m'ennuie!

C
1 Notez toutes les phrases de l'article qui expriment *votre* point de vue sur le sport.
2 Allez aux pages 198–9 et utilisez les phrases servant à exprimer les opinions pour composer un article de 150 mots sur «La valeur du sport».

D *Face à face*
Préparez avec votre partenaire une discussion de radio (durée: huit minutes).

Personne A un sportif/une sportive
Personne B un(e) sédentaire

Défendez tou(te)s les deux les mérites de votre position personnelle sur la pratique du sport. Utilisez les arguments dans l'article au maximum. Après avoir répété votre discussion, enregistrez-la sur cassette.

CASE-PHRASES

Référez-vous aux pages 198–9 pour vous aider à faire vos arguments.

CONSOLIDATION

A consulter: Demonstrative adjectives, p.212

1 Mettez *ce, cet, cette* ou *ces* devant chacun des noms suivants:

raisons piscine ennui jeux sport épanouissement pays (sg) pays (pl) joueurs phénomène semaine départ poids exercice entraînement gymnase joueuses pistes lassitude gymnastique

2 Comment dit-on en français?

a this person
b these reasons
c this game
d this training
e these muscles
f this marathon
g this winter
h this woman
i this minute
j this exercise
k this time
l these problems

A consulter: *Faire* + infinitive, p.222

3 Il y a trois exemples d'une expression avec *faire* + infinitif dans l'article:
• en leur *faisant faire* des exercices intenses
• l'exercice vous *fera perdre* de la masse grasse
• le sport ne *fait* donc pas *perdre* de poids

Traduisez ces trois expressions en anglais.

4 Use these structures to help you transfer the following phrases into French.
a by making him speak French
b by making her pay the debt
c Any interruption will make you (*tu*) lose concentration.
d This training will make you (*vous*) win the championship.
e Money doesn't make you live longer.

5.3 *Comment ne pas assister à un cours de gymnastique*

Peut-être le sport ne vous attire-t-il pas du tout. Vous ou quelqu'un dans votre entourage aurez sans doute essayé de sauter un cours de gym dans le passé. Y êtes-vous parvenu(e)? Voici quelques excuses de lycéens.

Les moyens ou les excuses	Les avantages	Les risques
Faire l'école buissonnière.	Pas de cours.	L'administration de l'établissement signale la chose aux parents . . .
Le mot d'excuse avec la signature de l'élève.	Ça peut marcher une fois. A répétition, c'est moins sûr.	Le résultat: renvoi.
Je me suis trompé de tenue, j'ai pris celle de mon petit frère.	Ça peut marcher – repos.	Porter la tenue de ville.
Je suis malade.	Vous êtes à plaindre.	Le professeur n'en tient pas compte, il en a vu d'autres.
J'ai mal à la tête, aux jambes.	Ça va une fois.	A l'infirmerie la première fois. Gare à l'infirmière! On exige souvent un certificat médical.
Mon grand-père (ma grand-mère, un parent proche) est mort.	Le professeur compatit, restez juste dans votre coin.	La parentèle est vite épuisée. Certains professeurs sont insensibles.
Je n'ai pas envie de travailler.	Le prof a le sens de l'humour. Ça peut, peut-être, marcher une fois.	Le prof n'a pas le sens de l'humour. «Au trot, au pas de gymnastique.»

CONSOLIDATION

A consulter: Demonstrative pronouns, p.209

Attention aux formes des déterminants possessifs! Remplacez les noms entre parenthèses par *celui*, *celle*, *ceux* ou *celles*, selon le cas.

1 Elle a pris (baskets) de ma sœur.
2 Vous avez pris (tee-shirt) de votre père.
3 Il a pris (chaussettes) de mon frère.
4 J'ai pris (tenue) de mon ami.
5 Pierre a pris (sac) de sa petite amie.

CASE-PHRASES

Référez-vous aux pages 198–9, où vous trouverez des moyens d'exprimer vos opinions.

A *Face à face*

1 Dans la grille ci-dessus vous verrez de quoi construire des conversations sur un cours de gym sauté.

Partenaire A: vous voulez sauter un cours en donnant à B toutes sortes de moyens et de raisons.
Partenaire B: vous expliquez les avantages et les risques.

Après la première conversation, changez de rôle. Enregistrez vos conversations sur cassette.

OU

2 Avec un(e) partenaire, jouez les rôles . . .

Partenaire A: d'un(e) prof de gym un peu vexé(e)
Partenaire B: d'un(e) élève qui doit répéter les excuses d'un(e) camarade qui a sauté un cours de gymnastique.

Puis changez de rôle. Enregistrez vos conversations sur cassette.

à plaindre   *to be pitied*
à répétition   *repeatedly*
au trot!   *at the double!*
compatir   *to sympathise*
entourage (m)   *crowd, circle*
gare à . . . !   *watch out for . . . !*
insensible   *insensitive*
marcher   *to work, function satisfactorily*
parentèle (f)   *relatives*
renvoi (m)   *suspension, exclusion*
sauter un cours   *to cut a class*
tenir compte de   *to make allowances for*
tenue (f)   *dress (= clothes you wear)*
se tromper de   *to mistake*

5.4 *Défense de jouer au ballon*

Ecoutez les pensées du footballeur en herbe et lisez cette transcription.
Mettez tous les verbes qui manquent au présent du conditionnel.

«Défense de jouer au ballon.» Alors, qu'est-ce que je vais faire?
Je **1** .... faire comme si j'étais analphabète.
Non, ça n' **2** .... pas. Mon institutrice, Mme Sage, habite l'immeuble.
Je **3** .... me déguiser en d'autres vêtements.
Non, ça ne **4** .... pas, non plus. Il **5** .... impossible de déguiser mon visage.
Si je peignais le mur?
Non, je ne **6** .... pas le faire suffisamment vite. Ça **7** .... mal. Le voisin, M. Fouinard, le **8** .... à la police.
Si je changeais un peu l'affiche? Permission de jouer au ballon?
Non, il y **9** .... toujours la police. Mon institutrice **10** .... mon écriture! Ça **11** .... mal!
Si je jouais pendant la nuit, personne ne me **12** ....
Mais, moi, je ne **13** .... pas le ballon!
Si je montais une manifestation contre la loi ...?
Non, personne ne **14** .... avec moi. Je **15** .... seul! Comme maintenant!
Seul, je n'aime pas être seul ... Les autorités ne **16** .... rien faire de pire pour moi. Alors, qu'est-ce que je **17** .... vraiment faire?
Je sais, j'**18** .... jouer au football dans le couloir de Mme Sage et M. Fouinard. Bien sûr que c'est défendu!
L'une est trop sage et l'autre trop fouinard! Ils n'ont jamais été gentils pour moi!
Attendez, les adultes, j'arrive! Je vais me rebeller!

CONSOLIDATION

A consulter: Conditional present, p.219

Voilà un extrait d'une émission de radio sur le sport et les adolescents, dans lequel nous avons mis à l'infinitif tous les verbes qui devraient être au présent du conditionnel. Pour chaque infinitif trouvez la bonne forme conditionnelle.

Tous les sondages révèlent des attitudes contradictoires vis-à-vis de la pratique du sport. L'image du sport est très cool et les grands sportifs sont très bien vus, mais il **1** .... (*falloir*) considérer ce qui se passe à l'heure actuelle dans notre société. On *parle* sport, mais on **2** .... (*devoir*) plutôt le pratiquer. Au lieu de s'asseoir devant son match à la télé, l'ado de seize ans **3** .... (*faire*) mieux de participer à un match au club local. De plus en plus on mange dans des restos fast-food, quand on **4** .... (*pouvoir*) manger sain à la française, en consommant des légumes et des fruits frais. Nous **5** .... (*pouvoir*) utiliser notre vélo en ville au lieu de la voiture. Avec de telles démarches, nous **6** .... (*être*) plus fit et nous **7** .... (*avoir*) un look qui **8** .... (*communiquer*) notre bien-être. Que **9** .... (*faire*)-je, s'il n'y avait pas le match à la Une ce soir et si je ne prenais pas de repas télé? Je **10** .... (*sortir*) faire une partie de tennis et je **11** .... (*manger*) très sain avec mes amis? Peut-être. Peut-être pas. Je **12** .... (*se rendre*) probablement chez Macdo avec des copains! Voilà le problème.

affiche (f)   *poster*
analphabète   *illiterate*
défense de ...   *it is forbidden to ...*
se déguiser   *to disguise oneself*
écriture (f)   *writing*
en herbe   *budding*
fouinard (m)   *(pop.) nosey*
instituteur(-trice) (m/f)   *primary teacher*
manifestation (f)   *demonstration, protest*

5.5 *Les sports dans la rue*

A l'école le choix des sports est souvent limité. Vous pratiquez d'autres sports, peut-être, en dehors de l'école. Dans l'article suivant, en trouvez-vous un qui vous passionne?

LES NOUVELLES FORMES DE PRATIQUES SPORTIVES: LES SPORTS DANS LA RUE

La rue, après la cour d'école, offre de multiples possibilités dès que l'on fait preuve d'imagination. Si on se l'approprie différemment selon que l'on habite en milieu urbain ou en milieu rural, cet espace ne laisse pas les jeunes indifférents. Une pratique sauvage tente de s'y organiser sous le regard plus ou moins bienveillant des autorités municipales ou parentales.

Toute une jeunesse cherche à y conquérir une part de liberté, à s'affirmer en dehors des structures associatives. N'a-t-on pas coutume de dire que des générations de grands footballeurs sont nées dans la rue? Aujourd'hui les skateboard, les VTT (vélo tout terrain) et les patins à roulettes envahissent les avenues et bravent les interdits lorsqu'ils s'égarent sur les trottoirs ou sur les parvis d'églises ou d'administrations.

Les risques sont toujours présents, y compris pour le piéton et l'automobiliste, mais ils sont recherchés. Alors, construisez-leur des espaces pour s'amuser, diront certains. En veulent-ils vraiment, ces adolescents un peu casse-cou? Ce n'est pas certain. Liberté, liberté disons-nous!

A Les phrases suivantes sont-elles en accord avec l'article? Répondez «vrai» ou «faux».

1 Ceux qui jouent dans la rue ne manquent pas d'idées.
2 Les jeunes n'apprécient pas les possibilités sportives de la rue.
3 Ce qu'ils font n'est pas toléré par les pouvoirs publics.
4 C'est en quelque sorte une révolte contre le système éducatif.
5 Tous les footballeurs célèbres ont fait leurs débuts dans la rue.
6 Les nouveaux sports représentent un défi à l'autorité.
7 On propose d'aménager des endroits pour les piétons.
8 Il n'est pas certain que les ados désirent ce qu'on leur propose.

B *A vous maintenant!*

Vous êtes *soit* un(e) piéton(ne) qui se sent menacé(e) par le sport dans la rue *soit* un fan de skateboard, patins à roulettes, etc. Ecrivez une lettre à votre journal régional, exprimant votre point de vue. Utilisez les questions ci-dessous pour vous aider.

1 Qu'est-ce qui pousse tant de jeunes à jouer dans la rue?
2 Quels sont les avantages et les dangers de jouer dans la rue?
3 Quand vous étiez plus jeune, où jouiez-vous au ballon?
4 Que pensez-vous des nouvelles formes de pratiques sportives comme le skateboard, les VTT, etc.?

La *Case-phrases* à droite vous aidera à exprimer vos opinions.

s'affirmer *to assert oneself*
bienveillant *benevolent, tolerant*
casse-cou (m/f/adj) *reckless (person)*
s'égarer *to wander*
envahir *to invade*
interdit (m) *no entry, prohibition*
parvis (m) *(church) square*
patin (m) *skate*
piéton(ne) (m/f) *pedestrian*
pratique (f) *practice*
faire preuve de *to prove, show*
sauvage *wild, savage*
VTT (m) (= vélo tout terrain) *mountain bike*

CASE-PHRASES

C'est trop fort!
C'est typique de ceux qui gouvernent!
Je n'en vois pas la nécessité!
C'est contre (l'expression de) nos libertés personnelles!
Nous n'avons nulle part pour jouer.
Ils risquent de nous criminaliser!
Les riverains ont droit à un peu de paix.
Il y a eu des fenêtres brisées.
Les cris inquiètent les gens qui habitent dans l'immeuble.
Quand il y a des foules de jeunes, il y a toujours des difficultés.
C'est comme ça dans tous les immeubles/toutes les résidences.

A consulter: Agreement of adjectives, p.210; Position of adjectives, p.211

1 Attention aux terminaisons adjectivales! Complétez chaque ligne d'adjectifs en faisant attention aux accords. La première est déjà faite pour vous aider.

un milieu . . .	une possibilité . . .	ces milieux . . .	ces possibilités . . .
multiple	*multiple*	*multiples*	*multiples*
urbain			
rural			
		indifférents	
	sauvage		
bienveillant			
			municipales
			parentales
			associatives
	considérable		

2 Notez les adjectifs qui . . . **a** se placent avant le nom; **b** se terminent par un *e* au masculin singulier.

5.6 *Le sport, c'est aussi une aventure!*

Considérons un autre sport – et c'en est un qui devient de plus en plus populaire: la varappe.

L'escalade ou la varappe se pratique aujourd'hui partout: à la montagne bien sûr, mais aussi en ville où les murs artificiels ont poussé comme des champignons.

La varappe est un sport tout ce qu'il y a de plus complet! Elle fait travailler harmonieusement les bras, les jambes, et le tronc. Mieux encore, elle fait appel à tous les gestes naturels, qui gagnent en précision et en adresse. Résultat: capacité respiratoire et cardiaque, endurance et force musculaire se développent . . . ainsi que les grandes qualités morales! Courage, volonté, esprit d'équipe, sang-froid, évaluation réelle des difficultés à vaincre . . . On peut dire que la vie d'un escaladeur dépend de la sûreté de son jugement.

La varappe consiste en effet à grimper sur des blocs de rocher ou sur des falaises avec l'aide des mains, des pieds et d'un équipement adéquat: cordes, pitons . . . Le grimpeur tire sur les prises des mains et pousse sur celles des pieds. A chaque bonne accroche, il peut s'arrêter pour se détendre, on parle de position repos. On le voit, les qualités requises sont souplesse, adresse et sens de l'équilibre. C'est pourquoi les enfants sont souvent très doués. Cependant, ils n'ont pas la maturité nécessaire pour pratiquer ce sport de manière autonome et doivent toujours être encadrés. Dans le cadre des associations sportives, l'escalade n'est autorisée qu'à partir de douze ans, mais en famille, elle est souvent pratiquée à partir de huit, neuf ans.

	Nécessaires dès le début	Acquises ou développées
Qualités morales	[2 points]	[5 points]
Qualités physiques	[3 points]	[5 points]

à partir de . . .   *from . . . on(wards)*
accroche (f)   *hooking point, foothold, toe-hold*
adresse (f)   *skill*
autonome   *independent*
cadre (m)   *context, framework*
se détendre   *to relax*
doué   *talented, gifted*
encadré   *chaperoned, shadowed*
équilibre (m)   *balance*
escalade (f)   *climbing, ascent*
falaise (f)   *rock/cliff face*
force (f)   *strength*
piton (m)   *piton (climbing bolt)*
pousser   *to grow, spring up*
prise (f) de main (f)   *handhold*
requis   *required*
tronc (m)   *torso*
vaincre   *to overcome, conquer*
varappe (f)   *rock climbing*
volonté (f)   *will, determination*

A

1 Dressez la liste des qualités développées par la varappe, en complétant un tableau comme celui de gauche.

2 Maintenant, sans copier le texte, expliquez en une phrase comment la varappe est un sport complet.

B

Rendez en anglais la section «La varappe consiste . . . encadrés.»

C Voici la dernière partie de l'article. Cherchez dans ce texte un mot/une expression qui complète le sens de chacune des phrases ci-dessous.

Un maître mot: la prudence

Pour votre sécurité, la prudence est le maître mot en matière d'escalade. A la montagne, tout comme sur un mur artificiel, la témérité n'est pas une qualité mais un défaut! Des précautions indispensables sont à prendre: ne jamais partir seul, notamment, se renseigner sur les conditions météorologiques, et n'aborder que des parois qui correspondent à son niveau technique et à son degré d'entraînement.

Il est nécessaire de s'habituer aux dénivellations en s'entraînant progressivement: les amplitudes doivent être de 300 m à 600 m et les sorties d'une durée de deux à cinq heures. L'adaptation totale à l'altitude demande environ quinze jours.

Quoi qu'il en soit, en toutes circonstances, vos meilleurs atouts seront: sang-froid, calme et patience ainsi qu'une excellente condition physique générale, surtout pour aborder des escalades sérieuses. En tant qu'apprenti alpiniste, vous devrez penser à chaque geste avant de l'exécuter. Bref, être le contraire d'un casse-cou!

aborder *to tackle*
alpiniste (m/f) *mountain climber*
amplitude (f) *range*
atout (m) *asset*
dénivellation (f) *gradient, difference in level*
en tant que *(in one's capacity) as*
exécuter *to carry out*
maître mot (m) *key word*
paroi (f) *rock face*
se renseigner *to inform oneself*
sécurité (f) *safety*
témérité (f) *recklessness*

1 Le plus important, c'est de ne pas prendre de risques, il faut montrer de la ....
2 En effet, loin d'être un atout, l'imprudence est au contraire un ....
3 Faire des préparatifs complets avant de partir, c'est ....
4 Si on n'est qu'apprenti alpiniste, on ne doit pas .... des obstacles trop difficiles.
5 Si l'on n'a jamais fait de varappe, il faudra un certain temps pour s'habituer à ....
6 Pour pouvoir faire des montées difficiles, il faudra avoir une bonne ....
7 Somme toute, pour faire de la varappe, il ne faut pas être ....

CONSOLIDATION

A consulter: Constructions with the infinitive, p.221

Etudiez les deux parties de l'article encore une fois, puis décidez comment exprimer en français les phrases suivantes.

1 There are problems to consider and there's lots to do.
2 Good results depend on your own efforts.
3 Boules is really a matter of throwing several large balls at one small one.
4 We'll be on holiday as from 10 July.
5 I have nothing to say.
6 Try a sport that is suitable for your level of fitness.
7 It's essential to adapt to the new situation.

D *A vous maintenant!*

1 Faites le résumé des caractéristiques de votre sport préféré; les titres à droite pourront vous aider.
2 Choisissez *soit* la varappe *soit* votre sport préféré, puis rédigez une explication pour un groupe de jeunes (entre douze et quatorze ans) des avantages, des qualités nécessaires, et des précautions essentielles qu'on doit observer.

Parties du corps utilisées
Bienfaits physiques
Qualités requises
Qualités acquises
Age où on peut commencer
Précautions à prendre
Frais d'équipement

5.7 *Tombés du ciel!*

Deux jeunes champions de parachutisme parlent de leur passion dans *Le sport sur les ondes,* un magazine hebdomadaire de radio locale.

A Pour commencer, écoutez les paroles de ces deux jeunes parachutistes. Identifiez les mots qui manquent dans le texte.

Présentateur   Rebonjour, chers auditeurs, chères auditrices, et bienvenue à notre magazine hebdo, *Le sport sur les ondes,* diffusé en deux parties tous les samedis entre dix heures et dix-sept heures trente. Pour la plupart des gens, le sport c'est la pêche, le tennis, la gymnastique, le cyclisme ou le football (très souvent dans ... son fauteuil). Mais de nos jours, il y a toute une gamme de sports moins conventionnels et souvent plus dangereux, comme la varappe, la spéléologie et maintenant le parachutisme. Le parachutisme! C'est pour vous? Faites maintenant la connaissance d'Anne-Laure et de Raphaël, deux jeunes qui ont le parachutisme dans les veines. Un jour – ils avaient quinze ans – ils sont venus faire leur premier saut, comme ça, pour voir de quoi ils étaient capables. Depuis, Anne-Laure et Raphaël vont de chute en rechute. Le virus ne les a pas quittés et les pousse aujourd'hui vers la compétition. Portrait croisé de deux jeunes mordus de parachutisme. Mais combien de torticolis ont-ils attrapés à scruter le ciel sur l'aérodrome de Vannes-Meucon quand la couverture nuageuse ne daignait pas leur laisser le champ libre? Anne-Laure n'est point désabusée par la météo bretonne.

Anne-Laure   Pour pouvoir sauter, il faut une **1** .... d'au moins 1 000 m et moins de 40 km/h de **2** .... Alors des fois, on vient là et on attend.

Présentateur   Mais il ne faut pas s'y fier. Si le centre-école de parachutisme de Vannes comporte plus de 1 200 licenciés, si 23 000 sauts ont été enregistrés l'an dernier, c'est bien la preuve que les adeptes passent aussi pas mal de temps en l'air, comme l'explique Raphaël ...

Raphaël   La première année, j'ai **3** .... 200 fois, c'était vraiment trop bon. J'ai laissé tomber **4** .... mes autres loisirs, planche à voile, tennis, squash, pour me **5** ....

Présentateur   En cinq ans de pratique, le jeune étudiant a franchi les étapes qui lui permettent aujourd'hui de participer au championnat de France junior dans la catégorie voltige et précision d'atterrissage. A vingt ans, il est aussi moniteur fédéral bénévole et passe presque tout son temps libre au centre pendant la saison, entre mars et novembre. Il en parle ...

Raphaël   Les sensations, je ne sais pas comment **6** .... parler mais c'est génial, c'est un peu comme plonger **7** .... l'eau, on ne sent plus son poids.

Présentateur   Un plongeon à 180 km/h ou 50 m/s si l'on préfère, avant que ne s'ouvre le parachute. L'effet de vitesse a de quoi couper le souffle! Anne-Laure ...

Anne-Laure   La première fois, on a l'impression de ne pas **8** .... parce que ça va trop vite. Je me souviens par contre très bien de **9** .... arrivée. J'ai atterri dans un arbre! Après, je suis **10** .... de plus en plus haut. Quand la **11** .... dure presque une minute, là on a le temps **12** .... prendre du plaisir.

Présentateur   Un plaisir qu'elle trouve désormais dans la compétition. A dix-huit ans, elle a fini quatrième l'an dernier au championnat de France junior de voltige.

atterrissage (m)	*landing*
bénévole	*voluntary*
chute (f)	*drop*
coupe-vent (m)	*wind-breaker*
de quoi couper le souffle	*enough to take your breath away*
désabusé	*disenchanted, disillusioned*
désormais	*from now on*
diffusé	*broadcast*
forcément	*necessarily*
franchir les étapes	*pass the hurdles*
hebdo(madaire)	*weekly*
licencié(e) (m/f)	*licence holder*
plongeon (m)	*dive*
rebonjour	*hello again*
saut (m)	*jump*
spéléologie (f)	*potholing*
tenue (f)	*dress/kit*
torticolis (m)	*stiff neck*
voltige (f)	*aerobatics*

B   Pour chaque description trouvez une définition dans le texte.

Exemple: une douleur passagère au cou = *un torticolis*

1   comment on descend d'un avion en plein air
2   une personne qui détient une licence
3   passer par-dessus
4   l'action de plonger
5   l'action de tomber
6   à partir du moment actuel
7   exercice d'acrobatie volante

C   Comme si c'était vous-même!

Certains événements-clés dans l'histoire d'Anne-Laure et de Raphaël, répétés ci-dessous, sont décrits dans l'interview. Mettez-les à la première personne du singulier, comme si vous parliez vous-même.

Exemple: Un jour, ils avaient quinze ans …
Un jour, j'avais quinze ans, …

1   ils sont venus faire leur premier saut
2   pour voir de quoi ils étaient capables
3   Le virus ne les a pas quittés.
4   Combien de torticolis ont-ils attrapés sur l'aérodrome!
5   En cinq ans de pratique le jeune étudiant a franchi les étapes.
6   A dix-huit ans, elle a fini quatrième l'an dernier au championnat de France.

D   *Réaction personnelle*

Est-ce que cela vous plairait de faire un saut de parachutisme? Notez dans le texte les huit ou dix remarques qui vous inspirent ou qui vous font horreur et expliquez votre réaction.

Exemple: «La première année j'ai sauté 200 fois.»
Réaction personnelle: «Je n'ai pas assez d'argent pour cela!»

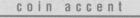

coin accent

intonation et prononciation

Ecoutez et imitez Raphaël ou Anne-Laure en faisant particulièrement attention aux voyelles nasales qui figurent dans leurs paroles.

Raphaël

La première année, j'ai sauté deux c**ent**s fois.

C'était vraim**ent** trop b**on**!

Les s**en**sati**on**s, je ne sais pas comm**ent en** parler, mais c'est génial!

C'est **un** peu comme pl**on**ger sous l'eau.

On ne s**ent** plus s**on** poids.

Anne-Laure

La première fois, on a l'**im**press**ion** de ne pas réaliser, parce que ça va trop vite.

Je me souv**iens** par c**on**tre très b**ien** de mon arrivée.

J'ai atterri d**ans** un arbre!

Après, je suis partie de plus **en** plus haut.

Qu**an**d la chute dure presque une minute, là, on a le t**em**ps de pr**en**dre du plaisir.

A consulter: Past historic, p.218

CONSOLIDATION

Raphaël et Anne-Laure ont parlé de leurs expériences au passé composé. Rendez leurs paroles au passé simple, comme si vous écriviez un roman.

1   La première année j'ai sauté 200 fois.
2   J'ai laissé tomber tous mes autres loisirs.
3   J'ai atterri dans un arbre!
4   Après, je suis partie de plus en plus haut.
5   J'ai fini quatrième au championnat de France.

E   Vous êtes tenté(e) par ce genre de sport? Ecoutez maintenant deux jeunes femmes, Nicole et Frédérique, qui discutent du parachutisme. Elles parlent d'abord de l'équipement qu'il faut avoir pour y participer. Ecoutez et complétez la liste.

L'équipement	Pour/Parce que
1	
2	
3	
4	
5	

A consulter: Perfect: preceding direct objects, p.216

CONSOLIDATION

Il y a dans l'interview plusieurs verbes au passé composé qui sont précédés d'un complément d'objet direct. Utilisez-les pour vous aider à compléter les blancs dans l'exercice suivant. Choisissez les mots corrects pour compléter chaque phrase.

1 Les souvenirs ne nous ....
   a ont pas quitté.
   b ont pas quittés.
   c sont pas quittés.

2 Annie? Ses amis .... dans les bras de Michel.
   a l'a poussée
   b l'ont poussé
   c l'ont poussée

3 Combien de films ....
   a ont-elles vus?
   b ont-elles vues?
   c ont-elles vu?

4 Bill? Je lui .... les résultats.
   a ai donné
   b ai donnée
   c ai donnés

5 Les étapes que Nelly ....
   a a franchi.
   b est franchie.
   c a franchies.

6 Les gens à la réunion? Tu en .... une fausse impression.
   a as eus
   b as eu
   c as eue

7 L'impression que Bill .... est fausse.
   a a eu
   b a eue
   c a eus

F Après une période d'entraînement à terre, il est temps de monter en avion pour faire un vrai saut! Ecoutez les deux filles. Répertoriez les mots de Nicole qui nous indiquent qu'elle a toujours des doutes en ce qui concerne le premier saut.

G Ecoutez encore une fois Frédérique. Comment dit-elle ...

1 the first time ...
2 if one of them hesitates ...
3 as a safety measure ...
4 straight away ...
5 I'd been waiting to jump for a long time.
6 it was such a shock
7 they all do it again

5.8 *Le sport et l'économie*

Ecoutez maintenant Jean-Paul qui parle de la passion qu'ont les Français pour le vélo.

A Comment dit-il ...

1 one of the most rated sports ...
2 travelling along the French roads ...
3 because it's a bit like skiing ...
4 loads of cyclists ...
5 They look very professional.
6 something which is very popular ...

B Le sport de nos jours est plus ou moins étroitement lié à l'économie. Lisez l'article à droite et répondez aux questions.

1 Vous, vous avez déjà cassé votre tirelire? Quand? Pourquoi?
2 Donnez un exemple d'une occasion où on peut être victime de la société de consommation dans le domaine du sport; cela vous est-il déjà arrivé?
3 Quels exemples trouvez-vous dans les médias de l'exploitation commerciale dans ce domaine? Notez-les.

C Lisez le texte ci-dessous, tiré du site Internet du *Parisien* et recherchez les réponses aux questions qui suivent.

ECONOMIE ET SPORT! CHOQUANT?

Non! Car le sport est en fait une activité hautement économique. Vous qui faites du football, du tennis, de la natation ou tout autre sport, le savez. Pour pratiquer un sport, il faut commencer par «casser sa tirelire»: achat de chaussures, de maillots, de shorts, de raquettes, de maillots de bain ... etc. Il y a donc d'un côté des entreprises qui produisent des articles de sport et de l'autre des consommateurs qui achètent ces produits pour s'adonner à leur pratique. D'un côté encore, il y a la production, de l'autre la consommation: les maîtres-mots de l'économie. Mais, tout est économique direz-vous! Oui, bien sûr, et le sport plus que certains autres secteurs car il est devenu par les médias (presse, télévision, radio) un spectacle lu, regardé et entendu par des millions de personnes.

---

le Parisien en ligne
LES SPORTS

LA PASSION DU TOUR

Aimé Jacquet: «Cet amour remonte à mes toutes jeunes années»
Chaque jour, jusqu'à vendredi inclus, une personnalité raconte sa passion pour le cyclisme et le Tour de France. N'essayez pas, c'est mission impossible. Aimé Jacquet est incollable sur le Tour de France, son palmarès, ses exploits, ses à-côtés.

L'ancien sélectionneur des Bleus est un amoureux fou de la petite reine. «Cet amour remonte à mes toutes jeunes années dans mon petit village de Sail-sous-Couzan, dans la Loire. Je ne me déplaçais alors qu'avec mon vélo pour aller à l'école ou, plus tard, à l'entraînement du foot. C'est un objet mythique. Le sport cycliste est le plus beau et le plus exigeant de tous, avec la natation sans doute. Il symbolise pour moi le courage, la volonté, l'audace et aussi la souffrance.» Le nouveau roi de l'édition – «Ma vie pour une étoile» va bientôt atteindre les 400 000 exemplaires vendus – a tant de souvenirs du Tour de France qu'il ne sait pas par où commencer. «Mon tout premier est lié, au début des années cinquante, au café de Sail où on venait consulter le résultat de l'étape et le classement général sur des ardoises, raconte-t-il. Puis il y a eu le transistor que j'écoutais avec le sentiment de vivre un moment un peu magique.»

Ensuite, ses rendez-vous avec la Grande Boucle s'enchaînent, le laissant chaque fois émerveillé. «J'ai des images en tête. Louison Bobet en jaune ou encore et surtout la fameuse étape du Puy-de-Dôme (NDLR: 12 juillet 1964) avec l'empoignade formidable Anquetil-Poulidor. J'étais sur le bord de la route et je revois l'attaque de Poulidor qui a dû se dérouler à quinze mètres de l'endroit où je me trouvais.»

http://www.leparisien.fr/jdj/Tue/SPO/714633.htm

PARIS

---

s'adonner à   *to devote oneself to*
casser sa tirelire (f)   *to break into one's piggy bank*
consommateur (m)   *consumer*
hautement   *highly*
maillot (m)   *jersey, top*
maillot (m) de bain (m)   *bathing costume*

A répondre/rechercher:

1 Qui sont les Bleus?
2 Où se trouve Sail-sous-Couzan dans la France: au nord, au sud, à l'est, à l'ouest ou au centre?
3 Qu'est-ce que c'est que la petite reine?
4 Qu'est-ce que la Grande Boucle?
5 Quel autre sport est-ce que M. Jacquet considère comme aussi beau que le cyclisme?

5.9 *Continuer le sport au lycée?*

Damien voudrait poursuivre ses études sportives au lycée. Il a écrit à *Phosphore* – magazine pour étudiants – pour leur demander conseil. Lisez sa lettre ci-dessous.

> L'année prochaine, je vais entrer au lycée, en seconde. Je suis très sportif et je voudrais continuer à m'entraîner dans mes sports favoris. Quelles sont les possibilités?
>
> Damien

A Dans la réponse de Claudine Gelberger, les verbes manquent. On vous donne les verbes – à l'infinitif – dans la case. Identifiez un verbe approprié pour chaque blanc, et mettez-le à la forme convenable.

Exemple: **1** *dépendre* ➡ *dépend*

> accueillir dépendre être
> exister falloir permettre
> pouvoir s'adresser
> sélectionner suivre

Tout **1** .... du niveau de pratique sportive.

Sportifs de haut niveau:
- Les filières de haut niveau **2** .... à des athlètes. Elles **3** .... des fédérations sportives qui **4** .... les candidats à l'entrée. Les sportifs **5** .... regroupés par niveau et **6** .... une scolarité avec des horaires aménagés dans les filières technologiques, générales ou professionnelles.
- L'INSEP (Institut national du sport et de l'éducation physique) **7** .... dès la troisième, en internat, les espoirs nationaux, en relation avec les lycées proches dans des cycles aménagés.

Sportifs de bon niveau:
- Les sections sportives (qui **8** .... de l'Éducation nationale) **9** .... la pratique approfondie d'un sport, en même temps qu'une scolarité normale. Elles **10** .... être une préparation aux filières de haut niveau. Il **11** .... adresser sa candidature au chef d'établissement.

Elèves intéressés par le sport en général:
Il **12** .... des options facultatives de sport dans certains lycées, en renforcement de l'EPS.

Claudine Gelberger

B Traduisez en anglais la réponse que vous venez de compléter.

CONSOLIDATION

A consulter: Constructions with the infinitive, p.221

1 Le premier verbe se lie-t-il directement au deuxième ou par *à* ou *de*? Pour chaque verbe, mettez *à* ou *de* dans le blanc s'il le faut. Dans quelques cas, vous ne devrez mettre ni l'un ni l'autre.

a J'ai essayé .... sauter un cours de gym!
b La jeunesse cherche .... s'affirmer.
c L'article que vous venez .... lire.
d J'ai commencé .... jouer en sélection départementale.
e Ils sont venus .... faire leur premier saut.
f Il ne faut pas .... s'y fier.
g Il suffit .... avoir plus de quinze ans.
h Ces étapes lui permettent .... participer.
i Plusieurs concurrents ont recommencé .... courir.
j L'exercice vous fera .... perdre de la masse grasse.
k Elle évite .... secréter trop d'insuline.
l Le sport ne fait donc pas .... perdre de poids.
m Elle préfère .... jouer au tennis.
n La varappe consiste .... grimper sur des blocs de rocher.
o Il faut .... commencer doucement.
p L'instructeur tend .... pousser les élèves.

2 Comment dit-on en français ... ?

a The work you (= *tu*) have just done.
b We have started to play badminton.
c I prefer to watch sport.
d I've started taking part (= *participer*) again.
e You need to concentrate on the game.
f It's enough to start gently.
g These efforts will allow you (= *tu*) to make progress.
h You mustn't refuse.

A consulter: *qui/que*, p.208

3 La plupart des expressions suivantes figurent dans les passages utilisés dans l'unité. Pour chacune mettez *qui* ou *que* dans le blanc.

a une personne .... fait régulièrement du sport
b une fatigue physique .... s'élimine facilement
c les champions .... arrêtent le sport
d les mouvements .... vous faites
e l'insuline est l'hormone .... commande le stockage
f un plaisir .... elle trouve dans la compétition
g un loisir .... l'on pratique en toute sécurité
h des gens de 70 ans .... ont gardé un corps très souple
i une filière .... je qualifierais de classique

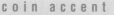

coin accent

prononciation

Les francophones, eux aussi, ont des problèmes avec les noms étrangers. Ecoutez ces noms étrangers prononcés à la française par une des deux personnes et prononcez-les de la même façon dans les pauses.

Nike   Mary Pierce   David Beckham   Damon Hill   Pete Sampras   Adidas Venus et Serena Williams   Manchester United

Maintenant, essayez ces noms français qui figurent dans cette unité:

Henri Leconte   Guy Forget   Aimé Jacquet   Marie-Jo Pérec
Jean-Paul Martineau   Zinédine Zidane   Roland-Garros

5.10 *Marie-Jo Pérec*

Considérons maintenant une autre héroïne sportive qui reste très près du cœur des Français. Lisez l'histoire et écoutez la version enregistrée.

MARIE-JO PÉREC

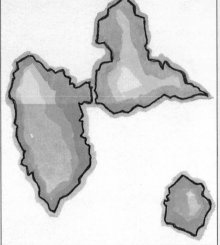

1 Marie-Jo Pérec, l'une des grandes athlètes françaises, est la seule à obtenir dans deux Olympiades la médaille d'or du 400 mètres. Pour le public, Marie-Jo est une héroïne, mais pendant sa carrière d'athlète, elle est souvent l'objet de controverses.

2 Elle est née à la Guadeloupe (= Eau du Loup) aux Petites Antilles, un groupe d'îles des Caraïbes. La Guadeloupe a été découverte par Christophe Colomb en 1493. Originellement sous la dépendance de la Martinique, c'est maintenant un département français d'outre-mer.

3 A l'âge de cinq ans, Marie-Jo était une fillette guadeloupéenne comme toutes les autres, qui jouait dans les ruelles des villages. Les liens familiaux étroits sont communs à la Guadeloupe et l'affection qu'elle a reçue allait devenir une influence profonde sur sa motivation et son succès futur.

4 Très jeune, elle montrait un talent exceptionnel pour la course et à dix ans elle courait plus vite que toutes les autres dans sa tranche d'âge. L'administration sportive des îles l'avait déjà remarquée. C'est à cette époque de sa vie qu'elle a commencé à ressentir la grande ambition de faire connaître la Guadeloupe aux Français métropolitains!

5 Son talent a emmené Marie-Jo en France métropolitaine et en 1992 elle a représenté l'Hexagone aux Jeux olympiques de Barcelone, où elle a gagné le 400 mètres avec beaucoup de panache.

6 Aux conférences de presse après la course et en France, Marie-Jo a été reçue avec la plus grande approbation et élevée au rang des grandes célébrités!

7   Dotée d'une très grande indépendance d'esprit, Marie-Jo n'a pas été séduite par cette renommée. Marie-Jo Pérec nous a montré qu'elle a deux patries, la Guadeloupe et la France.

8   Mais sa renommée ne la protégeait pas toujours des préjugés racistes et elle allait se rappeler un petit événement dans un magasin de luxe, avenue des Champs-Elysées, pour se motiver dans les années à venir. Quand elle est entrée dans le magasin, le personnel ne l'a pas reconnue tout de suite et l'a traitée avec une certaine condescendance, que reconnaîtront la plupart des Noirs dans notre société.

9   Enfin, une des vendeuses a reconnu Marie-Jo et tout était différent! Plein d'attention, plein de sourires, plein de compliments – tout à l'excès! On peut facilement imaginer la réaction de Marie-Jo, d'autant plus que quelqu'un a essayé de lui baiser la main, après l'avoir regardée d'une façon si dédaigneuse au début! Passons outre!

10   L'indépendance de Marie-Jo Pérec lui a aussi causé des difficultés. Au point de départ du 200 mètres aux Jeux Mondiaux de Bercy en 1994, elle a refusé de participer au dernier moment, parce qu'elle ne se sentait pas en forme.

11   Il y a eu une dispute à la ligne avec son entraîneur, qui insistait pour qu'elle participe. Quelle perte de temps, surtout qu'il aurait dû connaître Marie-Jo suffisamment bien pour ne pas essayer!

12   Cet incident a mis fin à leur rapport sportif et le public français a mal apprécié cette dispute ouverte. Marie-Jo a été censurée par la presse et les autres médias pour son refus, criant qu'elle avait déçu la France!

13   Consciente du besoin de repenser sa technique, Marie-Jo a pris la décision de s'entraîner aux Etats-Unis et elle a pris l'avion pour l'Amérique peu de temps après sa dispute publique.

A   Les mots dans la grille sont utilisés dans les paragraphes 1–6 de l'histoire de Marie-Jo Pérec. A vous de remplir les blancs dans les familles de mots dans cette grille, en trouvant les formes demandées.

nom	verbe	adjectif
1	obtenir	2 ....
groupe	3	4 ....
5	6	découvert
lien	7	8 ....
9	10	profond
11	12	exceptionnel
vie	13	14 ....
15	connaître	16 ....
17	recevoir	18 ....
19	20	grand

C   Regardez les images 14–18 auxquelles il manque leur commentaire. Ecoutez la fin de l'histoire et mettez dans le bon ordre les phrases et les parties de phrases que vous verrez à la page 91.

B   Relisez les paragraphes 7–13 et à l'aide d'un dictionnaire monolingue trouvez une autre façon d'exprimer chacune des notions suivantes qui figurent dans cette partie de l'histoire.

1 dotée de
2 séduite
3 sa renommée
4 se rappeler
5 se motiver
6 à l'excès
7 dédaigneuse
8 Passons outre!
9 pas en forme
10 une dispute
11 déçu

Antilles (fpl)   *West Indies*
doté de   *endowed with*
étroit   *close*
JO (Jeux olympiques) (m)
   Olympic Games
mettre fin à   *to put an end to*
passer outre   *to let it go/pass*
personnel (m)   *staff*
point (m) de départ (m)   *starting point*
préjugé (m)   *prejudice*
profiter de   *to take advantage of*
propice   *favourable*
remplir l'attente de   *to fulfil the expectations of*
tranche (f) d'âge (m)   *age group*
vendeuse (f)   *salesperson*

D   Préparez un résumé (120 – 150 mots) de ce que vous avez appris sur la vie de Marie-Jo Pérec.

a   ... elle était favorite pour le 400 mètres et peut-être aussi pour le 200 mètres.

b   La décision de changer d'entraîneur semble avoir été propice.

c   ... que ce qu'elle avait fait était autant pour la Guadeloupe que pour la France!

d   Comme on pouvait s'y attendre, Marie-Jo Pérec a tenu á nous faire savoir ...

e   Marie-Jo a profité largement de son séjour aux États-Unis ...

f   ... l'anonymat dont Marie-Jo a bénéficié

g   ... plus le 200 mètres, d'une façon majestueuse.

h   ... en gagnant pour la deuxième fois la médaille d'or pour le 400 mètres, ...

i   Et elle a répondu à l'attente du monde en général et du public français en particulier, ...

j   Un autre avantage de son séjour aux États-Unis a été ...

k   Marie-Jo allait s'entraîner exclusivement avec des athlètes hommes!

l   Quand elle est arrivée aux JO d'Atlanta en Juillet 1996 ...

m   Comment faire? Rien de plus facile!

n   Ceux-ci ont été très gentils avec elle, en la traitant sur un pied d'égalité.

o   Elle n'attirait plus constamment l'attention comme en France.

p   Quand Marie-Jo a rencontré son nouvel entraîneur, un rapport professionnel à toute épreuve s'est établi.

q   Quel plaisir que de pouvoir descendre Madison Avenue en baskets sans être reconnue!

r   ... et plus spécifiquement de l'amélioration de sa technique et de sa puissance.

s   Les deux ont commencé par un stratagème facile: augmenter la force physique de la Guadeloupéenne.

5.11 *Travail de synthèse*

A *Face à face*

Travaillez avec un partenaire: discutez et décidez si le contenu de cette unité aura modifié d'une façon ou d'une autre votre perception du sport. Considérez encore une fois les diverses formes d'activité sportive dans cette unité afin de décider si vous vous intéressez plutôt au sport organisé ou aux pratiques informelles. Référez-vous aux pages 198–9.

B   Maintenant, choisissez un des thèmes suivants et écrivez environ 150 mots. Référez-vous aux pages 195–9.

1   Au fil des années, vous avez connu un succès remarquable dans votre sport préféré. On vous invite à devenir sportif professionnel. Votre famille et vos amis ont des doutes. Imaginez la conversation avec l'un(e) d'eux, où chacun(e) insiste soit sur les avantages soit sur les inconvénients d'une carrière sportive.

2   Racontez un événement sportif qui vous a passionné(e), soit comme spectateur, soit comme participant(e).

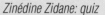
coin infos

Zinédine Zidane: quiz

Zinédine Zidane a grandi à La Castellane, une cité HLM des quartiers Nord de Marseille. Pur produit du football de rue, c'est d'abord au Foresta, le club de son quartier, qu'il se familiarise avec le football de compétition, avant d'entamer son apprentissage à Septèmes, un petit village au nord de Marseille.

En mai 1989, c'est sous les couleurs de ce club que les dirigeants de l'AS Cannes le repèrent.

En 1992, il rejoint les Girondins de Bordeaux et est sélectionné pour la première fois en equipe de France, le 17 août 1994 à Bordeaux contre la République tchèque. Il reste à Bordeaux de 1992 à 1996.

Côté cœur, il rencontre Véronique à Cannes, l'épouse en 1994. Et ils donnent naissance à leur premier enfant, Enzo, comme Enzo Francescoli (son idole) qui jouait à Marseille et faisait l'admiration des enfants de La Castellane.

En 1996, il signe à la Juventus de Turin où il rejoint Didier Deschamps. En 1997, il remporte avec la Juve la coupe Intercontinentale contre River Plate et la super Coupe contre le PSG.

Le 18 janvier 98 il est élu meilleur joueur étranger du Calcio.

Au printemps 98, à la veille de son départ pour Clairefontaine, son deuxième fils Lucas naît.

Le 10 juin 98, la Coupe du monde débute au Stade de France avec le match Brésil–Ecosse. Le meneur de jeu, notre Zidane, est attendu au premier tour du match France–Afrique du Sud, à Marseille le 12 juin. Il sera expulsé lors du match suivant contre l'Arabie Saoudite.

Il reviendra en quart de finale contre l'Italie, jusqu'au 12 juillet où il marquera en finale deux buts de la tête contre le Brésil et deviendra champion du monde.

http://www.zidane.net/sommaire.htm

Quiz

1 Vient-il d'une famille riche ou d'une famille pauvre?
2 Sa région, c'est dans le nord ou dans le sud de la France?
3 Quand est-ce qu'il a joué la première fois pour son pays?
4 Qui est Véronique?
5 En 1996 il a quitté la France pour un autre pays européen. Lequel?
6 Comment dit-on «football» en italien?
7 Comment s'appelle le frère cadet d'Enzo Zidane?

unité 6
Les médias

On dit que le vingtième siècle a été le siècle de l'automobile et que le vingt et unième siècle sera le siècle médiatique. Dans cette unité nous allons explorer la façon dont les médias ont pénétré dans la vie de toutes et de tous. Nous allons poser aussi la question, jusqu'à quel point est-ce que nous resterons maîtres de nous et de notre vie?

Nous posons la question, mais ce sera à vous, les jeunes adultes, de construire votre avenir et votre monde dans ce nouveau siècle.

Dans cette unité on va consolider votre compréhension des points suivants:

- Le passé simple (*past historic tense*)
- ce, cette, cet, ces (*demonstrative adjectives*)
- qui, que, où, dont (*relative pronouns*)
- Le passé composé (*perfect tense*)
- Accord du participe passé (*agreement of past participles*)
- Le passif (*passive*)
- Le conditionnel (*conditional*)
- Le subjonctif (*(present) subjunctive*)

médias (mpl) *technique, support de diffusion massive de l'information*

(1)

Pour l'Egypte, cela a été les hiéroglyphes

(2)

Jusqu'au Moyen Age, les moines ont eu l'écriture

(3)

La Renaissance a profité de l'imprimerie de Gutenburg et des livres imprimés

(4)

Les révolutionnaires ont manipulé la presse pendant la Révolution française

(5)

Les Américains ont établi des postes de télégraphie pour conquérir l'Ouest

(6)

Pendant la Première Guerre Mondiale les combattants se sont téléphoné

6.1 *Quelques opinions . . .*

Ecoutez ces opinions sur les médias en général et l'avènement des «autoroutes de la communication».

a

> «La révolution de l'information changera pour toujours la façon dont les gens vivent, travaillent et communiquent!» (*Al Gore, vice-président des Etats-Unis*)

b

> «Le progrès dans le domaine des médias étant inéluctable, il faut tout au plus en limiter les dégâts potentiels!» (*Dominique Nora, chercheuse*)

c

> «Nous sommes déjà prisonniers de l'univers de la représentation médiatique.» (*Jean Baudriard, philosophe*)

d

> «L'explosion dans la communication est un mouvement conduisant l'humanité à une vitesse désormais excessive!» (*Paul Virilio, critique de la technique*)

e

> «Les autoroutes de la communication? Je vois s'ouvrir là de nouvelles aventures technologiques qui vont aider l'humanité!» (*Bill Gates, P-DG de Microsoft*)

f

> «L'ouverture et la liberté sont les vraies promesses de cette technologie.» (*Mitchell Kapor, expert médiatique*)

---

autoroute (f) de la communication
  communication highway
chercheur(-se) (m/f)   *researcher*
conduire   *to lead*
dégâts (mpl)   *damage*
inéluctable   *(unpleasantly)*
  inevitable
médiatique   *media (adj)*
tout au plus   *at the very most*

CONSOLIDATION

A consulter: Past historic, p.218

Regardez les commentaires qui accompagnent les dessins et mettez le verbe au passé simple sauf pour la dernière image.

Exemple: **1** *Pour l'Egypte cela fut les hiéroglyphes.*

---

coin accent

prononciation et intonation

Ecoutez les deux voix et imitez la prononciation et l'intonation de celle qui correspond à votre sexe, en faisant surtout attention aux deux sons *u* et *r*.

Voix féminine

Les progrès dans les médias étant inéluctables, il faut tout au plus en limiter les dégâts potentiels.

Voix masculine

Nous sommes déjà prisonniers de l'univers de la représentation médiatique.
L'explosion dans la communication est un mouvement conduisant l'humanité à une vitesse désormais excessive.

Regardez encore une fois ces opinions et numérotez-les selon vos propres opinions, depuis 1 (l'avis le plus proche de mon point de vue) jusqu'à 6 (l'avis le plus contraire au mien). Expliquez avec vos propres mots les deux avis que vous avez numérotés 1 et 6.

La radio a aidé la Résistance française pendant la guerre de 1939-1945

NASA a eu la télévision pour la première visite à la lune

Nous avons maintenant l'ordinateur et Internet.

6.2 *La Bibliothèque de France*

Les livres sont presque le plus ancien des médias et ils vont continuer à jouer un rôle primordial, même à l'âge électronique. Comme pour souligner cette importance, Paris, tout comme Londres, a une nouvelle Bibliothèque nationale qui fait parler. La Bibliothèque nationale de France François-Mitterrand (nommée en souvenir de l'ancien président) se situe dans le XIIe arrondissement de Paris.

A *Vingt minutes pour obtenir un livre*

Vous travaillez dans le service bibliothèque d'une grande municipalité de votre pays, qui compte fonder une nouvelle bibliothèque régionale avec la participation du gouvernement. Votre supérieure désire un résumé en anglais de ce mini-article, pour voir s'il contient de nouvelles idées qu'elle pourrait utiliser. Résumez le tout **en anglais** en 120 mots, en y incorporant tous les points essentiels (maximum de 15 points).

accueil (m)	(here) *reception*
flâner	*to stroll around*, (here) *to play over*
fonder	*to found, start*
irréductible (m/f) de tabac (m)	*hardened smoker*
magasinier (m)	*warehouse keeper*
moquette (f)	*carpet(ing)*
onéreux(-euse)	(here) *costly*
ouvrage (m)	*work*
réseau (m)	*network*

DANS cette bibliothèque élégante, tout en bois et en moquette pourpre, équipée de sièges ergonomiques et de lampes jugées très onéreuses (1164€), le lecteur désireux de consulter un ouvrage qui n'est pas en libre accès dans l'une des dix salles de lecture thématiques (audiovisuel, sciences et techniques, langue française ...) doit en faire la demande à la banque d'accueil de sa salle et retourner à sa place. Cette demande est annoncée à l'un des magasiniers qui se trouvent dans les tours. Ce dernier dépose l'ouvrage dans un wagon fixé à des rails accrochés au plafond. Le livre circule alors jusqu'à la salle de lecture concernée, par l'intermédiaire d'un réseau entièrement automatisé.

Il y a huit kilomètres de rails aux plafonds de la BNF. Vingt minutes d'attente sont nécessaires. Le temps de sortir fumer une cigarette, pour les irréductibles du tabac, sur la terrasse réservée à cet effet, ou de laisser son regard flâner sur les cimes des hauts arbres plantés dans un jardin qui est fermé à la visite. Lorsque le livre arrive, un signal lumineux s'allume à la table du lecteur qui peut ainsi aller le chercher à la banque d'accueil.

B

Ecoutez les statistiques, qui datent de l'ouverture de la BNF en décembre 1996. Notez les chiffres qui manquent.

La Bibliothèque nationale de France François-Mitterrand résumée en chiffres, cela donne:

1 .... d'euro de coût total.
2 .... d'euro de frais de fonctionnement annuels.
3 .... d'espace de consultation.
4 .... d'esplanade.
5 .... de hauteur de tours.
6 .... places disponibles en haut-de-jardin (bibliothèque publique), ouvert aujourd'hui. On y compte actuellement 180 000 ouvrages, et 300 000 à terme.
7 .... places disponibles au rez-de-jardin ouvert en 1998 et qui atteindra à terme 400 000 volumes.
8 .... km de rayonnages.
9 .... postes de lecture assistés par ordinateur; 180 à terme.
10 .... minutes pour l'acheminement d'un ouvrage demandé.
11 .... millions de livres à transférer jusqu'en 1998, ainsi que 350 000 titres de périodiques.
12 .... de documents audiovisuels.
13 .... documents cartographiques et globes.

C Notez tous les mots qui manquent dans cette transcription de l'interview avec Jean Favier, Président de la BNF.

Présentatrice   Et maintenant, chers auditeurs, chères auditrices, je vous passe à notre reporter, Pierre Vavasseur, avec Monsieur Jean Favier, à la bibliothèque elle-même.

Pierre Vavasseur   Bon, Monsieur Favier, ma première question sur la Bibliothèque, euh … pourquoi avoir **1** ……… la condition d'accès à dix-huit ans?

Jean Favier   Il **2** ……… bien fixer un âge. Ce n'est pas une bibliothèque enfantine, au **3** ……… national, ça n'a pas de sens. Mais un adulte a tous les droits, y compris d'accéder aux systèmes **4** ……… d'information. Tout cela pour 32€ par an …

Pierre Vavasseur   Donc, vous ne regrettez pas que l'accès **5** ……… payant?

Jean Favier   Nous voulons un geste de motivation. Nous ne voulons pas être un endroit **6** ……… on s'abrite de la pluie. Ça n'est tout de même pas demander aux gens un sacrifice financier que de payer 32€ par an – ou 3,20€ pour une **7** ……… ! Les étudiants, c'est demi-tarif: 16€ par an! Quel est l'étudiant qui ne dépense pas 16€ dans son année **8** ……… prenant un petit café au bistrot du coin? Je crois que ça n'est pas excessif.

Pierre Vavasseur   Comment la BNF résistera-t-elle au futur? Ses détracteurs disent que, dans 30 ans, elle sera déjà remplie …

Jean Favier   Lorsque les dix millions d'ouvrages de la **9** ……… patrimoniale seront transférés, nous n'occuperons que la moitié des espaces. Soit 200 kilomètres sur les 400 **10** ……… . Ce serait aller un peu vite que de présumer que dans les 30 prochaines années on **11** ……… autant que depuis Gutenberg! Par ailleurs, il y a des publications qui gagnent de la place. Depuis le microfilm **12** ……… CD-ROM. Enfin, les équipements que nous avons sont modifiables. Les rayonnages fixes, par exemple, peuvent être **13** ……… en rayonnages mobiles. Si, dans 100 ans, il n'y a plus de place, il suffit de **14** ……… quelques rayonnages fixes pour gagner à peu près 80% de place!

D Mariez les bonnes moitiés de phrases pour compléter le sens des propos de Jean Favier.

1 Il était nécessaire de décider
2 La nation n'allait pas accepter
3 Un adulte
4 Il fallait motiver
5 Trente-deux euros n'est pas vraiment
6 D'ici 30 ans, la bibliothèque risque
7 Pour Favier, la bibliothèque a
8 On va stocker aussi le microfilm
9 On peut aussi
10 Dans un siècle, on pourra gagner

a   peut tout faire.
b   d'être remplie.
c   un sacrifice.
d   80% de place.
e   un âge d'accès.
f   et le CD-ROM.
g   une bibliothèque enfantine.
h   les gens.
i   beaucoup de place.
j   modifier les équipements.

s'abriter	*to shelter*
accéder à	*to gain access to*
dépenser	*to spend*
patrimonial	*national*
rayonnage (m)	*shelving*
y compris	*including*

E Vous travaillez pour une station de télévision anglaise et vous devez fournir un commentaire pour l'interview avec Jean Favier et Pierre Vavasseur.

Ecoutez encore la conversation et donnez-en une interprétation en anglais après chaque phrase.

CONSOLIDATION

A consulter: Demonstrative adjectives, p.212

1 Mettez «ce»/«cet»/«cette»/«ces» devant chacun des noms suivants, tirés du texte.
accès accueil âge arrondissement attente bibliothèque bois cimes compétences demande dernier effet gouvernement idées importance kilomètres lampes lecture mini-article minutes municipalité ouvrage points réseau résumé rôle siècles souvenir wagon

A consulter: *qui/que*, p.208

2 Regardez ces phrases basées sur le rapport et remplissez les blancs avec *qui*, *que* ou *qu'*.

a   Un ouvrage ……… est stocké autre part.
b   Vous demandez le livre ……… vous désirez au banque d'accueil.
c   Dans un wagon ……… est fixé à des rails accrochés au plafond.
d   On attend le livre ……… circule jusqu'à la salle de lecture.
e   On a quelques minutes pour la cigarette ………on veut fumer.
f   Les hauts arbres ……… on a plantés dans le jardin.
g   Il y a un signal lumineux ……… s'allume.
h   Le livre ……… vous avez commandé arrive dans un délai de moins de vingt minutes.

A consulter: Future, p.217, Conditional, p.219

3 Mettez les verbes au futur:

a   Ce n'est pas une bibliothèque enfantine.
b   Un adulte a tous les droits.
c   Il y a des publications qui gagnent de la place.
d   Les équipements sont modifiables.
e   Il suffit de remplacer quelques rayonnages.

4 Maintenant changez les verbes suivants du futur au conditionnel.

a   Comment résistera-t-elle au futur?
b   Dans 30 ans elle sera déjà remplie.
c   Lorsque les ouvrages seront transférés.
d   Nous n'occuperons que la moitié des espaces.
e   On publiera autant que depuis Gutenberg!

6.3 *Les mots ou les ondes?*

Si la lecture ne vous dit rien, ce sont peut-être les ondes qui vous captivent? Mais, vous savez, la radio, ce n'est pas seulement la musique. Dans la banlieue parisienne, un groupe d'élèves a fondé sa propre station de radio.

A Rambouillet, dans la banlieue parisienne, des centaines d'élèves concoctent des émissions et réalisent des reportages pour Fréquence-Collège du Rondeau.

«*Il est onze heures et deux minutes sur FCDR. Vous écoutez* Etienne—Etienne *de Guesh Patty!*» Depuis six heures du matin, FCDR-Fréquence Collège du Rondeau émet sur 99.4. Et en cette fin de matinée, la station, nichée dans les 310 mètres carrés d'un ancien dortoir de la cité scolaire de Rambouillet, est en effervescence.

Dans l'un des trois studios, des élèves de 3e technologique se succèdent au micro. Juste à côté, au local de production, Béatrice, Caroline et Delphine, toutes trois élèves de 1re A, enregistrent leur émission théâtrale. Seize heures d'antenne par jour, 112 par semaine, la grille de programmation est impressionnante: plusieurs flashes d'infos chaque jour, une revue de presse, des dizaines d'émissions hebdomadaires, littéraires ou musicales, sur le cinéma ou la mode, sur la mécanique ou la musique, sur le sport ou les sciences et techniques.

Pour réaliser toutes ces émissions, plus d'une centaine d'élèves, techniciens, journalistes ou animateurs réguliers, montent à la station dès qu'ils ont une heure de perm. A moins que le programme ne soit fabriqué par des classes entières qui prennent en charge des tranches horaires.

A Lisez l'article pour trouver les détails suivants; recopiez et remplissez la grille.

Nom de la station	
Lieu	
Fréquence	
Durée des programmes	
Types d'émissions	
Participants	
Disponibilité	

d'antenne (f) *on air*
en effervescence *full of excitement*
émission (f) (single) *programme*
flash (m) *news flash*
heure (f) de perm(anence) *study period*
mécanique (f) *engineering*
niché dans *fitting snugly into*
réaliser *to produce*
tranche (f) horaire *hourly timetable spot*

B *A vous maintenant!*
Ce qui est certain, c'est que ces ados ont un grand enthousiasme pour leur projet. Imaginez qu'on vous demande de présenter sur Fréquence-Collège votre propre passion. Préparez votre émission qui devrait durer deux minutes, enregistrez-la, et puis passez-la à la classe.

C Relisez le paragraphe «Dans l'un des trois ... techniques» et rendez-le en anglais.

D Ecoutez la dame qui parle de la radio privée. Trouvez les trois stations mentionnées et le nombre d'auditeurs pour chacune.

6.4 *Les publicités à la télé et à la radio*

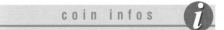

Vous travaillez dans l'administration d'une société qui fabrique des produits électroniques. Elle a déjà connu un certain succès dans votre propre pays et elle veut pénétrer le marché français. Votre supérieur envisage maintenant de monter une campagne de publicité en France.

A Ecoutez la discussion radiophonique avec Ben et Lana (à droite) sur les mérites respectifs de la radio et de la télévision dans la promotion des produits et notez en **anglais** pour votre supérieur les points principaux de la discussion. Utilisez les titres ci-dessous.

Media	Characteristics	Advantages	Disadvantages
TV			
Radio			
Press			

B Sur le même sujet, votre supérieur reçoit le fax suivant d'un collaborateur outre-Manche. Résumez les points principaux du fax en anglais pour l'aider, en utilisant votre dictionnaire si besoin est.

FAX DE: Publi-Trans-Manche
PARIS: 1 48 72 99 99
CEDEX 497865C

P̲T̲M

DESTINE A:
Dr Eileen Davies,
Electroserve
Bridgend
Royaume Uni
CF31 4ZZ
01222 4950236
Suite aux questions posées par votre bureau sur le média le plus approprié pour votre campagne de publicité, nous recommandons un mélange radio-télévision-écrit. Etant donné votre budget publicitaire de 420 000 euros, nous vous proposons la division suivante:
· une série de trois pubs de quinze secondes diffusées trois fois chacune sur la télé nationale et sur la télé régionale du Nord (250 000€);
· une série de six pubs/flashes de vingt secondes diffusés cinq fois chacun sur la radio nationale et sur la radio régionale du Nord (84 000€);
· une série de deux publicités en couleurs (format A5) dans le mensuel haut-standing *Electro-Ménage* et dans l'hebdomadaire *Nord-Nord-Est*, trois numéros de suite (84 000€).
Dans l'attente d'une réponse rapide,
Recevez, Madame, l'expression de nos sentiments distingués,
PUBLI-TRANS-MANCHE

coin infos *i*

Les Français consacrent environ 6 heures par jour à la télévision, à la radio et à la presse. Ils regardent la télévision pendant 3 heures 20 minutes, écoutent la radio 2 heures et lisent les journaux durant 37 minutes.

Ce sont les émissions de fiction qui sont les plus appréciées, plus que les jeux. Les émissions d'information (journaux télévisés, magazines …) et les retransmissions sportives (notamment les grands matchs de football) sont également très suivies.

Dans l'ensemble, les femmes et les personnes âgées sont les téléspectateurs les plus assidus. Les enfants regardent beaucoup moins la télévision depuis quelques années (−10% pour les 4–10 ans), en raison notamment de la multiplication des jeux vidéo.

C Maintenant, écrivez une réponse de la part de votre supérieur, dans laquelle vous mentionnez les points suivants:

· Your thanks for the fax.
· Your advertising budget is 500 000 euros, not 420 000€.
· You accept the three-way advertising mix.
· You would therefore like to increase the television advertising to a series of four adverts, broadcast as they suggest.
· You would like two of the radio spots to be broadcast five times on local radio in Western France as well.
· You do not wish to use *Electro-Ménage* at this stage. Instead, you would like to use *Ouest-France* as well as *Nord-Nord-Est*.
· You would like to hear from Publi-Trans-Manche as soon as possible.

D *Face à face*

Ecoutez la première partie d'une saynète de radio inspirée par le dessin et écrivez une conclusion imaginative avec votre partenaire. N'hésitez pas à «en faire trop», tout comme les personnages que vous entendrez. Après avoir répété un peu, enregistrez votre saynète sur cassette.

Nelly Léon!
Léon Oui, ma petite fleur.
Nelly Léon!
Léon Oui, ma belle, je t'aime aussi.
Nelly Léon, viens ici ... vite!
Léon Quoi? Je ne peux pas t'entendre!
Nelly J'sais bien! C'est la sacrée télé! Baisse le son!
Léon Mais, non, chérie, tu sais comme j'adore les films de Tarzan!
Nelly Léon, c'est sérieux! BAISSE LE SON!
Léon Mais, ma Dulcinée, tu peux téléphoner dans la chambre.
Nelly Imbécile! Je ne téléphone pas! Aide-moi!

Léon! Au secours!

Attends–c'est bientôt la pub!

CONSOLIDATION

A consulter: Perfect, p.215; Past historic, p.218

1 Mettez les verbes dans les phrases suivantes au passé composé.

 a Il faut l'admettre.
 b Vous n'êtes pas si passifs!
 c Ces déserteurs en profitent.
 d Le pourcentage des publiphobes grimpe.
 e Dès que le public coupe leur film.
 f Les plus stoïques restent pour regarder.
 g Cette tendance se confirme.

2 Maintenant, mettez les verbes au passé simple.

6.5 *Le traitement des actualités*

A

Ecoutez bien le passage et complétez les mots ci-dessous que vous allez entendre. Dans chaque cas il manque trois lettres.

1 mai.........nant
2 dif.........ence
3 té.........ision
4 actu.........té
5 i.........es
6 dét.........e
7 re.........de
8 infor.........ions
9 r.........o
10 jo.........al
11 cons.........ences
12 ac.........ent
13 trans.........tait
14 interv.........er
15 éc.........er
16 for.........able
17 e.........ce
18 intére.........nt
19 en.........er

B

Ecoutez de nouveau le texte, puis complétez chacune des affirmations ci-dessous, pour exprimer ce qu'a dit la personne.

Exemple: **Dominique** Il est nécessaire que la télévision apporte ...
Il est nécessaire que la télévision apporte des images.

1 Dominique A la télé, je ne regarde jamais ...
2 Dominique Je trouve mes informations à la radio et dans ...
3 Dominique Quand on filme un accident ou un meurtre à la télé, c'est ...
4 Dominique Je déteste voir pleurer les parents pour avoir perdu ...
5 Dominique Mais la télévision est excellente pour les choses comme la ...
6 Lana A la télé, nous sommes touchés par ...
7 Lana L'image risque d'être ...
8 Ben Je trouve les images de Mars ...
9 Dominique Ben, vous avez été élevé dans l'âge de ...
10 Ben L'envoi d'une capsule sur Mars ne sert ...
11 Ben Il sera toujours impossible de vivre ...
12 Ben Mieux vaut dépenser l'argent pour donner ...
13 Dominique Je ne suis pas d'accord! Il y a une dimension humaine dans ...

6.6 *«On voit tout, mais on n'apprend rien . . . »*

On reproche souvent à la télévision son influence nocive sur les jeunes. Voici ce qu'en pense un sociologue américain qui a été interviewé par le magazine hebdomadaire *L'Express.*

A Dans l'article vous trouverez beaucoup de vocabulaire abstrait. Faites une liste d'au moins quinze noms abstraits.

B Notez en français les idées du sociologue pour et contre les effets de la télévision.

C Pensez-vous que le sociologue soit plutôt pour ou plutôt contre la télévision? Etes-vous d'accord avec lui? Dressez votre propre liste d'arguments pour et contre.

E *A vous maintenant!*
Ayant lu l'avis du sociologue américain sur les effets dits nocifs de la télévision, écrivez une lettre à *L'Express* où vous défendez le rôle éducatif de la télé. Ecrivez environ 150 mots.

D Cet article contient bon nombre d'expressions très utiles pour donner une opinion ou développer un argument. Trouvez et notez les équivalents des expressions suivantes.

1 is affected by it
2 because . . . and because
3 has changed our ideas of
4 to do with, for instance,
5 well, nowadays,
6 that means that
7 several . . . state that
8 more . . . than previously
9 currently, we are experiencing
10 from that point of view
11 this has meant up to now
12 on the other hand/one could also argue that
13 as the years go by
14 from now on

—*Mais, enfin, pourquoi ne pourrait-on pas se cultiver en s'amusant?*
—Apprendre, cela exige de l'effort, de la concentration, de la persévérance, de l'esprit critique, du raisonnement . . . Pas de l'amusement. Le plaisir visuel n'est pas suffisant. Sauf peut-être pour s'initier aux recettes de cuisine. Des programmes comme «Sesame Street» [émission de spectacle éducatif quotidienne de PBS destinée aux moins de cinq ans] n'encouragent les enfants à aimer l'école qu'à condition qu'elle ressemble à la télévision! C'est-à-dire qu'elle devienne, elle aussi, un grand show.
—*Les enfants qui ont vécu depuis toujours avec la télévision seraient donc, selon vous, différents des autres?*
—La télévision a changé notre conception de l'enfance. Ce qui faisait jusque-là la différence entre un adulte et un enfant, c'était que le premier connaissait certaines choses de la vie ignorées du second, concernant, par exemple, la politique, la sexualité, les rapports sociaux . . . C'est en s'initiant à tout cela, au fil des années, que l'enfant devenait adulte. Or, aujourd'hui, la télévision révèle tous les secrets et, de ce point de vue, abolit l'enfance.
L'enseignement, aussi, en est affecté. Les professeurs le remarquent. Les enfants de la télé semblent plus sensibles aux arts visuels que ceux d'autrefois. D'un autre côté, leurs aptitudes à l'écriture, à la lecture, au raisonnement logique ont décliné depuis 30 ans. Nombre d'enseignants affirment qu'ils doivent désormais faire la classe en multipliant les stimulations visuelles, car les élèves n'ont plus la patience de se concentrer longuement sur l'écrit, qui exige réflexion et analyse. Actuellement, nous connaissons une crise majeure de l'éducation parce que nous quittons la culture du livre et que nous allons vers celle de l'image électronique.

6.7 *Les chaînes – un choix grandissant*

Que savez-vous sur les chaînes de télévision françaises?

A Dans le texte il manque les adjectifs que vous trouverez dans la case à droite. Choisissez l'adjectif approprié pour chaque blanc, afin de compléter le texte. Pour réussir, il faut considérer:

- le contexte, bien sûr, et en plus …
- le **genre** de chaque adjectif, et bien entendu …
- si l'adjectif doit être au **singulier** ou au **pluriel**.

Le service public de télé

Il comprend quatre chaînes qui sont **1** ……… par la redevance, une taxe de 123 euros par an que doivent payer tous les Français possesseurs d'un poste de télévision.

Ces chaînes sont: France 2 et France 3, regroupées dans France Télévision et **2** ……… par un même président.

France 2 est une chaîne généraliste nationale qui diffuse 24 h sur 24 des émissions qu'elle veut «populaires de qualité». Elle propose ainsi, par ordre d'importance, des divertissements et des jeux, des documentaires et des magazines, de la fiction, de l'information, des sports, du cinéma, etc. C'est également la chaîne qui, chaque dimanche matin, diffuse des émissions **3** ……… pour tous les cultes **4** ……… en France.

Elle est **5** ……… par environ 25% des Français .

France 3 est une chaîne à la fois nationale et régionale puisqu'elle diffuse, dans la journée, des émissions **6** ……… ou locales. Les Français la regardent de plus en plus (ils sont environ 20%) et certaines de ses émissions sont très suivies et **7** ……. . Elle diffuse en **8** ……… lieu des fictions, puis des émissions d'information, des émissions pour la jeunesse, des magazines, des divertissements, des films …

Les deux autres chaînes du service **9** ……… sont Arte et La Cinq. Arte est une chaîne culturelle franco-allemande, diffusée sur le **10** ……… canal français de 19 heures à 3 heures du matin.

Elle propose des soirées thématiques, des films, des magazines d'actualité, des fictions, des documentaires … Environ 2 millions de téléspectateurs disent suivre ses programmes (0,5 en Allemagne).

La Cinq est **11** ……… sur le même canal de 5 heures à 19 heures. C'est une chaîne **12** ………, consacrée «au savoir, à la formation et à l'emploi». Elle offre des programmes et des jeux éducatifs, des émissions sur l'emploi, des films, des documentaires … Quatre-vingt-treize pour cent des enseignants la jugent «plutôt **13** ………».

Le secteur privé

Il comprend trois chaînes, TF1, Canal+ et M6.

TF1 est la première chaîne française, c'est-à-dire à la fois la plus **14** ……… et la plus regardée. C'est une chaîne généraliste qui se consacre d'abord à l'information (journaux **15** ……… et magazines), à des œuvres de fiction, à des émissions de variétés, des spectacles et concerts et, surtout, au cinéma (jusqu'à 170 films par an) et aux sports (notamment le football).

Canal+ est une chaîne payante **16** ……… (pour voir ses émissions, il faut payer un abonnement de 30€ par mois et posséder un décodeur pour décrypter les images). Certaines émissions sont **17** ……… sans décodeur («en clair») 4 heures par jour. 24 heures sur 24, Canal+ diffuse environ 50% de films, 10% de téléfilms, des dessins **18** ………, des émissions **19** ………, en particulier de nombreux matchs du championnat de France de football et, bien sûr, ses célèbres marionnettes en caoutchouc, «les guignols de l'info» qui, chaque soir, commentent l'actualité en se moquant des personnalités du monde politique et médiatique.

---

ancienne animés appréciées cinquième
cryptée diffusée dirigées éducative
financées intéressante premier public regardée régionales
religieuses représentés sportives télévisés visibles

B *A discuter à deux*

Après avoir lu, tou(te)s les deux, les descriptions dans le texte suivant, discutez avec votre partenaire et essayez d'identifier les chaînes françaises qui sont à peu près équivalentes à ces chaînes britanniques:
BBC1 BBC2 ITV Channel 4 Channel 5 Cable TV – n'importe quelle chaîne.

6.8 *L'ordinateur qui écoute – ça vous dit quelque chose?*

La télévision et l'ordinateur se rapprochent de plus en plus – il y a déjà dans la vie de la plupart des gens deux petits écrans qui exigent notre attention mais peut-être avant peu de temps tout sera mêlé dans une seule machine. Et cette machine, on va lui parler? Lisez le texte suivant.

Le Monde
INTERACTIF

L'ordinateur, quelqu'un à qui parler

La recherche sur la reconnaissance vocale est en plein essor. Les applications de cette technologie interviennent maintenant dans la vie quotidienne.

AUX OUBLIETTES, claviers et souris! Le troisième millénaire sera vocal ou ne sera pas. Rédiger un courrier, allumer la télévision, conduire une automobile, naviguer sur Internet: demain, toutes ces opérations, et bien d'autres encore, s'effectueront à la voix. Tout simplement. Parce que la parole reste à l'évidence, «l'interface la plus naturelle et la plus universelle qui soit entre l'homme et la machine», selon David Nahamoo, directeur du département de recherche en traitement du langage naturel chez IBM.

Longtemps confinée dans des laboratoires, destinée avant tout à des applications militaires, médicales et, plus généralement, professionnelles, la technologie de reconnaissance vocale débarque aujourd'hui dans notre quotidien. Sur son téléphone portable, on ne compose plus le numéro de son correspondant: il suffit d'énoncer son nom. A son ordinateur, on dicte son courrier, pour que celui-ci s'affiche directement sur l'écran. L'éditeur Auralog s'apprête à lancer un nouveau logiciel d'apprentissage de langues, capable de déterminer, au sein d'une phrase, le mot mal prononcé, quel qu'en soit le locuteur.

Le vrai tournant remonte à 1997, quand la société américaine Dragon Systems commercialise le premier logiciel de dictée vocale en continu: la reconnaissance de la parole passe alors des cartes électroniques aux logiciels. IBM et Philips ne tardent pas à lui emboîter le pas, suivis de près par une kyrielle de start-up, dont les françaises Auralog et Parrot, spécialisées respectivement dans les logiciels d'apprentissage de langues et les agendas électroniques.

L'avenir de la reconnaissance vocale se situe au-delà du PC. Elle sera embarquée dans tous les appareils numériques, à commencer par le téléphone. Motorola l'a compris, qui développe une technologie appelée VoxVLM qui devrait permettre d'accéder à Internet depuis un simple combiné téléphonique. Le développement du Réseau, justement, offre également de nouvelles possibilités à l'utilisation de la voix, tout spécialement en matière de commerce électronique.

Certes, du progrès reste à faire pour que ces technologies soient vraiment opérationnelles, et surtout pour qu'elles s'intègrent à des applications plus utiles que spectaculaires. Mais la reconnaissance vocale est incontestablement la voie du futur.

Guillaume Fraissard

http://www.lemonde/fr/article/0,2320,seq-2066-8895-MIA,00.html

A Trouvez dans le texte les expressions qui veulent dire …

1 voice recognition
2 daily life
3 chuck them in the bin! (Literally – to the dungeons!)
4 the third millennium
5 is moving into the everyday sphere
6 mobile phone
7 you dictate your mail
8 whoever is saying it
9 the real turning point was back in …
10 are hot on his tail
11 organiser/electronic diary
12 there is some way still to go

6.9 *Les Français aiment-ils Internet?*

Internet fait maintenant partie de la vie quotidienne. Pour les jeunes en particulier, il est difficile de s'en passer. Mais cela n'a pas toujours été le cas. En 1996, il n'y avait encore qu'un pour cent des Français qui s'en servaient régulièrement, contre 95 pour cent qui n'avaient jamais essayé. En lisant cet article, réfléchissez aux changements qui se sont produits. Vos parents et vos grands-parents sont-ils technophiles ou technophobes?

monde, l'Hexagone n'en compterait que quelques dizaines de milliers, loin derrière les Etats-Unis bien sûr, mais également plusieurs pays européens, comme les Pays-Bas ou l'Allemagne. Un retard relatif dû aussi au grand succès du Minitel français, longtemps considéré comme un instrument suffisant.

Mis au point en 1969 pour l'armée américaine afin de permettre à tous ses ordinateurs de communiquer entre eux, de n'importe quel point du globe, et dans n'importe quelle situation, Internet a d'abord été ouvert à la communauté scientifique. Depuis deux ans, le réseau est désormais accessible au public.

Seul problème, Internet n'est pas forcément fait pour eux: ils sont encore un grand nombre à considérer qu'il s'agit d'un outil pas vraiment utile, trop cher, trop compliqué et élitiste. Et il est vrai que la machine en elle-même reste hors de portée pour beaucoup.

Comment acheter un ordinateur multimédia 1 700 à 2 500€ quand le revenu mensuel du foyer est inférieur à cette somme? L'arrivée attendue sur le marché de consoles spéciales, ne servant qu'à «surfer» sur Internet et coûtant moins de 840 euros, débloquera peut-être en partie cette situation. Mais seule la tranche d'âge la plus jeune paraît convaincue qu'il s'agira d'un outil difficilement contournable dans les années qui viennent.

Jean-François MORUZZI

Fiche technique

Sondage exclusif Institut CSA-«Aujourd'hui»-«Le Parisien» réalisé du 22 au 23 mai 1996 auprès d'un échantillon national représentatif de 1 000 personnes âgées de dix-huit ans et plus, d'après la méthode des quotas (sexe, âge, catégorie socio-professionnelle du chef de ménage), après stratification par région et taille d'agglomération.

LES Français sont-ils définitivement fâchés avec la technique? On savait déjà que les trois quarts de nos concitoyens se déclaraient incapables de programmer correctement leur magnétoscope. Tâche confiée le plus souvent au petit dernier de la famille, beaucoup moins effrayé par les télécommandes aux dizaines de boutons, et qui ne jette même qu'un œil distrait aux modes d'emploi.

Mais de tous les appareils qui font petit à petit leur entrée dans les foyers français, le plus effrayant reste l'ordinateur. Alors, que dire d'Internet? Ce réseau mondial dont on ne cesse de parler, qui le connaît réellement?

Un retard relatif dû au Minitel

D'après ce sondage, réalisé par le CSA (voir fiche technique ci-dessous), 95% des Français n'ont jamais eu l'occasion de voir par eux-mêmes de quoi il s'agissait réellement. Et sur environ trente millions d'utilisateurs dans le

Jouer à la souris . . .

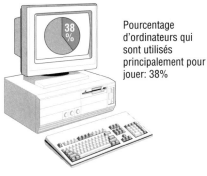

Pourcentage d'ordinateurs qui sont utilisés principalement pour jouer: 38%

Temps d'utilisation moyen par semaine des ordinateurs multimédia . . . *

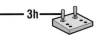

— 16h —

. . . des consoles de jeu

— 3h —

* (ordinateurs utilisés essentiellement pour le jeu et la connexion à Internet)

A Lisez l'article à la page 102, ci-droite et à la page 104 et décidez «vrai» ou «faux» pour chacune des affirmations suivantes.

1 Presque personne n'utilise Internet en France.
2 Très peu de Français n'ont pas d'opinion sur Internet.
3 Les plus âgés sont les plus intéressés par Internet.
4 Les plus jeunes sont les plus indifférents.
5 Plus d'un dixième des Français n'ont jamais entendu parler d'Internet.
6 Presque 60% des Français ne savent pas très bien ce que c'est qu'Internet.
7 Un Français sur 25 se passionne pour Internet.
8 Les moins de 25 ans sont les plus au fait sur Internet.
9 Tous les jeunes interviewés ont exprimé une opinion sur Internet.
10 Les plus âgés sont les plus agacés par Internet.

B Ecoutez maintenant une représentante de l'Institut CSA qui parle du sondage.

1 Faites la transcription de son analyse.
2 Résumez votre transcription en anglais pour votre supérieur dans votre société.

1 Français sur 20 a déjà essayé

Parle-t-on trop d'Internet? Treize pour cent des personnes interrogées affirment en tout cas n'en avoir jamais entendu parler, et 39% ne pas savoir très bien ce que c'est. Des pourcentages beaucoup plus forts chez les employés et les ouvriers que chez les cadres supérieurs ou les professions libérales.

En fait, seuls 5% de Français ont eu l'occasion de tester le réseau mondial, dont 1% qui l'utilise régulièrement. Pour les professionnels d'Internet, c'est là que se situe le défi: donner au moins l'occasion de l'essayer, dans les lieux publics et même les écoles.

A propos d'Internet, est-ce que . . .

Vous n'en avez jamais entendu parler	13%
Vous en avez déjà entendu parler mais vous ne savez pas très bien ce que c'est	39%
Vous savez ce que c'est mais vous ne l'avez jamais essayé	43%
Vous l'avez déjà essayé	4%
Vous l'utilisez régulièrement	1%

(sondage CSA)

---

afin de   *in order to*
agglomération (f)   *conurbation*
attendu   *expected*
confier   *to trust*
contournable   *get-roundable, avoidable*
convaincu   *convinced*
CSA (Conseil supérieur de l'audiovisuel)   *approx. Independent Broadcasting Authority*
débloquer   *(here) to ease*
échantillon (m)   *sample*
effrayant   *frightening*
fâché   *angry*
hors de portée   *out of reach*
informatique (f)   *IT, computer science*
magnétoscope (m)   *video recorder*
Minitel (m)   *France-Télécom small domestic computer, replacing phone directory*
n'importe quel   *any (at all)*
œil (m) distrait   *half an eye*
retard (m)   *delay*
revenu (m)   *income*
servir à   *to be used for*
sondage (m)   *survey*
tâche (f)   *task*
télécommande (f)   *remote (control)*

---

coin infos

En janvier 1999, on dénombrait près de quatre millions d'internautes en France. Plutôt urbains, plutôt jeunes et plutôt masculins, on sait à peu près à quoi ils ressemblent. Quant à comprendre ce qu'ils ont dans la tête, c'est une autre paire de manches!

Les gens du net est le premier site à se pencher sur la question. Créé par Cegetel en partenariat avec le Centre de formation des journalistes, il part d'une idée simple: donner la parole aux internautes pour constituer un véritable laboratoire des usages d'Internet.

D'emblée la page d'accueil est chaleureuse. Témoignages, tribunes, et autoportraits se bousculent joyeusement autour de logos rigolos. Le surfeur anonyme n'est pas laissé en reste: «Improvisez-vous donc e-reporter et affichez en grand les acteurs du net que vous côtoyez. Car, bien plus que tel ou tel opérateur, c'est vous – les utilisateurs – qui faites Internet!» Voilà qui fait chaud au cœur.

Tout ça reste très amateur, donc sympathique et pittoresque. Tellement pittoresque qu'il semble difficile de l'utiliser pour une étude scientifique sur les usages des internautes. On a plutôt l'impression de visiter un forum, en plus joli et plus structuré, messages indésirables en moins. C'est déjà un beau début!

www.lesgensdunet.com

Passionné, intéressé ou agacé?

Finalement, malgré le décalage évident entre la publicité faite autour d'Internet et le nombre de gens qui en ont fait l'expérience, peu de Français se considèrent agacés (7%) ou même seulement dépassés (8%) par ce phénomène. Un jugement qui évolue peu avec l'âge des personnes interrogées: ils ne sont que 15% au-delà de 65 ans à s'avouer dépassés.

En revanche, ce sont les plus jeunes (18–24 ans) qui se déclarent le plus ouvertement favorables: 11% de passionnés (contre 4% tous âges confondus) et 52% d'intéressés (contre 39%).

Internet est un réseau informatique ouvert au grand public qui permet de communiquer à l'autre bout du monde avec un micro-ordinateur, d'échanger des informations écrites, sonores ou encore vidéo. Les utilisateurs de ce réseau doivent équiper leurs ordinateurs, s'abonner à un réseau et payer une taxe téléphonique. Personnellement, quelle est votre attitude à l'égard de cette nouvelle application en micro-informatique? Vous êtes . . .

	Ensemble des Français	18–24 ans	25–34 ans	35–49 ans	50–64 ans	65 ans et plus
Passionné	4%	11%	3%	3%	3%	2%
Intéressé	39%	52%	48%	39%	32%	26%
Indifférent	41%	25%	39%	39%	48%	49%
Dépassé	8%	7%	6%	8%	7%	15%
Agacé	7%	5%	4%	9%	8%	6%
Sans opinion	1%	—	—	2%	2%	2%

(sondage CSA)

C Relisez maintenant le début de l'article à la page 102 et trouvez sept constatations qui se rapportent directement aux Français.

D Remplissez les blancs dans ce résumé de l'article en utilisant quelques-uns des mots (chacun une fois seulement) de la case ci-dessous.

Il semble y avoir une cohabitation difficile entre les Français et la **1** .... Ils ont par exemple de grandes **2** .... quand il s'agit d'enregistrer une émission de **3** .... Mais la machine qui les terrifie le plus est certainement l'**4** .... En ce qui concerne Internet, **5** .... pour cent des Français ne l'ont pas encore essayé et il y a très **6** .... de Français qui en sont utilisateurs. Mais cela peut avoir **7** .... voir avec la nature même de ce phénomène, qui avait été **8** .... tout d'abord comme moyen de communication pour les ordinateurs de l'**9** .... américaine. Il y a aussi la question du **10** .... , puisque le coût d'un ordinateur **11** .... le revenu mensuel de la famille moyenne.

armée	dépasse	augmente	ordinateur	calculatrice	technologie	difficultés	prix
5	95	télévision	à	de	inventé	inventer	peux	peu	pris

E Mettez dans le bon ordre les éléments de ce dialogue inspiré du dessin à la page 102 (**A** = le vieillard; **B** = l'ado).

B Je vais te montrer.

B Et tu veux téléphoner d'ici?

B Dans ce cas-là, utilise mon ordinateur.

A Oui, comme j'ai dit, je dois téléphoner à mon ami à Asnières.

B Certainement, Alex. Qu'est-ce qu'il y a?

A Boris, tu peux m'aider? J'ai un petit problème.

A Mais la cabine téléphonique est en panne.

A Oui, s'il te plaît, d'ici.

A C'est que je dois téléphoner . . .

B Alors, je comprends, tu dois téléphoner à Asnières.

A L'ordinateur! Comment est-ce que je fais ça?

B Oui, tu dois téléphoner?

A Alors, pour le 22 à Asnières?

B Rien de plus simple. Tu tapes http://www.n0.chtu\\asn.hds.fr.!

F *Face à face*

Personne A Vous êtes un homme/une femme d'un certain âge, qui ne se sent pas à l'aise avec la technologie.

Personne B Vous êtes un(e) jeune expert(e) médiatique, très chic, très sûr(e) d'elle/de lui!

Quand vous aurez préparé la conversation, enregistrez-la sur cassette.

A consulter: Passive forms, p.221

Les phrases ci-dessous figurent dans cette unité. Dans chacune remplacez les mots entre parenthèses par l'expression juste.

1 Tous les fils de pub (*s'être mobilisé*).

2 Si cette tendance (*se confirmer*)... .

3 Les foyers (*se doter*) de téléviseurs... .

4 Le boom musical (*s'expliquer*) ainsi.

5 L'enseignement en (*être affecté*).

6 Le livre (*être boudé*) par les jeunes générations.

7 Internet (*être d'abord ouvert*) à la communauté scientifique.

8 L'une des nombreuses utilisations d'Internet (*être jusqu'à présent considéré*) comme un gadget.

9 France-Télécom (*ne pas être menacé*).

10 Dès qu'une phrase (*être terminé*)... .

11 Des foyers français (*être équipé*) de micro-ordinateurs.

12 La communication (*être facturé*) hier.

6.10 *ABECEDAIRE*

CES FRANÇAIS CÂBLÉS ET FOUS D'INTERNET

Ils sont âgés ou adolescents, enseignants ou CRS, habitent Nice ou Le Mans. Ils appartiennent à des familles françaises ordinaires, mais qui sont reliées à Internet par le réseau câblé et non plus par le téléphone. Surprise: lorsque l'accès au Net est bon marché et ultra-rapide, l'engouement est immédiat. Voilà comment la France, qui a surinvesti dans le câble, pourrait rattraper le retard qu'elle a accumulé dans le multimédia.

1 Le soir, des heures durant, Béatrice Gaujoux s'assied devant son micro-ordinateur multimédia et converse avec le monde entier . . . sur Internet. *«A certaines heures, tout le Canada me tombe dessus,* raconte-t-elle. *Mon mari est décédé en mai. Et ça, c'est l'antisolitude absolu!»* Pour ses voisins, cette veuve toujours pomponnée est devenue «la cyber-mamie».

2 Abonnée à Télériviera Multimédia, Béatrice dispose en effet d'un accès ultra-rapide à Internet, lancé en septembre par la Générale des Eaux sur son réseau câblé de Nice.

3 Sa grande rivale, la Lyonnaise des Eaux, avait démarré il y a un an une offre similaire dans le VIIe arrondissement de Paris. Devant le succès de l'opération, elle a proposé son service Cybercâble au Mans.

4 Car la France, aussi surprenant que cela puisse paraître, est pionnière de l'accès Internet par le câble, devant les Etats-Unis, où les câblo-opérateurs Tele-Communications Inc. et Time Warner viennent seulement de lancer leurs propres services. Pour les deux grands opérateurs français, c'est une opportunité rêvée pour commencer à rentabiliser – enfin! – leurs investissements dans le câble.

5 Ils ont donc généralisé rapidement cette offre à toutes les villes câblées de France. La Lyonnaise espère même couvrir Paris dès mars prochain . . . si France Télécom se montre compréhensif.

6 Dans son appartement bourgeois du centre de Nice, Béatrice manipule cette étrange boîte grise. *«Mes amies, quand elles viennent, elles ont peur que ça explose!»,* s'amuse-t-elle. Internet, Béatrice en avait vaguement entendu parler. Mais ça lui paraissait inabordable, surtout à cause de la note de téléphone. *«Je n'arrête déjà pas de téléphoner à ma fille et à mon petit-fils, en Guadeloupe. Alors, vous pensez . . .»* Pour disposer d'un accès normal au Net, il faut en effet – en plus d'un abonnement de 11 à 24 euros par mois – payer chaque minute de connexion au tarif téléphonique local.

7 Alors, quand son câblo-opérateur lui a proposé Internet pour 24 euros par mois avec un temps de connexion illimité, l'aventurière n'a pas hésité. Non seulement Télériviera Multimédia n'occupe pas la ligne téléphonique et ne coûte rien en communication, mais, en prime, la navigation est 50 fois plus rapide.

8 *«Si on veut faire d'Internet un produit grand public, il faut que le service soit simple, rapide et bon marché»,* juge Stéphane Treppoz, responsable du projet Télériviera Multimédia. C'est pourquoi la Générale des Eaux ne fait pour l'instant payer à ses 200 «cobayes» niçois (un échantillon représentatif des Français équipés en micros, dont plus de la moitié n'ont jamais surfé sur le Net) ni leur raccordement au câble (normalement 40 euros) ni la location du modem câble de Motorola (de l'ordre de 16 euros par mois).

9 En plus d'Internet avec son Web, sa messagerie électronique et ses forums, l'abonné à Télériviera bénéficie d'un bouquet de services locaux. *«Ma conviction,* affirme Stéphane Treppoz, *est que cet espace local sera, à terme, le moteur du service.»*

A Mettez ensemble les bons termes techniques et définitions.

1 Câblo-opérateur ou «câblo»
2 CD-ROM
3 Courrier électronique
4 Cybermonde
5 Internet
6 Modem
7 Multimédia
8 Net
9 Scanner
10 World Wide Web (Web)

a équipement capable de balayer un texte ou une image fixe et d'en numériser les données pour les transmettre à un ordinateur.

b boîtier reliant un ordinateur à un réseau de transmission.

c opérateur de réseaux de télévision par câble.

d réseau informatique mondial, qui compte aujourd'hui quelques 50 millions d'utilisateurs. On peut y consulter le Web, y échanger des messages ou participer à des forums de discussion.

e message échangé entre deux ordinateurs connectés à un réseau.

f technique de communication rassemblant sur un support un ensemble de médias numérisés (texte, graphiques, photo, vidéo, son et données informatiques) pour les diffuser de manière interactive.

g espace de communication qui se trouve au-delà du terminal de l'usager.

h sous-réseau multimédia extrêmement populaire d'Internet, que l'on explore de manière conviviale. Le nombre de serveurs Web double tous les 57 jours!

i disque compact interactif, pouvant contenir des données multimédias.

j abréviation d'Internet.

à terme *eventually*
abonné(e) (m/f) *subscriber*
câblé *connected to cable TV*
cobaye (m) *guinea pig*
CRS Compagnie républicane de sécurité *(= state security police)*
démarrer *to start off*
disposer de *to have at one's disposal*
en prime *as a bonus*
engouement (m) *infatuation*
e-zine *electronic magazine*
forum (m) *meeting place*
inabordable *inaccessible*
lancé *launched*
messagerie (f) *modem*
niçois *from/belonging to Nice*
pomponné(e) *dolled-up*
raccordement (m) *connection*
rattraper le retard *to make up for lost time*
relié *linked, connected*
rentabiliser *to make profitable*
surinvestir *to overinvest*
veuf (m), veuve (f) *widower, widow*

B Pour chaque titre ci-dessous, identifiez le numéro du paragraphe approprié. Attention: il y a un titre que vous n'utiliserez pas.

a Ça couvrira bientôt toute la France!

b Que le câble est moins cher!

c Plus jamais isolé des autres!

d Cette initiative risque de sombrer!

e Une super-accessibilité sur la côte méditerranéenne!

f A l'avenir le service fournira toute une gamme de possibilités

g Notre pays: le Numéro Un dans l'Internet câble!

h Le coût caché, c'est le téléphone

i La même occasion en Ile-de-France

j Ceux qui l'essaient à Nice ont de la chance!

---

coin infos ⓘ

le net descend dans la rue

Voilà un nouvel e-zine qui fait plaisir à voir et claquera définitivement le bec des derniers détracteurs du net. *Hors les murs* n'en est qu'à son premier numéro mais on apprécie déjà la force de sa ligne éditoriale, doublée d'une mise en page à la sobriété toute professionnelle.

A l'origine de sa création dans la région de Lille, on trouve une poignée de libres surfeurs, associés à des étudiants de l'ESJ et d'une école de photographie bruxelloise. Leur volonté, «sortir du journalisme conventionnel, étroitement lié à l'actualité et à la vie des institutions, et le ramener à son terrain naturel: la rue.»

A la une ce mois-ci, un grand dossier sur Lille la nuit. Vous cliquez là où il faut et oh! miracle, une dizaine de véritables reportages multimédias s'offrent alors à vos yeux et vos oreilles. La tournée quotidienne du samu social, l'enterrement d'une vie de jeune fille dans un bar à la mode, les premières heures du jour au marché central sont montrés avec une rare délicatesse. Les photos en noir et blanc apportent une réelle profondeur artistique, et les extraits sonores – courts, donc faciles à télécharger – sont judicieusement choisis. Fait rarissime sur le net, ici on titre et on signe les articles comme dans tout journal qui se respecte.

http://home.nordnet.fr/~geslin

C Vous travaillez comme jeune cadre pour une entreprise-câble dans votre propre pays. Votre supérieur anglophone voudrait bien examiner les possibilités d'un Internet câble chez vous. Préparez pour elle/lui un résumé en anglais des points essentiels de l'article sous les rubriques suivantes:

- Trials undertaken by la Générale des Eaux
- Trials undertaken by la Lyonnaise des Eaux
- The advantages of cable over telephone Internet

D *Face à face*

Vous faites un stage de travail dans une petite ville quelque part dans un pays francophone. Le chef d'entreprise n'est pas terriblement dans le vent et se montre très anti-Internet. Faites de votre mieux pour la/le persuader d'adopter Internet. Le rôle du chef est donné ci-dessous. Préparez le vôtre en utilisant le matériel dans l'article pour vous aider.

Chef Vous savez, je suis très anti-Internet!
Vous **1** (*Say there are a lot of advantages.*)
Chef Vous parlez des avantages, mais comment est-ce que ça marche?
Vous **2** (*Explain that your voice is made into a computer file, etc.*)
Chef Et le coût?
Vous **3** (*Compare the cost of a call by Internet and standard telephone.*)
Chef Et quelles machines est-ce que je dois acheter?
Vous **4** (*Explain what equipment is required.*)
Chef Mais, pour s'équiper, ça coûte cher!
Vous **5** (*List the new applications just being developed, offering value for money.*)
Chef Eh alors, ça me fait réfléchir. C'est peut-être une possibilité pour notre entreprise à l'avenir.

Changez de rôle avec votre partenaire, puis enregistrez vos conversations.

E Utilisez un dictionnaire monolingue pour vous aider à dire autrement en français les phrases et expressions suivantes.

1 elle dispose d'un accès ultra-rapide à Internet
2 pour commencer à rentabiliser leurs investissements
3 ça lui paraissait inabordable
4 en prime
5 un produit grand public
6 l'abonné bénéficie d'un bouquet de services

F

1 Ecoutez maintenant Stéphane Treppoz, responsable du projet Télériviera Multimédia, qui parle brièvement de son projet et faites la transcription de sa courte interview.
2 Puis notez en anglais les points clés pour votre supérieur.

coin accent

intonation

Ecoutez une des deux voix et répétez, en faisant bien attention à l'intonation.

Pour que ça continue, il faut un service simple, rapide et bon marché.

Savez-vous ma conviction pour l'avenir?

Je suis certain(e), que l'espace local sera, à terme, le moteur du service.

prononciation

Ecoutez une des deux voix et répétez, en faisant bien attention à la prononciation, surtout quand vous prononcez les termes qui viennent de l'anglais. Evitez la tentation de prononcer de tels termes à l'anglaise. Ça doit faire français! Même le mot «Net» est différent!

câblo	câblo-opérateur	CD-ROM
cliquer	courrier électronique	cybermonde
e-zine	Internet	modem	multimédia
Net	scanner	surfeur	World Wide Web

6.11 *La presse libre?*
Le temps presse!

On a longtemps accepté la presse comme la première garante de notre liberté d'expression et selon l'article 11 de *La déclaration des droits de l'homme et du citoyen*, tout citoyen a le droit de parler, écrire, imprimer librement, sauf à répondre de l'abus de cette liberté dans les cas déterminés par la loi.

Très bien dit, mais s'il n'existait plus de presse française? Aux armes, citoyens! Notre presse semble être vraiment menacée par l'électronique. Ordinateurs, Internet, radio locale, télévision numérique, remplaceront-ils nos grands quotidiens et périodiques avant 2020? Tous les signes ne sont pas propices. Faut-il que la presse disparaisse?

Considérons d'abord la position de nos «grands quotidiens»!

Le Monde: Quoiqu'il soit toujours considéré comme une véritable institution en France et aussi comme un journal de référence à l'étranger (un peu comme le *Times* de Londres), *Le Monde* a perdu presque le tiers de ses lecteurs depuis 1973 (500 000 exemplaires tirés en 1973, 350 000 l'année dernière). Combien d'exemplaires ce quotidien diffusera-t-il d'ici dix ans?

Le Figaro: ce quotidien autrefois ultra-conservateur a fait toute une gamme de changements et de revirements ces dernières années. Aujourd'hui, *Le Figaro* adopte un ton beaucoup plus modéré mais jouit d'un tirage de seulement 375 000 exemplaires.

Libération: ce quotidien, qui a été créé par des militants d'extrême-gauche en 1973, s'est modéré, se composant maintenant d'articles courts et faciles à lire avec 24 pages couleurs. Son tirage total? Près de 80 000 exemplaires.

Le Parisien: ce quotidien conservateur, en réaction à la fuite de ses lecteurs, a dû se transformer. Il s'est politiquement recentré et est le seul quotidien national à avoir augmenté son tirage (de 9% ces dernières années). Il compte maintenant un peu moins de 400 000 exemplaires.

France-Soir: Par contraste, c'est la pleine dégringolade pour ce quotidien d'information populaire. Les chiffres racontent toute la triste histoire.

1955 1 500 000 exemplaires
1985 500 000
1997 180 000

Si l'on compare tous ces tirages avec ceux des autres grands journaux européens, surtout en Grande-Bretagne et en Allemagne, où des millions d'exemplaires sont diffusés chaque jour, on voit le péril pour la presse nationale française. Le *Times*, par exemple, se vend à plus d'un million d'exemplaires tous les jours.

Est-ce déjà trop tard? Aurons-nous vraiment une presse nationale pour défendre nos libertés dans deux décennies? Vaudrait-il mieux imposer des limites sur les autres médias, surtout sur l'électronique? Que serions-nous dans vingt ans sans une presse nationale? Le temps presse!

Al NASIER

A Répertoriez tous les mots spécifiques au monde des journaux.

B Remplissez les blancs dans ce résumé de l'article, en n'utilisant qu'une fois quelques-uns des mots de la case.

Le journaliste n'est pas très **1** .... de la situation de la presse nationale française. Il la voit menacée de tous **2** .... mais surtout par ce qu'il appelle **3** .... Il nous présente certains changements dans les principaux **4** .... et démontre comment ces modifications n'ont pour la plupart pas **5** .... Le seul journal à améliorer sa position d'une façon significative est **6** .... qui a connu une **7** .... de presque 9%. Malheureusement, M. Nasier semble croire que c'est peut-être déjà trop **8** .... Il faut nous organiser maintenant pour la **9** .... de la presse nationale française, parce qu'elle aide à **10** .... nos libertés.

garantir garant mécontent content quotidiens côtés tôt tard l'électronique
électro-ménager défense réussi raté augmentation diminution *Le Figaro*
Le Parisien   *Le Monde*

C *Activité de groupe*

Choisissez un(e) président(e) et un(e) secrétaire de groupe. Votre travail est de trouver, tout en discutant en français, un équivalent approximatif dans votre propre presse nationale de chacun des quotidiens analysés dans l'article.

D   *Exercice de concentration*

Pour la première fois on vous demande d'écouter une longue
conversation sans la couper, pour développer votre concentration.
Ecoutez ce que dit Mme Coubertin une ou deux fois, puis lisez la
transcription ci-dessous et, tout en écoutant encore une fois,
remplissez tous les blancs, dont plusieurs sont des verbes au futur.

Le revers de la médaille – Gisèle Coubertin

Interviewer   Soyez la bienvenue à notre station de radio,
Mme Couvertin.

Gisèle Coubertin   COUBERTIN, C–O–U–B–E . . .

I   Pardon, pardon, je suis **1** . . . . , Mme Coubertin.

GC   C'est sans importance.

I   Je crois que vous **2** . . . . faire une contribution à notre
débat sur l'avenir de la presse française.

GC   Espérons-le!

I   Et quel rôle est-ce que vous **3** . . . . dans le monde des
journaux?

GC   Alors, je travaille dans le secteur de la presse
quotidienne régionale. Donc, je ne suis pas tout à fait
4 . . . . , mais j'ai un point de vue un peu différent de
celui de M. Nasier que vous **5** . . . . cité dans votre
émission hier.

I   Et ça veut dire?

GC   Je ne crois pas que la presse **6** . . . . dans un proche
avenir ni que nos libertés **7** . . . . menacées de la
manière décrite dans votre interview.

I   Et qu'est-ce qui vous amène à dire cela?

GC   C'est que . . . la presse française est différente en sa
8 . . . . de la presse anglaise et allemande.

I   C'est-à-dire?

GC   C'est-à-dire, notre presse quotidienne est avant tout
une presse régionale et **9** . . . . presque . . .
exclusivement régionale plutôt que nationale au cours des
années . . . Ce que M. Nasier a dit sur la situation des
journaux **10** . . . . *France-Soir, Le Monde, Le Figaro*, etc.
est bien vrai, mais il a omis de parler de la presse
régionale qui **11** . . . .

I   Donnez-nous des exemples et des chiffres.

GC   Des exemples? . . . Alors, commençons par *Ouest-
France*. Un **12** . . . . régional, bien sûr, mais le plus
grand de tous les journaux français. Il est diffusé en
douze, peut-être **13** . . . . treize départements, en
Bretagne, Normandie et dans les pays de la Loire. On
en vend jusqu'à sept millions d'exemplaires par jour
avec une **14** . . . . de millions de lecteurs
quotidiennement. Il y a aussi beaucoup d'autres
journaux régionaux comme *La Dépêche du Midi, Les
Dernières Nouvelles d'Alsace, Midi-Libre, Le Centre, Le
Méridional, La Provence*, etc. etc., qui sont très
15 . . . .

I   Et comment est-ce que vous expliquez ça . . . ce décalage
entre les **16** . . . . et les régionaux?

GC   Décalage . . . c'est un bon mot! Moi, je **17** . . . . plutôt
cette énorme disparité. C'est que . . . c'est . . . Alors, on a su
il y a 25 ans qu'on **18** . . . . se moderniser et on a adopté
très vite les innovations comme l'offset, la télématique et
enfin le fac-simile. Il a **19** . . . . investir énormément de
fonds, ce qui a **20** . . . . accompli par un regroupement
fondamental des titres, tel qu'aujourd'hui . . . il y a
plusieurs groupes qui prédominent. Premièrement, il y a le
groupe de Robert Hersant **21** . . . . est très présent avec
quelque 30% du marché avec des titres comme *Paris-
Normandie, Nord-Matin, Le Dauphiné Libéré* et certains
autres que j'ai déjà **22** . . . . Il y a aussi Hachette-
Filipacchi Presse avec *La République, Le Méridional, La
Provence.*

I   Et est-ce qu'il y a d'autres raisons pour le **23** . . . . de la
presse régionale dans l'Hexagone?

GC   Bah, oui. Elle a profité d'un certain avantage territorial
que la presse nationale n'**24** . . . . jamais. Elle a, par
exemple, une sorte de marché publicitaire qui est et qui
25 . . . . protégé. Les journaux nationaux ne **26** . . . .
jamais faire concurrence à ça. Très souvent notre publicité
27 . . . . non seulement les habitants d'une région, mais
les gens du coin, d'une ville de campagne ou d'un petit
village. Nous offrons aussi des informations et des services
28 . . . . Nous patronnons aussi les organisations
caritatives et les concours locaux. Après tout, nous sommes
en quelque sorte une **29** . . . . intégrante de la
communauté.

I   Oui, en effet vous contribuer fortement à la **30** . . . .
communautaire.

GC   Comme vous dites . . . et . . . il y a aussi une autre raison
fondamentale pour laquelle la presse régionale et même la
presse nationale subsisteront quels que soient les progrès
faits par la télé, la radio, Internet, etc.

I   Et ça c'est quoi, cette autre raison?

GC   C'est très facile, parce que c'est dans la **31** . . . . des
gens. Ils aiment bien avoir quelque chose dans les mains.
Quand on boit, on a le verre **32** . . . . tenir: c'est la même
chose avec les cigarettes et les pipes. Un journal ou un
livre, on peut tenir ça dans les mains, on peut s'y **33** . . . .
très vite, on peut griffonner distraitement, remplir les mots
34 . . . . , arracher une page, une photo, etc. On (ne) peut
pas **35** . . . . ça avec un écran. C'est plus humain, quoi . . .
moins impersonnel que les machines.

I   En effet. Merci bien de votre **36** . . . . à notre émission.

GC   Au contraire, c'est moi qui vous remercie.

E   Pour chaque phrase ci-dessous, vous devez faire deux choses:

a   corriger la phrase selon ce que vous avez lu dans l'interview

b   expliquer pourquoi vous l'avez corrigée ainsi en vous référant à ce
qu'a dit Mme Coubertin.

1   Mme Coubertin est pessimiste pour la presse régionale.

2   Elle est tout à fait d'accord avec M. Nasier.

3   La presse régionale en France, c'est presque un monopole.

4   Les journaux comme *Ouest-France* ne s'intéressent pas aux affaires
du coin.

cibler	*to target*
décalage (m)	*difference*
diffusé	*distributed*
exemplaire (m)	*copy*
gens (m pl) du coin	*the locals*
Hexagone (m)	*= France*
marché (m)	*market*
organisation (f) caritative	*charity*
quotidien (m)	*daily (newspaper)*

F Faites un résumé des points essentiels de la conversation avec Mme Coubertin sous les rubriques suivantes:
- Nature de la presse régionale (3 points);
- Changements faits dans la presse régionale (4 points);
- Avantages sur la presse nationale et les autres médias (7 points).

CONSOLIDATION

A consulter: Conditional present, p.219

1 Les phrases suivantes figurent dans cette unité. Dans chacune remplacez le verbe entre parenthèses par une forme du présent du conditionnel.

a Quand (*trouver*)-nous le temps de faire toutes ces petites choses?

b Nous (*pouvoir*) revoir nos investissements.

c Tout cela ne (*être*) qu'un vaste complot.

d Ne (*pouvoir*)-on pas se cultiver en s'amusant?

e L'Hexagone n'en (*compter*) que quelques dizaines de milliers.

f Ce jugement (*pouvoir*) rapidement changer.

g De nombreux utilisateurs (*devoir*) y trouver avantage.

h On (*compter*) environ 30 millions d'utilisateurs dans le monde.

2 Essayez de mettre le bon pronom (*qui/que/dont* – p.208) dans ces phrases:

a Le parti travailliste britannique, ... est sans équivalent en Occident . . .

b Les services .... la technologie met à notre disposition . . .

c Un magnétoscope .... avait enregistré l'émission . . .

d Les dossiers .... dispose le service d'administration . . .

e Un ordinateur .... sera capable de penser et sentir comme un être humain . . .

f Les infractions .... Claude se rend coupable dans sa voiture . . .

g Une personnalité .... j'ai oublié le nom . . .

A consulter: Subjunctive, p.220

3 Il y a dans cette unité pas mal d'exemples du subjonctif que vous pouvez incorporer dans votre stock de langage personnel. En voilà quelques-uns.

A moins que le programme ne soit fabriqué par des classes entières, . . .
Unless the programme is put together by whole classes, . . .

Aussi surprenant que ça puisse paraître, . . .
Strange as it may seem, . . .

Dommage que ce ne soit pas mon Suédois de l'autre jour.
A pity it isn't that Swedish bloke from the other day.

Elles ont peur que ça explose!
They are afraid it's going to explode!

Il faut que le service soit simple.
The service needs to be simple.

Etudiez les exemples ci-dessus et l'explication du subjonctif à la page 200. Puis rendez les phrases suivantes en français.

a It's a pity the problem isn't less complex!

b I'm afraid the situation is going to explode.

c Encouraging as the results may seem, . . .

d The initiatives need to be positive.

e Unless the question is solved by society, . . .

f A decision has to be taken.

g The authorities are afraid that co-operation is ending.

h A pity that the Americans are not there!

coin infos

Qu'est-ce que les Français lisent?

Les Français lisent 7 millions de quotidiens nationaux par semaine et 18 millions de quotidiens régionaux, chiffres très inférieurs à ceux de la plupart des grands pays industrialisés.

Ils lisent en revanche beaucoup de magazines (1,4 par jour en moyenne), disposant d'un large choix parmi les 2 500 titres diffusés dans les kiosques. Vingt quotidiens pour 1 000 personnes se vendent en France, soit deux fois moins qu'en Angleterre, mais également qu'en Allemagne et en Italie (34) ou en Espagne (31).

Actuellement, 36,5 % des Français lisent un quotidien tous les jours ou presque, 14,5% trois à cinq fois par semaine; 23,5% une à deux fois par semaine, 17% au moins une fois par semaine 10,1% deux à trois fois par mois, 15,4% moins d'une fois par mois. Le titre le plus lu est le quotidien sportif *L'Equipe* (2,5 millions de lecteurs).

Parmi les magazines, c'est la presse d'information qui est la plus lue (54 exemplaires pour 1 000 personnes diffusés, contre 52 en moyenne pour les autres pays), mais surtout la presse économique (53 contre 16).

les quotidiens nationaux

Réalisés à Paris et diffusés sur l'ensemble du pays, ce sont les plus touchés: leur chiffre d'affaires est en baisse de 2,9%.

Seuls quatre titres, dont l'un exclusivement consacré aux sports (*L'Equipe*), dépassent le seuil des 300 000 exemplaires, alors qu'entre 60 000 et 115 000 exemplaires, on trouve deux quotidiens économiques (*Les Echos* et *La Tribune*) et un quotidien spécialisé dans les paris sur les courses de chevaux (*Paris-Turf*).

L'Humanité est le seul journal lié à un parti (le Parti communiste) et *La Croix* exprime en particulier les points de vue de l'Eglise catholique.

Nombre d'exemplaires vendus chaque jour:
- *Le Parisien* 458 051
- *Le Monde* 367 787
- *France-Soir* 170 014
- *L'Equipe* 384 003
- *Le Figaro* 364 584
- *Libération* 160 654.

les quotidiens régionaux

Ils sont en meilleure santé, avec un chiffre d'affaires en progression de 1,9%. Douze d'entre eux sont diffusés à plus de 150 000 exemplaires.

Ouest-France a la meilleure diffusion de toute la presse quotidienne française (761 828 exemplaires).

Leur plus grande réussite est sans doute due à la place qu'ils réservent aux informations pratiques et de «proximité» régionales et locales. Ils sont mieux adaptés à leur public et ont su se moderniser plus rapidement.

Nombre d'exemplaires vendus chaque jour:
- *Ouest-France* 761 828
- *La Voix du Nord* 328 430
- *Sud-Ouest* 340 702
- *Le Dauphiné Libéré* 261 530.

Les transports

*R*oulez jeunesse! De nos jours, la voiture est le moyen de transport le plus courant et le plus pratique. Mais elle n'est pas le seul ...

Dans cette unité on va consolider votre compréhension des points suivants:

- Les adjectifs et les participes passés *(agreement of adjectives and past participles)*
- Expressions de quantité et de temps *(expressions of quantity and time)*
- Le passif *(passive)*
- «si» et les verbes *(verb tenses after* si *)*
- Expressions négatives *(negative constructions)*
- Le subjonctif *(present subjunctive)*
- Expressions avec l'infinitif *(infinitive constructions)*

7.1 *Comment se déplacer sans voiture?*

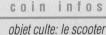

Vous n'avez peut-être pas encore votre permis de conduire et vous dépendez des autres pour vous déplacer. En France, pourtant, à partir de quatorze ans beaucoup de jeunes trouvent une solution à ce problème. Ecoutez Anne-Sophie qui parle de son Solex.

A Elle dit que le Solex ... (4 choses)

B Selon Anne-Sophie le Solex permet une certaine indépendance vis-à-vis des parents. Ecoutez maintenant les problèmes d'Anne-Sophie et notez ce qu'elle dit.

Sans voiture, on ... (cinq choses)

C *Face à face*

Et vous? Travaillez à deux pour dresser une liste des avantages et des inconvénients qu'il y a à à ne pas avoir de voiture.

CASE-PHRASES

Pour l'exercice C, référez-vous aux pages 198–9.

---

coin infos **i**

objet culte: le scooter

Le premier modèle voit le jour en 1902. Et il est français. Le spécimen se voit attribuer le nom «d'auto-fauteuil». Il faut attendre les années 20 pour que les patinettes à moteur atteignent le grand public et soient rebaptisées «scooter», excroissance du verbe *to scoot*, «filer à toutes jambes». Mais le deux-roues est vite dépassé par les motocyclettes. Après la Seconde Guerre mondiale, les industries de l'armement des pays vaincus se recyclent. Piaggio, fleuron de l'aéronautique italienne, lance la fameuse Vespa. Contrairement à la légende, les roues de la Vespa ne provenaient pas des roulettes arrière des bombardiers. Son succès est quasi-immédiat: c'est le moyen de transport individuel le mieux adapté au milieu urbain.

En 68, le scooter de papa est remisé au fond du garage. Il faudra attendre les années 80 pour qu'il réapparaisse, mélange de sens pratique et de nostalgie: les mouvements de grèves de décembre 1995, notamment, ont permis d'en juger.

se déplacer *to get around*
volant (m) *steering wheel*

7.2 *L'auto-stop organisé*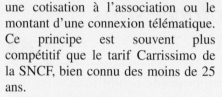

Pour des raisons financières ou par goût de l'aventure, les jeunes ont toujours aimé voyager dans la voiture des autres. Afin de rendre plus efficace et plus sûr ce mode de transport, certaines associations ont organisé l'offre et la demande.

à fond les manettes *full throttle*
chauffard (m) *reckless driver*
cotisation (f) *subscription*
lié *linked*
relever *to note down*
rigolo (fam.) *funny, amusing*

Partir en auto-stop organisé

UNE nouvelle génération d'auto-stoppeurs émerge. Les jeunes avides de voyages ne veulent plus se morfondre des heures au soleil à attendre l'hypothétique routier sympa pour partir en vacances. Désormais, l'exercice du pouce tendu sur le bas-côté est devenu un nouveau marché, discipliné en associations et services télématiques. Etudiants avertis, chômeurs ou salariés sans le sou fonctionnent avec ces intermédiaires qui mettent en relation conducteurs et auto-stoppeurs qui vont au même endroit, moyennant finances. Allostop est l'association la plus connue et l'été est sa période la plus lucrative. Mais une douzaine d'autres services du même genre ont également fleuri sur le minitel.

Toutes les identités et adresses sont relevées

En général, le passager doit payer 0,05 euros du kilomètre. A ajouter,

une cotisation à l'association ou le montant d'une connexion télématique. Ce principe est souvent plus compétitif que le tarif Carrissimo de la SNCF, bien connu des moins de 25 ans.

Si l'auto-stop rime avec économie, il peut aussi évoquer les agressions. Les associations le savent et elles tâchent d'apporter des réponses aux problèmes de sécurité liés à ce type de transport. «La sécurité absolue n'existe pas, déclare-t-on à l'association Allostop. Mais nous relevons sur fiches toutes les identités et adresses des passagers et des conducteurs. Nous savons qui est parti avec qui. Alors celui qui a l'intention de commettre une agression ne s'inscrit pas chez nous. Et si un conducteur a la tête qui tourne devant une jolie passagère pendant le trajet, il se rappellera à un moment ou à un autre que l'on a ses coordonnées.»

Et les auto-stoppeuses nouvelle

vague savent vérifier les informations: «Je fais régulièrement Paris–Lille, par l'intermédiaire d'Allostop, raconte Catherine Struyve, 28 ans. Je donne toujours les coordonnées du conducteur à ma famille, car c'est vrai que l'on tombe parfois sur des gens bizarres. Quelqu'un m'a déjà fait une proposition, mais en fait c'était plutôt rigolo.» Et de rappeler que la sécurité, c'est aussi la façon de tenir un volant: «Je suis tombée une fois sur un chauffard qui conduisait sa voiture comme une moto, à fond les manettes . . .», se souvient-elle. Mais malgré ces rares sueurs froides, Catherine continue à pratiquer l'auto-stop, façon moderne.

Deux rencontres étonnantes

On fait parfois des rencontres étonnantes, comme le raconte Frédéric, un jeune ingénieur conducteur. «L'autre jour, j'ai emmené à Saint-Malo un Cubain qui demande l'asile politique. Ça m'a permis de pratiquer la langue espagnole et la conversation était passionnante.» Pour lui, ce système d'auto-stop organisé permet d'amortir l'achat de sa Ford Fiesta toute neuve. Et il compte bien remplir sa voiture quand il va partir en vacances, en août, près d'Arcachon . . . «Un jour, un de nos automobilistes habituels nous a prévenus que son numéro de téléphone avait changé. Nous n'avons pas tardé à nous apercevoir que ses nouvelles coordonnées étaient identiques à celles d'une passagère qu'il avait déjà emmenée . . .»

Ghislaine BUFFARD

A Lisez la première partie de l'article, jusqu'à «Catherine continue à pratiquer l'auto-stop, façon moderne», puis complétez les phrases suivantes en choisissant la bonne deuxième partie pour chacune. Il y a une deuxième partie de trop.

1 On ne fait plus le pouce ...
2 Les jeunes n'acceptent plus ...
3 Aujourd'hui il existe beaucoup d'associations qui ...
4 Pour les moins de 25 ans, s'abonner à une de ces associations ...
5 Les associations sont très conscientes des risques ...
6 Elles notent des renseignements sur leurs clients, ...
7 Une auto-stoppeuse régulière prévient sa famille ...
8 Certains conducteurs font peur à leur passager ...

a revient moins cher que le train.
b ce qui dissuade les agresseurs éventuels de s'inscrire.
c aident les conducteurs et les auto-stoppeurs.
d que l'auto-stop soit dangereux.
e chaque fois qu'elle part en auto-stop organisé.
f comme autrefois.
g à cause de la façon dont ils conduisent.
h d'attendre longtemps au bord de la route.
i et essayent de réduire les dangers pour leurs clients.

B Dans la même partie de l'article il se trouve des mots ou des expressions qui ont le même sens que les suivants. Lesquels?

1 rester sur place
2 dès maintenant
3 renseignés
4 fauchés
5 moins cher
6 le numéro de téléphone
7 par
8 j'ai rencontré par hasard
9 en dépit de
10 faire

C Lisez maintenant la dernière partie de l'article «Deux rencontres étonnantes», puis complétez le résumé suivant, en écrivant *un* mot seulement dans chaque cas.

Il y a quelques jours, Frédéric a **1** emmené/amené dans sa voiture un Cubain qui ne **2** voudrait/voulait pas rentrer dans son pays. Frédéric a **3** décidé/profité de l'occasion en parlant espagnol avec lui, et en même temps cela **4** l'assistait/l'aidait à payer la voiture qu'il **5** venait/choisit d'acheter. Frédéric croit qu'il n'**6** avait/aura pas de places libres dans sa voiture quand il **7** partira/restera en vacances au mois d'août.

Un jour, un responsable d'Allostop a **8** donné/reçu un coup de téléphone d'un de ses conducteurs habituels qui **9** voulait/refusait de lui donner son nouveau numéro. On a vite **10** remarqué/oublié que ses nouvelles coordonnées étaient les mêmes que celles d'une jeune femme qu'il **11** était/avait déjà **12** mariée/emmenée .

CONSOLIDATION

A consulter: Adjectives, p.210

Dans cet article il y a bon nombre d'expressions adjectivales, où un adjectif ou un participe passé sert à ajouter des détails au texte. Ci-dessous on vous fournit deux listes: **1** des noms, et **2** des adjectifs ou des expressions adjectivales (tous au masculin singulier). A vous de faire des paires, en adaptant les adjectifs selon le nom choisi (féminin? pluriel?). Bien sûr, il y a plusieurs combinaisons possibles, mais il faut finir par utiliser tous les mots!

1	2
adresse	absolu
asile	autre
association	averti
auto-stop	avide
auto-stoppeuse	bizarre
automobiliste	chômeur
conducteur	compétitif
connexion	connu
conversations	discipliné
coordonnées	espagnol
endroit	étonnant
étudiante	habituel
façon	hypothétique
générations	identique
gens	joli
identité	lié
ingénieurs	lucratif
intermédiaires	même
jeune	moderne
langue	neuf
marché	nouveau
passager	organisé
passagère	passionnant
période	politique
pouce	salarié
principes	sympa
problème	télématique
rencontre	tendu
routiers	
sécurité	
services	
tarif	
voitures	

D Inventez et écrivez une histoire d'auto-stop. Considérez les points suivants. Sinon, vous pouvez vous servir des points pour jouer à «Conséquences» en groupe.

• Où on allait.
• Pourquoi.
• Quand.
• Qui s'est arrêté.
• Ce qui s'est passé.
• Les réactions du conducteur/du passager.
• Les conséquences.

7.3 «*Je n'ai pas encore mon permis.*»

Juliette, une autre ado, ressent, elle aussi, les problèmes de ne pas encore avoir son permis. Ecoutez-la, et complétez, en utilisant la troisième personne du verbe, ce résumé de ce qu'elle dit.

1 Juliette n'a pas encore son permis parce que ....
2 Actuellement, elle .... travail.
3 Ses parents ne sont pas .... et elle doit ....
4 Juliette se sent .... parce qu'elle voudrait ....
5 Elle dit que si elle avait une voiture .... (trois choses).
6 Sans voiture elle a du mal à trouver un emploi, parce qu'elle ....
7 Si on lui proposait de travailler loin de .... , cela serait difficile parce qu'......... .
8 Dans ce cas-là, elle ....
9 Elle est obligée .... les amis qui ont une voiture pour ....
10 Et finalement, les amis ....

7.4 *Le permis à points*

Une fois le permis gagné, gare à ne pas le perdre! En France, avec le système du «permis à points», vous le perdrez dès que vous dépasserez le nombre maximum de points, comme l'explique Brigitte. Ecoutez ce qu'elle dit.

A Complétez en français les phrases suivantes:

1 En fait, le conducteur a ....
2 Pour chaque infraction, on vous ....
3 Si vous dépassez les douze points, vous ....
4 La vitesse pour les jeunes conducteurs est limitée à ....
5 Sur l'autoroute, on vous retire quatre points si ....
6 On perd un plus grand nombre de points si on conduit avec un niveau d'alcool dans le sang de ....
7 On peut récupérer les points enlevés si on n'a pas commis d'infraction ....
8 Une autre façon de les récupérer, c'est de payer pour ....

B Ecoutez encore. Comment Brigitte dit-elle ... ?

1 depending on the offences
2 he has points docked
3 he loses his licence
4 speeding
5 drink driving
6 to check that you are fit to drive without endangering others

C Ecrivez en français cinq questions auxquelles Brigitte a répondu. Utilisez une forme interrogative différente pour chaque question.

Exemples: Le permis à points, qu'est-ce que c'est?
             Ce système, comment ça marche?

---

coin accent

intonation

Pour se perfectionner, il faut toujours continuer à pratiquer les connaissances de base comme l'intonation.

- Pour vous rafraîchir la mémoire sur les règles de l'intonation, trouvez la page 193.
- Recopiez les phrases extraites de l'interview sur le permis à points et tracez la ligne d'intonation là-dessus.
- Enregistrez ces phrases sur cassette.

  Et s'il dépasse les douze points on lui retire son permis.

  Vous avez des infractions de plus ou moins grande importance.

  Donc, par exemple, il y a les excès de vitesse.

  Si on a par exemple un jeune conducteur, la limite pour un jeune conducteur est 90 km à l'heure.

- Maintenant écoutez encore une fois l'interview d'origine et comparez-la avec votre version enregistrée.

7.5 *Roulez jeunesse!*

Depuis une dizaine d'années, grâce à l'apprentissage anticipé de la conduite (AAC) les ados français peuvent s'installer au volant pour de vrai dès seize ans. Cet article explique une formule qui offre de nombreux avantages – mais peut-être aussi des problèmes.

de 28 ans révolus	*over (the age of) 28*
piège (m)	*trap, pitfall*
prétendre à	*to aspire to*
titulaire (m/f)	*holder*

• Conduite accompagnée: roulez jeunesse

Avec la conduite accompagnée, vos chances de réussir le permis du premier coup (huit sur dix) sont beaucoup plus importantes que par la voie classique (une chance sur deux).

Autre intérêt: dans la plupart des cas, les compagnies d'assurance ne vous imposeront pas la surprime «conducteur novice». Ce n'est pas pour vos beaux yeux, mais parce que vous avez quatre fois moins de risque «d'attraper un accident» que ceux qui choisissent la formule traditionnelle. En fait, vous représentez un risque identique aux conducteurs ayant déjà une dizaine d'années d'expérience automobile. Pas mal . . .

Actuellement, les accidents de la route sont la première cause de décès chez les 15–24 ans, qui représentent à eux seuls un tiers des automobilistes tués. Ils sont trois fois plus impliqués dans les accidents que les autres conducteurs. Cause principale de ces drames: l'inexpérience. Il faut dire qu'après seulement une vingtaine d'heures de conduite, dans la formule classique, vous vous retrouvez

seul au volant, sans véritable expérience de la route et de ses pièges. Avec la conduite accompagnée, vous aurez en revanche déjà roulé quelques milliers de kilomètres avant de vous faire «lâcher en solo». La route n'aura alors plus aucun secret pour vous et sera beaucoup moins dangereuse.

• Quelles sont les conditions?

Pour prétendre à l'apprentissage anticipé de la conduite, vous devez être âgé d'au moins seize ans et avoir l'accord de vos parents.

Le véhicule utilisé (en règle générale, celui de vos parents), doit posséder deux rétroviseurs extérieurs, un frein à main entre les sièges avant ainsi qu'un autocollant «conduite accompagnée» apposé à l'arrière. L'assureur du véhicule doit

être prévenu. Il s'engagera à étendre la garantie à l'apprenti conducteur, sans surprime, après avoir reçu l'attestation de fin de formation initiale. L'accompagnateur est une personne de 28 ans révolus, titulaire depuis au moins trois ans du permis de conduire et n'ayant jamais été condamné pour infraction grave au code de la route.

A Lisez cet article puis faites correspondre les deux parties des phrases suivantes. Attention! Il y a deux fins de phrase dont vous n'aurez pas besoin.

1 Il est beaucoup plus facile d'avoir son permis du premier coup . . .
2 Selon les assureurs on est moins susceptible d'avoir un accident . . .
3 Il n'y aurait pas tant d'accidents mortels . . .
4 Avec la conduite accompagnée on a moins de chances de subir un accident . . .
5 Le véhicule doit satisfaire à certaines conditions . . .
6 On ne peut pas être accepté comme accompagnateur approprié . . .

a si les conducteurs avaient plus d'expérience au volant.
b si on a obtenu son permis par la méthode AAC.
c si on veut faire l'AAC.
d si on suit la méthode de conduite accompagnée.
e si on a moins de 28 ans.
f si le conducteur a déjà parcouru une distance importante.
g si on roulait moins vite.
h si on apprenait à conduire dès l'âge de 17 ans.

B Exprimez autrement en français les phrases suivantes:

1 vos chances de réussir sont beaucoup plus importantes
2 les compagnies d'assurance ne vous imposeront pas la surprime
3 ce n'est pas pour vos beaux yeux
4 ils sont trois fois plus impliqués dans les accidents que les autres conducteurs
5 vous aurez en revanche

C Lisez maintenant la suite de l'article ci-dessous. Choisissez dans la case à droite le mot le plus approprié pour remplir chaque blanc.

La formation se déroule en deux temps: un premier temps de formation initiale, qui se déroule dans une **1** .... agréée AAC. Vous suivrez vingt heures de cours au minimum dont quinze de **2** .... , et vous pourrez vous présenter à l'examen **3** .... du permis de conduire (le «code»). A l'issue de cette formation, lorsque vous aurez atteint le **4** .... d'un candidat au permis, on vous remettra une **5** .... de fin de formation. **Deuxième temps:** **la conduite accompagnée.** Durant un à trois ans, vous devrez conduire, en France, pendant au moins trois	mille kilomètres en **6** .... de votre accompagnateur (attention: sans jamais dépasser les 90 km/h!). Quatre à six mois après la formation initiale, vous devrez participer à un premier rendez-vous pédagogique avec votre **7** .... , et en présence de votre accompagnateur. Un second rendez-vous sera pris au moins trois mois avant le **8** .... du permis. Ces entretiens ont pour but de mesurer vos progrès et de vous donner quelques **9** .... supplémentaires. Une fois cet **10** .... terminé (et à condition d'avoir dix-huit ans), il ne vous reste plus qu'à vous présenter à l'examen du permis de conduire.

apprenti apprentissage attestation
auto-école avis compagnie conduite
conseils facile formateur formation niveau
parlant passage présence texte théorique
véhicule voiture

D Traduisez en français le texte suivant en vous référant à l'article.

The lack of driving experience of many young drivers was for a long time the main cause of accidents. For a few years, however, it has been possible for those who wish to learn to drive to do so, if their parents agree, from the age of sixteen. Provided that the learner advises the insurance company, it will extend cover to him or her if it receives documentary evidence that he or she has completed a period of basic training.

7.6 *Quand aurai-je ma propre voiture?*

Rêvez-vous de posséder votre voiture à vous? Selon un sondage récent, il est bien probable qu'un jeune Français l'aura à 29 ans, sinon à 24.

A Lisez l'article à la page 117 puis décidez si c'est «vrai» ou «faux».

1 On attend moins de temps qu'auparavant pour apprendre à conduire.
2 Entre l'âge de 24 et 29 ans un tiers des Français s'offre une voiture.
3 Moins d'un ménage sur quatre ne dispose pas d'un véhicule.
4 Le quart des foyers français a plus d'une voiture.
5 Aujourd'hui, il y a plus de femmes que d'hommes qui passent leur permis de conduire.
6 Là où il n'y a pas que l'homme qui a un emploi on trouve le multi-équipement.
7 C'est quand les deux conjoints ont une cinquantaine d'années qu'ils s'offrent une deuxième voiture.
8 Ce sont surtout les gens qui ne travaillent plus qui n'achètent pas de voitures d'occasion.
9 Le kilométrage effectué ne correspond pas à l'âge du conducteur.
10 Ce sont ceux qui viennent de prendre leur retraite qui dépensent le plus en carburant.

---

coin infos *i*

de plus en plus en voiture

Les Français voyagent de plus en plus en voiture. Environ 80% de leurs déplacements à plus de 100 km de chez eux se font par la route.

   Les Français sont plus nombreux à voyager (82% contre 74% il y a une dizaine d'années), et le nombre de leurs voyages s'accroît également (neuf par an).

   Sur ces neuf voyages annuels, 7,2 sont effectués en voiture. Deux raisons expliquent ce phénomène. D'une part, l'augmentation du nombre de conducteurs automobiles (82% des Français possèdent le permis de conduire, contre 70% il y a douze ans, et 76% disent être des conducteurs réguliers soit 12% de plus). D'autre part, les automobilistes roulent davantage: 30% d'entre eux, contre 23% en 1984, font plus de 19 000 km par an.

B

1 Regardez le sondage en images. En ajoutant le prix de la voiture et les frais de carburant notez combien le représentent de chaque tranche d'âge dépense par an.

2 Rangez par ordre de dépense annuelle les sommes totales dépensées chaque année par chaque tranche d'âge.

C *A vous maintenant!*

Faites un sondage similaire auprès des gens que vous connaissez et présentez les résultats au prochain cours. Est-ce qu'ils correspondent à ceux du sondage fait par l'INSEE?

ETUDE > Les Français prennent jeunes l'habitude de conduire

A 29 ans, ils sont 80% à posséder une voiture

DANS une étude récente, l'Insee passe au crible le comportement et l'équipement des Français en matière de voiture, un choix qui manifestement s'effectue de plus en plus tôt dans la vie.

Au volant de plus en plus jeune. Avec une parfaite régularité depuis les années 50, chaque nouvelle génération s'équipe mieux que la précédente. Ceux nés après la Seconde Guerre mondiale se sont mis à conduire dès le début de leur vie adulte, et aujourd'hui posséder une voiture est vraiment une habitude qui se prend jeune. A 24 ans, plus de 60% des jeunes sont équipés, et plus de 80% à 29 ans. Avec quel budget? Les 25–35 ans selon l'INSEE investissent un peu plus de 8 400€ dans leur véhicule, pour une dépense moyenne annuelle en carburant de près de 1 000€.

Peu de ménages échappent à la voiture. Plus des trois quarts des ménages sont aujourd'hui équipés, un taux relativement stable depuis dix ans. Il était en revanche de 21% en 1953, de 58% en 1970.

Double équipement pour un ménage sur quatre. Le multi-équipement s'est

■ **Combien l'achetez-vous?**
(dépense moyenne d'achat par génération, en 1995)

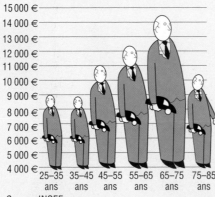

■ **Combien roulez-vous?**
(dépense moyenne annuelle en carburant par génération, en 1995)

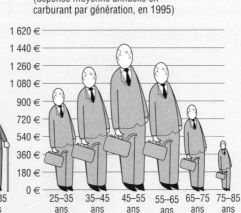

Source: INSEE

considérablement développé depuis les années 70: en 1967, 6% des ménages disposaient en effet de plusieurs véhicules, contre 25% aujourd'hui. La proportion de femmes qui passent le permis de conduire rejoint progressivement celle des hommes, et la deuxième voiture devient souvent indispensable quand les deux conjoints sont actifs, note l'INSEE. C'est après 55 ans que ce multi-équipement s'essouffle, et que les ménages ne renouvellent plus leur deuxième voiture.

Les retraités achètent les voitures les plus chères. Budget moyen investi pour l'achat d'un véhicule entre 65 et 75 ans: plus de 13 500€ (quand tous âges confondus le budget d'achat moyen est de 10 000€). Selon

l'INSEE la génération qui a pris sa retraite dans les années 80 conserve les moyens d'acheter des voitures neuves, qui ont la préférence très marquée des seniors.

Pour des trajets de plus en plus réduits. Quand près de 30% du kilométrage moyen des voitures correspondent aux trajets domicile–travail, il est logique que les retraités roulent nettement moins que leurs cadets. Ainsi les 65–75 ans dépensent par an moins de 670€ de carburant. Les plus gros rouleurs appartiennent à la génération des 45–55 ans: vie active, enfants ou adolescents à conduire à l'école ou au sport, trajets vers une éventuelle maison de campagne ... Eux dépensent 1 340€ de carburant en moyenne par an.

Viviane CHOCAS

D Ecoutez Jean-Marc qui parle de sa première voiture, puis corrigez les erreurs dans les phrases suivantes.

1 Jean-Marc a donné un surnom vulgaire à sa première voiture.
2 La plupart des étudiants avaient une voiture pareille.
3 Le prix de sa première voiture était de 600€.
4 Jean-Marc n'a pas bien entretenu cette voiture.
5 Il l'a gardée pendant cinq ans.
6 Un de ses copains, qui était mécanicien, faisait les réparations pour lui.
7 Le premier accident de Jean-Marc s'est passé à Lyon.
8 Au moment de l'accident, la voiture de Jean-Marc avait dérapé.
9 Jean-Marc a été éjecté de la voiture.
10 Sa voiture a pris feu.

conjoint/e (m/f) *spouse*
s'essouffler *to tail off*
éventuel *possible*
passer au crible *to examine closely*

Référez-vous aux exemples dans cet article pour vous aider à rédiger en français les phrases suivantes.

1 It's after the age of 50 that ...
2 Those aged 35–45 ...
3 More than 170,000 euros ...
4 Since the 1960s ...
5 An average expenditure of a little over 15,000 euros ...
6 Almost 50 per cent ...
7 Over three-quarters of drivers ...
8 More than 25 per cent know how to drive.
9 Since the start of her adult life ...
10 It's been stable for five years.
11 I used less than 840 euros worth of fuel.
12 On average, we buy 1,700 euros worth of petrol per annum.
13 Fifty per cent of them own a house.
14 The average purchasing budget is 11,700 euros.
15 During the 1990s ...
16 When he's seventeen years old, ...

7.7 *Téléphoner au volant*

agglomération (f) *built-up area*
débouler *to shoot out, emerge (unexpectedly)*
se déporter *to veer off course*

Aujourd'hui, téléphoner à partir de sa voiture devient de plus en plus courant, mais il y a peut-être des risques. Lisez l'opinion de cinq personnes interviewées par le journal *Aujourd'hui*.

Trouvez-vous que téléphoner en conduisant soit dangereux?

- **Antoine**
- **45 ans**
- **Electricien**
- **Zoufftgen (57)**

«Je trouve cela très dangereux. Les gens ont l'esprit ailleurs, une main sur le volant, le téléphone dans l'autre ... J'ai été confronté à l'un de ces conducteurs une fois. J'étais sur une trois-voies et l'automobiliste, tout occupé à sa conversation, s'est déporté et m'a coupé la route ... Heureusement, je m'y attendais et j'ai pu l'éviter. Je pense qu'il faudrait les obliger à installer un équipement mains libres ou à s'arrêter pour téléphoner.»

- **Bruno**
- **40 ans**
- **Enseignant**
- **Lyon (69)**

«Je ne trouve pas que ce soit une bonne idée de téléphoner en roulant, surtout par rapport à l'attention que l'on doit porter sur l'extérieur. Quand je vois un automobiliste qui téléphone, j'ai tout de suite des images d'accidents à l'esprit. Mais je suis contre l'interdiction du portable au volant. Une solution dissuasive pourrait consister, pour les assurances, à imposer une surtaxe aux automobilistes qui auraient cette pratique.»

- **Stéphanie**
- **19 ans**
- **Etudiante**
- **Lille (59)**

«A Paris, étant donné la circulation, je trouve cela encore plus dangereux, même s'il y a beaucoup de feux rouges. Cela entraîne une perte de concentration. Imaginez que votre conjoint annonce qu'il vous quitte, vous pouvez avoir un moment d'inattention! Mais je ne suis pas favorable à une interdiction. Il faudrait faire prendre conscience aux automobilistes qu'un système n'obligeant pas à décrocher le téléphone est plus sûr.»

A Cinq personnes donnent leur avis sur cette question. Laquelle dit ... ?

1 qu'elle a évité de justesse un accident
2 qu'il serait préférable de sensibiliser les conducteurs aux dangers de cette pratique
3 qu'un accident pourrait être provoqué par une crise domestique

4 qu'elle a des raisons personnelles pour être opposée à une interdiction
5 qu'il ne faut pas interdire aux gens de téléphoner en conduisant
6 qu'on roule lentement en ville
7 qu'elle avait déjà compris ce qui allait se passer

8 que le danger n'existe que sur les autoroutes
9 qu'on devrait faire payer un supplément à ceux qui téléphonent en conduisant
10 qu'on ne risque rien sur les autoroutes

B Les mots dans la grille sont employés par les cinq interviewés. Recopiez et complétez la grille avec la forme demandée.

Nom	Verbe
la conduite	1 ………
2 ………	installer
l'interdiction	3 ………
4 ………	arrêter
la pratique	5 ………
6 ………	voir
la circulation	7 ………
8 ………	obliger
la perte	9 ………
10 ………	constater
la concentration	11 ………
12 ………	utiliser
la restriction	13 ………
14 ………	reconnaître

- **Raphaël**
- **20 ans**
- **Animateur**
- **Villepinte (93)**

«Je n'ai jamais constaté que le fait de téléphoner au volant rendait la conduite dangereuse. En agglomération, la vitesse est tellement faible qu'il me semble possible de faire les deux à la fois. Mais sur autoroute, il faut pouvoir utiliser ses deux mains. Je ne crois pas que l'on puisse imposer une restriction. Même si l'on rendait les équipements mains libres obligatoires, les gens ne suivraient pas, c'est cher.»

- **Emmanuelle**
- **32 ans**
- **Agent commercial**
- **Paris IIIe**

«J'utilise un téléphone portable pour mon travail, je suis donc contre tout projet d'interdiction de téléphoner en conduisant. Je reconnais que ça peut être périlleux, notamment en ville où des piétons déboulent de n'importe où. Mais sur l'autoroute, c'est toujours tout droit et il n'y a aucun risque. Si l'on tient absolument à prendre une mesure, on pourrait rendre obligatoire le système mains libres.»

C

1 Choisissez – et adaptez, au besoin – certains des mots que vous avez trouvés, pour compléter les phrases suivantes:

- **a** Pendant qu'on conduit, il faut absolument se ……… tout le temps; l'……… du téléphone quand on est au volant rend cela plus difficile.
- **b** L'……… du téléphone portable dès l'achat d'une voiture neuve devient de plus en plus courante mais il n'y a aucune ……… pour le conducteur de s'en servir.
- **c** Tu crois qu'on devrait ……… absolument le téléphone portable ou, tout simplement, conseiller aux conducteurs d'en ……… la pratique?
- **d** On ……… bientôt l'……… de cette pratique, je crois.
- **e** Je connais quelqu'un qui vient de ……… son permis pour avoir ……… sur l'autoroute sans faire attention.

2 Maintenant traduisez en anglais les cinq phrases que vous avez écrites.

D Qu'est-ce que vous pensez de cette question? Ecrivez environ 150 mots en français pour exprimer votre opinion. Essayez d'utiliser au moins *huit* des expressions que vous trouverez dans la *Case-phrases* à gauche.

CASE-PHRASES

Je trouve cela …
Je pense que …
Je suis contre …
Imaginez que …
Je ne suis pas favorable à …
Il faudrait faire prendre conscience à …
Je n'ai jamais constaté que …
Il me semble possible que …
Je ne crois pas que …
Je reconnais que …
Je trouve que …
A mon sens …
Ce qui serait préférable, ce serait de …
Pourquoi pas …
Il vaudrait mieux …

7.8 *Accidents!*

La conduite automobile a bien sûr des aspects dangereux et on voit de plus en plus d'accidents, surtout en ville. Lisez cet article tiré du journal *Le Dauphiné Libéré*.

à la hauteur de	*level with*
mettre en cause	*to involve*

DEUX PIÉTONS ET UN MOTARD BLESSÉS

Grenoble — Les gendarmes et les sapeurs-pompiers de Vizille ont eu fort à faire hier au soir puisque trois accidents de la circulation sont intervenus entre 17 et 18 heures.

Le premier, à 17h15, a mis en cause un piéton et un automobiliste. Mme Violette Bernard qui demeure à la Tour de l'Alliance à Vizille a été renversée avenue Maurice-Thorez à la hauteur du carrefour du groupe de secours par une 205 Peugeot conduite par Jean-Luc Feugère de Meylan.

Blessée, elle a été transportée par les sapeurs-pompiers de Vizille à l'hôpital Albert-Michallon.

Le second accident a eu lieu à 17h30 après le carrefour Muzet alors qu'il y avait une circulation intense. Une 305 Peugeot conduite par Jean-François Curtelin de Grenoble qui venait de l'Alpe-d'Huez a tourné sur sa gauche pour se diriger vers les établissements Cogne. C'est alors qu'une Yamaha FZR conduite par Alain Aimé qui demeure à Grenoble a percuté le véhicule à la hauteur de la portière avant. Blessé, le motard a reçu les premiers soins par les sapeurs-pompiers de Vizille avant d'être dirigé à l'hôpital Albert-Michallon.

Quant au troisième accident, il est arrivé sur la voie express de Vizille. Un homme a été fauché alors qu'il changeait la roue de son véhicule. Franck Marcak de La Mure a été évacué sur Grenoble alors qu'il souffrait d'une fracture ouverte au bras droit.

Les trois constats ont été effectués par la brigade de gendarmerie de Vizille.

A Après avoir lu l'article, décidez «vrai» ou «faux» pour chacune des phrases suivantes.

1 Les gendarmes de Vizille ont eu beaucoup de travail.
2 Le premier accident a été causé par un piéton.
3 Le deuxième accident s'est produit une demi-heure plus tard.
4 Cette fois-ci il s'agissait de deux voitures.
5 La troisième victime n'était pas au volant de sa voiture.

B Cherchez dans votre dictionnaire les mots suivants, puis, pour chacun, écrivez en français une phrase qui en explique le sens.

1 un sapeur-pompier
2 un gendarme
3 un piéton
4 la voie express
5 les premiers soins
6 un constat

C *Face à face*

Regardez la photo de l'article à gauche et discutez l'accident avec un(e) partenaire. Si vous voulez, utilisez les questions suivantes pour vous aider:

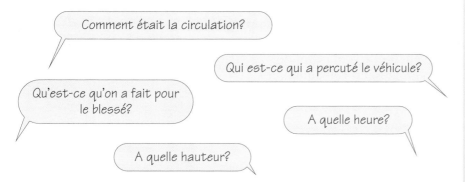

Comment était la circulation?

Qui est-ce qui a percuté le véhicule?

Qu'est-ce qu'on a fait pour le blessé?

A quelle heure?

A quelle hauteur?

Personne A   Vous êtes la personne au centre de la photo et vous venez d'arriver sur les lieux de l'accident. Posez des questions pour savoir ce qui s'est passé exactement et proposez ce qu'on doit faire pour aider la victime.

Personne B   Vous êtes la personne à droite sur la photo. Vous avez vu l'accident. Donnez des détails précis sur ce qui s'est passé et expliquez ce qu'on a déjà fait pour aider la victime.

D *A vous maintenant!*

En vous référant à l'article, rendez en français le texte suivant.

Several traffic accidents occurred yesterday evening near Vizille. At 5.15pm, a pedestrian was knocked down by a Peugeot 205 and was taken to hospital. A quarter of an hour later, a motorcyclist was injured when his Yamaha collided with another car. The third accident happened when a man, who was changing the wheel of his vehicle, was mown down. The three victims, however, were not seriously injured.

CONSOLIDATION

A consulter: Passive forms, p.221

Utilisez l'article à gauche pour vous aider à dire en français:

1   You (*vous*) were run over in the avenue des Martyrs.
2   She was taken off to hospital by ambulance.
3   He was mown down while (he was) crossing the road.
4   Were you (*tu*) evacuated to La Roquebrou during the war?
5   The crime was carried out by the crook over there.

A consulter: Imperfect, p.216

Dans l'article on trouve l'expression *alors qu'il changeait la roue*. L'imparfait s'emploie avec *pendant que/alors que/à mesure que* pour montrer qu'une action était en cours lorsque l'autre est survenue. Remplissez les blancs en y mettant la forme appropriée de l'imparfait du verbe entre parenthèses.

1   alors que tu .... à comprendre (*commencer*)
2   pendant que l'accident .... lieu (*avoir*)
3   pendant que tu .... ton croissant (*manger*)
4   à mesure que j'......... la vérité (*apprendre*)
5   alors qu'il .... le piéton (*faucher*)
6   pendant que nous .... le constat (*effectuer*)
7   à mesure que je .... à droite (*tourner*)

---

coin infos

la sécurité routière

ACCIDENTS DE LA ROUTE	1985	1990	1995	1996	1997
Accidents (milliers)	191,1	162,6	132,9	125,4	125,2
Tués (milliers)	10,4	10,3	8,4	8,1	8,0
Blessés (milliers)	270,8	225,9	181,4	170,1	169,6

Source: ONISR

la vitesse est-elle vraiment dangereuse?

Certains en doutent encore. D'autres en acceptent le principe … mais l'oublient lorsqu'ils sont au volant.

Résultat: la vitesse représente la première cause de mortalité sur nos routes, qu'elle soit « vitesse inadaptée » aux lieux et circonstances ou « vitesse excessive » par rapport aux limitations en vigueur.

Les principales victimes sur la route sont, en priorité, les jeunes conducteurs (18–24 ans), automobilistes et usagers de deux-roues. En ville, ce sont les piétons qui paient le plus lourd tribut à la vitesse: à commencer par les plus vulnérables d'entre eux, les enfants et les personnes âgées.

Dans les agglomérations, lors d'accidents, 4 conducteurs sur 5 sont en infraction à la vitesse. Sur route, ils sont 3 sur 5 et sur autoroutes 1 sur 2.

les limites du corps humain

Même un corps jeune et en pleine forme, avec de bons réflexes et de bons yeux, voit ses performances et ses possibilités d'action amoindries par la vitesse. Quant à sa résistance aux chocs, elle a des limites sur lesquelles les progrès de la science ne peuvent pas grand-chose.

Le corps humain supporte mal les chocs, et leurs conséquences dépendent étroitement de la vitesse du véhicule lorsqu'ils se produisent. Un piéton renversé a 1 risque sur 10 d'être tué si le choc survient à 20 km/h, 3 risques sur 10 à 40 km/h, 8 risques sur 10 à 60 km/h … et aucune chance de s'en sortir à 80 km/h.

A retenir: Une diminution de 10% des vitesses entraîne une baisse de 10% des accidents légers, de 20% des accidents graves et de 40% des accidents mortels.

http://www.equipement.gouv.fr

7.9 *Boire ou conduire?*

Boire ou conduire: il faut choisir!

Un verre: ça va. Trois verres: bonjour les dégâts!

Malgré la publicité qui vise ceux qui boivent de l'alcool avant de prendre le volant, certains ne croient pas au danger. Voici quelques excuses données par des Français quand on les avertit des dangers de l'alcool au volant.

1 MAIS ... je ne bois jamais de grosses quantités d'alcool.

2 MAIS ... je ne bois que de la bière, jamais d'alcool.

3 MAIS ... je ne suis pas alcoolique.

4 MAIS ... mon activité physique me permet d'éliminer l'alcool.

5 MAIS ... je ne bois que pour les grandes occasions.

Alcool au volant

0,5 g/l :
après deux verres,
troubles, risques...
tout s'accélère.

sécurité routière
Savoir conduire, c'est savoir... vivre.

courant *usual*
foie (m) *liver*
reins (mpl) *kidneys*

A Voici quelques renseignements distribués par La Prévention Routière Française. A vous de chercher parmi eux une réponse à chaque excuse ci-dessus.

coin infos

Opération Nez rouge

L'Opération Nez rouge consiste à permettre aux automobilistes qui ont consommé des boissons alcoolisées pendant les fêtes de fin d'année (Noël et Nouvel An) de se faire reconduire chez eux à leur domicile dans leur propre véhicule conduit par un chauffeur bénévole. Suite à l'appel de l'automobiliste qui souhaite se faire raccompagner, une équipe de deux chauffeurs (et un accompagnateur) se rend sur place avec la voiture Opération Nez rouge. L'un des chauffeurs prend le volant du véhicule de l'appelant et le ramène avec tous ses occupants à domicile.

Aucune rémunération n'est demandée. Les gratifications sont toutefois acceptées.

Chanson thème (extrait)
Refrain:
L'Opération Nez rouge,
C'est dans le temps du jour de l'An
Toute une équipe qui bouge
Pour qu'il y ait moins d'accidents
Si tu as le nez rouge
Faut pas toucher au volant
L'Opération Nez rouge
Ira te chercher gentiment
Refrain

http://www.chez.com/operationnezrouge/quoi.htm

A

D'abord, de petits verres d'alcool, bien insuffisants pour provoquer l'ivresse, créent des risques sérieux sur la route.

Ils provoquent en effet une sensation agréable qu'on appelle *l'euphorie*. C'est l'impression d'être en forme, de ne plus avoir de problème. Les relations avec les autres deviennent plus faciles, plus chaleureuses.

Mais en même temps, la perception visuelle se détériore.

La capacité à analyser objectivement la situation est perturbée. Les réflexes sont ralentis.

C'est quand on croit que tout va bien que cela commence à aller mal.

B

Diverses études ont montré qu'en moyenne chaque conducteur circule environ *sept heures par an* au-dessus du taux légal d'alcoolémie.

C'est peu, mais suffisant pour provoquer 40% des accidents mortels sur les routes! Ainsi, 800 décès sont causés par des conducteurs qui ne sont pas forcément des alcooliques!

C

L'alcool n'est pas brûlé par les muscles. Moins de 5% disparaît avec la respiration et la transpiration. Le reste circule dans tout l'organisme et n'est évacué que très lentement par le foie et les reins.

L'effort physique ne change donc ni le rythme d'élimination, ni les effets de l'alcool.

D

Il ne faut pas confondre «boire *un* alcool» c'est-à-dire un petit verre de calvados, de cognac, avec «boire *de* l'alcool» c'est-à-dire une boisson contenant de l'alcool, même dilué, comme du vin, de la bière ou du cidre. Ils ont **LE MÊME EFFET** sur l'organisme et provoquent les mêmes risques d'accident.

E

C'est effectivement le cas pour beaucoup de gens qui ne consomment de l'alcool qu'exceptionnellement, au cours de repas de fête (dîner chez des amis, mariage, nouvel an, etc.).

La rareté de ces événements n'y change rien: le jour où ils ont bu, s'ils conduisent, ils courent un risque très important.

Souvenez-vous de votre repas de Noël!

Lors d'une telle fête, il est courant d'absorber les boissons suivantes:
● 2 apéritifs
● 2 verres de vin blanc avec les hors-d'œuvre
● 4 verres de vin rouge avec les plats
● 1 verre de vin rouge avec le fromage
● 1 coupe de champagne
● 1 digestif

B   Voir (ci-dessous) la réglementation sur la conduite en état d'ivresse. Si l'alcoolémie est supérieure à 0,8g/l, les tribunaux peuvent imposer certaines sanctions.

En travaillant en groupes de trois ou quatre personnes, discutez les questions suivantes. L'un(e) de vous doit prendre des notes.

1   Est-ce que la réglementation est trop sévère ou pas assez?
2   Est-ce qu'il y aurait d'autres mesures à prendre? Lesquelles?
3   Est-ce que vous connaissez quelqu'un qui a déjà conduit en état d'ivresse? Qu'est-ce qui s'est passé?

Maintenant établissez une liste de conseils pour les jeunes conducteurs qui se trouvent tentés de conduire en état d'ivresse.

Conduite en état d'ivresse
● Emprisonnement de deux mois à deux ans et/ou amendes de 340€ à 5 000€.
● Peine de travail d'intérêt général, à titre de peine complémentaire.
● Suspension du permis de conduire pour trois ans maximum.
● Annulation du permis pour trois ans maximum avec obligation de repasser le permis après un examen médical et psychotechnique.

Homicide ou blessures involontaires lors de la conduite en état d'ivresse ou récidive de conduite en état d'ivresse
● Immobilisation pendant un an au plus, ou confiscation définitive du véhicule utilisé si le prévenu en est propriétaire.
● Annulation automatique du permis.

C   Vous travaillez pour la rédaction d'une station de radio universitaire. Votre tâche:

1   Vous préparez pour le speaker/la speakerine un résumé des idées les plus importantes parmi ces renseignements. Cela doit durer précisément trente secondes.

2   Enregistrez votre résumé.

CONSOLIDATION

A consulter: Negative pronouns, adjectives and adverbs, p.209

Dans ces textes (A–E), il y a plusieurs adverbes de négation assez complexes. Après les avoir discutés, essayez l'exercice suivant. Complétez chaque phrase avec l'adverbe approprié, trouvé ci-dessous:

1   De la viande? Etant végétarien je .... en mange .... !
2   On .... apprend .... très lentement à parler.
3   Tu .... bois .... bière .... vin?
4   Je .... vois Géraldine .... , aux jours de fête, par exemple.
5   J'ai eu le sentiment de .... être de ce monde.
6   Etant anti-alcool, je .... bois .... des boissons non alcoolisées.
7   .... mes parents .... mes amis .... m'ont crue coupable de ce crime de passion.
8   Tu as des préjugés! Les pauvres .... sont .... des criminels!

---

ne ... que
ne plus
ne ... pas forcément
ne ... qu'exceptionnellement
ne ... ni ... ni ...
ni ... ni ... ne ...
ne ... jamais
ne ... que

7.10 *Qu'espérez-vous trouver sur une aire d'autoroute?*

Si vous conduisez avec précaution, il faut non seulement éviter de boire, mais aussi éviter la fatigue. Pour cela, on a les aires d'autoroute – un peu différentes en France et en Grande-Bretagne, comme vous le savez déjà peut-être. Ecoutez trois personnes – Patrick Durand, Jean-Luc Suarez et Séverine Durand – qui parlent des aires d'autoroutes.

A   Ecrivez le nom approprié pour indiquer qui . . . ?

1   aime s'y détendre
2   n'aime pas attendre après avoir fait des achats
3   pense aux besoins de ceux qui trouvent difficile de faire de longs trajets
4   a besoin de se restaurer en vitesse
5   pense aux besoins des animaux
6   trouve quelque chose trop cher

B   Ecoutez encore, et complétez en français les phrases suivantes:

1   Il faut des installations .... se détendre. (Patrick Durand)
2   Et quand il fait très chaud .... des douches. (Patrick Durand)
3   ... quand on a roulé, ... à moto. (Jean-Luc Suarez)
4   Il faut que les toilettes .... pour se garer. (Séverine Durand)
5   Ce serait bien .... des gamelles d'eau .... davantage de places... (Séverine Durand)

C   Pendant un long trajet en voiture vous vous êtes arrêté(e) sur une aire d'autoroute. Ce que vous avez vu vous a profondément déplu. Envoyez un fax au PDG de la compagnie responsable de l'aire pour lui raconter pourquoi vous avez été tellement déçu(e). Pour chaque réclamation expliquez vos raisons.

les autoroutes

La superficie de la France (547 026 km²; Royaume-Uni, 244 046 km²; Irlande, 70 283 km²) exige un réseau autoroutier étendu. Voici une carte qui vous indique les grands axes autoroutiers. En la regardant vous allez remarquer que le centre de la France est toujours assez mal desservi. Les autoroutes appartiennent au secteur privé et sont donc payantes avec un péage à chaque sortie, sauf dans les sections urbaines et dans le Nord-Ouest près de La Manche pour encourager un peu les touristes. Puisque les distances sont assez longues, les Français ont tendance à prendre le train pour les grands trajets, sauf, bien entendu, pour aller en vacances!

coin infos

Bison Futé

Bison Futé a pour objectif de mieux répartir le trafic, à la fois dans le temps et dans l'espace. Il offre à l'automobiliste des services avant son départ et pendant son trajet.

Avant le départ: Par le biais de divers produits d'information, les calendriers, les cartes des itinéraires, les dépliants thématiques. La presse écrite et audiovisuelle transmet également ces informations à destination des automobilistes.

Pendant le trajet: Par des opérations de gestion du trafic comprenant une surveillance renforcée des axes de circulation (surveillance aérienne, présence active sur le réseau des forces de l'ordre ...), l'utilisation de messages (sur des panneaux à message variable, sur diverses radios), la fermeture d'accès aux autoroutes et la régulation de trafic aux barrières de péage.

S'informer pour mieux circuler
Les moyens dont dispose l'usager sont:
• un service télématique 3615 ROUTE (0,22€ la minute) prenant en compte tous les événements connus dans les Centres Régionaux, météo, bouchons, accidents, manifestations, trafic et permettant de renseigner l'usager sur les conditions de circulation sur un itinéraire, sur sa région;
• un serveur vocal 08.36.68.2000 (0,37€ la minute) indiquant la situation sur les grands itinéraires, les conditions générales de circulation par région et offrant la possibilité d'être en relation avec un agent des Centres d'Information et de Coordination Routière.

www.equipement.gouv.fr/bisonfute

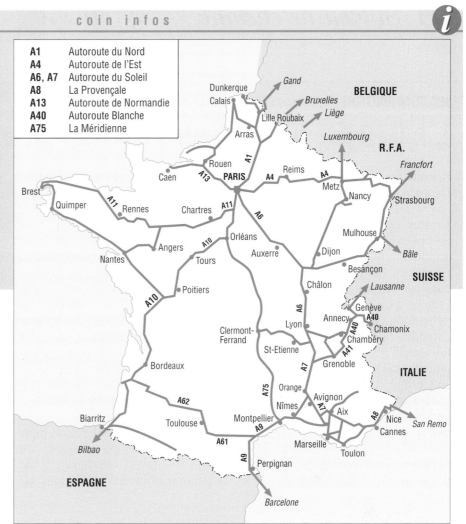

A1	Autoroute du Nord
A4	Autoroute de l'Est
A6, A7	Autoroute du Soleil
A8	La Provençale
A13	Autoroute de Normandie
A40	Autoroute Blanche
A75	La Méridienne

CASE-PHRASES

Pour vous aider à faire l'exercice D, référez-vous aux pages 198–9.

D *Travail à trois*

Avant d'essayer cette activité, voir le *Coin accent*.

Personne A Vous êtes un conducteur/une conductrice très fatigué(e) et d'assez mauvaise humeur. Vous êtes arrêté(e) sur une aire d'autoroute, mais vous rencontrez plusieurs problèmes (à vous de les imaginer – écoutez encore les trois personnes qui parlent). Vous ne parlez pas français et il vous faudra un(e) interprète. Préparez une liste – **en anglais** – des problèmes.

Personne B Vous êtes un(e) employé(e) à l'aire d'autoroute. L'interprète va vous expliquer les réclamations du client. Il/Elle va aussi interpréter vos réponses.

Personne C Vous êtes l'interprète. A vous d'expliquer les réclamations du client et les réponses de l'employé(e).

Après ... refaites le jeu de rôle deux fois en changeant de rôle chaque fois. Après avoir préparé chaque conversation, enregistrez-la.

7.11 *Si rien ne change . . .*

bilan (m)	*(death) toll*
hécatombe (f)	*(here) slaughter*
présage (m)	*sign, omen*

SECURITE ROUTIERE > Un citoyen de l'Union sur trois blessé dans un accident

L'Europe veut des routes plus sûres

Bruxelles
De notre envoyé spécial

Si rien ne change, un citoyen européen sur 80 mourra dans un accident de la route, et un Européen sur trois devra, une fois dans sa vie, être hospitalisé à la suite d'un accident de la circulation. Ces sombres présages, entendus hier matin à Bruxelles, ont cueilli à froid les participants à un colloque sur la sécurité routière en Europe, le premier du genre.

Chaque année près de 50 000 personnes trouvent la mort et 1,6 million d'autres sont blessées dans des accidents de la route dans l'Union européenne. Cette hécatombe équivaudrait à l'éradication, année après année, d'une ville de la taille de Blois. Sans parler du coût des dommages causés (humains, sociaux, économiques) qui serait comparable – cruelle ironie – à celui de la production automobile.

Et si tout changeait? Car l'Europe se découvre des ambitions dans le domaine de l'insécurité routière, après pas mal d'années d'inertie.

Objectif: diviser quasiment par deux d'ici à 2010 le nombre des morts sur les routes des Etats membres, lesquels affichent aujourd'hui des bilans très contrastés en la matière. Ainsi, à s'en tenir aux statistiques, il est sept fois plus dangereux de rouler en Grèce qu'en Angleterre.

Uniformiser l'accès au permis de conduire

Mais le chantier est énorme! L'absence d'harmonisation des règles de conduite et de signalisation en Europe rend en effet la route plus ou moins contraignante et plus ou moins «lisible» selon le pays où l'automobiliste se trouve. Rappelons que chaque été 5,5 millions de Français franchissent les frontières au volant.

Sans surprise, et parfois en accumulant les «il faut» et «on devrait», la plupart des intervenants d'hier ont plaidé pour l'uniformisation de l'accès au permis de conduire, de l'harmonisation des politiques de répression, des principes du port de la ceinture et des limitations de vitesse. Ils ont souhaité le transfert entre pays des meilleures pratiques de prévention routière (car les échanges restent rares). Certains ont même appelé de leurs vœux l'installation d'une «boîte noire» dans les véhicules qui renseignerait en cas d'accident et pourrait jouer le rôle de «mouchard» en cas d'infraction. On n'en est pas là – heureusement dira-t-on peut-être en France.

Pour l'heure la Commission européenne entend batailler à nouveau pour que le taux maximal d'alcoolémie de 0,5 g/l soit adopté par l'ensemble des Etats membres.

Hugues de LESTAPIS

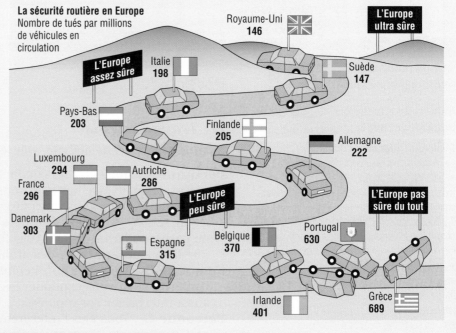

La sécurité routière en Europe
Nombre de tués par millions de véhicules en circulation

L'Europe ultra sûre
Royaume-Uni 146
Suède 147
L'Europe assez sûre
Italie 198
Pays-Bas 203
Finlande 205
Allemagne 222
Luxembourg 294
Autriche 286
France 296
Danemark 303
L'Europe peu sûre
Espagne 315
Belgique 370
Portugal 630
L'Europe pas sûre du tout
Irlande 401
Grèce 689

A   Choisissez la bonne réponse.

1   A moins que la sécurité routière ne s'améliore . . .
  a le tiers des Européens seront blessés dans un accident de la route.
  b les voitures seront obligées de rouler moins vite.
  c on imposera des restrictions aux conducteurs âgés.

2   Chaque année . . .
  a les accidents surviennent majoritairement dans les villes moyennes comme Blois.
  b 50 000 automobilistes sont tués à la suite d'un accident.
  c les accidents coûtent autant à la société que les voitures apportent à l'industrie automobile.

3   On cherche à . . .
  a se montrer plus positif à l'égard de ce problème.
  b réduire de 50 pour cent chaque année l'hécatombe.
  c persuader les gens de conduire en Grèce avec plus de précaution.

4   Un des obstacles principaux, c'est . . .
  a le manque d'uniformité dans les règles des pays membres.
  b l'exode des automobilistes français.
  c le fait que beaucoup d'automobilistes ne parlent que leur propre langue.

5   Les participants au colloque se sont mis d'accord sur . . .
  a l'introduction d'un permis de conduire européen.
  b des mesures draconiennes contre les automobilistes fautifs.
  c le besoin de coopération entre les membres de l'UE en matière de prévention.

6   On a envisagé l'introduction d'une technologie . . .
  a qui pourrait réduire le nombre d'accidents de la route.
  b qui est déjà utilisée dans l'aviation.
  c qui dissuadera les automobilistes de boire de l'alcool avant de prendre le volant.

B   Utilisez votre dictionnaire pour vérifier le sens des expressions suivantes:

1   cueillir quelqu'un à froid
2   le premier du genre
3   à s'en tenir aux statistiques
4   on n'en est pas là

C   Pour terminer, discutez en groupes de trois ou quatre personnes et proposez cinq règles à adopter pour réduire l'hécatombe qui se produit chaque année sur les routes d'Europe.

CONSOLIDATION

A consulter: Conditional present, p.219

Dans les phrases qui commencent par «Si . . . », il faut faire bien attention aux verbes. Regardez ces exemples tirés de l'article.

- On parle du présent et de l'avenir.

  le présent   **le futur**
  *Si rien ne **change**, un citoyen sur 80 **mourra**.*

- On parle du passé et d'une situation possible.

  l'imparfait   **le conditionnel**
  *Si tout **changeait**, on ne **verrait** pas autant de morts.*

Dans les exemples suivants, adaptez les verbes entre parenthèses pour compléter les phrases correctement.

1   Si vous arrivez assez tôt, on (pouvoir) manger ensemble.
2   Si vous (conduire) avec plus de précaution, moi je ne m'inquiéterais pas autant!
3   Si je la (rencontrer), je lui demanderai une explication!
4   Si la loi (être) plus stricte, aurait-on tous ces problèmes?
5   Si tu me le demandes, je le (faire).
6   Si j'avais de l'argent, j'(acheter) cette voiture.
7   Si tu (vouloir) me rendre heureux, tu le quitteras!
8   Si les routes étaient plus sûres, j'(aller) au travail en vélo.

7.12 *Au volant en ville*

Dans son roman *Les Saintes Chéries*, l'auteur, Nicole de Buron, raconte ses aventures domestiques. Un jour, Nicole est au volant de sa voiture en plein centre de Paris. Mais, comme le sait n'importe quel conducteur, la situation peut changer en un clin d'œil . . .

Il fait beau, Paris est ravissant. Vous fredonnez au volant de votre voiture:

«Ta-ra-ta-ta, lala . . . Ah! me voilà presque arrivée chez le docteur. J'ai un quart d'heure d'avance. Tout juste le temps de trouver tranquillement une place pour garer la voiture. Olé! Il y en a une plus loin – Non! C'est une porte cochère. Continuons. Qu'est-ce qui klaxonne derrière moi? Le conducteur de la Mercedes? Ben oui, je roule doucement, crétin, tu ne vois pas que je cherche à me garer? Hou! Qu'il a l'air méchant! Je déteste les possesseurs de Mercedes! Achetez français. Faut pas s'énerver comme cela, mon petit père, sinon on devient cardiaque avant l'âge . . . C'est inouï à quel point les gens perdent leur calme en voiture, à Paris.

«Allons bon! Un panneau d'interdiction de stationner? En quel honneur? Personne n'en sait rien, sauf un petit fonctionnaire caché dans un bureau quelque part. Le plus sûr, c'est encore de se ranger du côté où sont déjà garées toutes les autres voitures. C'est-à-dire en face . . . Naturellement, c'est toujours du côté opposé où je suis. Il faut que je coupe toutes les files de voitures. Allons-y! Clignotant, amorçons la manœuvre . . . Mais enfin! madame, vous voyez bien que je veux aller en face me garer . . . Oui! me ga-rer! Pouffiasse, va! Son mari ne doit pas s'amuser tous les jours! Ne perdons pas notre calme. Laissons passer aussi ce monsieur si élégant. Hé là! sa portière frôle mon aile et il me regarde avec haine . . . Ben quoi, monsieur! j'ai mis mon clignotant, non? . . .

A Les phrases suivantes décrivent ce qui se passe quand Nicole essaie de se garer. A vous de corriger les mots et puis de ranger les phrases dans le bon ordre.

1 Elle décide de faire comme ceux qui ont déjà *vendu* leur voiture.
2 Elle ne comprend pas pourquoi il est défendu de *s'arrêter* là.
3 Elle *attend* un bruit.
4 Elle se prépare à traverser *le pont*.
5 Elle a un *terrible* accident.
6 Elle *siffle*.
7 Elle n'aime pas ceux qui ont une voiture *petite*.
8 Elle *s'ennuie* de chercher à se stationner.
9 Elle se *heurte* contre une autre femme.
10 Elle est un peu *fâchée* parce qu'elle s'est trompée.

B Les phrases suivantes se réfèrent au même texte, mais elles ne sont pas complètes. Pour chaque blanc écrivez un mot approprié.

1 Elle chante tout en . . . . dans le centre de la . . . . du pays.
2 Elle a . . . . de temps pour . . . . garer.
3 Elle . . . . le bruit d'un . . . . derrière elle.
4 Le . . . . de la voiture qui est . . . . elle devient impatiente.
5 «Mais . . . . est-ce que je n'ai pas le . . . . de stationner là?» se demande-t-elle.
6 Pour faire . . . . les autres véhicules qui sont déjà . . . . là, elle doit couper la file de voitures.
7 Elle décide de . . . . passer un monsieur élégant mais il n'y a pas assez d'espace . . . . les deux véhicules.

Dans l'extrait se trouve l'expression *il faut que je coupe*. N'oubliez pas l'autre forme, *Il me faut couper*. Utilisez cette forme à l'infinitif pour donner l'équivalent de chacune des phrases suivantes:

1 Il faut que je continue.
2 Il faut que tu klaxonnes.
3 Il faut que nous roulions doucement.
4 Il faut que je la laisse passer.
5 Il faut que tu cherches à te garer.
6 Il faut que nous la regardions.
7 Il faut qu'elle gare la voiture.
8 Il faut que nous achetions français.

C En vous mettant à la place, soit de Nicole, soit de l'autre conducteur, imaginez la suite de cet épisode. Ecrivez environ 200 mots.

7.13 *La voiture en ville, est-elle nécessaire?*

On répète tout le temps qu'il faut réduire le nombre de véhicules dans le centre-ville et les remplacer par des transports en commun. Cependant le problème n'est pas facile à résoudre. Une solution possible – rare en Grande-Bretagne et jusqu'ici assez rare en France – c'est le tramway. A Lyon, on fait des efforts.

A Après avoir lu cet article, faites correspondre les deux parties de chaque phrase, pour en faire le résumé.

1 On veut que le public utilise davantage ...
2 On avait déjà utilisé ce moyen de transport ...
3 Au bout de chaque ligne on aménagera un endroit ...
4 Il coûtera moins cher de ...
5 On va mettre en vigueur cette mesure ...
6 Les Lyonnais seront encouragés à ne pas utiliser leur voiture ...
7 Ceux qui circulent en voiture ...
8 Ce projet a un but ...

a afin de réduire le nombre d'automobiles qui circulent.
b il y a plus de cinquante ans.
c vont bénéficier, eux aussi, de ce projet.
d tant écologique que pratique.
e les autobus et les trains.
f se déplacer en autobus.
g où on pourra stationner avant de prendre le tramway.
h moyennant un tarif de stationnement moins élevé.

Lyon renoue avec le tramway

AFIN d'encourager le développement des transports collectifs, Jean-Claude Gayssot, ministre de l'Equipement, des Transports et du Logement, vient d'annoncer la réalisation prochaine de 120 km de nouvelles lignes de tramway en site propre en province. Lyon en comptera à elle seule 30 km et renouera ainsi avec un mode de transport qu'elle avait complètement abandonné dans les années 50.

Ces nouvelles lignes de tramway font partie intégrante de la création de onze lignes fortes de transports en commun dans l'agglomération lyonnaise, qui doivent entièrement redessiner son maillage. En même temps, le Sytral (Syndicat mixte des transports pour le Rhône et l'agglomération lyonnaise) va ouvrir une série de parcs relais situés en bout de ligne. Les visiteurs venant de l'extérieur de l'agglomération pourront ainsi poser leur voiture en périphérie pour utiliser ensuite les transports en commun.

Le prix du stationnement devra être plus cher qu'un ticket de bus pour dissuader la sortie de la voiture. Le stationnement des résidents sera en revanche revu à la baisse afin d'inciter ceux-ci à laisser la voiture au parking.

En conformité avec la loi sur l'air
Les cyclistes ne sont pas oubliés. La communauté urbaine va investir 1,7 million d'euros par an pour la réalisation de nouvelles pistes cyclables, l'amélioration de la signalisation, du raccordement et du confort des 80 km déjà existants.

L'objectif est d'inverser à Lyon la tendance naturelle qui voudrait que la voiture gagne toujours plus de place. Avec ce nouveau plan des déplacements urbains, la part de l'automobile passerait de 77,5% actuellement à 70% des déplacements mécaniques en 2008, celle des transports en commun de 20 à 25%, et celle du vélo de 2 à 5%.

Ce nouveau plan, qui coûtera au Sytral un milliard d'euros entre 1998 et 2006, destiné à résoudre les problèmes de circulation et de pollution, fera de Lyon la première ville de France à se mettre en conformité avec la loi sur l'air.

Catherine LAGRANGE

B Et vous – qu'est-ce que vous pensez de ce projet? Est-ce qu'on a fait des projets similaires là où vous habitez? Ecrivez environ 150 mots pour expliquer votre opinion.

maillage (m) *network*
part (f) *share*

C Relisez l'article, puis rendez en français le texte suivant:

Lyons has just decided to revive a means of public transport abandoned in the 1950s. A visitor from outside the Lyons area will be able to leave his or her car at a park and ride, one of a series on the outskirts, before taking a tram into town. The purpose of this plan is to dissuade people from getting their car out and thus to solve the problem of traffic as well as that of urban pollution.

CONSOLIDATION

A consulter: Demonstrative adjectives, p.212

Indiquez la bonne forme de l'adjectif dans chacune des phrases ci-dessous.

1 ce/cet/cette tramway
2 ce/cet/ces transports collectifs
3 ce/cette/ces nouvelles lignes
4 ce/cette/ces transports en commun
5 ces/cet/cette agglomération
6 ce/cet/cette série de parcs
7 ce/cet/cette objectif
8 ce/cet/cette automobile
9 ce/cet/cette air

coin infos

circulation en ville

Neuf personnes sur dix jugent aujourd'hui «préoccupants» les problèmes de déplacements dans les villes. Parmi les trois types de mesures envisageables pour remédier à ces problèmes, les Français marquent nettement leurs choix: le développement des transports en commun constitue la solution la plus consensuelle, souhaitée par plus de neuf Français sur dix; il en est de même du développement des parcs de stationnement en périphérie directement reliés au réseau des transports en commun.

Par ailleurs, la limitation des véhicules privés dans les centres-villes s'impose de plus en plus dans l'esprit de nos concitoyens: 76% la trouvent aujourd'hui souhaitable.

La solution de créer de nouvelles voies de circulation, même si elle réunit encore une majorité d'avis favorables, est, quant à elle, en net recul (–24%). Dans ce cadre, l'idée d'imposer un péage aux automobilistes, à travers la création de voies rapides souterraines, est largement repoussée. L'idée même du péage pour entrer en centre-ville est rejetée par 79% de la population.

Les problèmes de circulation urbaine et leurs solutions éventuelles apparaissent très liés, dans l'esprit des Français, à leur perception de l'environnement: les années récentes ont connu une médiatisation sans précédent des «pics de pollution» urbains, et une diffusion de plus en plus large des méfaits de l'essence et du gazole. L'assimilation «voiture = pollution» n'est donc probablement pas étrangère à ces résultats. Cela influence d'ailleurs également le choix des mesures envisagées: plus la sensibilité est grande à l'environnement, plus les Français souhaitent un développement des transports en commun et plus ils sont favorables à la limitation de la circulation dans les centres-villes.

Le monde du travail

Dans cette unité nous allons considérer le monde du travail, surtout du point de vue des jeunes adultes. Nous commencerons par l'argent de poche et les petits boulots qui donnent aux ados leur première expérience pratique de la finance et du travail. Puis nous passerons aux filières et aux carrières ouvertes aux jeunes adultes. On va réfléchir aux débouchés pour les licenciés et les autres diplômés et pour ceux qui ont moins de diplômes.

Dans cette unité on va consolider votre compréhension des points suivants:

- Le subjonctif (*present subjunctive*)
- Prépositions (*prepositions*)
- Les articles (*use of articles*)
- Expressions adverbiales (*adverbial expressions*)

8.1 *C'est combien, ton argent de poche?*

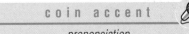

Ecoutez cette émission où on parle de l'argent de poche.

A A votre avis, cette émission vise les jeunes de quel âge environ? Quelles indications trouvez-vous dans l'émission pour fonder votre opinion? Notez vos réponses, puis comparez-les avec celles des autres membres du groupe.

B Ecoutez encore une fois la première partie de l'émission. Remplissez les blancs avec des chiffres que vous avez entendus dans l'émission.

1 ....% des enfants ont le droit de dépenser leur argent à leur guise.
2 ....% sont encouragés par leurs parents à ne pas tout dépenser d'un seul coup.
3 ....F, c'est l'allocation mensuelle d'argent de poche.
4 ....% n'allouent rien à leurs rejetons.
5 ....% des ados français reçoivent en moyenne 23,50€ comme argent de poche.

C Maintenant écoutez la deuxième partie. Comment dit-on . . . ?

1 from the start
2 you must come to an agreement with your parents
3 It's not something that is yours by right.
4 whether it is a small sum or a larger amount
5 constantly hard up

> **allocation (f)** *allowance*
> **carrière (f)** *career*
> **d'un seul coup** *in one go*
> **en moyenne** *on average*
> **filière (f)** *channel, opening*
> **mensuel** *monthly*
> **rejeton (m)** *offspring*

coin accent

prononciation

ou

Ce son se prononce plutôt comme *oo* en anglais et non pas comme *(v)iew*. Ecoutez ces mots et phrases prononcés par le présentateur et la présentatrice et imitez-les.

Présentateur
bonj**ou**r **tou**s **tou**tes
Bonj**ou**r à **tou**s et à **tou**tes!

p**ou**r t**ou**j**ou**rs **ou** v**ou**s
Pour t**ou**j**ou**rs savoir **où** v**ou**s en êtes.

b**ou**t v**ou**s p**ou**rrez
Au b**ou**t de quelques mois, **vou**s p**ou**rrez faire le point.

p**ou**r v**ou**s bl**ou**son **ou**
Pour v**ou**s acheter le bl**ou**son **ou** la paire de Nike.

Présentatrice
all**ou**ent
et leur all**ou**ent en moyenne . . .

p**ou**r t**ou**te
Si soixante-six p**ou**r cent des parents laissent t**ou**te liberté à leurs enfants.

ou
dans l'un **ou** l'autre cas

v**ou**s
Forcez-v**ou**s à établir un budget.

D Dans l'émission, on donne certains conseils. Ecoutez toute l'émission encore une fois et notez si les conseils ci-dessous apparaissent ou non.

1 Comptez votre argent chaque jour.
2 Il ne faut rien omettre.
3 Ce système vous aidera à vous faire apprécier.
4 Après quelque temps vous penserez à faire des achats plus importants.
5 Ce système aura un effet plutôt bénéfique.

8.2 *Vous avez besoin d'argent?*

Les petits boulots comme le baby-sitting et les petits jobs d'été jouent un rôle important dans votre orientation vers le monde du travail adulte. Ils vous offrent un cadre de discipline personnelle où vous apprenez à vous présenter régulièrement au travail. Cela sera peut-être très tôt le matin et vous vous appliquerez à la besogne immédiate, même si cela ne vous plaît pas tellement.

Vous apprendrez aussi à travailler en équipe en développant une conscience plus profonde des besoins de vos collègues. Et cela commencera très souvent comme pour la jeune fille sur notre photo. Même la recherche d'un petit job impliquera une sorte de discipline personnelle. On sera obligé de s'asseoir calmement, d'examiner logiquement ce qui est offert et de peser les conseils des autres. Etudiez maintenant cet article sur des petits jobs pour l'été.

Des petits jobs pour l'été

Travailler une partie de l'été pour pouvoir ensuite en profiter: bon plan! Mais ne commencez pas vos recherches trop tard. *Salut!* vous donne quelques pistes à suivre dès maintenant. Bonne chasse et bonne chance!

Les travaux de cueillette
De l'air pur, le charme de la campagne, idéal pour se changer les idées, mais la cueillette est aussi une activité prenante et fatigante.

La distribution
L'été multiplie les remplacements de caissières, de manutentionnaires . . . Il faut postuler par écrit au siège social du magasin ou de la grande surface. Envoyez un CV et surtout vos dates de disponibilité. Pour les emplois dans le petit commerce, deux solutions: soit vous vous présentez directement au culot, soit vous repérez votre lieu de vacances et écrivez à tous les commerces intéressants de l'endroit.

Emploi saisonnier par excellence, la vente sur les plages (beignets, glaces, boissons fraîches, vêtements . . .) offre de nombreuses opportunités . . . à saisir sur place, même tardivement.

L'hôtellerie
Dépêchez-vous, sinon vous allez vous faire griller les bonnes places par les élèves des écoles hôtelières!

Pour trouver un poste, un truc: ratissez les offices de tourisme et les syndicats d'initiative. Vous aurez en un seul coup d'œil toutes les adresses. Prospectez dès maintenant en envoyant un CV avec une photo d'identité couleur (très clean, où vous souriez, c'est important). Si vous parlez une langue étrangère, en tout cas, si vous vous débrouillez en anglais, dites-le. Les chances d'une embauche seront multipliées par deux. On vous offrira des boulots de réceptionniste, personnel d'étage, voire bagagiste si vous êtes un garçon plutôt musclé. C'est un bon job; les pourboires doublent le salaire ... Contactez aussi la revue «L'Hôtellerie» (Tél. 5.46.40.08.08). C'est un véritable catalogue de petites annonces.

La restauration

Dans les restaurants traditionnels, pas évident de trouver une place. Ils sont réservés au plus de dix-huit ans, ou aux élèves des écoles spécialisées. Cependant, il y a toujours, au coup par coup, des boulots à la plonge ou au service. Dans les fast-foods, c'est beaucoup plus facile. Eté comme hiver, en ville ou au bord de la mer, ces établissements ont toujours besoin de monde.

L'administration

Dans la majorité des cas, ne vous faites pas trop d'illusions, les emplois sont réservés à ceux qui ont des parents ou de la famille dans les entreprises. En plus, pour travailler à la Sécurité Sociale ou à l'EDF–GDF, il faut avoir plus de dix-huit ans. Vous aurez plus de chances aux PTT en vous présentant directement dans les bureaux qui vous intéressent.

Les auberges de jeunesse

Les places sont rares mais intéressantes. Vous êtes en contact avec des jeunes, sur leurs lieux de vacances et vous êtes logés et nourris. Bien évidemment, tout le monde veut y aller! Pour poser votre candidature, écrire à: «Ligue Française des auberges de jeunesse» 38, boulevard Raspail, 75007 Paris.

Les villages de vacances

Vous écrivez directement à «Villages Vacances Famille» 32, avenue du Maine, 75755 Paris Cedex 15. Ils recrutent pour d'assez longues périodes (généralement deux mois); mais offrent des postes variés (restauration, sports, entretien).

Sur les plages

Du plagiste au réceptionniste du syndicat d'initiative, les mairies du bord de mer proposent plein d'emplois à mi-temps. Ecrivez-leur directement en précisant les dates où vous êtes disponibles.

A   Lisez les renseignements donnés dans cet article pour vous aider à choisir un petit job pour l'été. Dans quel job peut-on ... ?

1 trouver un poste d'assez longue durée
2 se faire embaucher si on est pistonné(e)
3 travailler en plein air
4 avoir du mal à trouver un petit emploi si on est mineur(e)
5 réussir à trouver un emploi même si on n'écrit pas à l'avance
6 partager son temps entre le travail et les distractions
7 travailler sans frais d'hébergement
8 travailler dans le commerce
9 utiliser ce qu'on a appris à l'école
10 trouver un emploi n'importe où et en toute saison

B   Les locutions suivantes se trouvent dans l'article. A vous de les écrire autrement, en suivant les indices et en gardant leur sens entier.

Exemple:
Il faut postuler par écrit:
Poser sa candidature en écrivant une lettre.

1   Vos dates de disponibilité:
    Quand vous ....
2   Les chances d'une embauche seront multipliées:
    Vous aurez .... embauché(e).
3   Vous êtes logés et nourris:
    On vous donne ....
4   A saisir sur place, même tardivement:
    Que vous pourrez .... , même si .... tard.

C   Rendez en anglais le paragraphe intitulé «L'administration».

à mi-temps	*part-time*
beignet (m)	*doughnut*
candidature (f)	*application*
cueillette (f)	*harvesting, picking*
disponibilité (f)	*availability*
EDF (Electricité de France)	*French electricity company*
embauche (f)	*employment*
entretien (m)	(here) *maintenance*
faire griller	*to get beaten to*
GDF (Gaz de France)	*French gas company*
grande surface (f)	*hypermarket*
logé et nourri	*given board and lodging*
mairie (f)	*town hall*
manutentionnaire (m/f)	*packer*
par écrit	*in writing*
piste (f)	*track*
pistonner	*to pull strings*
plagiste (m/f)	*beach worker*
plonge (f) (fam)	*washing-up*
postuler	*to apply*
prenant	*fascinating*
ratisser	*to comb through*
restauration (f)	*catering*
saisonnier	*seasonal*
siège social (m)	*registered office(s)*
soit ... soit	*either ... or*
tardivement	*late*

D   *Face à face*

Relisez le texte pendant quelques minutes, puis en travaillant à deux, prenez chacun(e) un des rôles suivants.

Personne A   Vous voulez trouver un petit boulot d'été en France. Au téléphone, vous discutez les possibilités avec votre correspondant(e) français(e). Dites-lui:

- le genre de travail qui vous intéresse
- les dates où vous serez disponible
- vos aptitudes, etc.

Personne B   Sans plus consulter le texte, demandez à la personne A:

- quel genre de travail l'intéresse
- les dates
- ses aptitudes.

Donnez-lui autant de détails que possible, et votre opinion sur l'emploi dont il s'agit.

CONSOLIDATION

Référez-vous à la section 6.13.6 de la Grammaire, puis trouvez dans l'article les exemples de l'utilisation du mot *pour* dans le sens d'*afin de*.

Maintenant, rendez les expressions anglaises ci-dessous en français à l'aide de *pour/afin de*, en utilisant le texte pour vous guider.

1 (In order) to apply in writing ...
2 To get a job in shop-keeping ...
3 (In order) to double your wage ...
4 In order not to get too many ideas ...
5 To have more chance ...
6 In order to recruit for long periods ...
7 To offer a variety of jobs ...
8 In order to determine the rate of pay ...

8.3 *Un petit job pour les grandes vacances*

Ecoutez maintenant Jean-François Stienne qui parle d'un petit boulot qu'il a décroché pendant sa jeunesse. Décidez si vous avez la même attitude que lui sur la question du salaire et du bon et du mauvais côté de l'emploi.

A   Prenez des notes en français sous les rubriques suivantes.

1 âge
2 quand il a travaillé
3 lieu de travail
4 avantages de cet emploi
5 moyen de transport utilisé pour y arriver
6 durée du trajet
7 inconvénient de cet emploi
8 opinion sur le salaire à cette époque-là
9 opinion actuelle
10 motivation pour gagner de l'argent

B   Jean-François a donné plein de renseignements en parlant de son boulot. Il a dû répondre à beaucoup de questions – mais auxquelles? Ecoutez encore ce qu'il dit et notez autant de questions que possible qui correspondent à ce qu'il dit.

Exemple: Quel âge aviez-vous quand vous avez fait ce job?

coin accent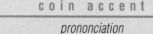

prononciation

ais, ait, aient

Ce son se prononce plutôt comme *eh* en anglais, non pas comme *ay*. Ecoutez ces phrases prononcées par Jean-François Stienne ou par une voix féminine, et imitez-les dans les pauses, en faisant surtout attention au son *ais/ait*.

c'ét**ait**, c'ét**ait** pour ça
puis, ça me pren**ait** cinq, dix minutes au maximum
il fall**ait** commencer le matin à huit heures du matin
il y av**ait** une fiche que l'on mett**ait** dans un appareil
je voul**ais**, à l'époque, j'ét**ais** membre d'un groupe.

8.4 *Les petits boulots de Sabine*

On a tendance à penser que les petits boulots ne sont pas très difficiles, mais ce n'est pas toujours le cas.

A Ecoutez maintenant Sabine qui parle. Lisez la transcription de l'interview et remplissez les blancs.

Rod   Alors, parle-nous un peu de tes expériences.

Sabine   Ho! Mes expériences 1 .... ont été pas très 2 .... , quoi! Hein ... souvent, c'était pour avoir des sous, pour se ... quand on est 3 .... on n'a que ça: des petits boulots. C'était 4 .... des ramassages de fruits ou travailler dans ... heu ... des restaurants à des heures 5 .... , heu, bon, par exemple, le Macdo, c'était ... bon! Des p'tits boulots comme ça, qui 6 .... énormément d'énergie et qui est mal payé [...] Je l'ai fait ... je les faisais 7 .... pendant trois ans, heu ... pendant un mois environ, heu avant la rentrée ... la rentrée de septembre 8 .... à l'université.

Rod   Oui. Est-ce que tu as fait de bons amis en faisant ça? Comme compensation?

Sabine   Non. 9 .... Non, pas du tout, parce que ... heu ... souvent, heu ... comme j'étais à Toulouse, je 10 .... toujours Toulouse en même temps. Bon! Je choisissais une région que je 11 .... 12 .... pas, de préférence à visiter par la même occasion, et, heu ... mais, je ne 13 .... pas contact avec ces gens, pas du tout. J'ai eu quand même pas mal de 14 .... expériences aussi avec ces petits boulots. Une fois, j'ai été à la vendange à Bordeaux, et le 15 .... soir en arrivant, il y a eu une dispute générale où, heu ... des gens, heu, bon! Ils se 16 .... disputés avec des couteaux à la main, des trucs comme ça. Et il y a des ambulances qui 17 .... venues. Ça a été affreux! Et le troisième jour, j'ai 18 .... : «Je m'en vais!» parce que, heu ... je n'ai 19 .... compris à ça, comment cette dispute, ça s'est 20 .... Mais, je n'avais pas envie d'y rester, non 21 ....

B *Face à face*

1   Activité d'interprétation: avec votre partenaire, regardez maintenant la transcription que vous avez complétée.
2   Interprétez l'un(e) pour l'autre en écoutant encore une fois les deux moitiés de la conversation. Ne faites pas attention aux hésitations naturels (comme *heu*).

affreux	*frightening*
avoir envie (f) de	*to feel like*
boulot (m)	*(spare-time) job*
ramassage (m)	*picking*
rentrée (f)	*return (after summer)*
sous (mpl)	*cash*
vendange (f)	*grape harvest*

8.5 *Les rêves de la jeunesse*

Nous allons passer maintenant du monde des petits boulots à l'examen des débouchés et des filières qui existent pour une carrière sérieuse. Etudiez l'article ci-dessous.

Les rêves de la jeunesse

VIE PROFESSIONNELLE

Comment les jeunes voient-ils leur avenir professionnel? Quarante mille lycéens de première et de terminale ont été interrogés par l'*Association jeunesse et entreprise*. Le résultat est intéressant, mais inquiétant: pour eux, hors les études longues, point de salut. Quant aux débouchés, les interviewés se font quelques illusions.

Selon une enquête réalisée auprès de 40 000 élèves de première et de terminale par l'*Association jeunesse et entreprise*, présidée par Yvon Gattaz – ancien patron du CNPF –

1

un tiers des jeunes interrogés souhaitent devenir fonctionnaires.

2

Ce plébiscite pour l'administration s'accompagne d'une désaffection pour les métiers de l'industrie considérés comme «sales», «bruyants» et peu porteurs d'avenir.

Sécurité de l'emploi avant tout

3

La crise économique et son cortège de chômeurs et de nouveaux pauvres aidant, la plupart recherchent donc avant tout la sécurité de l'emploi.

4

95% des élèves de première et de terminale veulent poursuivre des études supérieures après le baccalauréat,

5

quelle que soit la voie choisie. La moitié d'entre eux pensent s'orienter vers l'université,

6

un tiers, essentiellement issus de la filière technologique, envisagent une inscription dans les cycles courts (BTS ou Institut universitaire de technologie),

7

et 16% bachotent pour intégrer une grande école. En cinq ans les effectifs de l'enseignement supérieur sont passés de 1 598 500 à 2 140 941 soit une augmentation de 33,9%. La concurrence et la longueur des études ne les effraient pas. La plupart croient en leur capacité de réussir, malgré le taux d'échec important enregistré durant les premières années de faculté.

8

Dans leur ensemble, les jeunes ignorent la formation en alternance et méprisent l'artisanat, souvent jugé «ringard».

9

«On peut se demander si les bacheliers sont devenus fous; je pense, au contraire, qu'ils sont pleins de bon sens», explique Bertrand Girod, de l'Ain, auteur d'un rapport sur l'avenir des universités en Europe. «Ils n'ignorent pas que, depuis la crise, les entreprises tendent à recruter des candidats surdiplômés et surqualifiés par rapport aux postes offerts. Un bac pro est de plus en plus souvent embauché comme ouvrier et non pas comme technicien. Un

bac + 2 comme technicien ou employé. Ce sont les entreprises qui ont des comportements absurdes.»

10

Une fois le diplôme en poche, les jeunes comptent plus sur leurs relations familiales (le fameux «piston») et sur leurs qualités personnelles (patience, culture, amour des enfants . . .) que sur leur capacité de travail.

11

Professeur, chercheur, juriste, médecin et ingénieur se disputent les premières places du hit-parade des métiers recherchés.

12

Ceux du tourisme, du commerce, des services et de l'administration arrivent également en bonne position, notamment chez les lycéens des sections littéraires ou économique et sociale.

13

Les métiers de l'industrie sont peu souvent cités, même parmi les scientifiques, et d'ailleurs fort mal connus.

14

Leur vision s'arrête souvent à de grands domaines d'activité comme la productique, les télécommunications, la robotique ou l'électronique.

Ils se voient cadres ou dirigeants

15

Les jeunes se positionnent en fait plutôt dans la hiérarchie: ils se voient cadres ou même dirigeants, techniciens supérieurs, rarement ouvriers.

16

C'est la position socioprofessionnelle (alimentée par le mythe familial du «col blanc») qui est recherchée plus que la profession . . .

17

et les responsabilités. Car si la moitié souhaitent une fonction d'encadrement, un sur cinq seulement espère diriger une équipe.

18

Quand les jeunes rêvent à leur avenir, ils se contentent d'ambitions «pépères». Tout en se berçant d'illusions sur l'avenir des emplois protégés!

Joëlle FRASNETTI

---

ancien *former*
avenir (m) *future*
bachelier (m) *someone who has passed their baccalauréat*
bachoter *to cram, swot*
bruyant *noisy*
comportement (m) *behaviour*
concurrence (f) *competition*
cortège (m) *procession*
débouché (m) *opening*
effectif (m) *total number, complement*
en alternance (here) *sandwich (course, work experience)*
filière (f) (here) *route*
issu de *coming from*
juriste (m/f) *legal expert*
malgré *in spite of*
mépriser *to look down on*
s'orienter vers *to move towards*
peu porteur d'avenir *without prospects*
piston (m) *string-pulling*
plébiscite (m) *poll*
point de *no, not any*
ringard *old-fashioned*
salut (m) *salvation*
surdiplômé *over-qualified*
taux (m) d'échec (m) *failure rate*
tiers (m) *a third*

CONSOLIDATION

Travail de dictionnaire

Manque-t-il une préposition dans les phrases ci-dessous? Laquelle? A vous de décider et d'écrire les phrases complètes, en cherchant des exemples dans le texte aux pages 136–7. Utilisez aussi la *case jaune* à la page 138 et une dictionnaire pour vous aider.

1 Les universités tendent ...... chercher des étudiants de talent.
2 Moi, j'espère ...... trouver un boulot qui m'intéresse.
3 Il va être difficile ...... me faire changer d'avis.
4 Ça fait longtemps que je souhaite ...... devenir journaliste.
5 Le prisonnier a été interrogé ...... le chef de police.
6 Il croit ...... sa capacité de réussir.
7 La majorité des jeunes pensent ...... poursuivre une carrière hors de l'industrie.
8 La plupart ignorent ...... les ouvertures possibles.
9 Les jeunes sont plus enclins ...... métiers administratifs.
10 Le travail domestique n'est pas considéré ...... un vrai métier.
11 Mes parents comptent ...... l'idée d'une retraite confortable.
12 Elle est devenue membre de l'Association jeunesse et sport, présidée ...... Max Cartier.
13 Moi, j'envisage ...... étudier la psychologie.
14 Nous présentons ici le résumé d'une enquête réalisée ...... 2 000 jeunes adultes.
15 Mon ami est attiré ...... une carrière médicale.
16 Je ne compte plus ...... elle.
17 Ce développement s'accompagne ...... une croissance du savoir-faire technologique.

A Cherchez dans un dictionnaire monolingue une autre façon de dire dans le même contexte les phrases suivantes:

1 un cortège
2 la voie
3 s'orienter vers
4 issus de
5 recruter
6 par rapport aux
7 en poche
8 notamment
9 peu souvent
10 se positionnent

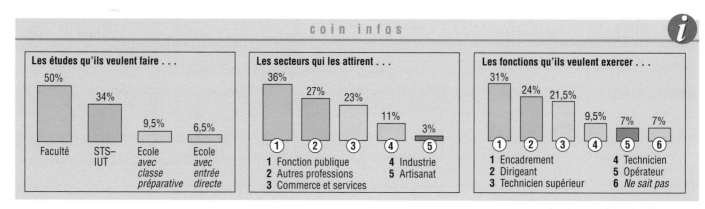

B

1   Regardez tout le *Coin infos*. En utilisant les questions-clés en haut des tableaux, faites un sondage parmi les autres membres de la classe de première et de la classe de terminale générales.

2   Présentez sous forme graphique les résultats que vous aurez obtenus. Quelles sont les similarités et disparités entre les attitudes françaises et celles de votre pays d'origine?

3   Ecrivez une analyse de vos données, en utilisant les phrases à droite pour vous aider.

C   *Face à face*

1   Pour chacun des avis dans l'article, mettez ✓, ✗ ou – pour indiquer si c'est aussi votre opinion.

2   Pour chaque constatation expliquez à votre partenaire dans la mesure du possible la raison pour laquelle vous êtes d'accord/pas d'accord/sans opinion. Voici une *Case-phrases* pour vous aider.

Avec ....% des sondés de cet avis/cette opinion, ...

Les Français sont plus enclins à (vouloir faire) ...

Les (Britanniques) sont moins enclins à ...

Les Français espèrent plutôt faire ...

Les (Irlandais) sont plutôt attirés par l'idée de ...

Pour (les études) il y a une grande similarité entre les deux pays.

Les Français comptent sur l'idée de ...

Les (Néo-Zélandais) préféreraient de loin (poursuivre) ...

Il y a une grande différence entre les Français et les (Australiens) en ce qui concerne ...

Il y a ici un décalage considérable.

Il n'y a presque pas d'écart entre les Français et les (Québécois) ici.

CASE-PHRASES

D'accord

C'est (exactement) comme ça ici.
Nous avons les mêmes problèmes.
On a fait les mêmes démarches/erreurs.
On a réagi de la même façon/manière.
Les gens ont des attitudes similaires ici.

Pas d'accord

Ce n'est pas la même chose (du tout) ici.
Nous n'avons pas ce problème-là.
Nous n'avons pas fait les mêmes erreurs.
On a réagi tout autrement.
Il y a une grande différence d'attitudes.

Sans opinion

On n'a pas suffisamment de données pour dire cela.
Cela dépend d'autres facteurs.
Il va être difficile de m'en convaincre.
On ne compare pas les mêmes choses.
Ça sera peut-être le cas d'ici quelques années, mais ...

D   Maintenant, vous avez fait pas mal de travail sur «Les rêves de la jeunesse» et vous aurez certainement réfléchi à votre situation personnelle et à votre métier futur. Pour vous aider à concrétiser votre propre position sur la carrière devant vous, copiez et complétez sur ordinateur le constat ci-dessous aussi franchement que possible.

Constat personnel
Je suis dans la classe de .... à l'école/au collège ... et je compte faire un bac + ... Je souhaite devenir .... et je vais probablement essayer de trouver une place à .... , pour .... , car après le bac je voudrais poursuivre .... Je crois en ma capacité de .... pendant mes années de .... Pour moi, l'artisanat est .... et je (ne) suis (pas) disposé(e) à être embauché(e) comme .... Quand j'aurai mon diplôme en poche je (ne) compterai (pas) sur .... et sur .... Si je ne réussis pas à devenir .... , il y aura quand même d'autres métiers comme .... , mais il faut aussi admettre que je connais mal les autres métiers comme .... En fin de compte, je souhaite une fonction .... et surtout que mon emploi soit ....
.... (Signature) .... (Date)

8.6 *Mme Godebarge, chargée du recrutement*

Vous aurez maintenant l'occasion de faire la connaissance de Mme Godebarge, dont les conseils professionnels vous aideront peut-être pour les aspects de la présentation personnelle qui contribueront à la création d'une impression très favorable pendant l'entretien.

A   Ecoutez donc Mme Godebarge qui est chargée du recrutement dans une grande entreprise. Comment dit-elle . . . ?

1   the way he is dressed
2   You shouldn't take it to the opposite extreme.
3   A boy tends rather not to think about it.
4   Is he listening to what you are saying?
5   It is very difficult to know what they think.

B   Mme Godebarge donne beaucoup de conseils. Notez ce qu'elle conseille pour bien réussir un entretien.

se comporter *to behave*	
conscient *aware*	
embaucher *to take on (staff)*	
s'exprimer *to express oneself*	
inverse *opposite*	
net *neat, tidy*	
pousser *to push*	
se rattacher à *to link to*	
tellement *so (much)*	

8.7 *Votre personnalité*

A *Face à face*

1   Lisez tout d'abord les descriptions de personnalités à la page 140, puis faites chacun, chacune, votre liste indépendante des métiers qui vont avec les neuf profils-types décrits.

2   Comparez votre liste avec celle de votre partenaire ou celles de votre groupe en disant pourquoi vous (n')êtes (pas) d'accord avec les autres opinions. Il y a aussi des expressions pour vous aider dans vos discussions.

3   Ecrivez vos décisions collectives sur les mariages de personnalités et de métiers, en expliquant pourquoi.

✓	✗	?
Nous étions d'accord parce que . . .	Nous n'étions pas d'accord parce que . . .	Nous étions indécis(es) parce que . . .
pour ce métier il faut être (+ *adj.*)	pour ce métier il ne faut pas être (+ *adj.*)	pour ce métier il faut un mélange de . . .
on montre son côté (+ *adj. masc.*)	on n'agit pas d'une façon (+ *adj. fém.*)	on doit être moins (+ *adj.*)
on agit d'une manière moins (+ *adj. fém.*)	une personnalité moins (+ *adj. fém.*) est préférable	il est préférable d'être . . .
une personnalité (+ *adj. fém.*) est souhaitable		il ne faut pas oublier le côté (+ *adj. masc.*)

B *Face à face*

Personne A   Vous êtes employé(e) dans une agence de recrutement. Demandez à B de décrire sa personnalité, puis trouvez dans votre liste un métier convenable pour B.

Personne B   Vous décrivez votre personnalité, puis vous montrez votre réaction au métier suggéré et expliquez pourquoi vous acceptez un entretien ou non.

Maintenant, changez de rôle.

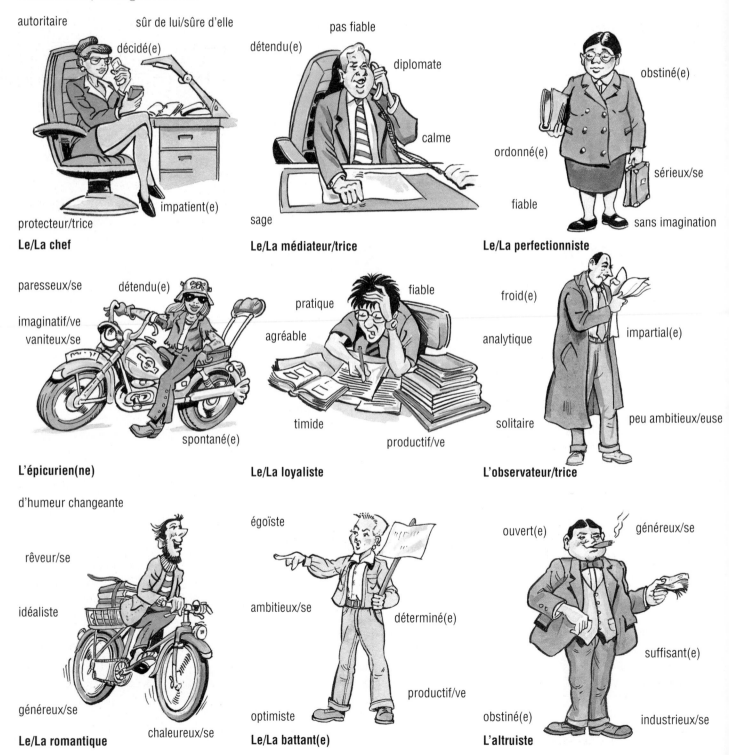

autoritaire   sûr de lui/sûre d'elle   décidé(e)   impatient(e)   protecteur/trice

Le/La chef

pas fiable   détendu(e)   diplomate   calme   sage

Le/La médiateur/trice

obstiné(e)   ordonné(e)   sérieux/se   fiable   sans imagination

Le/La perfectionniste

paresseux/se   détendu(e)   imaginatif/ve   vaniteux/se   spontané(e)

L'épicurien(ne)

pratique   fiable   agréable   timide   productif/ve

Le/La loyaliste

froid(e)   analytique   impartial(e)   solitaire   peu ambitieux/euse

L'observateur/trice

d'humeur changeante   rêveur/se   idéaliste   généreux/se   chaleureux/se

Le/La romantique

égoïste   ambitieux/se   déterminé(e)   productif/ve   optimiste

Le/La battant(e)

ouvert(e)   généreux/se   suffisant(e)   obstiné(e)   industrieux/se

L'altruiste

8.8 *Un échange de stagiaires*

Vous faites un stage dans le bureau d'une société pétrolière dans le complexe pétro-chimique de Wearside et votre supérieur reçoit le fax ci-dessous de Mme Godebarge concernant un échange de jeunes stagiaires entre vos deux entreprises.

A Ecrivez en anglais pour votre supérieur une liste des points principaux du fax, pour qu'elle puisse rédiger une réponse.

Fax expédié par:

PETRO-RHONE,
LYON
FRANCE

Destiné à: Mme Annie Lomax, Wearchem

Chère Madame,
Suite à votre dernier fax, quelle bonne idée de faire un échange de jeunes stagiaires! Nos directeurs sont 100% d'accord pour entreprendre une telle initiative. Mais il faut d'abord clairement préciser certaines choses avant de commencer. Je serais très reconnaissante de recevoir des réponses sur les points suivants:
- Vous envisagez combien de stagiaires de chaque côté pour commencer – deux? quatre? six? dix? Pour nous, il faut peut-être commencer assez doucement. Disons quatre jeunes de chaque côté?
- Les stagiaires britanniques seront-ils/elles partagé(e)s entre nos diverses sections ou est-ce qu'on va les concentrer dans les bureaux?
- S'agira-t-il de jeunes bacheliers et bachelières? Ou est-ce qu'ils/elles seront déjà licenciés?
- Est-il aussi question des ouvriers, des apprentis-ajusteurs et installateurs, etc.?
- L'échange durera en principe combien de temps – un, deux, six mois?
- Savez-vous s'il existe des fonds internationaux pour subventionner un tel arrangement ou bien des subventions de la part de l'Union Européenne?

J'apprécierais une réponse rapide, puisque nous avons une réunion du comité qui aurait la responsabilité de l'échange dans cinq jours et il y a beaucoup de travail de préparation!
Dans l'attente de vous lire, veuillez accepter, chère Madame, l'expression de mes sentiments les plus distingués.

Mme Sylvie Godebarge,
Chef du Service de Recrutement,
PETRO-RHONE

B Mrs Annie Lomax, votre supérieure, vous a passé la communication suivante à rendre en français et à recopier sur le formulaire de fax pour expédition à Mme Godebarge. Ecrivez le fax; votre prof vous donnera le formulaire.

- Thank her for the fax.
- We're pleased her directors are in agreement.
- We, too, think it's a good idea to start with four people.
- A good idea to spread them across the various sections.
- They would mostly have A levels, but could have one or two from the general work force.
- To start with two months seems reasonable.
- There are EU funds available.
- I'm sending with this fax a copy of the EU document.
- Good luck with the committee!

bachelier/-ière (m/f) *A-level qualified*
divers *different*
expédié *sent*
fonds (mpl) *funds*
licencié(e) (m/f) *graduate*
reconnaissant *grateful*
stagiaire (m/f) *trainee/participant*
subventionner *to subsidise*

8.9 *En avant, les femmes!*

Dans le monde du travail comme dans bien d'autres domaines, les femmes foncent toujours plus loin, rattrapant et même dépassant très souvent les hommes. Etudiez maintenant «Les femmes ne reviendront plus en arrière» pour vous faire une idée des progrès récents réalisés par les femmes au travail.

CONSOLIDATION

A consulter: Subjunctive, p.220

Nous avons souvent besoin d'une construction au subjonctif dans notre correspondance d'affaires, pour communiquer une émotion, une hypothèse, une possibilité ou une impossibilité.

Dans les phrases ci-dessous, qui sont typiques du monde des affaires, mettez au subjonctif le verbe à l'infinitif entre parenthèses.

1 Nous sommes contents que vous (*venir*).
2 Je suis heureuse que vous (*être*) notre agent de liaison.
3 Je m'étonne que le fax ne (*être*) pas arrivé.
4 Mon supérieur regrette que M. Jones ne (*être*) plus chez vous.
5 Je préfère que vous (*agir*) immédiatement.
6 Supposez que nous (*faire*) cela.
7 Pourvu que nous (*recevoir*) une réponse à sa lettre.
8 Mon supérieur désire que nous (*collaborer*) sur cette question.
9 A moins que nous ne (*refaire*) tout le travail.
10 Je trouve curieux que vous (*avoir*) pris cette décision.
11 Mon directeur regrette que vous (*avoir*) été gêné par la politique.
12 La direction veut que nous nous (*revoir*) le plus tôt possible.

---

affluer   *to flock in*
ANPE (f)   *Job Centre*
coudre   *to sew, stitch*
formation (f)   *training*
(au) foyer   *(at) home*
inaperçu   *unnoticed*
maîtriser   *to control, master*
ménage (m)   *household, housework*
mille galères   *sheer hell*
percer dans   *to penetrate*
quasiment   *almost*
revenir en arrière   *to put the clock back*
soudeur(-euse)   *welder*
tailler dans   *to whittle down*
tertiaire (m)   *service (sector)*
valorisant   *worthwhile*

Les femmes ne reviendront plus

Trop tard pour ceux qui rêvent encore de les confiner entre le ménage, la cuisine et les enfants! Les femmes – et c'est l'un des principaux enseignements des années 90 – ne se découragent plus devant le chômage. Hier, elles affluaient quand l'économie fabriquait beaucoup d'emplois puis rentraient chez elles quand ils se faisaient rares. Désormais elles s'accrochent … Et elles sont 2 millions de plus que les hommes à l'ANPE.

Curieusement, le phénomène passe quasiment inaperçu. On débat de la formation, des charges sociales en général et l'on néglige les obstacles spécifiques vécus par la majorité des demandeurs d'emplois. En même temps qu'une des évolutions majeures de la société.

Deux femmes sur trois
Aujourd'hui, deux femmes sur trois de 20 à 60 ans ont ou veulent leur salaire et leur indépendance. Gagner leur vie. En 1968, année-symbole de la libération sexuelle, elles étaient moins de la moitié.

Quand elles quittent l'école, ne leur demandez plus ce qu'elles choisissent: moins d'une sur vingt se voit au foyer. Les naissances, maîtrisées par la contraception, ne les ramènent plus guère à la maison: sept mères de deux enfants sur dix continuent à travailler. Et après un troisième, elles sont encore 46% contre 36% il y a dix ans.

En quinze ans de crise de l'emploi, l'économie française a ainsi donné du travail à deux millions de femmes supplémentaires. Aidées en l'occurrence par «l'explosion» du tertiaire, le commerce, les services, pendant que l'industrie taillait dans ses troupes majoritairement masculines.

Malgré les acrobaties
Aujourd'hui, alors que les femmes représentent 46% de la population active, l'une des causes du chômage tient sans doute au fait que la France ne parvient pas à rapprocher la double évolution des mentalités et des besoins économiques.

Les mentalités qui font par exemple que Nathalie, à Saint-Brieuc, conçoit sa vie seule avec son enfant quitte à passer par mille galères: l'aspiration du modèle suédois où les femmes, pour des raisons d'autonomie, travaillent autant que les hommes. Les besoins économiques ensuite dont l'aspect le plus notoire est le manque de salariés qualifiés: l'aspiration du modèle japonais, société réputée sexiste, où les femmes tendent à travailler autant que les hommes à cause du manque de main-d'œuvre.

Certes, si les femmes s'accrochent aujourd'hui, malgré les obstacles, les acrobaties, les doubles journées, c'est aussi parce que le mari a perdu ou risque de perdre son emploi. Mais cela ne saurait tout

A Lisez cet article d'*Ouest-France*, puis expliquez en vos propres mots, sans copier le texte, à quoi correspondent les chiffres suivants.

1 2 000 000
2 20–60 ans
3 7/10
4 46% (deux fois)
5 36%
6 2 000 000
7 20/455

B *A rechercher et à résumer*

Autrefois, on croyait que le rôle de la femme, c'était de se marier, de faire des enfants, et de s'occuper de la maison. Dans certains pays, on est toujours de cet avis. Savez-vous ce qu'en pensent vos parents/vos grands-parents, ou des Français de leur âge? Renseignez-vous, notez ce que vous découvrez, et résumez-le à l'écrit. Ecrivez 100–150 mots. Dressez une liste de cinq questions avant de commencer votre recherche.

C Dans cet article, il y a pas mal d'expressions de temps utiles, en particulier celles dans la case ci-dessous. Utilisez-les pour compléter les affirmations suivantes.

1 .... les Beatles connaissaient un succès fou.
2 .... les élèves de votre classe auront presque 35 ans.
3 Les services d'urgence sont arrivés .... pour sauver la victime.
4 Ne m'attends pas – j'en ai pour .... !
5 Malheureusement, je suis arrivée à la gare .... le train partait.
6 C'était en 1997, ... mon frère était toujours à l'école primaire, que nos parents ont acheté la maison.
7 .... le problème semble insoluble, mais on continuera!
8 .... ont connu des changements énormes.
9 .... , je ferai de mon mieux pour me corriger!

| trop tard   les années 90   désormais   en même temps que   en 1965 |
| dans quinze ans   alors que   jusqu'ici   encore longtemps |

D A l'aide de l'article rendez en français le texte suivant:

Women have stopped being deterred by unemployment. Instead, two thirds of them now place great importance on their own salary and independence, for they simply want to earn their own living. They have been helped considerably over the last fifteen years by the great expansion in service industries and by the fact that their partners are likely to lose their own jobs. The significant thing is, the better qualified women have become, the more they have wanted to use their skills. But, there remain problems, such as the difficulty women have had in gaining entry to traditionally masculine jobs, their lack of mobility, and the scarcity of crèche facilities. There is still a lot to be done!

expliquer. Ce sont dans les familles modestes que les femmes restent le plus à la maison: quand le salaire est bas, autant garder les enfants ou coudre chez soi. Au contraire, plus les femmes sont qualifiées, plus elles veulent utiliser leur formation.

Vingt métiers . . .
Mais si les entreprises ont bien besoin d'elles, les femmes ont bien du mal à percer dans les métiers masculins. La moitié d'entre elles sont confinées dans vingt métiers sur 455! «L'équation couture-coiffure-santé-secrétariat», comme dit «leur» secrétaire d'État, Véronique Neiertz.

Peu de choses sont faites pour lever les blocages psychologiques. Aider à la mobilité. Créer des crèches dans les entreprises. Montrer que les métiers jusqu'ici masculins sont propres, valorisants. Les «routières» et «soudeuses» étonneront encore longtemps . . .

8.10 *Là-bas, pas de problème!*

Le chômage est un grand problème en France comme dans la plupart des pays d'Europe occidentale. Pour le faire reculer, le gouvernement, au niveau national et régional, entreprend toutes sortes d'initiatives. Ces initiatives sont similaires à celles que vous noterez dans votre propre pays. Pour trouver leur solution personnelle au problème du chômage, certaines personnes changent de région.
Lisez maintenant l'histoire heureuse de Valérie.

Valérie, 26 ans, ne regrette pas le voyage

Chômeuse ici, salariée outre-Rhin

Valérie, 26 ans, était chômeuse à Rennes. Elle vient de décrocher un emploi de secrétaire en Allemagne. Bonheur tout frais aux couleurs de l'Europe.

«Le chômage longue durée touche beaucoup les jeunes femmes, le secrétariat export a de l'avenir, à cause de l'Europe». Donc, la Chambre régionale de commerce et d'industrie, à Rennes, a envoyé une quinzaine de demandeuses d'emploi en Allemagne. Tout le monde a mis la main au portefeuille, du Conseil général d'Ille-et-Vilaine à l'UE, en passant par la Délégation des droits de la femme.

Finie, la galère

C'est ainsi qu'en juillet, Valérie Turcius, 26 ans, est tombée sur une annonce. Elle galérait depuis deux ans à Rennes. Avait été vendeuse à Angers, stagiaire d'export à Paris, était même allée tenter sa chance aux Etats-Unis. Ses atouts: l'anglais, appris à l'école, et l'allemand, appris au cours de vacances régulières passées avec ses parents en Autriche.

«On s'est retrouvées toutes les quinze là-bas pour trois mois, de septembre à Noël. Cinq semaines de cours et six semaines en entreprise. Pour certaines, qui avaient laissé mari et enfants, ou qui pratiquaient peu la langue, c'était difficile. Mais l'accueil a été extraordinaire». Valérie a aimé. A voulu travailler là-bas. A envoyé 25 lettres. **«J'ai eu dix entretiens, ce qui est** déjà formidable, et j'ai été embauchée. Je serai secrétaire internationale chargée des affaires francophones et de l'Angleterre. C'est merveilleux».

Valérie n'est pas la seule à avoir trouvé du travail. Une jeune Dinardaise est restée en place, embauchée début janvier. Les autres sont mieux armées pour une France européenne.

De leur côté, les jeunes stagiaires allemandes ne sont pas venues en France pour rien. L'une d'elles travaille à Chateaubriant. **«Elle a de la chance**, dit Ruth, 25 ans, la mimique éloquente. **On est plusieurs à vouloir travailler ici. Moi, j'ai déjà écrit, passé des annonces, et je me suis inscrite en agence intérimaire.** La vie est tellement plus agréable, tellement plus ouverte en France . . .»

A Trouvez dans le texte le *contraire* des mots et des locutions suivants.

1 perdre
2 employées
3 on s'est séparées
4 renvoyée
5 déveine
6 à long terme
7 maussade
8 points faibles
9 adieu
10 exécrable

B Répondez aux questions suivantes:

1 Pourquoi Valérie a-t-elle choisi de chercher un emploi en Allemagne?
2 Quelles langues parle-t-elle?
3 Est-que Valérie se sentait très seule en Allemagne?
4 Combien des quinze Françaises ont trouvé un emploi en Allemagne?

---

entretien (m)   *job interview*
galérer   *to work like a slave*

C *Face à face*

Personne A   Vous travaillez pour une station de radio-jeunesse et vous allez interviewer Valérie/le frère de Valérie sur son succès. Préparez vos interventions dans l'interview.

Personne B   Vous êtes Valérie/son frère. Préparez également vos interventions.

Pour vos questions et vos réponses, inspirez-vous tous les deux de ce que dit Valérie/son frère et de ce qu'on dit d'elle dans l'article.

Enregistrez l'interview. Ensuite, échangez votre cassette contre celle d'un(e) autre membre du groupe pour noter en français ses points de vue. Ensuite vérifiez avec lui/elle si vous avez bien compris et demandez-lui d'expliquer les points où vous avez eu un peu de difficulté. Enfin racontez à toute la classe l'essentiel de l'interview.

---

coin infos

Le chômage en France
Le nombre de chômeurs (en milliers) et pourcentage dans la population active

Source: INSEE

Graph data points:
- 1950: 260, 1,4%
- 1960: 216, 1,1
- 1970: 502, 2,4%
- 1975: 880, 4,1%
- 1980: 1452, 6,3%
- 1981: 1694, 7,3%
- 1982: 2059, 8,1%
- 1983: 2119, 8,3%
- 1984: 2244, 9,7%
- 1985: 2429, 10,1%
- 1986: 2447, 10,2%
- 1987: 2567, 10,7%
- 1988: 2562, 10,0%
- 1989: 2308, 9,5%
- 1990: 2254, 9,2%
- 1991: 2228, 9,1%
- 1992: 2500, 10,1%
- 1993: 2781, 11,1%
- 1994: 3115, 12,4%
- 1995: 3265, 13%
- 1996: 3038, 12.1%
- 1997: 3089, 12.3%
- 1998: 2964, 11.8%

---

coin infos

emploi: soyons euro!

Malgré la difficulté des Quinze* à se mettre d'accord sur une politique sociale commune, écoles et entreprises n'ont pas attendu pour découvrir les avantages de l'Union européenne.

Si l'Union européenne est une réalité encore mal définie, tant d'un point de vue politique que social, cela fait quelques années déjà que les écoles se sont engagées dans cette voie. Or, en concertation avec les écoles, ce sont les entreprises qui veulent maintenant ouvrir leurs portes à des jeunes ayant reçu une formation tournée vers l'Europe.

Si les écoles répondent à un besoin des entreprises qui s'internationalisent, elles répondent aux besoins, non moins exigeants, des étudiants. Car il est certain que ces derniers ont bien compris leur intérêt à aller trouver ailleurs ce qu'ils ont tant de difficultés à trouver en France. Et, paradoxalement, suivre une formation européenne ou internationale est également un atout déterminant pour travailler en France. Quelle n'est pas en effet l'entreprise française qui, passant une petite annonce, exige la maîtrise parfaite de la langue anglaise pour un poste de représentant en Corrèze? … Certes, l'heure est incontestablement à la mondialisation et à l'européanisation, les experts parlant même de globalisation.

* Les Quinze: les membres de l'UE. Quels pays?

CONSOLIDATION

A consulter: Articles, p.206

Notez les phrases suivantes qui se trouvent dans le texte «Chômeuse ici, salariée outre-Rhin»:

Valérie était chômeuse à Rennes.
Elle avait été vendeuse à Angers.
Elle avait été stagiaire … à Paris.
Je serai secrétaire internationale.

1   Comment dit-on en français … ?

a Philippe has been unemployed for fourteen months.
b I had been a pilot.
c You (*vous*) will be a lawyer.
d She is a well-known author.
e He's an intelligent student.
f He'd been an impolite sales assistant.
g De Gaulle was a general.
h Simone Signoret was a French cinema actress.

Travail de dictionnaire

2   Choisissez les prépositions qui conviennent dans le paragraphe suivant.

Valérie, 26 ans, était chômeuse **à/en/dans** Rennes. Elle vient **à/de/pour** décrocher un emploi de secrétaire **à/en/dans** Allemagne. Bonheur tout frais **aux/avec/dans** couleurs de l'Europe. «On s'est retrouvées toutes les quinze là-bas» **avec/pour/sur** trois mois **de/dès/après** septembre **à/en/sur** Noël. Cinq semaines **après/de/en** stage et six semaines **dans/en/entre** entreprise.

8.11 *Vétérinaire: la filière se féminise*

Dans presque tous les domaines qui ont été exclusivement masculins dans le temps, on voit les femmes qui travaillent sur un pied d'égalité avec les hommes. Il y a seulement quelques années, les experts disaient que le travail d'un vétérinaire était «trop lourd» pour les femmes. Cet article vous montrera comment tout cela a changé et avec raison! Et vous, est-ce que vous pourriez être vous-mêmes véto? Quelle sera votre opinion après avoir lu l'article?

A

1   Répertoriez dans votre carnet tout le vocabulaire propre au travail des vétérinaires.
2   Trouvez dans l'article six expressions qui montrent les qualités nécessaires pour être bon(ne) vétérinaire.

B

Notez les points de comparaison entre la vie des vétos de campagne (sept points) et de ville (six points).

C

Relisez le texte et décidez si les affirmations suivantes figurent dans le texte ou non.

1   La vie des vétos ruraux n'est pas facile.
2   La rurale est plus exigeante que la canine.
3   Même au repos, il faut que le/la vétérinaire soit toujours accessible à l'aide du portable.
4   Le rôle de conseil est moins important que celui de chirurgien.
5   Quelquefois, on décide s'il faut opérer ou non en fonction de la valeur financière de l'animal.
6   Le nombre de vétérinaires masculins n'augmente pas.
7   La médecine en ville a tendance à être plus sophistiquée que celle à la campagne.
8   La crise économique n'a eu aucun effet sur la médecine vétérinaire.
9   La diplomatie n'est pas une qualité essentielle chez les vétos.
10 Il faut souvent que le/la vétérinaire traite l'animal et son propriétaire.

atteint de	*suffering from*
auscultation (f)	*listening to heart and lungs*
cerner	*to grasp, understand*
citadin	*urban*
constater	(here) *to notice*
croissant	*growing*
douillet	*cosy, snug*
s'extirper	*to extricate oneself*
ferraille (f)	*(scrap) iron*
jument (f)	*mare*
mouvementé	*exciting*
perfuser	*to put on a drip*
sanguin	*of blood*
soigner	*to care for*
vêlage (m)	*calf delivery*

Vétérinaire: la filière se féminise

L'amour des animaux ne suffit pas ... Disponibilité, sens de la psychologie sont tout aussi nécessaires pour cette profession qui s'ouvre aux femmes, en ville comme à la campagne.

«Allô, c'est pour un vêlage. Vite, le veau est mal placé». Pas question de prendre cinq minutes pour s'extirper de son lit douillet, même si c'est la troisième interruption nocturne. Dure vie que celle des vétos qui ont choisi «la rurale», comme on dit dans le métier, par opposition à «la canine», la médecine des animaux de compagnie, plus citadine. Il faut être disponible jour et nuit, surtout pendant la saison des accouchements (printemps et automne). Les week-ends sont parfois lourds: 650 kilomètres, 40 visites, dix césariennes ... «Quand je suis de repos, je débranche le téléphone», raconte Christian, Parisien pure souche qui a choisi la voie des champs. Une vie en plein air, au rythme pressant des appels du portable qui le conduisent d'une vache ferrée (ayant avalé un morceau de ferraille) à une jument souffrant de diarrhée qu'il faut immédiatement perfuser. Cette vie mouvementée ne le dispense pourtant pas de jouer un rôle de conseil auprès de l'éleveur: prévention (vaccination notamment), suivi sanitaire, état des locaux, etc.
Il lui faut également garder à l'esprit les contraintes financières de son client. Dans certains cas, l'exploitant agricole juge le traitement trop coûteux au regard de la valeur de l'animal. Frustrant? Oui, concède Sophie

qui, après quinze ans d'exercice à la campagne où le nombre de femmes est croissant, regrette de ne pas pouvoir pratiquer une médecine plus sophistiquée.
Le vétérinaire des villes pourra, lui, pousser plus loin les investigations. Radio, analyses de sang ... Certains maîtres sont prêts à tout pour sauver leur animal de compagnie. Tout ou presque, car avec la crise économique, ils deviennent un peu plus regardants.

Il faut donner beaucoup de soi-même
«Si on parle opération, constate Danièle, vétérinaire à Paris, le client demande immédiatement le prix.» Effet d'une concurrence accrue, il faut maintenant offrir un service complet, et de préférence 24 heures sur 24. Plus question d'envoyer un animal dans un laboratoire pour des analyses sanguines. Tout doit être fait sur place, et tout de suite. L'investissement en matériel se fait donc plus lourd. Les jeunes diplômés doivent donner

beaucoup d'eux-mêmes ... Et faire montre de diplomatie. «En ville, les propriétaires d'animaux sont souvent seuls. En consultant leur vétérinaire, ils recherchent également un contact humain.
En fait, c'est souvent le couple maître–animal qu'il faut soigner», assure Danielle. Certains clients souffrant d'une maladie consultent le vétérinaire, persuadés que leur protégé est atteint du même mal. A l'inverse, des chiens présentent des troubles du comportement causés par un changement dans la vie de leur maître (divorce, chômage ou départ des enfants) ... Cerner la situation peut aider à poser un diagnostic, ce qui surprend les vétérinaires mal préparés à l'aspect «psy» du métier. Les amoureux de *Daktari* sont prévenus: il leur faudra une table d'auscultation pour l'animal ... et un divan pour le maître. ■

Sabine ARGENTI

8.12 *Ghislaine Mercx, éboueuse parisienne*

Y a-t-il des métiers que les femmes ne doivent pas faire? En effet il en reste encore assez où les femmes sont plutôt rares. Ecoutez ce que dit Ghislaine Mercx sur sa vie d'éboueuse.

A Remplissez les blancs dans la transcription.

Interviewer   Tu es Française, Ghislaine, avec un nom de famille comme ça?

Ghislaine   C'est vrai que je **1** .... Ghislaine MERCX ... M ... E ... R ... C ... X ... Mon nom de famille te dira peut-être que je suis **2** .... belge. Moi, je ... je suis Française, mais la famille vient de la partie flamande de la **3** .... Nous nous trouvons ici à Paris depuis deux ... alors ... presque trois **4** .... , tu sais. Tu as été étonné de voir une femme dans le coin qui travaille comme **5** .... , mais il y en a pas mal ici à Paris et dans l'Ile-de-France!

I   Très bien, mais qu'est-ce qui t'a **6** .... à devenir éboueuse?

G Tu me connais un peu, tu sais que je suis assez indépendante ... assez **7** .... alors j'ai fait ce qu'on appelle maintenant un bac + 4 ... science nat ... mais, après la fac, c'est que, c'est ... je ne voulais absolument **8** .... travailler dans un laboratoire ou quelque chose comme ça. Tout court ... j'aime travailler en **9** .... air!

I   Oui, bien sûr, mais, ça doit être un métier **10** .... , surtout pour ...

G Surtout pour une femme! Dis donc ... le monde a **11** .... changé, tu sais! Il ne faut plus avoir plein de muscles pour être éboueur ... éboueuse! C'est tout **12** .... ! Les riverains ici, par exemple, près de la station Commerce, quoi ... ils ont les grandes poubelles spéciales en plastique qui sont **13** .... par des bras métalliques et **14** .... automatiquement dans le camion. Faut pas que tu aies des muscles pour ça!

I   Explique-nous un peu tes heures de travail, le **15** .... , etc.

G Les heures ... alors, c'est ce qu'on appelait dans le temps le système continental ... c'est-à-dire ... un système de ... de **16** .... Je travaille, ce que nous, les éboueurs, nous **17** .... , deux matins, deux après-midi, trois nuits ... deux matins, trois après-midi, deux nuits, etc. Après chaque série de sept **18** .... de travail on a deux ou même presque trois jours de repos, avant que ça **19** .... Mais, il y a d'autres gens, beaucoup de gens qui travaillent **20** .... la nuit, puisqu'il y a tant de travail à faire la nuit et qu'il y a beaucoup moins de circulation pour nous **21** .... et nous, nous gênons moins la circulation, évidemment.

I   Et comment est-ce que les gens te **22** .... ?

G Quoi? Les autres éboueurs ou les riverains?

I   Les deux.

G Pour mes camarades, les autres éboueurs ... je **23** .... qu'ils aiment ça ... travailler avec une femme ... il n'y a **24** .... de préjugés **25** .... de condescendance. Ils me font marcher des fois, mais il faut s'y attendre. Des fois, je **26** .... un peu pour prendre ma revanche!

I   Et les riverains?

G Les riverains, les riverains, les riverains ... ils sont tout un **27** .... Il y en a qui sont très gentils ... il y en a d'autres qui sont très fromage sous le nez. Mais, les gens sont comme ça. Mais, ici près de Commerce, par exemple, rue Léon-L'hermitte **28** .... tu avais tes amis la famille Durandet, les gens ... ils sont impec ... impeccables! Il y a même des hommes qui essaient de **29** .... avec les poubelles!

I Et étant indépendante, quelle est ta réaction à ça?

G Je laisse aller! Je n'ai pas **30** .... mon soutien-gorge, tu sais. Si les gens veulent être gentils, il faut les laisser!

I Et ça a été la bonne décision de choisir ce métier?

G Absolument ... sans question ... j'suis en **31** .... j'aime bien l'équipe et la plupart des riverains que je vois ... et j'en **32** .... suffisamment d'argent pour vivre ... et j'aime bien mon uniforme!

---

coin infos

hommes et femmes au travail

En France aujourd'hui, dans la presque totalité des couples salariés, l'homme et la femme travaillent. En 1960, 25% des femmes de cette génération, mères de deux enfants, exerçaient une activité professionnelle. Elles sont aujourd'hui environ 80%.

Dans l'emploi du temps de la journée, les hommes actifs consacrent 8 h 50 par jour (y compris le temps de déplacement) à leur travail professionnel et les femmes 7 h 40. Si les femmes qui travaillent ont environ une heure de travail en moins que les hommes, elles travaillent à la maison environ 4 h 30 les jours de semaine et près de 6 h le week-end. Les hommes travaillent à la maison environ 2 h 50 en semaine et 4 h les samedi et dimanche. Ils font les courses, le ménage, parfois la cuisine, ils bricolent, jardinent ... Au total, les hommes travaillent environ 20 h à la maison, alors que les femmes ajoutent à leur temps de travail professionnel (39 h en moyenne) une trentaine d'heures de travail domestique.

Dans le domaine professionnel les femmes représentent désormais 45% de la population active (11,5 millions sur un total de 26 millions) et leur taux d'activité entre 25 et 54 ans est passé de 45% en 1968 à 80% aujourd'hui. Mais elles constituent aussi la majorité (51%) des chômeurs. Mais c'est toujours en matière de salaires que l'inégalité entre les hommes et les femmes demeure la plus forte. Quinze ans après le vote d'une loi sur l'égalité professionnelle, l'écart entre les salaires masculins et féminins est encore de 27,2%, ce qui est mieux qu'en 1984 (33%), mais demeure encore beaucoup trop important.

Avec un même diplôme, les hommes accèdent également aux emplois les mieux payés. Si, aujourd'hui, 40% des cadres sont des femmes, seulement 5% d'entre elles sont chefs d'entreprise. Très largement majoritaires dans l'enseignement primaire et secondaire, elles ne sont que 28% parmi les professeurs d'université et les chercheurs. Elles sont passées, en 1997 seulement, de 6% à 11% des députés mais ne constituent que 5% des ministres, secrétaires d'Etat, préfets ou ambassadeurs.

En revanche, elles sont très actives dans le secteur des professions libérales, en particulier dans le domaine de la santé où elles représentent environ 75% des psychologues et psychothérapeutes, 55% des pharmaciens, 30% des médecins généralistes, 35% des spécialistes et des dentistes, 30% des vétérinaires, mais aussi 40% des avocats, 20% des experts-comptables et des architectes, 15% des notaires, etc.

On peut également voir, depuis quelques années, des femmes agents de police, mais aussi inspecteurs ou commissaires, gendarmes ou militaires, officiers notamment, et d'autres qui conduisent des taxis, des autobus, des métros, sinon des trains et des avions ...

Mais cette féminisation croissante de la plupart des secteurs de la vie économique ne s'accompagne pas pour autant d'une véritable égalisation des revenus et des salaires, et, surtout, n'empêche nullement que les femmes soient, encore plus que les hommes, frappées par le chômage.

http://www.diplomatie.fr/culture/france/ressources/letour/fr/

B Faites une liste des avantages et des inconvénients d'être éboueur/éboueuse comme Ghislaine.

C Imaginez que vous êtes Ghislaine. Ecoutez l'interview et répondez aux questions et remarques, comme si vous étiez cette éboueuse.

Interviewer Avec un nom de famille comme ça tu ne vas pas être Française!

Vous ....

Interviewer Tu es assurément la seule éboueuse à Paris!

Vous ....

Interviewer Est-ce que tu as pris ce travail parce que tu n'as pas de diplômes?

Vous ....

Interviewer As-tu suffisamment de force pour faire ce métier?

Vous ....

Interviewer Des heures variées, ça doit être plus intéressant et facile que les heures ordinaires, n'est-ce pas?

Vous ....

Interviewer Et les gens qui te rencontrent, ils seront assez snob n'est-ce pas, assez collet monté?

Vous ....

Interviewer Et ça aura été une erreur que d'avoir choisi ce «métier»?

Vous ....

D Lisez le *Coin infos* et écrivez un résumé des points principaux **en anglais**.

collet monté	*strait-laced*
faire marcher quelqu'un	*to pull someone's leg*
gêner	(here) *to block, impede*

8.13 *Télévendeur*

Si le travail en plein air ne vous dit rien, mais vous aimez parler aux gens, que pensez-vous de ce métier? S'il n'exige pas de force physique, il faut néanmoins beaucoup d'énergie et d'enthousiasme, comme nous le disent deux jeunes télévendeuses.

Télévendeur

METIER

> Publicités, assurances, vêtements . . . Un nombre toujours croissant de produits se négocient désormais par téléphone. Voilà pourquoi les télévendeurs, ces professionnels du combiné, sont des commerciaux de plus en plus demandés.

SALAIRE
A un fixe (1 070€ minimum) s'ajoute un pourcentage sur les ventes qui peut dépasser les 1 700€ mensuels.

FORMATION
Accès possible au niveau bac, études commerciales.

DÉBOUCHÉS
Des dizaines de postes sont immédiatement disponibles.

LE TEMOIN
Patricia, 33 ans, marathonienne du téléphone

Décrocher 50 fois le téléphone par jour, être toujours à l'écoute, garder le sourire y compris dans les pires situations . . . Pour Patricia, c'est devenu un jeu d'enfant. Depuis un an, cette jeune femme de 33 ans, qui a été tour à tour mannequin puis commerciale de terrain, est télévendeuse chez Oda, la régie publicitaire des annuaires de France Télécom.

Ils sont une dizaine, nichés chacun dans des boxes calfeutrés, casqués comme les pilotes, prêts à dégainer leur téléphone pour vendre le plus d'emplacements publicitaires possibles. «C'est un métier méconnu d'apparence plutôt ingrat. Mais il faut le prendre comme un jeu et ça devient un vrai plaisir», martèle Patricia avec cette force de conviction propre aux télévendeurs.

La règle est simple: «Chaque jour, il faut avoir conclu au minimum deux contrats et cinq en attente de signature. Sinon, ne reviens pas en deuxième semaine», plaisante un de ses collègues. Ne pas remplir cet objectif est en effet une cause de licenciement. Il est à peine midi, Patricia a déjà franchi haut la main son «objectif jour minimum». «C'est l'argent, notre motivation», explique-t-elle, un sourire jusqu'aux yeux. Tous les deux ou trois mois, chacun peut participer à un «challenge argent» ou un «challenge

voyage». Patricia a déjà gagné deux fois 420€.

Le plaisir de décrocher un «oui»
«Patricia est un des meilleurs éléments», commente un des responsables. Et pour cause, depuis trois mois, elle tourne à 3 400 ou 5 000€ par mois. Une somme rondelette gagnée à la force du poignet: chaque télévendeur a un minimum garanti de 1 500€, le reste correspond à ses commissions.

«Mais nous ne sommes ni des marchands de tapis ni des camelots. Pas question de forcer la main», prévient Patricia, qui, comme ses collègues, applique la même méthode: 1) se présenter; 2) briser la glace; 3) reformuler les informations recueillies; 4) argumenter pour convaincre de la valeur du produit; 5) amorcer la vente; 6) présenter le contrat et parler argent; 7) verrouiller . . .

«Quel plus beau plaisir que de décrocher un "oui" d'une personne qui disait non au départ, confesse-t-elle. Pour cela, je donne toutes mes tripes et je met mes humeurs de côté pendant huit heures. Mais le soir, je suis lessivée», avoue cette marathonienne du téléphone qui espère un jour passer le relais pour devenir à son tour chef d'une équipe de télévendeurs.

Catherine GASTE

A Lisez l'article, puis écoutez Patricia et ses collègues et ajoutez les mots qui manquent dans les phrases.

Patricia C'est un **1** .... méconnu, d'apparence plutôt ingrat. Mais il faut le prendre **2** .... un jeu et ça devient un **3** .... plaisir!

Collègue (F) Chaque jour il faut **4** .... conclu au minimum deux contrats et **5** .... en attente de signature. Sinon, ne reviens pas **6** .... deuxième semaine!

Collègue (M) Patricia est un des **7** .... éléments!

Patricia Nous ne sommes ni des marchands de tapis **8** .... des camelots. Pas question de **9** .... la main ... Quel plus beau plaisir que **10** .... décrocher un «oui» d'une personne qui disait **11** .... au départ! Pour cela, je donne **12** .... mes tripes et je mets mes humeurs de côté pendant **13** .... heures. Mais, le soir, je **14** .... lessivée!

C *Face à face*

Vous recevez un appel de la part d'une télévendeuse qui essaie de vous persuader d'acheter un nouvel ordinateur. Le rôle de la télévendeuse est déjà donné ci-dessous. Préparez le vôtre avant de développer la conversation avec votre partenaire. Ensuite, changez de rôle.

TV C'est bien le 03 24 57 96 38?
Vous **1** (*Say she has the right number and ask who is speaking.*)
TV Je vous téléphone de la part de Ordimaxi.
Vous **2** (*Ask what exactly that is.*)
TV Nous sommes une des sociétés les plus performantes dans le domaine de l'informatique.
Vous **3** (*Ask the caller what she wants.*)
TV Qu'est-ce que vous faites dans la vie?
Vous **4** (*You are a student and it's not your house.*)
TV Alors, c'est la maison de ... ?
Vous **5** (*It belongs to your aunt and uncle.*)
TV Aucune importance. Si vous êtes à la faculté, vous aurez certainement besoin d'un de nos ordinateurs, par exemple du modèle Ordifac.
Vous **6** (*You already have a computer and anyway, you don't have any money.*)
TV Ne vous inquiétez pas. Vous pourrez payer par mensualités.
Vous **7** (*You don't need it and your family already has cable Internet.*)
TV Je suis certaine que notre Ordifac fera votre affaire.
Vous **8** (*Say goodbye and tell the caller you are putting the phone down.*)

B Relisez l'article et complétez les phrases en utilisant quelques-uns des mots ci-dessous.

1 Patricia fait une cinquantaine d'appels ...
2 Elle traite son travail comme une sorte ...
3 Elle a eu des emplois ...
4 Avec ses écouteurs elle a l'air ...
5 La méthode de travail n'est pas ...
6 Aujourd'hui, Patricia a atteint son but un peu ...
7 Le salaire de Patricia se compose de ...
8 Après une journée de travail, elle est toujours ...
9 Devenir chef d'équipe est son ...

avant midi	objectif	très variés
deux éléments		trois périodes
	chaque jour	exténuée
d'un pilote	simple	compliquée
	avant dix heures	deux jeux
de jeu	calme	d'une joueuse

CONSOLIDATION

A consulter: Subjunctive, p.220

Vous êtes télévendeur/vendeuse comme Patricia. Un(e) candidat(e) chez vous demande des conseils.

1 Ecrivez les conseils sur la méthode de travail offerts par Patricia dans l'avant-dernier paragraphe de l'article, en mettant *il faut que vous ...* devant chaque suggestion:

a se présenter
b briser la glace
c reformuler les informations recueillies
d argumenter pour convaincre de la valeur du produit
e amorcer la vente
f présenter le contrat
g parler argent
h verrouiller

2 Maintenant, faites la même chose avec *Il faut que nous ...*

amorcer	*to start*	
calfeutré	*made very comfortable*	
camelot (m)	*street hawker*	
décrocher	*to pick up (phone)*	
franchir	*to cross, pass*	
ingrat	*thankless*	
lessivé	*washed out*	
mannequin (m)	*model*	
marteler	*to hammer away*	

niché	*snug*	
passer le relais	*hand over the baton*	
recueilli	*gathered*	
rondelet	*tidy (sum)*	
télévendeur(-euse) (m/f)	*telephone sales person*	
toutes mes tripes	*my all*	

8.14 *Les douze métiers préférés des Français*

SONDAGE VSD/LOUIS HARRIS

LES DOUZE METIERS PREFERES DES FRANÇAIS

Exit les idées reçues: ce n'est ni l'argent – la profession de banquier ne recueille que 5% des suffrages – ni les honneurs – ministre est classé en dernière position – ni même la gloire – être comédien ne fait fantasmer que 12% de nos concitoyens – qui font rêver les Français. Premier des métiers qu'ils aimeraient ou auraient aimé faire: chercheur, profession d'humilité s'il en est; puis à égalité: pilote de ligne, pour le goût du risque et . . . rentier, pour le plaisir de ne rien faire!

A

7% Défendre la veuve et l'orphelin, tout un programme! Pour les accros de justice, le métier offre un parcours précis: après une maîtrise de droit, le concours du Centre de formation vous projettera dans le milieu pour deux ans de stage. Aujourd'hui, on peut être libéral ou salarié. En enfilant la robe, vous entrerez dans la grande famille de 18 000 personnes.

B

20% Ces héros du microscope, souvent dans l'ombre, sont portés par une réelle vocation. Travail de longue haleine, manque de moyens: les aléas pour servir la science. Quelle que soit la discipline choisie, il faut être ingénieur ou docteur. Un nouveau débouché pour l'an 2000: l'industrie, qui demande 20 000 employés supplémentaires.

C

17% La tête dans les nuages et maître à bord. Après l'obtention (très dure) d'un diplôme et un apprentissage il a la responsabilité totale des passagers ou des marchandises. Certaines compagnies aériennes offrent aujourd'hui des centres de formation interne. Un détail de choc: le salaire annuel tourne autour de 45 000€.

D

17% Avoir pour principale occupation le fait de compter son argent: alléchant, non? Pour cela, arrangez-vous pour gagner au Loto ou être le fils ou la fille d'un grand nom. Ensuite, investissez dans l'immobilier, l'art, la Bourse. Le choix est vaste. Condition sine qua non: un petit capital de départ!

E

17% Il/Elle effectuera au minimum sept ans d'études supérieures, auxquelles il faut ajouter quatre à cinq ans s'il veut faire une spécialisation. A noter: cette profession se féminise avec plus de 50% de femmes inscrites au tableau de l'Ordre. Quant aux revenus, ils sont nettement à la baisse . . .

F

16% Cinglés de l'info, curieux en tout genre, lancez-vous dans ce domaine. Des écoles spécialisées sont là pour ça, mais attention, toutes ne sont pas reconnues! Le best: le CFJ et les filières universitaires de Lille et Strasbourg. Malgré un taux de chômage de 10% et une presse en difficulté, cette profession fait toujours rêver.

G

8% Si vous savez lier la communication à la vente, la créativité à la consommation, vous y êtes. Mais vous n'êtes pas les seuls. Vous serez environ 100 000 dans quelques années. Pour mettre toutes les chances de votre côté: écoles supérieures de commerce, écoles artistiques viendront consolider votre talent.

H

2% Vous voulez viser haut: pourquoi pas? La sécurité d'emploi n'est pas garantie, mais vous laisserez une trace dans l'Histoire! Il n'existe pas de recette précise, mais une valeur sûre: l'ENA. L'adhésion à un parti politique si possible d'avenir est fortement conseillée.

I

12% La scène ou l'écran vous attirent, mais les feux de la rampe ne brillent pas pour tout le monde. Un grand nombre de cours d'art dramatique existent . . . méfiance. Le nec plus ultra: le Conservatoire de Paris, l'Ecole supérieure d'art dramatique de Strasbourg et l'Ecole nationale supérieure des arts techniques de la rue Blanche, à Paris. Métier de rêve, soit, mais patience. Environ deux personnes sur cinq qui choisissent ce métier réussissent à vivre de leur art.

J

13% Etre son propre patron, quoi de plus excitant? Quarante mille jeunes se lancent chaque année. Les maîtres mots de ce métier: indépendance, ambition, responsabilité. Avec de bonnes idées et de fortes épaules. Premièrement, faites le bilan de vos compétences (le cursus de certains IUT comme celui de Sceaux les renforcera!). Deuxièmement: demandez conseil. Chambres de commerce et boutiques de gestion accueilleront vos idées. Ensuite, alea jacta est . . .

K

7% L'Education nationale devrait recruter 1500 maîtres de conférence d'université d'ici l'an 2000. Encore loin des besoins réels. En plus de la fonction d'enseignement, ils dirigent aussi des travaux de recherche. Pour siéger dans nos célèbres amphithéâtres, l'obtention de l'agrégation pour les disciplines médicales, juridiques, politiques et économiques est nécessaire. Le doctorat pour les autres disciplines.

L

5% Cela vous dirait de devenir un professionnel de l'argent? Pour cela, certains diplômes sont appréciés: les bacs G2, G3; les BTS ou DUT de gestion, de commerce, voire les étapes universitaires spécialisées en banque et en finance. On dénombre aujourd'hui 390 000 salariés du secteur bancaire. Une chose est sûre: de nouveaux métiers y apparaissent. Pour réussir, spécialisez-vous!

aléa (m)	*risk, hasard*
alléchant	*enticing*
bilan (m)	*sum, total, balance*
BTS (m)	Brevet de Technicien Supérieur
cinglé de	*nuts about*
DUT	Diplôme Universitaire de Technologie
ENA (f)	Ecole Nationale d'Administration
enfiler	*to slip on*
fantasmer	*to fantasise*
immobilier (m)	*property, real estate*
IUT (m)	Institut Universitaire de Technologie *(teaches two-year technical courses)*
obtention (f)	*obtaining*
rampe (f)	*(theatre) footlights*
siéger	*to sit, take a seat*
suffrages (mpl)	*votes*
viser	*to aim*

A Voici les douze métiers préférés des Français. Trouvez leur description parmi les paragraphes A-L à la page 152.

1	pilote de ligne	5	chercheur	9	chef d'entreprise
2	médecin	6	ministre	10	journaliste
3	publicitaire	7	rentier	11	comédien
4	prof de fac	8	banquier	12	avocat

B *A discuter et à décider*
1 D'abord, chaque membre du groupe doit copier et remplir la grille suivante pour avoir des informations sur chaque métier.

Métier	Informations	Action conseillée
journaliste	chômage à 10% presse en difficulté	s'inscrire à une école spécialisée

2 Après avoir étudié votre grille, établissez la liste des quatre métiers que vous préférez puis, avec vos camarades de classe, établissez ensemble une liste finale.

3 Concours! Choisissez un des métiers et présentez-le au groupe pour persuader vos camarades que c'est une bonne carrière à suivre. A la fin de toutes les présentations, c'est aux membres du groupe de voter pour celui qui s'est le mieux défendu!

C Dans la *Case-phrases* à droite vous trouverez une dizaine d'expressions utiles extraites des descriptions de métiers. Utilisez-les pour remplir la série de questions et d'affirmations.

1 A cause de la concurrence, il faut ....
2 .... solution à ce problème!
3 A l'exposition il y a des ordinateurs ....
4 .... qu'un saut à l'élastique?
5 Pour décider, il faut .... des points positifs et négatifs.
6 .... 40 participants au concours.
7 Il faut avoir un talent pratique .... l'intelligence.
8 .... visiter le musée de votre peintre préféré?
9 Pour réussir le projet .... des fonds supplémentaires.
10 .... porter des vêtements appropriés, si vous allez faire du ski.

D *A vous maintenant!*
Choisissez 1 ou 2:

1 Ecrivez 200 mots environ sur «Mon emploi idéal». Si vous préférez, écrivez sous forme d'une lettre.

2 Décrivez en 200 mots un événement intéressant qui vous est arrivé au cours d'un «petit job» de week-end ou pendant les grandes vacances.

A consulter: Adverbs, p.213

L'équivalent des phrases suivantes figurent dans l'unité. Dans chacune une expression adverbiale a été écrite en italique. Remplacez ces expressions par un simple adverbe en *-ment*.

1 Vous apprenez à vous présenter *avec régularité* au travail.
2 Examinez *d'une façon logique* ce qui est offert.
3 On sera obligé de s'asseoir *avec du calme*.
4 A saisir sur place, même *avec du retard*.
5 Vous écrivez *d'une manière directe* à l'agence.
6 *En général*, c'est deux mois.
7 Le simple fait de dissimuler *d'une façon inconsciente* ses mains.
8 On envahit *d'une manière dangereuse* le territoire de l'autre.
9 La main posée *avec douceur* sur le cœur . . .
10 *Chose curieuse*, le phénomène passe inaperçu.
11 . . . ses troupes *dont la majorité étaient* masculines.

CASE-PHRASES

arrangez-vous pour . . .   *make sure you . . .*
il faut ajouter . . .   *you're going to have to add to that . . .*
en tout genre   *of all kinds*
viser haut   *to aim high*
il n'existe pas de . . .   *there isn't/aren't any . . .*
quoi de plus excitant?   *what is more exciting?*
faire le bilan (de . . .)   *to assess*
en plus de   *over and above*
cela vous dirait de . . .?   *how would you like to . . .?*
on dénombre . . .   *there is a total of . . .*

La France métropolitaine

Dans cette unité on va consolider votre compréhension des points suivants:

■ Le comparatif et le superlatif (*comparatives and superlatives*)
■ Les pronoms (*pronouns*)
■ Les verbes (*verb tenses*)
■ Le plus-que-parfait (*pluperfect tense*)
■ Les articles (*indefinite and partitive articles*)

PARIS, CENTRE DE TOUT!

Il y a plus de 2000 ans, les Parisii se sont emparés de l'île de la Cité au milieu de la Seine, pour se protéger contre les autres tribus et contre les loups qui infestaient la région. Ils ont donné leur nom à la ville qui allait devenir la capitale des Français.

Au XVIIe siècle, Louis XIV, le roi-soleil, a insisté pour que les aristocrates restent à Versailles, tout près de Paris, là où il pouvait les avoir à l'œil, pour les empêcher de comploter contre lui. Ceci a encore plus favorisé la centralisation du pouvoir national dans la région parisienne.

Au début du XIXe siècle, l'empereur Napoléon a inauguré le code Napoléon, un système logique de gouvernement inspiré de l'empire romain où tout tournait autour de la capitale, moyeu de la roue et même pivot de l'univers pour ceux près du pouvoir. Par la suite, les régions de France se sont senties négligées ou même abandonnées.

Même maintenant, la France souffre de cette surcentralisation. Au cours des pages suivantes nous allons en étudier les conséquences. Nous allons aussi considérer les mesures prises aux niveaux nationaux et régionaux pour contrebalancer ce déséquilibre depuis la Seconde guerre mondiale. Si vous connaissez déjà une région de France métropolitaine ou une dépendance d'outre-mer, ou si votre ville a des liens avec un tel endroit, faites pour chaque section de l'unité une comparaison entre ce que vous pouvez apprendre sur la région et les informations sur la page. Plus précisément, posez-vous la question: est-ce que ce qu'on dit ici est valable pour l'endroit francophone que je connais ou non?

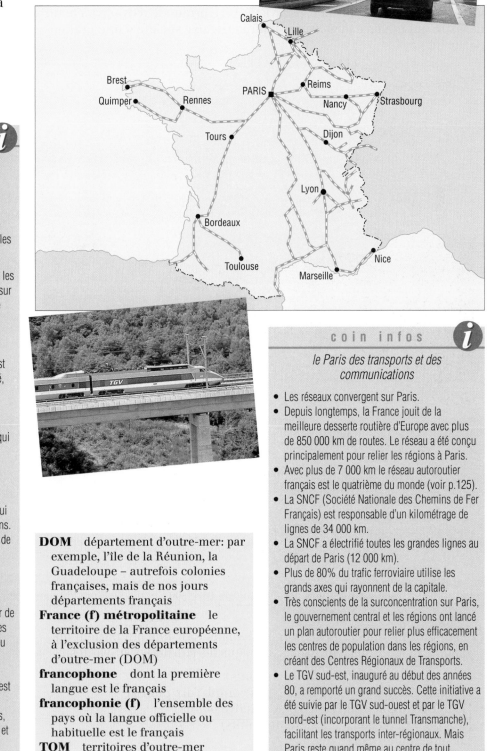

coin infos ⓘ

les origines de Paris

50 ans avant J-C	La région occupée de nos jours par Paris s'appelait Lutèce et était l'agglomération principale d'une tribu celte nommée les Parisii.
1ᵉʳ siècle après J-C	Poussés par les Romains, les Parisii se sont regroupés sur les pentes de la montagne Sainte-Geneviève.
3ᵉ siècle	L'ère des invasions germaniques. La ville de Lutèce s'est rétrécie et s'est repliée dans l'île de la Cité, pour se protéger non seulement contre les envahisseurs mais aussi contre le fléau des loups qui parcouraient l'Europe.
5ᵉ siècle	La population était maintenant un mélange complet de Celtes et de Romains – les Francs – qui ont résisté en 451 aux Huns.
6ᵉ siècle	Les Francs ont fait de l'île de la Cité leur résidence. L'influence des Parisii a largement diminué.
857	Paris, l'ancienne ville des Parisii, a été incendiée par de nouveaux envahisseurs, les Normands (les hommes du Nord). Les Parisii et leur façon de vivre ont complètement disparu. C'est l'époque où émerge une nouvelle race, les Français, nés de l'union des Francs et des Normands.

DOM   département d'outre-mer: par exemple, l'île de la Réunion, la Guadeloupe – autrefois colonies françaises, mais de nos jours départements français

France (f) métropolitaine   le territoire de la France européenne, à l'exclusion des départements d'outre-mer (DOM)

francophone   dont la première langue est le français

francophonie (f)   l'ensemble des pays où la langue officielle ou habituelle est le français

TOM   territoires d'outre-mer

coin infos ⓘ

le Paris des transports et des communications

- Les réseaux convergent sur Paris.
- Depuis longtemps, la France jouit de la meilleure desserte routière d'Europe avec plus de 850 000 km de routes. Le réseau a été conçu principalement pour relier les régions à Paris.
- Avec plus de 7 000 km le réseau autoroutier français est le quatrième du monde (voir p.125).
- La SNCF (Société Nationale des Chemins de Fer Français) est responsable d'un kilométrage de lignes de 34 000 km.
- La SNCF a électrifié toutes les grandes lignes au départ de Paris (12 000 km).
- Plus de 80% du trafic ferroviaire utilise les grands axes qui rayonnent de la capitale.
- Très conscients de la surconcentration sur Paris, le gouvernement central et les régions ont lancé un plan autoroutier pour relier plus efficacement les centres de population dans les régions, en créant des Centres Régionaux de Transports.
- Le TGV sud-est, inauguré au début des années 80, a remporté un grand succès. Cette initiative a été suivie par le TGV sud-ouest et par le TGV nord-est (incorporant le tunnel Transmanche), facilitant les transports inter-régionaux. Mais Paris reste quand même au centre de tout.

9.1 *L'exode rural*

L'exode rural en France, surtout dans le Centre, est un phénomène financier et social qui n'existe pratiquement pas dans les autres pays très développés de l'Union Européenne. Mais qu'est-ce que c'est exactement comme phénomène, cet exode rural?

Pour beaucoup de vacanciers étrangers, ce n'est que l'occasion d'obtenir une résidence secondaire à un prix dérisoire. Mais pour les vrais habitants de la France, pour la France profonde, l'exode a été un désastre qui menace de détruire l'infrastructure sociale d'une grande partie du pays.

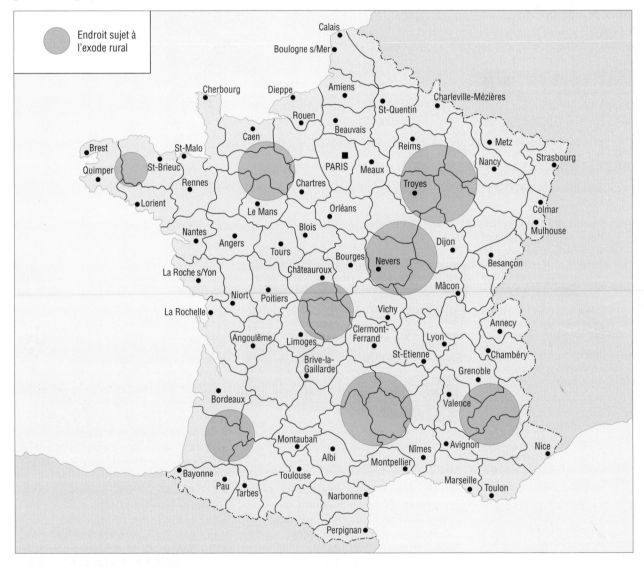

A Ecoutez maintenant Dominique, Lana et Caroline qui parlent du problème et résumez leur discussion sous les rubriques suivantes:

- La nature de l'exode rural (trois points)
- Ce qu'est la DATAR et ce qu'elle a accompli (dix points)
- Le nouveau phénomène inverse (quatre points)
- La situation en Normandie (cinq points)
- La situation en Corse (dix points)

B *Face à face*

1 Ecoutez de nouveau la conversation sur l'exode rural, puis regardez la carte de France ci-contre.

2 Préparez avec votre partenaire une discussion de trois à quatre minutes sur l'exode, les initiatives prises, les développements récents (en Normandie, par exemple). Cette fois-ci, on ne vous donne pas de phrases, pour vous encourager à utiliser exactement les remarques des interviewés.

3 Enregistrez votre discussion sur cassette.

C

1 Ben, Caroline, Dominique et Lana continuent à discuter de l'exode rural en France et de ses implications. Ecoutez la suite de la conversation et notez en français l'explication donnée par Ben pour l'exode rural.

2 Dans leur conversation, les amis discutent aussi des différences entre la France et l'Angleterre sur le plan de l'exode rural. Quand vous aurez écouté leur discussion plusieurs fois, recopiez la grille et notez ces différences:

La France	L'Angleterre
1	1
2	2
3	3
4	4

l'exode rural

L'exode rural est un phénomène français qui existe depuis des décennies et surtout depuis la réurbanisation de la France après la Seconde guerre mondiale.

L'exode, qui se voit surtout dans le centre de la France et dans certaines autres régions un peu éloignées des grands axes, a été conditionné par le changement dans la nature du travail après 1945 et particulièrement après la création de la CEE, maintenant appelé l'UE (l'Union Européenne).

Sur le plan de l'agriculture, le travail manuel est devenu beaucoup plus efficace. Par conséquent, la majorité des paysans, sans travail, a été obligée de partir pour la ville, chercher un emploi. Certains villages ont été presque entièrement abandonnés. Sauf dans les régions touristiques, presque tous les petits villages à plus d'une trentaine de kilomètres d'une ville assez importante ont des maisons à vendre très bon marché. Les Britanniques, les Allemands et les Hollandais en particulier ont profité de l'occasion pour devenir propriétaires en France.

9.2 *La marche de l'urbanisation*

Parmi les problèmes auxquels sont confrontés Paris et ses citoyens, il y a, comme pour toute capitale, la perte des espaces verts. Mais les Parisiens prennent depuis assez longtemps des mesures pour restreindre la marche de l'urbanisation.

Lisez maintenant cet article paru dans *France-Soir* et qui signale les plus récentes mesures prises par les autorités.

A Répertoriez tout le vocabulaire-clé se rapportant à l'urbanisation et aux espaces verts.

LA VIE A PARIS
Son aménagement progresse tout autour de la capitale
Une ceinture verte contre le béton
Face à la pression urbaine, l'Agence des espaces verts sauvegarde, aménage et reboise des terrains.

Sur les modèles de la *green belt* de Londres, de la ceinture de verdure d'Ottawa ou du cœur vert d'Amsterdam, la ceinture verte de l'agglomération parisienne marque de nouveaux points contre le béton: cet été, un nouvel espace forestier d'une dizaine d'hectares, le bois régional de Montigny-lès-Cormeilles (Val-d'Oise), avec 130 mètres de cascades en sous-bois, a ouvert ses sentiers aux Franciliens. Une reconquête qui s'inscrit dans un projet beaucoup plus vaste: depuis 1984, le conseil régional et les communes ont confié à l'Agence des espaces verts la sauvegarde et l'aménagement des buttes du Parisis, classées «espace naturel sensible». Un patrimoine exceptionnel de 465 hectares, dominé par les derniers moulins de la région parisienne, qui constituera un maillon essentiel de la ceinture verte de l'Ile-de-France.
Seconde vie
Déjà, près de 40 000 hectares d'espaces verts et boisés, constitués essentiellement par les anciennes forêts royales de Saint-Germain-en-Laye et de Montmorency, les grands parcs urbains, comme celui de La Courneuve, ou les bases de loisirs, forment un bouclier naturel jusqu'à une trentaine de kilomètres de Paris. A terme, les espaces verts sauvegardés et ouverts au public devraient être multipliés par quatre entre le dixième et le trentième kilomètre des tours de Notre-Dame. Prise en compte par le schéma directeur d'aménagement de l'Ile-de-France, la ceinture verte englobe, au total, quelques 300 000 hectares, 410 communes et cinq millions de Franciliens.

«L'équilibre de l'écosystème urbain nécessite le maintien de grands espaces naturels, explique-t-on au conseil régional. *La ceinture verte permet, par une maîtrise foncière des sols, de contenir le front urbain tout en pérennisant les espaces*

naturels ou des terres agricoles menacées ou dégradées.»
Principaux objectifs: protection et extension du domaine forestier, création de nouveaux lieux de promenade et de loisirs pour les fins de semaine, maintien d'une agriculture périurbaine et sauvegarde de la faune et de la flore de la région. Car le danger est grand: selon une étude, un

territoire plus vaste que celui de Paris a été urbanisé en Ile-de-France de 1982 à 1995. Très prisés autrefois, les jardins familiaux, chassés par l'urbanisation galopante, devraient prendre leur revanche grâce à la ceinture verte. Déjà près de 2 000 ont été créés. Et de nombreuses municipalités sont candidates.
Récemment, l'acquisition par la région Ile-de-France de l'ancien fort militaire de Cormeilles marque une nouvelle étape importante, au nord de la capitale. Culminant à 170 mètres, ce massif forestier de premier plan, situé en plein cœur d'une région très urbanisée, entre Argenteuil et

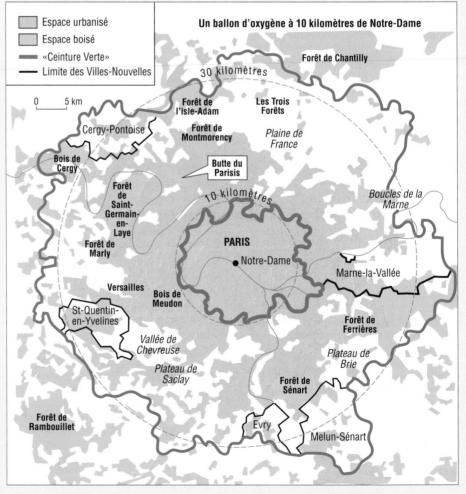

à l'amiable   *out of court*
aménagement (m)   *development*
béton (m)   *concrete*
bouclier (m)   *shield*
butte (f)   *hillock, mound*
carrière (f)   (here) *quarry*
combler   *to fill*
dépôt (m) d'ordures (f)   *rubbish dump*
englober   *to cover*
étape (f)   *stage*
foncier   *of the land*
gypse (m)   *gypsum*
patrimoine (m)   *heritage*
pérenniser   *to perpetuate*
périurbain   (here) *on the edge of the town*
reboisé   *re-wooded, re-forested*

Franconville, sera l'un des principaux poumons de la ceinture verte. *«C'est un espace très menacé, à la fois par l'urbanisation et par l'abandon de nombreuses parcelles transformées, quelquefois, en dépôts d'ordures,* confie Jacques Lorain, chargé de mission à l'Agence des espaces verts. *Il fallait arrêter le processus de dégradation au plus vite. Pour le compte de la région, nous procédons à la dernière phase d'acquisition des 2 000 parcelles qui composent les buttes du Parisis, à cheval sur les communes d'Argenteuil, de Sannois, de Franconville, de Cormeilles et de Montigny, soit à l'amiable, soit par expropriation.»*

Parallèlement, l'Agence réaménage des espaces boisés, propriétés communales ou départementales, afin d'accélérer leur ouverture au public. Regroupées en un syndicat présidé par le maire de Sannois, Yannick Paternotte, les communes et le conseil général de Val-d'Oise financent le fonctionnement des espaces sauvegardés. Près de 200 hectares ont déjà retrouvé une seconde vie, dont le bois de Montigny. Exploitée par les Ciments Lambert, la carrière de gypse de Cormeilles – la plus grande d'Europe, avec 160 hectares et des falaises de 170 mètres de haut – sera comblée, reboisée entièrement et rendue aux promeneurs par phases successives.

«Nous ne voulons pas faire des buttes du Parisis un parc de La Courneuve bis. Les espaces protégés resteront aussi naturels que possible. Une source a été remise en état dans le vallon des Cotillons, à Franconville. Des vignes ont été plantées par la ville d'Argenteuil», précise Jacques Lorain.

B   Relisez la première moitié du texte (jusqu'à «dégradées») et notez comment dire en français les expressions suivantes:

1   the green belt
2   is putting another one over on
3   which is part of
4   have entrusted to the Agency
5   basically made up of
6   eventually/at the appointed time
7   taken in hand by
8   requires the maintenance of

C   Mariez les bonnes moitiés des phrases suivantes, dont vous trouverez le sens original dans la deuxième moitié de l'article. Attention! Vous n'aurez pas besoin de toutes les fins de phrase!

1   Les Franciliens disposent maintenant . . .
2   L'urbanisation menace . . .
3   Certaines personnes malavisées mettent leurs ordures . . .
4   Certains espaces verts . . .
5   Les buttes du Parisis comprenaient . . .
6   Pour acquérir certaines parcelles, l'Agence . . .
7   L'Agence a tout fait pour . . .
8   Certaines communes ont payé . . .
9   On fait tout pour garder . . .

a   ouvrir tout ce terrain au public.
b   étaient en pleine dégradation.
c   a dû les exproprier.
d   a payé des sommes énormes.
e   la qualité naturelle du territoire aménagé.
f   des milliers de petits bouts de terrain.
g   de l'ancien fort militaire de Cormeilles.
h   dans les espaces verts.
i   les espaces verts.
j   leur part du financement des espaces verts.

CONSOLIDATION

A consulter: Comparatives, p.212; Superlatives, p.213

Utilisez le texte que vous venez d'étudier pour vous aider à rendre en français les phrases et locutions suivantes.

1   It's a less high mountain than those of the Alps.
2   The forest is less valued than previously.
3   less active municipalities
4   represents a more important step
5   this much more forested massif
6   the most threatened area
7   much less protected areas
8   the least productive (*masc.*) in Asia
9   will be the most reforested
10   less natural than ever

D   Vous travaillez aux bureaux d'une grande municipalité dans votre propre pays. Votre ville est jumelée avec une grande ville francophone. Cette ville a des problèmes similaires vis-à-vis de ses espaces verts. Votre supérieur vous demande d'écrire un fax à son homologue francophone, incorporant les renseignements suivants. Ecrivez le fax sur le formulaire que votre prof vous donnera. 100 mots maximum.

Please let my counterpart know that:

· *We are responsible for the safeguarding and the development of our local forest.*
· *The forest forms a natural belt around the town to a distance of 5 km.*
· *In the forest, we are trying to develop leisure areas for summer visitors.*
· *Near the present forest, 200 hectares will be completely reforested.*
· *Thanks to the forest, the region will no longer be threatened by the spread of built-up areas.*

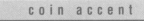

coin accent

Ecoutez la version appropriée du troisième paragraphe et lisez-le en essayant de capter la voix de la personne que vous entendez.

9.3 *Une Alsacienne parle de sa région*

En France, il n'y a pas seulement une hostilité entre Paris et la province, la France d'outre-mer y comprise. Il existe aussi une certaine rivalité entre les régions elles-mêmes, tout comme dans votre propre pays, ce qui est dans la nature des choses. Prenons, par exemple, l'Alsace. Il y a des gens qui traitent les Alsaciens avec une condescendance presque totale et assurément injuste, à cause de l'histoire mouvementée de cette région qui a appartenu et à la France et à l'Allemagne. Ecoutons maintenant Lana, qui parle de son Alsace natale.

A   Notez, mot à mot, les trois petites interruptions moqueuses pendant la première partie de l'entrevue avec Lana. Connaissez-vous la signification de la troisième interruption?

B   A l'aide d'un atlas, trouvez tous les noms géographiques mentionnés dans la conversation.

C   Faites une liste de tous les points positifs sur l'Alsace cités par Lana (il y en a neuf).

9.4 *La Réunion et la France métropolitaine*

Passons maintenant à Sabine qui vient de la Réunion, une île de l'océan Indien. Malgré la distance (7 000 kilomètres) entre l'Hexagone et la Réunion, cette dernière est un véritable département français, et comme les autres départements élit des députés à l'Assemblée nationale à Paris. Mais il existe quand même des problèmes dans les rapports métropole–départements d'outre-mer, surtout des problèmes financiers dont parlera Sabine.

A   Ecoutez plusieurs fois ce que dit Sabine dans la première partie de l'interview et complétez les phrases ci-dessous, selon le sens de la conversation.

1   Pour la France, la Réunion est ....
2   Il y a peut-être 30% de Réunionnais qui voudraient que ....
3   Ils veulent ce changement parce que la vie est ....
4   Il y a aussi un taux inacceptable de ....
5   Il y a eu un manque d'effort de la part ....
6   Le SMIC est beaucoup moins élevé ....
7   Entre la France et la Réunion il y a un décalage de ....
8   Dans les deux pays le même travail ne mérite pas ....

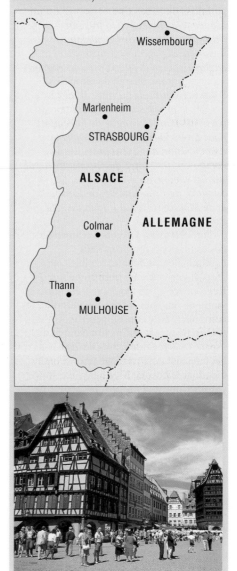

coin infos

l'Alsace

Cette région sur le Rhin dans l'est de la France consiste en deux départements administratifs, le Bas-Rhin et le Haut-Rhin. L'Alsace a une population d'un peu plus de 1 560 000 habitants, une superficie de 8 200 km² et la ville de Strasbourg comme chef-lieu. *Strasbourg* veut dire «ville des routes». Sa position au carrefour de l'Europe, reconnue à l'ère moderne par l'Union Européenne qui en a fait sa capitale politique, explique en grande mesure son histoire – disputée par la France et l'Allemagne. Par exemple, les forces nazies ont annexé l'Alsace en 1940, et en 1944–45, les Alliés l'ont libérée. De nos jours l'Alsace jouit d'une puissante activité commerciale et industrielle, fondée sur l'aménagement du Rhin et sur son potentiel énergétique (raffineries de pétrole, électricité canalière).

B Ecoutez bien la deuxième partie de la conversation et identifiez ci-dessous les bonnes affirmations en écrivant «vrai» ou «faux» pour chacune.

1 Le coût de la vie n'est pas du tout plus cher à la Réunion.
2 Une petite boîte de conserves peut coûter deux fois plus à la Réunion qu'en France.
3 C'est le transport qui est le problème principal.
4 Seules les voitures ne sont pas taxées.
5 A la Réunion les gens vivent principalement de la terre.
6 En un mot, on vit frugalement.
7 Mais les gens ont quand même leur bonheur.
8 Malheureusement, on n'a pas suffisamment d'argent pour aider les autres.
9 Et si vous êtes étranger dans le village, vous n'avez aucune chance d'être aidé.
10 Il y a très, très peu de mendiants à la Réunion.

coin infos

la Réunion: département français dans l'océan Indien

La Réunion est un DOM (un Département d'Outre-Mer) de la France et se trouve à 193 km au sud-ouest de l'île Maurice. L'île a une population de 520 000 et une superficie de 2 510 km². La capitale de l'île est St-Denis. La Réunion vit de sa canne à sucre et d'un secteur touristique croissant.

Comme à la Martinique, le chômage est un problème que les subventions de la part de la France métropolitaine ne semblent pas résoudre.

OCEAN INDIEN

AFRIQUE

Madagascar

Ile Maurice

La Réunion

| 0 | 200 | 400 | 600 | 800 |

km

9.5 *Le travail dans les régions*

Ecoutez dans votre groupe la conversation sur l'emploi et le chômage dans deux régions. Puis discutez des informations données par les interviewé(e)s et incorporez les infos demandées ci-dessous sur la carte de France que votre prof vous donnera. Notez les infos demandées sur la Corse et sur la France.

Rouen

1 Marquez Rouen, puis marquez et nommez le fleuve qui la relie à Paris.
2 Ecrivez le nom de l'industrie principale de la vallée de la Seine.
3 Indiquez le port principal et les industries qu'il alimente.

La Corse

Indiquez ...

4 Le pourcentage de Corses qui vont chercher du travail sur le continent.
5 Les deux activités économiques principales de la région.
6 La récolte principale.
7 Les deux nouveaux arbres plantés.

La France

Indiquez ...

8 Le pourcentage approximatif de jeunes au chômage.
9 Le taux de chômage actuel en France.

9.6 *Métiers ruraux*

Métiers: les rois du village

Le bonheur existe encore! La preuve, nous l'avons trouvé chez les habitants de Lyons-la-Forêt.

On m'avait dit: «Tu verras.» Tu vas aller dans un petit village, tu verras le plombier, le boucher, le notaire, l'électricien. Tu verras: on va sûrement te dire que ça a changé, que le plus heureux des métiers, c'est non plus celui de médecin ou de notaire, comme avant, mais celui de plombier ou de réparateur de télé, parce qu'on se les arrache, mais celui de cantonnier, parce qu'il vit en plein air.

Je suis allée voir.

Chef-lieu de canton de huit cents habitants au nord des Andelys, dans l'Eure, Lyons-la-Forêt vit surtout le week-end. C'est ce qui lui permet de vivre toute l'année. Que cet ancien bourg rural se soit raccroché au tourisme, pas étonnant. D'abord, il y a sa proximité de Paris (à peine 100 km). Et ses jolies demeures intactes des XVIIe et XVIIIe siècles. Et surtout la forêt, magnifique: 11 000 ha de bois tout autour, la plus belle hêtraie de France.

Je regarde autour de moi: un pâtissier, un boucher, un antiquaire, un agent immobilier, des affiches pour la prochaine vente aux enchères, une publicité pour le club de tennis. Vit-on heureux à Lyons-la-Forêt?

En poussant la porte de la mercerie-librairie-maison de la presse, je crois être sur la bonne piste. Au sourire radieux qu'il me décroche, au temps qu'il prend pour me parler du temps qu'il fait, j'ai tout à coup la conviction que c'est lui, l'homme le plus heureux du village, Lucien Janez,

le libraire. On n'est pas aussi aimable quand on n'aime pas son métier. Je lui pose la question, il raconte.

Avant, il était comptable à Paris. Il vivait en banlieue: 15 km le matin, 15 km le soir. Un jour, il en a eu assez. Il y a sept ans qu'il est libraire à Lyons ... Alors? Alors, douze heures de travail par jour, la préparation des journaux le matin, le ficelage des invendus le soir, pas de jour de fermeture, sauf le dimanche après-midi, et, depuis sept ans, jamais de vacances avec Liliane, sa femme, qui tient la mercerie. «Les journaux arrivent tous les jours, il faut que l'un de nous soit là ...» Alors, à tour de rôle, ils emmènent leur fils en vacances. «On prendrait bien quelqu'un, il y aurait du travail pour un ménage, ici, mais on n'a pas les moyens.»

Le bonheur? Le bagne, oui. Pour contrebalancer, il me parle de sa passion des livres et des journaux, de la joie de vivre au milieu de la nature – il en profite quand, de la nature? – du plaisir qu'il a d'être en contact avec les gens. Ça, on le croit sur parole. C'est vrai qu'on n'arrive

pas à les trouver malheureux, les Janez. De là à leur donner la médaille du Bonheur professionnel, non!

D'ailleurs, à qui vais-je la décerner, cette médaille? Pas au boucher, qui se lève, l'été, à cinq heures pour désosser ses carcasses, reste jusqu'à vingt heures pour nettoyer l'étal et n'a pas pris de vacances depuis qu'il est là. Ni au charcutier, qui n'a jamais fermé un week-end. Encore moins aux ouvriers forestiers, qui, pour 600€ par mois, s'enfoncent dans la forêt par tous les temps, qu'il pleuve, qu'il neige, qu'il vente, pour planter, nettoyer, avec, parfois, des ronces jusqu'à la taille. Pas même à M. le Curé, qui, chaque dimanche, court d'une commune à l'autre pour dire la messe: Beauficel, 9 heures; Lorleau, 9h45; Lyons, 10h45. Cela ne lui laisse guère le temps de dialoguer avec ses ouailles.

Et pourtant, j'ai peut-être tort. Car, à aucun moment, l'un d'entre eux ne s'est plaint de sa profession. Ni de travailler trop ni d'être mal dans sa peau. Tous, en revanche, m'ont parlé des relations détendues avec les gens, du bonheur de vivre à la campagne. «Ce sont des remèdes pour Parisiens, les vacances, les loisirs. C'est bon pour les cadres ou les journalistes, m'a dit l'un d'eux. Nous, ici, on est heureux de travailler, on n'a pas besoin de temps libre.»

Sophie DECOSSE

A   Pour chaque définition, trouvez un seul mot dans le texte qui lui correspond.

1 La personne qui s'occupe des affaires juridiques des gens.
2 Une division territoriale en France.
3 Un gros village où se tiennent normalement des marchés.
4 Un vendeur de vieux meubles, objets d'art, etc.
5 Le chemin qu'on suit dans une enquête.
6 Un vendeur de livres.
7 Une quantité de ressources financières.
8 Un séjour où l'on a du travail pénible.
9 Accorder une récompense à quelqu'un.
10 Les chrétiens par rapport au prêtre.

B   Indiquez par ✓ ou ✗, si les affirmations suivantes sont données/suggérées dans le texte ou non.

1 Selon l'introduction, les gens des grandes villes traitent les villageois avec une certaine condescendance.
2 Sans le commerce de la fin de la semaine, Lyons-la-Forêt trouverait difficile de survivre.
3 Pour une étrangère comme Sophie Décosse, la vie à Lyons-la-Forêt semble très mouvementée.
4 Lucien Janez doit être content de son travail, puisqu'il est si affable.
5 Janez est né à Paris.
6 La journée de travail pour Janez finit avec le déficelage des journaux invendus.
7 M. Janez est naturiste.
8 Sophie Décosse croit que les villageois travaillent trop dur pour être vraiment heureux.
9 Ces villageois ne protestent pas contre leurs conditions de travail.
10 Ils ne voient pas leurs métiers comme un remède.

C   Remaniez ce résumé de l'article en français, en vous référant aux parties correspondantes du texte original.

Sophie Décosse went to see if the outdoor life of the small-town-dwellers was indeed the happiest of lives. She soon found herself on the right track when she met Lucien Janez, who found so much time to talk to her. For him, what a joy to live surrounded by nature after many years as an accountant in Paris! But she found it was not possible to say that he was the happiest man in the village, since the others seemed to share the same happiness, that of someone who was content to work without needing time off!

à tour de rôle   *one after the other*
agent immobilier (m)   *estate agent*
antiquaire (m)   *antique dealer*
bagne (m)   (here) *the grind*
cadre (m)   (approx.) *executive*
canton (m)   *district*
chef-lieu (m)   *principal town*
commune (f)   (approx.) *parish*
comptable (m/f)   *accountant*
décerner   *to award*
décrocher   (here) *to let go*
demeure (f)   *dwelling*
désosser   *to remove the bones from*
détendu   *relaxed*
s'enfoncer   *to go deep*
ficelage (m)   *tying up*
hêtraie (f)   *beech plantation*
libraire (m)   *bookseller*
mercerie (f)   *haberdashers*
métier (m) rural   *rural trade*
notaire (m/f)   *solicitor*
se plaindre de   *to complain about*
plombier (m)   *plumber*
preuve (f)   *proof*
se raccrocher à   *to cling on to*
ronces (fpl)   *brambles*
taille (f)   (here) *waist*
vente (f) aux enchères (fpl)   *auction*

CONSOLIDATION

A consulter: Personal pronouns, p.207

Les courtes phrases anglaises que vous trouverez ci-dessous sont basées sur certaines phrases de l'article qui incorporent un pronom personnel. Utilisez les modèles dans le texte pour vous aider à traduire ces expressions en français.

1 I had told you (*vous*) the truth.
2 Why do you (*tu*) grab them for yourself all the time?
3 She picked up the receiver for him.
4 He continued to talk to us about the situation.
5 We asked them the question.
6 He used to talk to you (*vous*) about his private life, didn't he?
7 I don't believe them.
8 I found them at last.
9 It didn't give them time to think.
10 I've talked to you (*tu*) about that.

9.7 *Une lettre ouverte au maire de Paris*

La lettre à la page 165 écrite par Mme Morgan résume certains aspects des problèmes traités dans cette unité. Après l'étude de ce qu'ont dit les divers participants au débat éternel «Paris–Régions», avez-vous plus de sympathie pour Paris ou pour les régions? Peut-être cette lettre au maire de Paris influencera-t-elle votre décision?

A Lisez la lettre et répertoriez tout le vocabulaire-clé sur le thème de l'urbanisation.

B Faites la liste de tous les changements à Paris mentionnés par Michèle Morgan.

C *Face à face*

1 Relisez la lettre.
2 Mettez-vous d'accord avec votre partenaire sur une réponse acceptable à chacune des questions ci-dessous.
3 Enregistrez les questions ci-dessous, et votre réponse commune à chacune.

- Mme Morgan est native de quelle région de France?
- Quelle est son attitude vis-à-vis de l'augmentation de la population parisienne?
- Quel a été le résultat de la dépopulation récente de Paris?
- Selon Mme Morgan, qui a profité de la rénovation de la ville de Paris?
- Qui sont les perdants?
- C'est quoi, une ville des BCBG?
- Quelles mesures est-ce que Michèle Morgan propose?
- Jusqu'à quel point est-ce que vous partagez les opinions de Michèle Morgan?

---

coin infos

le Paris qui change

En 1920, Paris comptait 2,9 millions d'habitants, chiffre record de toute son histoire.

Aujourd'hui, les Parisiens ne sont guère plus de deux millions. Depuis 1962, c'est plus d'un demi-million d'entre eux qui ont quitté la capitale. Certains sont partis pour la province, mais le plus grand nombre s'est installé en banlieue.

Le prix sans cesse plus élevé de vente ou de location des appartements a été la principale cause de ces départs massifs. La décentralisation de certaines activités industrielles et la construction de nombreux immeubles de bureaux ont joué également un rôle majeur dans le dépeuplement de Paris.

CONSOLIDATION

A consulter: Indefinite and partitive articles, p.206; Comparatives with *que* and *de*, p.214

Sans regarder de nouveau la lettre de Mme Morgan, rendez en français ces phrases anglaises.

1 the political centre of France
2 a daughter of France
3 coming from a Parisian family
4 the number of Ile-de-France people
5 the Paris population
6 twenty times as many inhabitants
7 the result of two waves of urban development
8 the rampant urban development of the 50s and 60s
9 a period of controlled growth
10 certain of the five new towns
11 more than 300 000 inhabitants

Monsieur le Maire,

Permettez-moi de vous écrire en tant que Française et patriote sur le rapport Paris–France. Tout d'abord, il faut avouer que je suis Niçoise et vous allez peut-être dire que je n'ai pas le droit de critiquer ce que je vois dans la capitale. Mais il me semble que si Paris est le centre politique, administratif, commercial de la France, j'ai bien ce droit, étant une fille de France et provenant d'une famille parisienne qui s'est implantée en Provence il y a trois générations.

Monsieur, vous saurez certainement qu'un Français sur six vit dans l'agglomération parisienne. Sur une population nationale de 58 millions, le nombre de Franciliens dépasse les dix millions. En 1800, la population de Paris n'atteignait guère que 500 000 habitants. Vingt fois plus d'habitants en deux siècles! Et vous trouvez ça normal? Alors, vous hausserez les épaules et vous direz que ça, c'est la vie!

Mais la vie, c'est notre vie et nous avons la responsabilité de la changer pour le mieux. Tout démontre que Paris n'est pas sain car Paris intramuros se dépeuple. En 40 ans, il a perdu 600 000 de ses 2 850 000 habitants. Et après? dites-vous, ça doit être une bonne chose! Mais où ces habitants ont-ils disparu? Nous savons la réponse à cette question, n'est-ce pas?

C'est le résultat de deux vagues d'urbanisation . . . l'urbanisation sauvage des années 50–60, suivie par la deuxième vague engendrée par le Schéma directeur de la région parisienne de 1965, qui favorisait ce qu'on appelait une période de croissance contrôlée. Et nous en savons les résultats.

Certaines des cinq villes nouvelles dans le plan qui ont reçu plus de 300 000 habitants – Cergy-Pontoise, Marne-La-Vallée, Melun-Sénart, Evry, St-Quentin-en-Yvelines – ont connu une croissance énorme ces dernières années à cause de facteurs sociaux bien connus – manque d'agréments, manque d'identité, manque de travail, construction de ghettos. Par contre, la rénovation dans la ville de Paris a mené à une amélioration sensible du cadre de vie, tout en encourageant l'explosion du prix des logements, au point où ce ne sont que les cadres aisés qui peuvent y vivre. On en est maintenant au point dans certaines parties de l'Ile-de-France où il y a plus de cadres que d'ouvriers.

Monsieur le Maire, Paris et sa banlieue sont la ville des BCBG*, tandis que les villes nouvelles deviennent vite le territoire des défavorisés! Pour l'amour de vos concitoyens, coopérez avec le gouvernement et les régions pour faire repartir dans les villages rendus morts par l'exode rural les centaines de milliers d'habitants qui y seraient attirés par des allocations favorables et des emplois que vous et les autres hauts fonctionnaires pourraient créer pour eux, je vous en supplie!

Je vous prie d'agréer, Monsieur le Maire, l'expression de mes sentiments les plus distingués,

Michèle Morgan

Michèle Morgan
Agrégée de l'Université

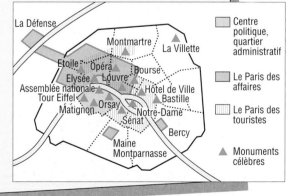

*BCBG: bon chic bon genre

Dossier: La Bretagne

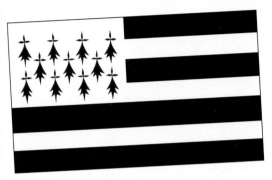

Le drapeau breton est le seul au monde à ne porter aucune couleur.

On a déjà un peu étudié le rapport France–Martinique, France–Réunion au cours de ce livre et vous aurez peut-être une certaine compréhension des relations assez complexes entre la Métropole et ses anciennes colonies.

Mais il en est un peu de même dans certaines régions de France métropolitaine. C'est un peu comme en Grande-Bretagne. Une Ecossaise est d'abord Ecossaise et ensuite Britannique. Un Gallois est d'abord Gallois et ensuite Britannique. Dans le vrai Midi de la France beaucoup de Méridionaux parlent catalan tout en se considérant d'abord Occitans et ensuite Français.

Et les Bretons, les habitants de la (Petite) Bretagne, les descendants d'Astérix et de sa bande? Ils sont aussi un peu différents, comme leurs cousins celtes, les Cornouaillais, les Ecossais, les Gallois et les Irlandais. Il y en a qui disent que les Bretons sont une race à part.

Lisez tout d'abord le *Coin infos* et puis étudiez le reste de la documentation sur la Bretagne pour avoir une meilleure idée de cette région un peu à part qui fait quand même partie intégrante de la France.

---

coin infos

la Bretagne

Avec une superficie de 27 208 km², et une population de 2,85 millions, la Bretagne est formée de cinq départements:

- le Finistère
- les Côtes-d'Armor (autrefois Côtes-du-Nord)
- le Morbihan
- l'Ille-et-Vilaine
- la Loire-Atlantique

Rennes est le chef-lieu de la région de Bretagne. A l'exception de Rennes, toutes les grandes villes bretonnes sont des villes de bord de mer.

La Bretagne a un climat océanique. Donc, ses industries principales ont été traditionnellement: 1) la pêche et les activités annexes (conserveries, etc.); 2) les primeurs de haute qualité; 3) l'élevage (bovins, porcs, volaille); 4) les céréales. Maintenant, le tourisme et les nouvelles industries technologiques contribuent à une économie nettement plus performante.

- 1 046 613 personnes travaillent en Bretagne, dont:

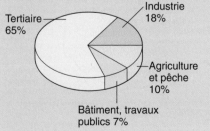

Tertiaire 65%
Industrie 18%
Agriculture et pêche 10%
Bâtiment, travaux publics 7%

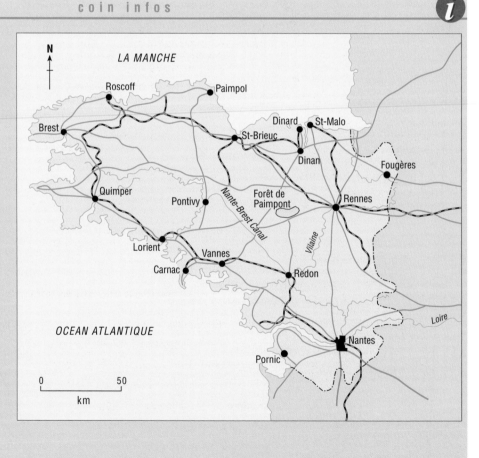

9.8 *L'image de la Bretagne – gare aux stéréotypes!*

Les Bretons sont-ils vraiment une race à part? En tant que Celtes, ils ont eu forcément une image stéréotypée, fondée sur la tradition et même sur l'antiquité. *Tempora mutantur et nos mutamus in illis* (les temps changent et nous changeons avec). Lisez l'article sur l'image de la Bretagne pour en découvrir plus.

Image de la Bretagne: les clichés ont la vie dure

1 Têtus, accueillants et solidaires, les Bretons sont attachés à leurs coutumes. Ils habitent une région où il fait bon vivre et passer des vacances. Pas nécessairement courageux, ils profitent de la mer, se régalent de fruits de mer. Sans se montrer particulièrement entreprenants, ils élaborent néanmoins des produits alimentaires dignes de confiance tant ils sont réputés sains et naturels. Voilà la Bretagne vue de Strasbourg, Lille et Lyon.

2 Les Bretons ne sont pas systématiquement d'accord. Eux se disent fiers et persévérants. Attachés à leur culture, ils prétendent cependant s'ouvrir aux innovations. Ils défendent le dynamisme économique de leur région, connaissent la force de l'agriculture et du secteur industriel agro-alimentaire. Conscients de bénéficier d'une exceptionnelle qualité de vie, ils n'en paraissent pas moins attentifs aux risques que comportent les pollutions des milieux naturels.

3 Y aurait-il deux images très différentes de la Bretagne? L'enquête que vient de dévoiler l'association des entreprises de «Produit en Bretagne» va plus loin que cette suggestion. Elle présente en fait une région aux multiples visages.

Et la rigueur de la méthode utilisée pour aboutir à cette conclusion justifie qu'on aille un peu plus en détail dans cet excellent travail. Il résulte d'une consultation approfondie menée auprès de 224 Bretons et de 597 personnes interrogées dans les régions Alsace, Rhône-Alpes et Nord-Pas-de-Calais.

4 C'est ainsi que, de l'extérieur, les Français aperçoivent une Bretagne fortement identifiée, mais quelque peu caricaturée. Elle est marquée par son caractère maritime, affublée de costumes un peu trop folkloriques, quasiment réduite à se nourrir de crêpes. En revanche, ses performances agricoles et industrielles semblent bien peu reconnues. Pire, ses activités de recherche, ses compétences dans le secteur des technologies de pointe (informatique et télécommunications) demeurent complètement ignorées.

5 Sur un tableau plus valorisant, notons toutefois que les fastes de Brest 96 placent le port du Ponant au premier rang des villes citées pour leur appartenance bretonne. Ce qui ne dispense nullement Nordistes et Alsaciens de classer le Mont-Saint-Michel en tête de la liste des … sites bretons les plus remarquables.

6 Plus lucides, mieux informés aussi sur leur géographie, les Bretons trouvent leurs principaux repères à la Pointe du Raz et à Quimper. Mais, comme l'ensemble de l'échantillon consulté, les hommes auxquels ils se réfèrent se nomment Edouard Leclerc (entreprises), Olivier de Kersauzon et Alan Stivell (personnalités).

Louis Roger DAUTRIAT

A Dans la première partie de l'article (jusqu'à la fin du troisième paragraphe) trouvez un mot ou une expression qui a le même sens que chacun des suivants.

1 obstinés
2 chaleureux
3 fidèles
4 quand même
5 diverse
6 mener
7 détaillée

B Après avoir lu cet article, faites correspondre les sous-titres aux paragraphes numérotés.

a Une étude très révélatrice
b Ils se connaissent et se défendent
c Des Bretons célèbres
d Les Bretons selon les autres
e En géographie, les sondés sont nuls!
f Les clichés l'emportent sur la vérité

C Résumez **en anglais** les points principaux de l'article. Essayez d'écrire deux phrases pour chaque paragraphe (1–6).

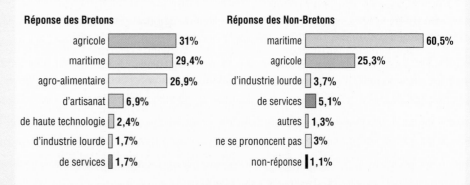

Question: **Pour vous la Bretagne a une vocation plutôt . . .**

Réponse des Bretons

agricole	31%
maritime	29,4%
agro-alimentaire	26,9%
d'artisanat	6,9%
de haute technologie	2,4%
d'industrie lourde	1,7%
de services	1,7%

Réponse des Non-Bretons

maritime	60,5%
agricole	25,3%
d'industrie lourde	3,7%
de services	5,1%
autres	1,3%
ne se prononcent pas	3%
non-réponse	1,1%

L'image économique de la Bretagne

D Voici la dernière partie de l'article. Lisez, et remplissez les blancs en choisissant pour chacun un des mots dans la case à droite.

ailleurs	dépense	encourage	enquête
frontières	inquiète	inquiétude	longtemps
manger	pâté	pâtes	plaisir	récolte	réussi
sondage	vendu

«Bref, hors de ses **1** .... , la Bretagne ne **2** .... que ce qu'elle a semé», commente Jean-Jacques Henaff (l'homme au célèbre **3** ....) après avoir livré cette brassée d'appréciations. L'image composite qu'elle représente ne l'**4** .... pas forcément. «Car en commandant cette **5** .... nous ne cherchions pas à nous faire **6** ....», s'empresse-t-il d'ajouter. On le comprendra en sachant qu'après avoir **7** .... en Bretagne, l'association veut maintenant prolonger **8** .... son incitation à acheter breton.

9.9 *«Réussissez vos vacances en Bretagne!»*

Dotée d'une côte et d'une campagne sans égal, la Bretagne dispose d'une industrie touristique importante. Mais, quand le soleil ne brille pas ... Pour les Bretons qui dépendent du tourisme pour vivre, leur rapport avec leurs touristes et surtout avec leurs voisins britanniques est d'une importance primordiale, comme cet article nous le démontre.

coin infos
davantage d'habitants dans les villes bretonnes

Les résultats officiels du recensement en Bretagne confirment que globalement, la plupart des villes comptent davantage d'habitants. C'est le cas notamment de Rennes (+ 8 500 habitants), Vannes (+ 5 500), Saint-Brieuc (+ 1 000), Brest (+ 600), mais aussi et surtout de Nantes, qui enregistre une progression démographique record de 9,6% (267 633 habitants en mars 1999 contre 244 188 en 1990). Explications avancées: les nouvelles opérations d'urbanisme, les opérations de restructuration urbaine, la diversification progressive d'anciens quartiers pavillonnaires et la forte poussée de la zone universitaire. Parmi les rares villes bretonnes qui connaissent une baisse démographique, citons Morlaix (– 1 200 habitants), Douarnenez (– 500) et Lorient (– 500).

Les vacances de printemps, premier test de l'année

Le soleil a fait venir les touristes

«La Bretagne vous réussit. Réussissez vos vacances en Bretagne». Les touristes de printemps ont pris la campagne publicitaire télévisée au pied de la lettre. Le soleil et les vacances scolaires ont ouvert une saison que les professionnels espèrent meilleure que l'an dernier.

Les vacances de Pâques constituent un excellent baromètre. **«On a du monde, et pas mal d'étrangers»**, entend-on tout au long du littoral. La fin des vacances scolaires dans la région parisienne laissera la semaine prochaine les plages aux provinciaux mais les deux semaines écoulées ont ramené le sourire ... et le soleil.

A Quiberon, les courriers assurant de multiples liaisons quotidiennes avec Belle-Ile ne désemplissent pas. A Saint-Malo, les terrasses de l'intra-muros ont déjà des allures estivales et «Emeraude lines» chalute chaque jour, elle aussi, une belle marée de passagers vers les îles anglo-normandes.

A Perros-Guirec, station «nouvelle vague», presque tous les hôtels ont rouvert leurs chambres, et ça va plutôt bien pour eux, alors que le camping «Le Ranolien» retrouve ses fidèles clients british. **«On a 20% de demandes de renseignements supplémentaires pour l'été, par rapport à l'an passé»**, se réjouit le directeur de l'office du tourisme. Satisfaction identique à Carnac.

En attendant les Anglais

Eternel VRP de la Bretagne, le directeur du comité régional du tourisme François Vertadier – il rentre de deux salons, à Bristol (Angleterre) et Turin – croise les doigts lorsqu'il évoque justement les Anglais, premiers clients étrangers de la petite Bretagne. Leur chute de fréquentation a été spectaculaire, en 1996: 30% de nuits en moins dans les hôtels, 10% dans les campings. **«Nous allons les récupérer. Je suis optimiste. La météo joue actuellement en notre faveur».**

Les narcisses des Glénan

François Vertadier nourrit également l'espoir que les Allemands (10 à 15% de nuits en moins l'an dernier) seront au rendez-vous. Et que les Italiens confirmeront leur percée. Après Turin, il se rendra d'ailleurs, début mai, refaire la pub de la Bretagne au salon de Vérone.

Soigner l'accueil, élargir la palette des offres en matière d'animations: une ardente obligation pour les stations. Durant ces vacances dites pascales, toutes sont encore loin de proposer des activités de sports, de loisirs et de découverte(s) à leurs hôtes. A Perros-Guirec toutefois, on a pensé aux jeunes de sept à dix-sept ans en montant une opération «ticket sports» assortie d'une multitude de pratiques (bon marché) à la carte. A Fouesnant, on convie les enfants à fabriquer un bateau en bois et «Lulu» Le Goff, guide-nature en jupon, entraîne des pelotons de parents et d'enfants jusqu'aux îles Glénan pour découvrir les narcisses en fleurs. Ecolo. Tonique. Sympa.

Alain GUELLEC

A
Répondez «vrai» ou «faux» aux questions suivantes.

1 Pendant les vacances de printemps la Bretagne n'a pas accueilli que des familles parisiennes.
2 Ce sont maintenant les visiteurs du Midi qui viendront les remplacer.
3 A Quiberon il y a moins de passagers qui font la traversée jusqu'à Belle-Ile.
4 Dans les cafés de Saint-Malo on dirait que c'est déjà l'été.
5 Beaucoup de vacanciers font des excursions à Jersey.
6 Les touristes veulent plus de renseignements que dans le passé.
7 En Bretagne un visiteur sur cinq fait du camping.
8 Les Anglais ont tendance à venir en Bretagne avant les autres vacanciers.
9 En général, les lieux de vacances en Bretagne devront multiplier leurs efforts pour attirer des vacanciers.

C
Maintenant, complétez les phrases suivantes en remplaçant chaque blanc avec un des mots que vous venez de trouver pour l'activité B.

1 La Bretagne est une région ……… par ……… .
2 En ……… les plages sont très ……… .
3 Pendant les vacances de ……… le temps a été très ……… .
4 Les Anglais montrent une grande ……… envers cette région dont les habitants sont très ……… .
5 Il y a beaucoup d'……… en Bretagne; l'économie devient plus ……… .

D
Pour montrer que vous avez bien compris cet article, faites-en sur cassette un résumé oral. Référez-vous, si vous voulez, aux phrases complétées de l'exercice C, mais vous devez donner plus de détails.

B
Les mots suivants sont utilisés dans l'article – à vous de trouver la forme demandée.

Nom	Adjectif
touriste	1 ………
2 ………	scolaire
soleil	3 ………
4 ………	excellent
saison	5 ………
6 ………	parisien
fréquentation	7 ………
8 ………	estival
faveur	9 ………
10 ………	fidèle
accueil	11 ………
12 ………	supplémentaire
animation	13 ………
14 ………	optimiste
activité	15 ………
16 ………	pascal

CONSOLIDATION

A consulter: Perfect, p.215; Future, p.217; Past historic, p.218; Reflexive verbs, p.215; Constructions with the infinitive, p.221

Les phrases ou extraits de phrases ci-dessous figurent tous dans l'article *Le soleil a fait venir les touristes*. Rendez chacun en anglais, pour montrer que vous comprenez les différences entre les divers temps.

1 Le soleil a fait venir les touristes.
2 Les touristes ont pris la campagne …
3 Le soleil et les vacances scolaires ont ouvert une saison …
4 La fin des vacances scolaires laissera …
5 Les deux semaines écoulées ont ramené le sourire …
6 Les hôtels ont rouvert leurs chambres.
7 se réjouit le directeur
8 Leur chute de fréquentation a été spectaculaire.
9 François Vertadier nourrit l'espoir …
10 Les Allemands seront au rendez-vous …
11 Les Italiens confirmeront leur percée.
12 Il se rendra ailleurs.
13 On a pensé aux jeunes.

9.10 *La culture bretonne*

Un pays ne se réduit pas à la seule dimension économique. Considérons maintenant la culture et la langue bretonnes et les efforts faits par les habitants pour les maintenir, selon Philippe Guéguen.

A   Ecoutez encore la première partie de l'enregistrement. Comment Philippe dit-il … ?

1   il y a quelque chose qu'on doit comprendre
2   l'endroit où je suis né
3   ça m'étonne beaucoup lorsqu'…
4   à moins que je ne me trompe
5   un phénomène d'une importance capitale
6   tout à fait courant

B   Maintenant écoutez encore la deuxième partie puis écrivez les mots qui manquent dans les phrases suivantes.

1   … la langue est en … une, surtout ……… notamment les cultivateurs …
2   Chez moi on parle toujours ……… le breton …
3   Alors, les enfants ……… et pour moitié en français.
4   L'enseignement privé catholique ……… d'écoles bilingues.
5   … il y en a également en Haute-Bretagne ……… le breton dans les rues …
6   … à la campagne, ……… pour travailler …
7   … où il existe de ……… la frontière linguistique …

9.11 *Mobilisation bretonne*

Les Bretons sont très fiers de leur culture, qu'ils défendent passionnément. Ici on parle d'une association dont le but est de faire de la publicité pour la culture bretonne.

A   Choisissez la bonne réponse.

1   En ce qui concerne la défense de leur patrimoine, les Bretons …
   a   ne cèdent la place à personne.
   b   sont les premiers à fonder des associations culturelles.
   c   insistent pour que l'on ne parle que le breton dans les lycées en Bretagne.

2   Les cours de danse …
   a   ont été diffusés à la télé.
   b   ont lieu tous les huit jours.
   c   ont connu un gros succès.

3   Les émissions …
   a   sont diffusées en breton.
   b   font de la publicité pour des activités culturelles.
   c   diffusent de la musique bretonne.

4   On pourra participer à …
   a   des compétitions avec d'autres jeunes.
   b   des débats en breton.
   c   des pièces en breton.

5   Le fest-noz de Brest …
   a   a attiré la majorité des lycéens.
   b   est le plus important de Bretagne.
   c   s'est produit en hiver.

6   Startijenn …
   a   a des raisons d'être optimiste.
   b   a peu d'adhérents qui ne parlent pas breton.
   c   a pour but de mobiliser tous les lycéens bretons.

CAUDAN

SAMEDI 18 AVRIL

Salles des Fêtes de Kergoff
à partir de 21h00

FEST-NOZ

STORVAN
AN DIAOUL HA PEDER
BEVILLON – GORCÉ
PAOTRED KAODAN

ENTRÉE 6, 50 €

moins de 12 ans
Gratuit

Parking surveillé

Organisation: AC CAUDAN imprimé par nos soins

Un fest-noz au lycée

Quand il s'agit de défendre leur culture, les Bretons sont au premier rang. Pour preuve, l'association Startijenn. Voici une petite explication.

Il y a cinq ans, Erwan, élève au lycée de l'Iroise à Brest, décide de créer une association pour promouvoir la culture bretonne dans les lycées. Naît alors Startijenn, qui signifie «énergie» en breton. L'association commence par proposer à l'Iroise des cours de danse bretonne aux élèves. Et ça plaît!

Alors, il y a eu une foule d'initiatives. D'abord une émission bilingue hebdomadaire sur Fréquence Mutine (le mardi de 19h30 à 20h30) pour parler des concerts, des festou-noz et présenter des invités. Puis la création d'une troupe de danse bretonne baptisée «Danserien Yaouank» (les jeunes danseurs) qui

participe aux concours inter-lycées. Au programme également: cours de langue bretonne, élargissement des cours de danse à tous les lycées brestois, création d'un journal mensuel, lancement d'une troupe de théâtre et organisation, chaque année, d'un grand fest-noz réunissant les meilleurs groupes du moment en matière de musique celtique.

Le dernier fest-noz de l'assos a eu lieu en février à Brest. Il a rassemblé 900 personnes, pour la plupart des lycéens. Une première! C'est dire que la culture bretonne se porte bien et que la jeunesse n'est pas prête à oublier ses racines. Cette mobilisation conforte Startijenn dans ses ambitions, d'autant plus que la majorité des jeunes est non-bretonnante.

Gwénaëlle FLEUR

A consulter: Pluperfect, p.217

CONSOLIDATION

Dans chaque phrase, mettez le verbe au plus-que-parfait.

1 La culture bretonne a toujours été très forte en Bretagne.
2 La musique a toujours été très présente.
3 J'ai toujours connu des sonneurs.
4 Les heures qui sonnaient à l'église du village . . .
5 . . . qui a un peu dérangé mon travail.
6 J'ai bien compris . . .
7 C'est une danse qui se dansait dans le passé.
8 Les danses bretonnes se sont toujours dansées . . .
9 J'ai toujours pratiqué . . .
10 J'ai toujours fréquenté les lieux de danse.

B Dans cet article on mentionne les points suivants. Mettez-les dans le bon ordre pour les faire correspondre à ce que vous venez de lire.

1 On va monter des pièces.
2 La plupart des jeunes qui ont assisté au fest-noz ne parlent pas breton.
3 Les activités de l'association se sont multipliées.
4 Il y a des classes où on peut apprendre à parler breton.
5 Startijenn a connu le succès dès son début.
6 On prépare un grand événement musical.
7 Pendant l'hiver beaucoup de jeunes ont assisté à un fest-noz.
8 Les Bretons sont d'enthousiastes défenseurs de leur patrimoine.
9 Toutes les semaines on diffuse une émission, moitié en français, moitié en breton.
10 On pourra participer à des concours avec d'autres jeunes.

C Choisissez la question 1 ou la question 2.

1 En vous mettant à la place d'Erwan, qui a eu l'idée de créer Startijenn, composez un fax que vous allez envoyer à d'autres lycées et où vous décrivez les activités proposées par votre association.

2 Au cours de vos recherches sur la culture en Bretagne, vous avez trouvé cet article sur Internet. Envoyez à l'association Startijenn un courrier électronique où vous poserez au moins cinq questions inspirées par l'article.

9.12 *Le breton s'envole*

Considérons maintenant l'article à la page 173 sur ce dont Philippe Guéguen parlait (voir 9.10). Vous saurez déjà que, comme leurs cousins celtes, les Bretons commencent à faire énormément d'efforts pour conserver leur langue. Il y en a qui disent que c'est trop tard. Quelle sera votre opinion après avoir lu l'article à la page 173, *Le breton dans le vent*?

A Les phrases suivantes font le résumé de l'article mais elles sont mal rangées. A vous de les remettre dans le bon ordre.

1 Il faudrait plus de professeurs pour répondre au besoin croissant d'enseignement du breton.
2 Les résultats à l'examen de fin d'études secondaires à l'école Diwan ont été entièrement positifs.
3 On demande au gouvernement de prendre des mesures pour combattre le problème du manque de professeurs de breton.
4 Parmi les moyens possibles d'apprendre le breton, c'est Diwan qui dépasse largement les autres.
5 La réussite des plus jeunes a favorisé l'étude du breton chez les ados plus âgés.
6 Ça fait pas mal de temps qu'on s'intéresse à nouveau à tout ce qui est breton.
7 Pour beaucoup d'autres jeunes la pratique du breton est moins accessible.
8 Il y a un nombre croissant de jeunes qui apprennent le breton.

Activité Expliquez en français le sens des expressions suivantes, tirées de la page Internet de *Ouest-France* que vous venez de lire.

1 le vieillissement de sa population et la fuite de ses jeunes
2 est riche d'un patrimoine culturel
3 son festival va fédérer 25 associations
4 unies pour offrir une cinquantaine de spectacles
5 le festival proposera notamment
6 le premier tournoi breton d'improvisation musicale
7 une culture populaire vivante

Le breton dans le vent

La culture bretonne connaît depuis quelques années un regain d'intérêt. Cela touche également l'enseignement en maternelle et en primaire où les effectifs sont en très forte progression.

Selon les chiffres du rectorat, près de 23 000 élèves (16 500 en primaire et 6 500 dans le secondaire) bénéficient d'un enseignement du breton dans toute l'académie. C'est encore très peu (3,7%) par rapport aux effectifs scolaires de l'académie, mais la hausse est constante.

La filière bilingue

Les classes bilingues français–breton accueillent pour leur part 3 350 élèves. Dans ce domaine, Diwan arrive nettement en tête. L'association scolarise aujourd'hui en primaire et maternelle 1 014 enfants. Il existe trois collèges (Quimper, Le Relecq-Kerhuon et Plésidy) et un lycée Diwan qui accueillent au total 327 élèves. Les premiers élèves présentés au bac l'an dernier ont tous été reçus. Les effectifs sont aussi en progression constante dans les filières bilingues des établissements privés et publics:

18% en moyenne depuis quatre ans. Les jeunes bilingues étant actuellement concentrés dans le premier degré (85%), de nouvelles sections devraient s'ouvrir ces prochaines années en collège et en lycée.

Par ailleurs, 20 000 élèves reçoivent des cours ou une initiation à la langue et à la culture bretonnes sous des formes diversifiées (breton facultatif, option, LV2, LV3) et dans des conditions souvent difficiles. Le manque de lisibilité du dispositif pourrait être corrigé à mesure que se mettra en place la politique rectorale de développement du patrimoine régional.

Cette renaissance de la langue bretonne dans les écoles nécessite la formation de nouveaux enseignants. Constatant que le système actuel ne permet pas de pourvoir les divers systèmes d'enseignement en maîtres bretonnants, les défenseurs des classes bilingues demandent en conséquence à l'Education nationale de planifier la formation et le recrutement des maîtres.

B Les mots suivants sont employés dans l'article. A vous d'écrire la forme demandée.

Nom	Verbe
culture	1 ………
2 ………	connaître
intérêt	3 ………
4 ………	bénéficier
progression	5 ………
6 ………	scolariser
hausse	7 ………
8 ………	accueillir
établissement	9 ………
10 ………	ouvrir
renaissance	11 ………
12 ………	nécessiter
formation	13 ………
14 ………	planifier

C Vous êtes un(e) jeune Breton(ne) fier/fière de votre patrimoine. Envoyez au ministre de l'Education nationale une lettre où vous exprimez votre inquiétude sur le manque d'enseignants bilingues (français/breton). Expliquez l'importance de cette question et proposez des mesures à prendre.

CONSOLIDATION

A consulter: Irregular verbs, pp.223–8

Dans le texte «Le breton dans le vent» se trouvent plusieurs verbes courants qui sont irréguliers. Recopiez la grille ci-dessous en remplaçant l'infinitif de ces verbes par les formes demandées.

présent	participe présent	passé composé	futur	conditionnel
ils (connaître)	(connaître)	on (connaître)	il (être)	cela (être)
nous (recevoir)	(être)	il (recevoir)	vous (recevoir)	je (recevoir)
ils (devoir)	(devoir)	je (devoir)	on (devoir)	vous (pouvoir)
je (pouvoir)	(mettre)	elles (ouvrir)	tu (pouvoir)	ils (ouvrir)
tu (mettre)	(pourvoir)	nous (mettre)	cela (pourvoir)	nous (pourvoir)

unité 10
Les vacances!

Vous avez travaillé dur pendant toute l'année. Ce sera bientôt la fin du trimestre. Devant vous, la perspective de longues semaines de vacances, de liberté – ou d'ennui!

Dans cette unité on va consolider votre compréhension des points suivants:

- Le présent (*present tense (irregular)*)
- Le plus-que-parfait (*pluperfect tense*)
- «on» au lieu du passif (*using on instead of the passive*)
- Les conjonctions (*conjunctions*)
- Le conditionnel (*conditional tense*)
- Les verbes pronominaux (*reflexive verbs*)
- Le futur (*future tense*)
- Le superlatif (*superlatives*)
- Les adjectifs (*(agreement of) adjectives*)
- Les adjectifs possessifs (*possessive adjectives*)
- L'impératif (*imperatives*)
- Les verbes (*verb tenses*)
- Le subjonctif (*subjunctive*)

10.1 *Les vraies vacances des Français*

A Le quotidien français *Aujourd'hui* a fait un sondage sur les vacances de ses lecteurs. Regardez la liste des vacances et travaillez en groupe – estimez les pourcentages qui pratiquent chaque sorte de vacances. Il faut rappeler que cette liste représente la réalité et non pas le rêve! Pour vous aider, sachez que dix pour cent ont choisi un séjour à l'étranger.

- Un séjour chez des parents ou chez des amis.
- Du camping ou du caravanning.
- Un séjour à l'étranger.
- Une location de maison ou d'appartement.
- Un séjour à l'hôtel.
- Un séjour en gîte rural.
- Un voyage organisé.
- Un séjour dans un village de vacances.
- Une croisière.
- Ne part pas en vacances cet été.

Après, votre professeur vous donnera les résultats du sondage.

B Regardez encore une fois la liste. Choisissez, par ordre de priorité, trois types de vacances qui vous intéressent. Puis expliquez vos choix aux autres membres de votre groupe. Est-ce que vous avez tous/toutes les mêmes préférences? Pour chaque type de vacances donnez un argument pour et un autre contre. Vous êtes tous d'accord?

C Et que fait-on en vacances? Dans l'article suivant il s'agit d'activités pratiquées par les Français pendant les vacances d'été. Lisez l'article, puis faites correspondre les deux parties des phrases suivantes pour en faire le résumé. Il y a une deuxième partie de trop.

1 La lecture est l'activité de vacances préférée ...
2 Il n'y a pas que les gens plus âgés ...
3 Le choix des livres emportés en vacances ...
4 Les activités pratiquées à l'extérieur ...
5 Le sport et la drague ...
6 Un tiers des Français se passent de vacances ...
7 En vacances, on dort plus que ...

a est souvent influencé par les médias.
b faute d'argent.
c attirent la tranche d'âge la plus jeune.
d de plus des trois quarts des Français.
e pendant le reste de l'année.
f qui s'y adonnent.
g pendant l'hiver.
h deviennent de plus en plus courantes.

EUILLETER un magazine sur la plage, dévorer le polar du moment ou se replonger dans les classiques: 76% des Français affirment lire pendant leurs vacances. Si toutes les classes d'âge sont concernées, la lecture fait un vrai tabac chez les plus de 65 ans: 80% d'assidus. Livres de poche ou «pavés» pour tout l'été remplissent les bagages, souvent sur les conseils de la télévision, de la radio ou de la presse écrite, ce qui ne veut pas dire que tout est lu avec la même assiduité . . .

Car pendant les vacances, c'est dehors que ça se passe: les jeux de plein air, comme la pétanque ou le ballon, ont la cote chez les moins de 50 ans (65%). Quant aux repas, c'est aussi dehors qu'on aime manger: 73% des Français affectionnent les pique-niques ou le barbecue.

Pour les jeunes (18 à 24 ans), le sport est roi (85% en pratiquent), et l'été, jupettes et peaux bronzées à l'appui, voit fleurir les amourettes. Cinquante pour cent des 18–24 ans disent pratiquer . . . la drague pendant leurs vacances. Pour faire la fête (et enflammer les cœurs), ils

prisent les boîtes de nuit (41%), tandis que leurs aînés préfèrent les restaurants et les sorties familiales. Les bals et fêtes de village, un peu démodés, parviennent à séduire 28% des 50–64 ans, et 23% des 18–24 ans.

Economies obligent, encore 33% des Français ne partent pas en vacances cet

été et seuls 6% s'offrent un séjour à l'hôtel. Les autres rendent visite à des amis ou de la famille (20%), campent ou prennent une location.

OBJECTIF NUMÉRO UN: SE REPOSER

Après une année fatigante – mais ne le sont-elles pas toutes? – l'objectif numéro un des vacances est bien souvent de se reposer. Traits tirés et cernes, manque de sommeil accumulé pendant l'année, ne résistent pas au régime estival: 30% des Français font la grasse matinée, et 28% se laissent aller au plaisir tout méridional de faire la sieste. Et pour joindre l'utile à l'agréable, 22% «bullent» sur les plages. Quant à la télévision et au téléphone, si 19% déclarent fuir ces instruments de la vie moderne, 60% tout de même reconnaissent encore passer du temps devant le petit écran.

D Voici la conclusion de l'article, tirée du sondage.

«Le cocktail des vacances réussies paraît plus que jamais être: dodo le matin, barbecue à midi avec la famille et les amis, puis sieste sur la plage avec un bon bouquin, avant d'attaquer une partie de boules.»

Vous êtes d'accord? Composez votre propre «cocktail de vacances réussies». Ecrivez environ 150 mots. (Pour vous aider, voir la page 195.)

(Pour vous aider, voir la page 195.)

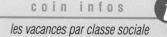

coin infos
les Français partent en vacances

- 55% (30 millions) de Français partent en vacances.
- La saison préférée: l'été (55%).
  25% ont des vacances en hiver.
  26% prennent des vacances deux fois par an.
- Les destinations des Français:
  l'étranger: 11,8%
  la France métropolitaine: 88,2%, dont:
  – mer: 44%   – campagne: 24,4%
  – montagne: 14,1%   – ville: 9%
  – circuit: 8,5%
- Ils logent . . .
  – 30% chez des amis/parents
  – 20% dans un camping   – 15% en location
  – 5% dans un hôtel   – 30% divers

Le tourisme est une des industries les plus importantes pour la France. Pour les Français, le mois d'août est la période traditionnelle des vacances. Ceux qui ont les moyens financiers partent pour tout le mois, mais la majorité des citoyens ne prennent leur congé que pendant la première ou la deuxième quinzaine d'août. Le premier et le dernier weekend d'août sont donc à éviter pour ceux qui veulent voyager en France parce qu'un pourcentage important de la population indigène circule en même temps que les estivants étrangers.

«Autoroute saturée» est une expression bien connue des Français et de leurs visiteurs!

coin infos
les vacances par classe sociale

Voici un tableau qui montre qui part en vacances en France pendant l'été:

31% des agriculteurs
56% des ouvriers
66% des employés
74% des cadres moyens
89% des cadres supérieurs

Pour ceux dont les ressources financières sont plus limitées, le gouvernement, les régions et le secteur privé ont entrepris des initiatives pour multiplier les possibilités d'hébergement dans les

- campings;
- villages de vacances;
- colonies de vacances;
- chambres d'hôte;
- maisons familiales;
- gîtes;
- auberges de jeunesse.

Ces possibilités sont aussi à la disposition des visiteurs étrangers.

10.2 *Anne-Sophie: Idées vacances*

A Ecoutez Anne-Sophie qui parle des vacances de sa jeunesse, puis décidez «vrai» ou «faux» pour chacune des phrases suivantes.

1 La famille d'Anne-Sophie partageait ses vacances entre le Nord et le Midi de la France.
2 Pendant son adolescence elle a perdu confiance en elle.
3 Elle n'aimait pas tellement la montagne.
4 A l'âge de seize ans elle aimait bien la compagnie.
5 Elle a passé ses premières vacances sans ses parents avec une copine en Espagne.
6 Partir en vacances sans ses parents a changé sa façon de voir les choses.
7 Sans ses parents il y a eu encore plus de disputes.
8 Avec ses parents elle agit d'une façon plus conventionnelle.
9 Sans ses parents il n'y a presque pas de timidité.

B Ecoutez encore une fois les idées d'Anne-Sophie et faites la liste de celles avec lesquelles vous êtes (a) d'accord; (b) pas d'accord; (c) ni pour ni contre.

Comparez votre liste avec celle d'un(e) partenaire et notez vos points d'accord et de désaccord. Discutez vos raisons.

10.3 *La vie de famille – en vacances!*

A Lisez l'article à la page 177 et écrivez vos réponses aux questions.

1 Pourquoi *Salut* a-t-il décidé de rédiger cet article, à votre avis?
2 Quel souvenir de vacances est-ce que les amis vont probablement envier?
3 Qu'est-ce qui complique la situation pour les garçons?
4 Comment les parents peuvent-ils aider sur le plan financier?
5 Notez les suggestions pour ne pas être sans argent.
6 Pour vous, est-ce qu'une «permission de minuit» suffirait? Expliquez votre réponse.
7 Quel mensonge est fortement déconseillé?
8 Quelle initiative est conseillée au commencement des vacances?
9 Quelle attitude devrait-on prendre si les choses ne marchent pas bien?
10 Si on tombe amoureux/amoureuse qu'est-ce qu'on doit faire pour prendre en considération les parents?

CASE-PHRASES

Pour vous aider à préparer vos arguments, voir les pages 198–9.

---

coin accent

prononciation

(t)ion

Ce son cause beaucoup de problèmes pour les anglophones, d'autant plus qu'exactement la même combinaison de lettres en anglais se prononce d'une façon très différente. En français, on dit quelque chose qui ressemble à l'anglais *see...o(n)*.

Ecoutez Sandrine et Patrick quand ils prononceront les mots suivants. Puis pratiquez ces mots sur cassette avec un(e) partenaire. Répétez la voix appropriée.

nation station position mention ration participation location action fraction international nationalité portion

B Trouvez dans l'article une expression qui a le même sens que chacune des suivantes:

1 ne dure pas longtemps
2 que vous désirez
3 cela devient plus difficile
4 quant au
5 s'il le faut
6 sans argent
7 avec l'excuse que
8 créer
9 qu'il ne faut jamais dire
10 ne pas dire la vérité

C *Face à face*

Personne A Vous êtes le père/la mère d'un ado. Demandez des suggestions pour des vacances réussies. Soyez prêt(e) à discuter les idées données.

Personne B Vous êtes l'ado et vous faites des suggestions pour des vacances réussies.
Avant de commencer, cherchez tou(te)s les deux dans l'article ci-contre et les idées d'Anne-Sophie (voyez 10.2) des expressions qui vont vous aider à expliquer votre point de vue. Faites-en une liste.

D Faites une version écrite de la conversation et de vos décisions.

Vacances en famille: dans la bonne humeur!

Pour beaucoup d'entre vous, les vacances se passeront (du moins en partie) en famille. *Salut!* **vous donne quelques conseils pour que ces deux mois d'été ne soient pas un cauchemar pour vous . . . mais aussi pour eux!**

Pas de vacances heureuses sans argent de poche . . .

Bien sûr, vous n'en avez jamais assez . . . et en vacances, l'argent file vite . . .

Il y a les sorties en bande, les pots dans les cafés ou les boîtes de nuit, et puis le super tee-shirt dont vous avez envie parce qu'il met votre bronzage en valeur, ou encore le cadeau-souvenir que vous voulez rapporter à votre petit(e) ami(e) . . .

Pour les garçons, l'affaire se complique: vous aurez sûrement envie d'inviter une fille à boire un verre, à faire du bateau, à aller au cinéma ou en boîte de nuit . . . Alors comment faire? En matière de budget, pas de miracle mais c'est vrai qu'on peut quand même essayer de gérer son budget. Au début des vacances, faites le compte de ce dont vous disposez et organisez-vous. Au besoin, vous pouvez demander à cette occasion une petite «rallonge» ou un prêt «spécial vacances» à vos parents.

Sachez que la seule façon de ne pas être toujours fauché(e) c'est de tenir ses comptes, tout simplement avec un petit carnet où vous noterez soigneusement rentrées et dépenses.

Le principal souci de vos parents est que vous vous rendiez compte de la valeur des choses et que vous ne dépensiez pas votre argent n'importe comment. En leur montrant que vous savez gérer un budget, il est évident que vous les convaincrez plus facilement de vous augmenter. En vacances, il vous sera plus facile de leur parler, en laissant de côté toute agressivité. Les vacances, les repos, la détente, c'est pour eux aussi!

Les sorties: l'heure c'est l'heure! Une permission de minuit, c'est une permission de minuit . . . alors pas question de rentrer à minuit et demi ou une heure sous prétexte que «de toute façon ils seront déjà couchés» . . . C'est le meilleur moyen d'instaurer un climat de tensions et de reproches. Vous avez besoin d'une permission spéciale?

Demandez «avant» et ne les mettez pas devant le fait accompli . . . il n'y a rien de plus exaspérant!

La petite phrase à éviter: «de toute façon j'fais ce que j'veux!» car vacances houleuses assurées . . . Vous avez envie qu'on vous respecte? Normal, mais que cela ne soit pas à sens unique. De même qu'il est inutile de mentir sur le lieu où vous vous rendez. Vous vous sentirez mal à l'aise et coupable et du coup vous en oublierez de vous amuser.

Dès le début des vacances, présentez à vos parents vos copains et copines, cela instaurera un climat de confiance indispensable pour des vacances cool.

Les «corvées» des vacances

Il vous faudra continuer à mettre la table, à faire (de temps en temps . . .) la vaisselle, bref à aider . . . alors choisissez dès le départ de le faire avec le sourire. Vos parents vous demandent de passer l'après-midi avec eux? D'accord, ce n'est peut-être pas la sortie «chic et choc» dont vous rêviez, mais vous pouvez tout de même faire un petit effort! N'oubliez pas que tout est plus facile quand on relativise les choses et qu'on prend avec philosophie . . .

Amours de vacances: pas de provocation inutile . . .

Vous venez de rencontrer le garçon ou la fille de vos rêves? Inutile d'affoler vos parents . . . Rassurez-les en vous montrant prudent(e) . . . Vous le savez, ils n'ont peur que d'une chose: que vous fassiez une mauvaise rencontre . . .

Un dernier conseil

Pour vivre en harmonie avec votre famille, en vacances comme pendant l'année, il faut aussi le vouloir, et le vouloir vraiment!

10.4 *Vivent les vacances?*

Pour les ados plus âgés, les vacances avec les parents risquent d'être mortelles. Sandra, 17 ans, raconte pourquoi.

CES VACANCES, QUEL ENNUI POUR MOI!

Je suis dans ma chambre et je suis censée préparer mes bagages parce que nous partons demain en vacances. Mais en fait je préfère vous écrire mon témoignage pour vous dire que je n'ai pas du tout envie de faire ma valise, et encore moins de descendre dans le Midi demain avec mes parents et mon petit frère. Le Midi, le soleil, c'est tout un programme de rêve pour la plupart des gens surtout quand on habite en Normandie où il pleut la plupart du temps. Je devrais donc être heureuse n'est-ce pas? Eh bien, je ne le suis pas. Pourquoi? Parce que depuis quelques années, nous allons avec la régularité d'une horloge dans un camping. Quand j'étais petite ça allait encore. Je ne me rendais pas compte . . . quelques camarades, une pelle, un seau, des petits pâtés, ma foi je m'amusais. Mais maintenant, je ne peux plus supporter ce camping. Et pourtant si vous saviez comme mes parents étaient fiers de l'avoir découvert. Pensez, un camping de 402 emplacements où, au maximum en plein mois d'août, seulement une soixantaine sont occupés. «C'est comme s'il était pour nous tout seuls. Pas de vacanciers super-excités, pas de bruit. L'idéal quoi!» Voilà ce qu'ils disent. L'idéal pour eux peut-être, pas pour moi. «J'ai besoin d'être avec des gens de mon âge. Et dans ce camping, il n'y a que des mômes et des «troisième âge». Personne de mon âge. Et d'ailleurs, s'il était tellement bien ton camping «idéal» pourquoi est-ce qu'il est presque toujours désert, hein, pourquoi, dis-moi un peu? Il y a deux courts de tennis . . . mais il n'y a jamais personne qui y joue. Il y a une piscine, mais c'est plutôt une mare à canard avec son eau blanchâtre, qui vous arrive à la taille. Franchement maman qu'est-ce que tu veux que je fasse toute la sainte journée?» «Fais comme nous: la chaise longue, la bronzette, et la lecture ou plus exactement la révision de tes cours pour l'examen». «Il est super ton programme maman. Pas une fille de dix-sept ans n'y résisterait. Je t'avertis, je resterai enfermée sous ma tente canadienne, comme je l'ai fait cet été . . . Parce que figure-toi qu'à mon âge, ce n'est pas de repos dont j'ai besoin. C'est d'activités au contraire . . . et aussi de m'amuser, d'aller danser. Tu en conviendras, il n'y a pas un seul ado là-bas.

«J'ai besoin d'être avec des gens de mon âge.»

Il n'y aura que moi, comme cet été. Franchement je préférerais rester à la maison. Ici au moins j'ai mes copines, mes activités . . .» «Rester ici? Toute seule? Tu n'y penses pas Sandra» «Et pourquoi s'il te plaît? Je ne suis plus un bébé. Je resterai avec le chien. Il me «gardera» si tu as peur pour moi». «Il n'en est pas question. Tu as besoin de vacances, et de soleil . . .» «Et surtout de m'ennuyer, c'est ça, comme au mois d'août. J'en ai marre du camping et du petit frère . . .» C'est cet été, au mois de juillet, que j'ai découvert ce qu'étaient des vraies vacances. Après des pourparlers interminables mes parents avaient consenti à me laisser aller dans un camp d'adolescents. Pendant trois semaines. Eh bien, je ne me suis pas ennuyée une seconde. C'était la première fois que je quittais ma famille et que je partais sans elle. Je me suis fait des tas de copains et de copines. J'étais bien. Vraiment dans mon élément. Tout me paraissait chouette. Même ce qu'on appelle les corvées, telles que faire la vaisselle, par exemple, parce qu'il y avait l'ambiance . . . c'est pourquoi le séjour au mois d'août dans le camping «calme» et reposant m'a semblé, en comparaison, mortel et ennuyeux. Et avec ça c'était au mois d'août. Qu'est-ce que ça va être à Pâques! Quand on me dit que j'ai de la chance de partir en vacances, franchement ça me fait rire.

«Qu'est-ce que ça va être à Pâques!»

Maintenant, je vais vous quitter et je vais aller faire mes bagages. Et demain en bonne petite que je suis je prendrai la route avec mes parents. Mais j'aimerais bien savoir: est-ce qu'il y a d'autres lectrices qui ont mon problème et qui elles aussi vont «en vacances» avec si peu d'entrain que moi? Ça je voudrais bien le savoir.

Sandra

A Lisez la lettre de Sandra, parue dans le magazine *OK*, et notez **en anglais** les raisons pour lesquelles (a) les parents de Sandra aiment faire du camping et (b) Sandra déteste ça.

B Sandra n'est pas contente de sa situation personnelle. Trouvez toutes les expressions dans le texte qui démontrent ses émotions.

Exemple: *je n'ai pas du tout envie*

C Trouvez dans la première partie de l'article (jusqu'à «pourquoi, dis-moi un peu») des mots ou des expressions qui sont le *contraire* des suivantes.

1 défaire
2 je voudrais absolument
3 même plus
4 un cauchemar
5 peu souvent
6 je comprenais

---

7 avaient honte
8 libres
9 calmes
10 plein à craquer

D Si vous aviez reçu cette lettre de Sandra, quels auraient été vos conseils? Formulez des suggestions en vous servant des expressions appropriées, tirées de l'article. Notez vos conseils.

10.5 *Etienne parle de ses vacances manquées*

A Ecoutez Etienne qui parle des vacances qu'il a passées quand il était ado. Notez pour chacune des phrases suivantes «vrai» ou «faux».

1 Etienne et ses copains n'ont pas eu de frais de voyage.
2 Ils ont trouvé facile de porter leurs affaires.
3 Ils n'ont pas eu de mal à se déplacer.
4 La vie en bord de mer ne coûtait pas cher.
5 Bien que pauvres, ils gardaient leur optimisme.
6 Ils ont quitté la côte au bout d'une semaine.
7 Etienne s'entendait parfaitement avec ses amis.
8 Ses vacances ont eu des suites malheureuses.

B Ecoutez encore Etienne, puis complétez le résumé suivant en écrivant *un* mot français dans chaque blanc.

Etienne **1** .... parti en vacances sans **2** .... parents à **3** .... de dix-sept ans. Avec trois amis, il a **4** .... du stop, ce qu'ils ont trouvé très **5** .... Ils n'avaient pas **6** .... d'argent donc ils ne sont **7** .... que trois jours au bord de la mer **8** .... d'aller à un autre **9** .... Ils se croyaient **10** .... , car il n'y avait **11** .... pour **12** .... dire quand ils **13** .... se coucher ou se lever. Pourtant, leur impression de la **14** .... était fausse, parce qu'ils ne voulaient pas tous faire la même **15** .... au même moment. En ce qui concernait la nourriture et la vaisselle ils se **16** .... souvent. Donc, après ces premières vacances **17** .... de sa famille Etienne a **18** .... par ne plus parler à ses **19** .... amis pendant douze **20** ....

C Le texte suivant fait le résumé de ce que dit Etienne. Remettez-le en français.

Etienne had never been on holiday without his parents until he was seventeen. He and his three friends hitch-hiked to the seaside but because they had very little money, they stayed there for only a few days. It was the first time that all four of them had been together and they learned a lot about freedom.

CONSOLIDATION

A consulter: Present, p.214; Perfect, p.215; Imperfect, p.216; Future, p.217; Conditional present, p.219; The subjunctive, p.220

1 Il y a bon nombre de verbes irréguliers dans l'article. Utilisez-les pour vous aider à rendre en français les phrases anglaises ci-dessous.
  a I am in my office.
  b I am following him into my office.
  c You (*tu*) prefer telephoning me.
  d You (*vous*) prefer to send me a fax.
  e It will rain in Brittany most of the time.
  f I wouldn't be able to stand that concert!
  g It was as if they were there.
  h They always speak the truth.
  i What does she want us to do?
  j You (*tu*) have never done it.
  k There would only be two of us.
  l What would they prefer to do?
  m That made us laugh.
  n Would you (*tu*) really like to take part?

A consulter: Pluperfect, p.217

2 Il y a toute une variété de temps dans le passage. Dans chaque phrase ci-dessous, tirée du texte, mettez le verbe au plus-que-parfait.

  Exemple: **a** je resterai enfermée → j'étais restée enfermée

  a Je resterai enfermée.
  b Tu en conviendras.
  c Il n'y aura que moi.
  d Je préférerais rester à la maison.
  e Tu resteras avec le chien.
  f Il me gardera.
  g J'ai découvert ...
  h Je ne me suis pas ennuyée.
  i Je me suis fait des tas de copains.
  j Il y avait l'ambiance.
  k Je prendrai la route avec mes parents.
  l Je voudrais bien le savoir.

10.6 *Des pommes, des poires et des saisonniers*

Pour beaucoup de jeunes, les grandes vacances, c'est l'époque de l'année dont on peut profiter pour gagner de l'argent.

• PARIS

Deux-Sèvres

DES POMMES, DES POIRES ET DES SAISONNIERS

L'été, la ferme de la Remouzinière, perdue aux confins des Deux-Sèvres, résonne de pétarades de mobylettes. Une trentaine de jeunes arrivent dès huit heures du matin pour une rémunération au SMIC.

Chantal s'occupe du personnel et choisit les postulants au job d'été: «Dès le mois de janvier, les gens appellent alors que la cueillette des pommes et des poires ne commence pas avant août! Je choisis d'abord les enfants de mes clients. On recrute dans un rayon de 15–20 km. Sur mon cahier, j'ai noté ceux qui n'avaient pas été travailleurs l'année d'avant et on ne les rappelle pas.»

Dans les champs, filles et garçons ramassent les fruits indifféremment. «Maintenant, avec notre nouvelle technique de travail, on porte de moins en moins de cageots. Alors les filles font l'affaire, sauf les plus jeunes car le Code du travail nous interdit de les employer pour porter des caisses d'une vingtaine de kilos si elles ont moins de dix-huit ans. Sinon, on préfère les filles pour le calibrage. Elles ont l'œil plus perspicace pour estimer la grosseur et les défauts des fruits.»

Dans cette exploitation, les étudiants représentent les trois quarts des travailleurs saisonniers. «Ça nous pose des problèmes en fin de saison car ils ont repris le chemin des écoles, alors on manque de monde en décembre.»

Les scolaires «les plus motivés»

Mais Chantal préfère, malgré tout, travailler avec les scolaires: «Ce sont les plus motivés. Ils ont une idée précise en tête. Avec l'argent gagné ils achèteront une voiture ou financeront leurs études.

Avec les chômeurs, c'est plus délicat. Comme on dépend de la météo, on ne peut pas leur assurer tant de jours de travail dans le mois de façon certaine. Alors, ils hésitent, parce que parfois ils gagnent davantage avec l'ASSEDIC qu'en venant passer quelques jours ici. Et je les comprends.»

G.B.

A Choisissez la bonne réponse.

1 A la ferme de la Remouzinière, les jeunes . . .
   a arrivent d'un peu partout.
   b arrivent de bon matin.
   c gagneront pas mal d'argent.

2 Ceux qui cherchent à se faire embaucher . . .
   a habitent assez près.
   b ont tous travaillé dur l'année précédente.
   c postulent peu à l'avance.

3 On fait la cueillette des fruits . . .
   a avec peu d'enthousiasme.
   b filles et garçons ensemble.
   c pour des raisons différentes.

4 Le travail . . .
   a est une bonne affaire pour les jeunes.
   b ne convient pas aux filles mineures.
   c est interdit aux moins de dix-huit ans.

5 Les filles . . .
   a ont des aptitudes particulières pour certains aspects du travail.
   b sont pour la plupart des étudiantes.
   c posent des problèmes à la rentrée.

6 A cause des conditions météo . . .
   a les étudiants sont au chômage en automne.
   b les chômeurs ne sont pas sûrs de ce qu'ils toucheront.
   c la santé des chômeurs est fragile.

ASSEDIC (f)   Association pour
   l'emploi dans l'industrie et le
   commerce
cageot (m)   *crate*
calibrage (m)   *grading*
confins (mpl)   *confines, limits*
davantage   *more*
manquer de   *to be short of*
pétarade (f)   *backfire*
postulant (m)   *applicant*
rayon (m)   (here) *radius*
résonner de   *to resound with*
saisonniers (mpl)   *seasonal
   workers*
SMIC (m) Salaire minimum
   interprofessionnel de croissance
   (*guaranteed minimum wage*)
tant de   *so much/many*

B   Les mots suivants sont utilisés
dans l'article. A vous de noter la
forme demandée.

Verbe	Nom
arriver	1 ....
2	rémunération
choisir	3 ....
4	postulant
recruter	5 ....
6	cueillette
interdire	7 ....
8	exploitation
porter	9 ....
10	études

C *Face à face*

Après avoir vérifié vos réponses (activité B), choisissez deux numéros
entre 1 et 10 – un numéro doit être pair et l'autre impair. Votre
partenaire doit inventer une phrase qui contient les mots qui
correspondent aux deux numéros en question, et qui correspond au
sens de l'article. Chacun son tour!

CONSOLIDATION

A consulter: *On*: avoidance of the passive, p.207

1   Utilisez les expressions avec «on» dans le
texte pour vous aider à rendre en français les
phrases suivantes.
a   Workers have been recruited within a radius of
   30 km.
b   They used not to be recalled.
c   Fewer and fewer overalls were worn.
d   Women will be preferred for this work.
e   There will be a lack of customers.
f   He would no longer be depended upon.
g   They have not been able to be comforted.

A consulter: Conjunctions, p.214

2   Relisez l'article et référez-vous à la section sur
les conjonctions pour vous aider à choisir la bonne
expression pour compléter les blancs dans le
résumé ci-dessous.

a Que/Ainsi que/Tandis que beaucoup de
jeunes postulent au début de l'année, les
exploitants agricoles ne peuvent les accepter qu'en
été **b ou bien/puisque/ainsi que** le travail
saisonnier ne commence qu'à cette époque.
c Depuis que/Ou/Ou bien Chantal sélectionne
le personnel, elle recrute dans un rayon assez
limité, **d à mesure qu'/vu qu'/depuis qu'** elle
préfère les gens du coin, **e surtout/or/pourtant**
les enfants des clients. Les filles peuvent travailler
dans les champs **f puisque/quand
même/aussi bien que** les garçons, **g**
puisque/alors que/d'ailleurs ces derniers sont
moins aptes au calibrage **h donc/en raison
de/que** leur œil moins perspicace.

coin infos   i

le tourisme en France

Pour les dizaines de millions de touristes qui
visitent chaque année la France, les musées,
châteaux, monuments et parcs de loisirs sont, avec
les paysages, les principaux attraits de leur séjour.

En 1997, la France a accueilli 64 millions de
touristes, confirmant ainsi son rang de première
destination mondiale, devant les Etats-Unis (45,4
millions), l'Espagne (41,4 millions), l'Italie (35,5
millions), etc. A ce chiffre, on peut ajouter les 86
millions de personnes qui viennent en France pour
une journée.

Les Européens représentent 87% de l'ensemble
des touristes. Ce sont les Allemands qui sont les
plus nombreux (13,3 millions), suivis des
Britanniques (10 millions) et des Néerlandais (8,1
millions). Parmi les non-Européens, ce sont les
Américains qui arrivent en tête (2 millions) devant
les Japonais (1 million).

Pour l'ensemble de la France, les sites les plus
fréquentés sont (en millions de visiteurs):
• Disneyland Paris 11,7
• Centre Pompidou 8,2
• Tour Eiffel 5,5
• Musée du Louvre 4,7
• Cité des sciences 3,9
• Château de Versailles 2,9
• Futuroscope 2,8
• Mont-Saint-Michel 2,5
• Châteaux de la Loire 2,2
• Musée d'Orsay 2,1
• Parc Astérix 1,7
• Notre-Dame de Paris 1,6

Question: Quels sites ne se trouvent pas à Paris?

10.7 *Jobs de vacances*

A   Ecoutez Philippe et notez, en français, deux avantages et deux
inconvénients de son job.

B   Ecoutez encore Philippe, puis écrivez en français cinq questions
qu'on aurait pu lui poser et auxquelles il a répondu. Utilisez une forme
interrogative différente pour chaque question.

C   Mettez-vous à la place de la jeune fille dont Philippe a parlé.
Ecrivez une lettre à votre amie où vous racontez cet incident – et la
suite. Ecrivez environ 150 mots.

10.8 *Les vacances de Petite Chérie*

Dans cet extrait du roman comique *Qui c'est, ce garçon?* de Nicole de Buron, nous voyons la question des vacances du point de vue d'une mère.

Petite Chérie entre dans la cuisine.

– Je vais t'aider à éplucher les légumes, annonce-t-elle en saisissant un couteau.

Cette subite bonne volonté éveille votre méfiance. Vous gardez un silence prudent.

Joséphine gratte sa carotte avec une telle application qu'elle la réduit à l'état de bâtonnet. Elle se décide:

– Pour les vacances de février, tu me laisserais aller faire du ski, seule avec des copains?

Ce moment, vous l'attendez de pied ferme (non, de pied hésitant) depuis la naissance de vos filles: les premières-vacances-entre-copains-loin-des-parents.

– Où? Chez qui? Avec qui? demandez-vous laconiquement.

Petite Chérie attaque une pomme de terre qu'elle transforme en bille.

Tout en vous expliquant son projet de façon subtilement confuse. C'est un truc formidable, ma maman! «On» a la possibilité de louer à Chamonix l'appartement du frère de la belle-sœur d'une amie de Laurence. «On» serait huit et, divisée en huit, la location du deux-pièces reviendrait à rien du tout. Et comment vivrez-vous à huit dans deux pièces? Ben, les sacs de couchage, c'est pas fait pour les chiens. Ensuite, «on» partagerait en huit les frais de nourriture. Prix de revient: rien du tout non plus, surtout si on bouffe beaucoup de pâtes et de riz chinois. Enfin, un copain du frère de la belle-sœur de l'amie connaît un moniteur de ski qui ferait des prix à «on» pour des leçons qui, à huit, reviendraient à . . . pffffttt, toujours rien du tout. Bref, des vacances vraiment pour moins que rien du tout. Ce qui ne peut que réjouir les parents.

Les parents sont toujours contents, bien sûr, d'envisager des séjours en montagne aussi peu coûteux pour leurs petits chéris. Mais la mère – créature abominablement curieuse – aimerait savoir qui est ce «on» qui accompagnerait Joséphine dans ces vacances merveilleusement bon marché à Chamonix.

bâtonnet (m)   *little stick*
bille (f)   *marble (toy)*
bon marché   *good value*
bouffer   *(pop.) to eat*
coûteux   *costly, expensive*
éplucher   *to peel*
éveiller   *to awaken*
frais (mpl)   *costs, expenses*
laconiquement   *very briefly*
location (f)   *rent, hiring*
louer   *to rent, hire*
méfiance (f)   *distrust*
partager   *to share*
pâtes (fpl)   *pasta*
petit(e) chéri(e)   *little darling*
réjouir   *to appeal to, delight*
sac (m) de couchage (m)   *sleeping bag*
séjour (m)   *stay*
subit   *sudden*

A   Après avoir lu le texte, écrivez vos réponses, en français, aux questions suivantes.

1   A votre avis, pourquoi est-ce que Petite Chérie entre dans la cuisine?
2   Est-ce que la mère est vraiment étonnée par la question de sa fille?
3   Pourquoi la mère «garde un silence»?
4   A votre avis quel est l'argument le plus convaincant de la fille? Pourquoi?
5   Pourquoi, selon Petite Chérie, la nourriture ne coûterait-elle pas cher?

B La mère de Petite Chérie a raconté cet épisode à une amie, mais il y a des mots qui manquent dans son récit. A vous de trouver pour chaque blanc un mot approprié pour garder le sens du texte original.

Quand ma **1** .... Joséphine est **2** .... dans la cuisine et **3** .... a dit qu'elle avait **4** .... de m'aider, j'ai été **5** .... Après avoir **6** .... une carotte **7** .... quelques minutes, elle m'a **8** .... si je lui **9** .... de partir en vacances de neige **10** .... son père et moi. Depuis qu'elle était **11** .... j'attendais ce moment! Je lui ai **12** .... plusieurs questions mais ses réponses ont été plutôt **13** .... Elle a **14** .... son projet en disant qu'elle allait louer un appartement avec **15** .... autres copains, et que ça ne coûterait **16** .... rien. On allait **17** .... dans des sacs de couchage et on **18** .... de la nourriture pas chère. En plus, on pourrait **19** .... à faire du ski parce que les cours ne coûteraient presque rien. Joséphine croyait qu'avec tous ces arguments elle allait **20** .... à me convaincre.

C *Face à face*

Personne A Vous êtes un(e) adolescent(e) qui a à peu près le même caractère que Petite Chérie. Essayez de convaincre votre père/mère de vous laisser partir en vacances avec des amis.

Personne B Vous êtes le père/la mère et vous avez de graves doutes. Répondez aux arguments de votre fils/fille et essayez de le/la persuader de partir en vacances avec vous, comme d'habitude.

Maintenant changez de partenaire et inversez les rôles!

10.9 *Vacances d'ado*

A Ecoutez la conversation entre Gisèle et Alain. Indiquez «vrai» ou «faux» pour chacune des phrases suivantes.

1 Gisèle est partie en vacances avec des amies, mais sans son petit ami.
2 Lui et le père de Gisèle ne s'entendaient pas bien.
3 Avant le départ en vacances d'Alain, son père lui a fait la morale habituelle.
4 Gisèle s'entendait très bien avec sa mère au sujet des vacances sans parents.
5 Normalement, on discute un peu avec les parents, puis ils donnent leur permission.
6 De nos jours il n'y a pas de parents qui emprisonnent leurs enfants dans le foyer familial.
7 Pour Gisèle et Alain, ce n'était pas du tout une question d'emprisonnement.
8 Il y a des jeunes filles qui n'ont pas la permission même de sortir seules le soir.

B Résumez sur cassette (environ 1 minute) la conversation entre Gisèle et Alain.

CASE-PHRASES

Pour vous aider à exprimer vos opinions, référez-vous aux pages 198–9.

CONSOLIDATION

A consulter: Conditional present, p.219

Dans l'extrait de «Petite Chérie» on trouve plusieurs verbes au conditionnel: «tu me laisserais aller», «on serait huit», etc. Lisez ce texte encore une fois puis, sans vous référer au texte, tentez de compléter les blancs dans le paragraphe qui suit. Les infinitifs des verbes appropriés sont donnés dans la case en dessous.

«Papa, Maman, vous me **1** ...... aller faire du camping avec des amis cet été? On n' **2** ...... pas besoin de beaucoup de fric, cela ne **3** ...... presque rien. On **4** ...... douze, et on **5** ...... tous les frais. Quant aux repas, on **6** ...... chez nous, on ne **7** ...... pas le soir, sauf peut-être la dernière soirée. Si tu as des soucis, Maman, je te **8** ...... chaque soir mais, tu sais, je **9** ...... avec des amis. Il n'y **10** ...... pas de quoi s'inquiéter, vous savez . . . »

| avoir (x2) coûter être (x2) laisser |
| manger partager sortir téléphoner |

10.10 *Amours de vacances*

Les grandes vacances, c'est souvent le moment de tomber amoureux.
Lisez les histoires et les opinions de ces adolescents français.

VACANCES POUR LE MEILLEUR ET POUR LE PIRE . . .

Hadrien
«J'ai été pris au piège»

J'ai connu ma petite amie actuelle l'année dernière pendant les vacances d'été, mais j'ai eu beaucoup de chance: elle habitait la même ville que moi! Bien sûr, au début je suis sorti avec elle pour m'amuser . . . Je ne pensais pas que ça durerait plus de quinze jours et puis j'ai été pris au piège . . . Les vacances terminées, on s'est revus et nos sentiments sont devenus de plus en plus forts, mais le fait qu'on habitait la même ville arrangeait bien les choses. Si elle avait habité à l'autre bout du monde, peut-être qu'à l'heure actuelle, on ne serait plus ensemble . . .

Sylvie
«Je me fais bien plus draguer pendant les vacances que pendant l'année scolaire!»

En vacances, tout le monde veut s'éclater, rire, sortir en bande . . . C'est sûr qu'à ce moment-là, on n'a pas envie de rester seul dans son coin . . . Je me fais bien plus draguer pendant les vacances que pendant l'année scolaire! Mais je sais bien que ce n'est pas sérieux, surtout quand on n'habite pas la même ville . . . Sur le moment, on y croit vraiment, on pense que ça peut être un truc important et puis en fait, c'est du vent . . .

Jérôme
«Si ça doit durer, ça dure»

Pour moi, les amours de vacances ça n'existe pas . . . Il y a l'amour tout court. Si c'est vraiment le coup de foudre, que ce soit en vacances ou pendant l'année scolaire, je ne vois pas ce que ça change. Si ça doit durer, ça dure . . . C'est vrai que pendant les vacances on est plus cool, on prend les choses moins au sérieux, mais je pense qu'on peut

tout à fait rencontrer le «vrai grand amour» pendant les vacances. D'ailleurs, mes parents se sont rencontrés pendant les vacances et ça fait vingt ans qu'ils s'adorent . . .

Didier
«C'est le seul moment de l'année où on peut vraiment s'éclater!»

Les vacances, c'est surtout les boîtes de nuit, la frime, les conquêtes faciles . . . Je ne crois pas que l'on puisse tirer quelque chose de vraiment intéressant de tout ça. Il faut en profiter sans se prendre la tête. C'est le seul moment de l'année où on peut vraiment s'éclater! De toute façon, je ne vois pas quelles promesses on peut se faire quand on habite à des centaines de kilomètres l'un de l'autre et qu'on a des vies complètement différentes . . .

Romain
«Pas question de dire «je t'aime»»

Les amours de vacances, moi j'adore! Justement parce qu'on sait très bien que ça ne durera pas . . . On peut se laisser complètement aller parce que tout est très superficiel. En été, j'adore collectionner les conquêtes . . . Mais pas question de dire «je t'aime» . . . J'essaie malgré tout de rester honnête et de ne pas faire souffrir inutilement . . .

Aude
«Pas question de m'attacher!»

A chaque fois que je pars en vacances, j'ai toujours peur de tomber amoureuse de quelqu'un qui n'habitera pas la même ville que moi parce que je sais que même si au début on s'écrit, très vite l'un des deux se lasse . . . Je n'ai jamais eu une histoire «sérieuse» avec un garçon que j'avais rencontré en vacances et je ne

crois pas que cela puisse être possible. Si un garçon me plaît sur le lieu de mes vacances, je sors avec lui, mais pas question de m'attacher!

Anne
«On peut jouer le jeu ou refuser de le jouer»

Quand je pars en vacances, c'est vraiment pour m'amuser, pour profiter de la vie, pour être complètement insouciante . . . Je n'ai pas envie de me prendre la tête avec une histoire compliquée et je crois que tout le monde est pareil. Les amours de vacances, c'est pas sérieux. On peut jouer le jeu ou refuser de le jouer, on a le choix, mais de toute façon, on sait dès le départ que ça ne durera pas . . .

Sophie
«Je me suis demandé ce que j'avais pu lui trouver!»

L'année dernière, j'ai rencontré un garçon super en vacances. On a passé ensemble un mois et demi formidable. J'étais vraiment très amoureuse de lui. Il habitait dans une ville proche de la mienne. On s'est beaucoup écrit à la rentrée et puis on s'est revus à Noël et là, je me suis rendu compte que c'était fini. Je me suis même demandé ce que j'avais pu lui trouver! Je l'ai trouvé moins beau physiquement, il ne me plaisait plus du tout . . . On était très gênés et je crois qu'il a eu le même sentiment que moi. Je ne l'ai plus jamais revu.

A   Qui dit qu'il/elle … ?

1   a horreur de tomber amoureux/euse de quelqu'un qui n'est pas de son coin à lui/elle

2   ne fréquente pas tellement les garçons, que pendant les vacances

3   ne croit pas que les vacances changent tellement l'amour

4   a eu de la veine en vacances

5   ne peut pas faire de promesses en vacances

6   traite les amours de vacances comme un jeu

7   a éprouvé une déception en revoyant un amour de vacances

8   ne veut pas dire qu'il/elle aime l'objet de ses passions

B   Nommez toutes les personnes qui disent que/qu'…

1   un amour de vacances ne dure pas.

2   il faut agir avec prudence.

3   les vacances sont l'époque de la détente.

C   Relisez ce que disent Hadrien, Sylvie et les autres pour vous aider à rendre en français cette petite histoire de vacances:

On holiday, everyone goes off in a group. Last year, as I didn't fancy staying on my own, I started to chat up someone I'd met in a club and we went out together. At first it was just for fun and then we were caught in a trap! He/She was very much in love with me and I with him/her, I suppose …

   After the holidays we wrote one another several letters but I very soon got bored and I stopped replying. We've never seen one another since.

10.11   *Des vacances culturelles*

A   Ecoutez Claire qui parle des vacances qu'elle a passées pendant son adolescence. Les phrases suivantes en font le résumé mais elles ne sont pas complètes. A vous de les compléter.

1   Lors de son adolescence elle se passionnait …

2   Au cours de ces vacances elle a fait …

3   Ça ne coûtait pas cher parce que …

4   Elle s'est émerveillée de l'état de …

5   Ce sont des vacances dont elle gardera toujours …

6   Elle croit qu'elle est devenue plus …

B   Ecoutez encore. Comment Claire dit-elle:

1   I think that there were three of us.

2   There was no problem as far as that was concerned.

3   Perhaps the best holiday that I've ever had.

4   It makes you feel that you belong to your country.

5   It's something that I'd recommend to everyone.

D   *A vous maintenant!*

Avec qui, parmi ces jeunes gens, vous entendriez-vous le mieux, si vous faisiez leur connaissance en vacances? Ecrivez environ 250 mots pour expliquer votre choix, dans le contexte de votre opinion personnelle sur les amours de vacances.

coin accent

intonation

Quand on utilise de temps en temps de longues phrases, on peut perdre l'intonation et le rythme français. Voilà une clé pour vous aider: parlez plat! Plus la voix monte, plus l'intonation anglaise a tendance à ressortir!

Ecoutez Laurent ou Catherine qui répètent une partie de ce qu'a dit Claire du patrimoine culturel et imitez sur cassette la façon dont on maintient l'intonation.

Et alors on est partis, un petit groupe, on était trois, je crois, oui, et on est partis donc avec ce prof d'histoire et on était logés chez l'habitant, donc (il n') y avait pas de problème de ce côté-là, c'était pas trop cher, et, pendant la journée, on a beaucoup aidé à redécouvrir cette villa et alors c'était vraiment fascinant parce que, à mesure que, qu'on creusait et qu'on déblayait les graviers, le sable, on a retrouvé des objets très intéressants, alors des morceaux de poterie, euh, une balance romaine, qui était tout à fait en bon état, on aurait dit presque qu'elle était neuve.

10.12 *Vacances d'aventure*

Se faire bronzer à la plage, ce n'est pas le choix de tous. Certains préfèrent des vacances plus actives. Lisez cet article.

Des tas d'idées pour des vacances musclées

1
Si l'été est avant tout la saison des loisirs, ça peut être aussi pour ceux et celles qui n'ont pas songé à s'organiser une période de flou, d'ennui, de cafard. C'est le moment ou jamais de prendre votre proche futur en main et de vous documenter sur tous les stages sportifs et attrayants que vous propose l'UCPA.

2
Evidemment, si vous faites partie des adeptes de la dispense de gym toute l'année, vous pensez que ces stages ne sont guère faits pour vous. Eh bien, détrompez-vous! De l'apprentissage d'une certaine forme de compétition en passant par les sports de haut niveau jusqu'aux loisirs les plus cool, il suffit de bien choisir en fonction de votre tempérament, de votre forme physique, mais aussi de vos goûts. De la classique marche à la vraie grimpette, de l'équitation au tennis, du tir à l'arc à la danse, tout est permis, tout est possible.

3
Ne l'oubliez pas, vous allez vivre non seulement encadré(e) de moniteurs hautement qualifiés, mais aussi avec des jeunes de votre âge avec qui vous allez sympathiser, rivaliser amicalement dans la compétition ou bien former une équipe.

4
Loin de votre famille, de vos petites habitudes, il vous faudra vous prendre en charge, ne plus vous laisser passivement materner, et ce sera une excellente chose pour vous. Mais avant de faire votre choix, réfléchissez bien et préparez-vous à vivre une grande aventure.

Une grande évasion réfléchie

5
Vous vous plaigniez assez que vos parents pensent pour vous et organisent vos loisirs. Tout cela est fini si vous vous

décidez à vous inscrire à un stage de l'UCPA. A vous de bouger, de respirer mais aussi de gérer votre temps dans la gaîté, la joie mais aussi la responsabilité.

6
Vous serez étonné(e) de vous révéler ainsi à vous-même, de montrer aux autres le meilleur de vous-même. Car si les professionnels du sport et de l'animation, qui vous guideront dans la franche bonne humeur, feront tout pour rendre votre séjour agréable, n'oubliez pas qu'avant tout la réussite

dépend de vous, de votre esprit de groupe, de votre désir réel de tout partager avec copains et copines. L'égoïsme n'est pas de mise dans ce genre de stage! Mais c'est une aventure que vous n'oublierez pas et qui vous apportera tant de bonheur, que si vous y prenez goût cette année, à coup sûr vous aurez envie de retenter l'expérience, ne serait-ce que pour retrouver les mêmes ami(e)s et pourquoi pas un flirt?

7
Le rire, le sport, le plaisir, la découverte de régions jusqu'alors inconnues de vous, c'est une chose. Mais n'en oubliez pas pour autant l'essentiel: votre responsabilité envers vous comme envers les autres. Faites bien attention à la sécurité surtout durant la pratique des sports. Suivez bien les recommandations des moniteurs; ils connaissent leur métier et s'ils vous imposent certaines contraintes c'est pour votre bien.

8
Ne négligez pas l'hygiène, car vivre loin de vos parents ne signifie en aucune manière faire une croix sur la douche quotidienne, ou le brossage des dents (et votre charme alors? . . .)!

9
Quant à la bonne humeur, c'est peut-être l'élément le plus important de la réussite de vos vacances. Pas question de faire la comédie pour un oui pour un non, pas plus de jouer les enfants gâté(e)s. Car si, dans la vie en commun, il y a certes quelques contraintes, les émotions et les amitiés que vous vivrez compenseront largement les mini-obligations qui, au bout de quelques jours d'ailleurs, n'en seront plus.

10
Lorsqu'il s'agira de partir, préparez vos bagages avec soin afin de ne rien oublier. Consultez les brochures qui vous seront remises quant à l'équipement sportif de base. Ne vous chargez pas trop, prenez une ou deux tenues de rechange, des affaires de toilette, du linge de corps et de quoi vous vêtir pour la nuit. Et un gros pull pour le froid et deux T-shirts pour la chaleur.

11
Importants, les papiers. Munissez-vous de votre dossier médical, d'une autorisation de soins médicaux en cas de pépin et de **l'autorisation de l'un de vos parents** prouvant qu'ils acceptent votre stage.

A   Les sous-titres suivants se réfèrent aux onze paragraphes de l'article. Notez pour chacun le numéro du paragraphe approprié.

a   Faites vos préparatifs avec prudence.
b   N'oubliez pas votre documentation!
c   Restez propre!
d   Il faut avoir le sens des responsabilités.
e   Allez-y! Il faut profiter de l'occasion.
f   Il n'y a personne pour vous chouchouter!
g   Vous serez entouré de gens de votre tranche d'âge.
h   Les avantages seront plus grands que les inconvénients.
i   Vous trouverez le vrai «vous»!
j   Connaissez-vous vous-même avant de choisir.
k   Vive l'indépendance!

B   Les expressions suivantes se trouvent dans les paragraphes 7 à 11. A vous de les écrire autrement!

1   inconnues de vous
2   durant la pratique des sports
3   suivez bien les recommandations des moniteurs
4   ils connaissent leur métier
5   ne signifie en aucune manière faire une croix sur la douche quotidienne
6   pour un oui pour un non
7   lorsqu'il s'agira de partir
8   qui vous seront remises
9   ne vous chargez pas trop
10 en cas de pépin

C   Dans cet article, notez comment on peut varier le commencement d'une phrase ou d'un paragraphe.

- Une possibilité: «Si l'été … »
- Un adverbe: «Evidemment … »
- Un impératif: «Ne l'oubliez pas, … »
- Une expression adverbiale: «Loin de votre famillle, … »
- Une liste: «Le rire, le sport, le plaisir … »
- Un adjectif: «Importants, les papiers … »

Ecrivez un article de 150 mots où vous donnez des conseils aux jeunes de quatorze–seize ans qui veulent passer des vacances d'aventure (à vous de choisir quelle sorte de vacances). Construisez votre article en paragraphes, chacun ayant son «début» individuel.

CONSOLIDATION

A consulter: Reflexive verbs, p.215

1   Dans l'article il y a bon nombre de verbes pronominaux. Trouvez-en dix exemples et mettez-les à la première et à la deuxième personne du singulier du présent, du passé composé et de l'imparfait. Le premier exemple est déjà fait pour vous aider.

Exemple:	**Présent**	**Passé composé**	**Imparfait**
s'organiser	je m'organise	je me suis organisé(e)	je m'organisais
	tu t'organises	tu t'es organisé(e)	tu t'organisais

A consulter: Future, p.217

2   Utilisez les verbes au futur dans le texte de l'article pour vous aider à exprimer les phrases suivantes en français:

a   I'll need to organise myself.
b   These will be excellent choices for me.
c   You (*tu*) will be astonished to see me!
d   She's the trainer who will guide me.
e   It's a situation I shan't forget.
f   You (*tu*) will feel like starting again.
g   The money will not compensate for the time.
h   That difficulty will no longer be there.
i   Look at the form which will be sent to you.

A consulter: Superlatives, p.213

3   Relisez l'article en notant les expressions superlatives; puis exprimez en français:

a   the coolest discos
b   they showed the best of themselves
c   the least important element
d   the worst solution
e   the most difficult parts
f   one of the smallest victims
g   the best opportunity
h   the most intelligent answer
i   one of the youngest candidates

10.13 *Vacances – bon débarras!*

Avouez-le! Les vacances, elles sont trop longues, n'est-ce pas?
Du moins, c'est ce que pense Corinne.

Plus j'y pense et plus je me dis que les vacances, c'est pas fait pour nous. C'est vrai, quoi? Combien y a-t-il de lycéens qui s'amusent vraiment pendant l'été? Je suis prête à parier qu'il y en a pas la moitié. La plupart sont comme moi à attendre avec impatience de se retrouver. Les parents me disent toujours qu'ils m'envient mes deux mois et demi de repos. Je les comprends. Eux, ils ne s'amusent pas pendant l'année et le mois d'août, c'est vraiment autre chose. Mais moi?

eu un peu sec, tout de même! Il est allé dans l'Aveyron avec des copains en me laissant tomber comme une vieille chaussette.

C'était un passionné de canoë-kayak. Alors, entre le canoë et moi, il n'a pas hésité longtemps.

Et puis sont arrivées les vacances en famille. Les parents sont gentils, mais question distraction . . . La première semaine, ils se reposent de leurs onze mois de travail; la deuxième semaine, ils se font bronzer pour rentrer avec des couleurs qu'ils perdront en une semaine; la troisième semaine, ils commencent à sortir, mais alors, c'est pour faire toutes les églises du coin et comme on est allé en Bretagne, cette année, je vous laisse deviner ce que

donner un coup de main . . . oui mais si je passe tous mes loisirs à travailler, cela n'ira pas loin. Non, le samedi et les soirs où je pourrai, je garderai des enfants. Ce n'est pas bien fatigant, et puis je peux m'assoupir quand les gosses dorment. L'ennui, c'est que mes copains ne rentrent pas bien vite. Je suis persuadée que la plupart vont attendre le dernier jour. Ils ne savent pas ce qu'ils ratent!

J'aime par-dessus tout courir les librairies à la recherche de mes livres. Et les cahiers neufs! comme j'aime leur odeur de neuf! C'est toujours une fête quand je vais acheter mes fournitures. J'y mets autant de soin qu'à mes vêtements. Je regrette un peu de ne plus avoir l'âge de prendre un

«ENFIN JE RETROUVE MES COPAINS»

Qu'est-ce que j'ai fait? Au mois de juillet, je me suis morfondue chez ma grand-mère. J'ai fait du vélo. Il n'y avait même pas mes cousins pour passer le temps. Alors, j'aime bien ma

«Je suis bourrée de projets. D'abord me faire de l'argent de poche. Je connais le disquaire à côté, il me prendra bien certains après-midi . . .

grand-mère, mais sortie de ses napperons, de ses conserves et de ses amies qui déblatèrent sur les voisines . . . Ah! oui! j'ai rencontré Jean-Marc. Celui-là, il commençait à me plaire sérieusement et pof! plus de Jean-Marc, volatilisé, plus personne. Je l'ai

nous nous sommes payé comme calvaires!

Maintenant que me voilà rentrée, il me semble que tout va aller très bien. Je vais pouvoir retrouver mes copains. Je revis vraiment depuis que je suis à la maison. Les boums vont recommencer, les sorties entre copains, le patin à glace, la piscine et mes disques. J'ai retrouvé ma collection. Jamais la musique ne m'avait tant manqué! C'est fou ce que j'aime le rock, la pop. Je passerais des nuits entières allongée à côté de ma chaîne hi-fi.
Je suis rentrée bourrée de projets. D'abord me faire de l'argent de poche sans avoir à mendier aux parents. Je connais le disquaire à côté, il me prendra bien certains samedis après-midi pour vendre et classer ses disques, je m'y connais mieux que lui, peut-être. Et le mercredi, je pourrai aussi lui

cartable. L'odeur de cuir neuf des sacs bandoulière n'a plus rien à voir avec celle des cartables que l'on porte dans le dos.

Débile? Moi? Pourquoi? J'aime la classe et les cours où l'on fait des bêtises avec les copains. J'aime l'ambiance de complicité qu'il y a dans un groupe. L'ennui, c'est que d'ici deux ans, j'aurai passé le bac et tout sera perdu. Je suis impatiente de connaître mes nouveaux profs et en même temps inquiète. Si nous allions avoir cette peau de vache de Mme . . . ? Bah! On ferait face tous ensemble et on lui rendrait la vie tellement impossible qu'elle serait bien obligée de . . . mais c'est une autre histoire et il n'est pas du tout assuré qu'on ait cette prof!

Ah oui! Vraiment je suis contente que les vacances se terminent. Deux mois et demi, c'est trop long.

J'aimerais bien, en revanche, qu'il y ait plus de coupures durant l'année. De grands week-ends qui permettraient d'aller à la neige, à la mer, à la

> **«Je revis vraiment depuis que je suis à la maison. Les boums vont recommencer, les sorties entre copains, le patin à glace ...»**

campagne ou qui laisseraient le temps de redécorer sa chambre, par exemple. Mais je ne suis pas sûre de représenter la majorité des jeunes de mon âge. Qu'importe, on a bien le droit d'avoir ses idées, non? Partir souvent mais pas longtemps, voilà pour moi l'idéal et j'espère bien que plus tard, quand j'aurai un job, je pourrai vivre ainsi ...
Corinne

A Finies les vacances de Corinne! Lisez le témoignage qu'elle a donné pour le magazine *OK* puis notez:
1 les points négatifs des vacances;
2 les avantages de la rentrée.

B Il y a souvent plus d'une seule manière de s'exprimer. Pour chacune des phrases suivantes prises dans le témoignage de Corinne, remplacez le(s) mot(s) souligné(s) par un autre ou d'autres qui ont le même sens.

1 je suis <u>prête à parier</u> qu'il y en a pas la moitié ...
2 Le mois d'août, c'est vraiment <u>autre chose</u>.
3 Je me suis <u>morfondue</u>.
4 C'était <u>un passionné de</u> canoë-kayak.
5 toutes les églises <u>du coin</u> ...
6 Je suis rentrée <u>bourrée</u> de projets.
7 Le disquaire ... me <u>prendra bien</u> certains samedis.
8 Je pourrais aussi <u>lui donner un coup de main</u>.
9 Je peux m'assoupir <u>quand les gosses dorment</u>.
10 je suis <u>persuadée</u> que ...

C *Face à face*

Si, d'après Corinne, les grandes vacances sont trop longues, elle propose en revanche qu'il y ait plus de coupures durant l'année.

Avec un(e) partenaire, formulez des idées sur la façon dont on pourrait améliorer la situation. Puis, présentez vos idées au groupe entier.

Et votre prof, qu'est-ce qu'il/elle en pense? Posez-lui des questions là-dessus!

CONSOLIDATION

A consulter: Possessive adjectives, p.206

1 Il y a bon nombre d'adjectifs possessifs dans l'article que vous pourrez utiliser comme modèles dans l'exercice ci-dessous. Pour chaque nom, identifiez la bonne forme française de l'adjectif possessif.

a *my*   frère, sœur, âge, parents, amitié, amies

b *your* (= family, friends, etc.)   grand-mère, activité, oncle, chaîne hi-fi, doutes, vêtements

c *his, her, its, one's*   résultats, collection, disques, alibi, actions, accord

d *our*   loisirs, essence, devoirs, responsabilité, hôte

e *your* (= plural/formal)   copain, copine, réponse, art, oreilles, haine, habitudes, yeux

f *their*   année, héros, héroïne, famille, capacités, dents, genoux

A consulter: Agreement of adjectives, p.210

2 Voici quelques expressions adjectivales que vous avez rencontrées dans cette unité. Dans chaque cas, mettez la forme appropriée de l'adjectif dans le blanc de l'expression à droite.

a votre proche futur   des amis très ....

b la bonne humeur   de .... mots

c votre désir réel   notre situation ....

d la douche quotidienne   leur travail ....

e des soins médicaux   des difficultés ....

f une amie précieuse   un rapport ....

g une telle application   de .... problèmes

h du riz chinois   des repas ....

i des séjours peu coûteux   des vacances peu ....

j la première fois   le .... contact

k l'année dernière   l'an ....

l à l'heure actuelle   au moment ....

m quelles promesses   .... résultats

n tout est superficiel   votre amitié ....

10.14 *Et pour terminer...*

A   Regardez ces dessins et trouvez parmi la liste la légende qui va avec chaque dessin.

1   les familles nombreuses
2   les boîtes vides
3   qu'on n'en porte pas assez
4   les gens qui vous parlent
5   les célibataires
6   les gens qui ne vous parlent pas
7   qu'on emporte trop de choses
8   les boîtes pleines

CONSOLIDATION

A consulter: Imperatives, p.215

1   Regardez les phrases avec *falloir/devoir* ci-dessous et mettez-les à l'impératif.

Exemple: *Il nous faut rentrer de bonne heure. Rentrons de bonne heure!*

a Il nous faut aider à la maison.
b Il faut que tu rentres.
c Il ne vous faut pas y aller avec des copains.
d Il nous faut cuisiner.
e Tu dois respecter la vie.
f Nous devons rester dans ces endroits.
g Il faut que nous partions tous en vacances.
h Vous devez parler avec la gérante.
i Tu ne dois pas la conduire. (*la = la voiture*)
j Nous ne devons pas le faire!
k Vous devez être plus tolérant.
l Toi, il faut avoir un peu de patience.

A consulter: Perfect, p.215; Present, p.214; Imperfect, p.216; Conditional, p.219; Subjunctive, p.220; Constructions with the infinitive, p.221

2   Pendant ce cours, nous avons fait beaucoup de travail sur les temps des verbes, parce que le verbe est la partie la plus importante de la phrase. Pour terminer votre travail avec *Tout droit!* sur une note des plus utiles, écoutez ce que disent Dominique, Caroline et Sabine sur les vacances et trouvez l'équivalent français de chaque phrase ci-dessous.

a You've already had holidays everywhere in Europe.
b I went off with my sister.
c ...which allows you to travel right round Europe.
d What did you discover?
e What did we discover?
f We started with the South of Spain...
g We went to Granada.
h We met a lot of other young people.
i ...who were doing the same thing.
j It was very friendly.
k We went to Italy.
l ...that allows you to keep in contact.
m They associate Argentinians with dealers.
n When we were speaking Spanish...
o Did you have any enviable experiences?
p You have to stay in not too luxurious places.
q When I was little...
r You don't get on with every member.
s You have to help in the house.
t The men enjoy themselves.
u I can't see that as holidays!
v I prefer to go to the Canaries.
w That's what I like!
x It's a part of my life.
y I would say...
z I have to have respect for life at home.

Study Skills for Advanced French

Effective listening

When you listen with understanding, you use the same basic skills as in reading. You **scan**, **select**, **discard**, **contextualise** and **match**, as described for reading on pages 192–3 . So far, so good. These skills will take you far, but, before you can employ them when you listen to French, your ear has to make sense of the mass of sound entering it.

Unlike when reading, the English speaker's ear is at a disadvantage with spoken French, because of the different way in which English is produced. When we speak English, we use what is called a *tonic stress*. English beats like a drum in a band or orchestra, whereas French glides like a trombone in a piece of syncopated jazz. That is one reason why French speech can sound very sexy.

The other reason relates to the nasal quality of French. The *glide* of French gives it its intonation, but it's the *nasal* vowels *an/en/in/on/un* or, in certain circumstances, *am/em/im/om/um*, that give it its

characteristic sound. An excellent French teacher, a Mr Bill Price, once put those vowels together in the sentence *Prends **un bon vin blanc!*** It will help you with your listening if you can commit this little sentence to memory and think nasal, because it is the nasal sounds which tend to get lost. When you have the feeling, which we all do at times, that a word or part of a word has simply gone missing somewhere between the speaker and you, it will most likely be a nasal vowel which is responsible. So, it is worth repeating that the golden rule is 'Think nasal'!

However, there are other traps for the ear (*traquenards*). Below is a check-list of the major difficulties. Keep it close by for reference, and every time you have a listening assignment, check everything you miss or half-hear against it. You should soon be much more confident about your listening.

\multicolumn{2}{c}{Les traquenards de l'écoute: tableau de vérifications}	
Point	**Exemples**
voyelles nasales	*vin[gt], en compte, quant à*
élisions (*d', l', m', n', qu', t', s'*)	*d'entrer, l'angoisse, m'en servir,* *n'ont rien vu, il faut qu'on parte,* *je t'envoie, s'en souvient*
liaisons	*quand on, quant à, pas encore,* *dans un*
chiffres/nombres/numéros	*40, 400 40 et ¼*
abréviations/sigles	*CE, CGT, BCBG, TGV, RU,* *resto, Catho*
inversions	*toujours est-il, aussi avons-nous, peut-être* *est-ce*
verbe + préposition	*vous permet . . . de recevoir,* *j'ai à vous parler*
é ou *ais* (*ait/aient*)?	*dansé* ou *dansais*? *devraient contribuer*
au subjonctif	*il faut qu'on ait, quel(le) que soit*

Tune in!

To attune yourself to French, watch French films, watch French TV and tune in to French radio. Don't expect to understand much at first, but get used to the sound, try to pick out key words, and you will gradually find that more of it makes sense. Your teacher may be able to lend you tapes of francophone singers – ideally with the lyrics.

Effective reading

Almost all of you, embarking on your advanced French course, will be good readers of your own mother tongue. You will probably not even realise that you may have excellent reading skills, far in advance of the average. You will apply these skills almost naturally without thinking about them as you bring them into use. Yet they will have been learned and developed, usually during your primary school career, then further extended during your time at secondary school.

You will not be aware that you **scan**, **select**, **discard**, **contextualise** and **match** words, phrases and sentences as a matter of course.

When it comes to reading French, you will maximise your potential, just as you did in your first language, by being aware of the skills you can use and develop, and by applying them consciously every time you have to read for understanding. Enough theory and philosophy; let's have some concrete practice and set you on your way by looking at a specific text in Unit 1: *Mais qu'est-ce qui ne va pas?* (see page 12).

Scanning

When you first look at a text, avoid the temptation to read right through, trying to look up and understand every word as you go. Instead, *scan* through the whole text, or perhaps the first section, to get a general idea of what it's all about. To help yourself scan, get used to watching out for series of *key words* or *phrases* as your mind flicks through the text. The main key words in the sample passage are:

ne pas ... compris font tout opposez essayer vous rencontrer insupportable m'engueule conneries heureux complique tout un monde confiance lâchent décevoir rêvaient pouvoir parler sur le cœur personne ... écoute avoir raison pas envie traîne drame colère se demander.

Notice how this series of words and short phrases gives you an initial feel of the drift of the article.

Selecting

Next, look through the article on page 12 again and *select* what seem to be the key details. Among the ideas you may come up with are:

l'impression de ne pas être compris/aimé/ vous vous opposez sans cesse/ ils sont sur mon dos/ je leur complique la vie/ je voudrais qu'ils me fassent confiance/ personne ne m'écoute/ ils pensent avoir raison sur tout/ j(e n)'ai tellement pas envie de rentrer.

These key details summarise neatly the drift of the article.

Discarding

The ability to discard unnecessary language from a statement is one of the easiest reading skills to develop. When we put together our thoughts, either in spoken or written form, we use a great number of what are called 'fillers', words or expressions which fill out the sentence without affecting the basic, underlying meaning. If when you come across a complex sentence, you do the opposite and *discard* non-basic items from the sentence, it will be very much easier to make sense of. Try it for yourself, by removing the following fillers from the article on page 12 and then re-reading it:

au contraire   sans cesse   pourtant   ensemble
enfin   toujours   encore   presque tous les soirs
toujours   sans arrêt   ne … jamais   par exemple
surtout   dès que   en   de temps en temps
un peu   bien   mais   mais   de toute façon
tellement   le soir après le lycée   le plus possible
quand   au lieu de.

Once you have made sense of the basic material, put the fillers back in one by one and you will have a first-class understanding of what you have read.

> **Study skills tip**
> Start a list of fillers in your vocabulary book (or wherever else you keep your French notes) and keep adding to it through the months ahead. Then, if you start thinking 'filler!' each time one of them pops up in a reading text, it will help your understanding greatly, because you will be consciously removing it from the clutter and revealing the base sentence.

Contextualising

When you *contextualise*, you simply put a word, phrase or sentence in its context. Another term for it might be 'educated guesswork'. Take, for instance, the first part of what François has to say about his father. The meaning of *tout sur tout* may not be immediately obvious to you, but, if you have worked out the rest of the sentence: *my father always knows … it's unbearable*, the thing that is unbearable has to do with the father's knowing. In the context of poor father–son relationships, then *tout sur tout* will almost certainly relate to superiority complexes/being a know-all/using knowledge as power, etc. This is your way in.

Matching

Matching is probably the most common skill you develop when you extend your reading powers in French, and it functions whenever you match a word or expression with something from your first language. Speakers of mother-tongue English have an advantage here over Dutch, German and Scandinavian people: as much as 80 per cent of our abstract vocabulary is identical with or similar to what we read on the French page, since intellectual English is based on French and/or Latin.

The problem is that meaning and usage will have changed since the French kings ruled the British Isles. So words which look identical may often have a somewhat different meaning nowadays. If we learn to make suitable adjustments of meaning, it should, therefore, be possible for us to match almost all of the abstract French vocabulary we encounter with what we know in English.

To give yourself some practice in matching, try the following activity. Look again at the article *Mais qu'est-ce qui ne va pas?* Find the French words from which the following English ones are derived. Then identify those words in the English list whose modern meaning is now somewhat different from the French:

impression   comprehended   contrary   conviction oppose   cease   ensemble   unsupportable accord   pass   encore   apprehend   arrest   pose questions   example   complicate   demand confidence   deceive   person   arrive   fashion reason   envy   re-enter   train   drama

Read around

- Read French newspapers and magazines whenever you have the chance.
- Use the Internet to read on-line newspapers.
- Try some *bandes dessinées* (BD) such as Astérix, Tintin, etc.
- Subscribe – or see whether your teacher could take out a class subscription to, e.g, *Le Journal des Enfants* or *Phosphore*.
- Use the Web! See the list of websites on page 204.

Effective speaking

The most important thing you can do to put yourself on the road to speaking French effectively is to set yourself a target at the beginning of your course. Try to sound as French as you can. Pronunciation and intonation are important, because they communicate respect for the Francophones you talk with.

The *Coin accent – prononciation* and *Coin accent – intonation* sections in each unit will help you to achieve your target. No one is asking you to speak with a perfect French accent, but you can sound reasonably French if you apply yourself by continually listening and practising. Above all, if you can get to a French-speaking country during your course, this will put the seal on your efforts.

As you work through the various *Coins*, try hard to imitate the speakers who are the same gender as you and tape yourself, so that you can hear where your sounds are not quite accurate and also where you are doing well. The following small pointers should also help you:

1   Speak reasonably quietly, don't shout.
2   Speak calmly, trying to control the sound that comes out.

3 Think of yourself as a different person when you speak French.

4 As a consequence, try to have a different French voice from your English one.

5 Remember each time that you speak that there are two elements to the sound of what you say – pronunciation and intonation. Try to hear them separately and to work on both.

6 Ask your teacher/assistant(e)/francophone friend to tell you the weak and the strong points of your pronunciation and intonation.

7 Find a French voice which you really like and gradually learn to sound like it.

8 If you are male, lower your voice as far as is comfortable when you speak.

9 French sounds sexy. Without going overboard, try to sound sexy when you speak French. Then, as you improve, tone down the sultriness!

To help you improve your conversation skills right from the beginning of the course, on pages 198–9 are some lists of expressions for saying *oui/non/peut-être*. During the next few weeks, your teacher will introduce some supplementary speaking activities to allow you to begin to speak with real confidence and to have great fun in the process.

Presenting and discussing a topic

Many of you will have a topic to present and discuss during your oral exam. If you carry out the suggestions in the key points below, you will be in a good position to get the best possible results.

Preparation: four key points

1 Choose a topic which is of personal interest to you. You are much less likely to talk well about something you find boring.

2 Choose a topic that is not too difficult or wide-ranging for you to prepare. If you feel that the themes suggested by your teacher are a little beyond you, do not be afraid to ask for an alternative topic, or make suggestions of your own. Your teacher will be pleased that you have enough interest to want to do the job properly. Large numbers of students could perform much better in the oral exam, simply by choosing a more appropriate topic. However, be warned: avoid GCSE topics such as 'your holidays'. Check the topics indicated in your syllabus; these may give you ideas.

3 Whatever your topic, make sure you learn the 80–100 key words that underpin it. If necessary, ask your teacher or a friend to test you on that vocabulary, since, apart from Point 2 above, lack of the key language is the main reason for failing to do justice to yourself in the oral test.

4 Practise your presentation and general topic material in pairs, with one partner interviewing the other.

Presentation: four key points

If you start your topic discussion with the examiner via a short presentation, try to act on the following suggestions.

1 Include in your draft presentation a short statement of the main ideas you wish to discuss during the conversation. You should aim to include between four and six of these.

2 Present them in the order that they will occur later.

3 Explain your reason(s) for choosing the topic, but try to avoid trite statements like *Ça m'intéresse* or *Ma/Mon prof a choisi le sujet.*

4 Show enthusiasm and sound interested while you give your presentation. If the material is delivered in a bored or automatic manner, it is not going to impress the examiner. To be able to show enthusiasm, you need to know your material well, so the preparation points listed above are important!

The topic conversation: eight key points

1 Divide the material you have prepared into between four and six manageable themes or sub-themes. Avoid preparing long lists of themes.

2 You do not have to remember hundreds of figures and points off by heart. If your topic is accompanied by a lot of statistics, for example, your Examining Consortium may well allow you to take a sheet(s) of statistical information into the exam room. Check with your syllabus specifications and/or your teacher.

3 Depending on the syllabus you follow, you may be allowed to take in a sheet of notes as a memory-jogger, but don't fall into the trap of relying so much on your notes that you begin to read them out – this will lose you marks and, if you keep reading from them, the examiner may have to take your notes away from you.

4 Try to listen to what is being asked in each question and to respond reasonably naturally. It's supposed to be a real conversation! Don't be tempted to learn your notes so completely by heart that when you are asked a question, you merely switch on the memory banks and regurgitate vast amounts of pre-learned material, which may not even answer the question properly. Whichever your syllabus, there will be credit given for spontaneity of response in your presentation and development of ideas.

5 Try to continue the enthusiasm that you will have shown in your presentation. A sense of commitment to what you are saying will enhance the impression marks and rightly so, since your topic conversation is a communication exercise.

6 Keep reasonable eye contact with your examiner and smile occasionally. The impression that you are a confident, pleasant person also enhances communication.

7 If you don't understand something the examiner says or asks, don't make a wild guess or sit there silently panicking – do what you would do in a normal conversation and ask him/her to repeat or explain what he/she has said.

8 Try to sound as French as you can. This will help the examiner to feel very positive about your capacities.

Effective writing

The following general pointers and checklists should help you maximise your writing potential as you work through the course. Use the following tips to extend and improve your written French:

1 Keep a vocabulary book in which you note all new words and phrases that you come across in your work. Include noun genders, notes on irregular plurals and similar key details, not just isolated words.

2 Use the new items when you speak and write, as soon as you can after noting them.

3 Re-use in future assignments key phraseology on which your teacher has already passed favourable comment.

4 If you try to express a complicated idea by translating it direct from English, guessing at how you are to put it across in French, your work is liable to be full of errors. Instead, when you write in French, use and adapt what you

have seen and heard from French speakers via text and tape.

5 Spend five to ten minutes checking any piece of work for errors on completion, before you hand it in. Use the checklist on page 196 to scan for individual categories of error during those five or ten minutes.

General practical writing tips

The following tips are based on examiners' guidelines, so they are worth following!

- Write on alternate lines. The extra space between the lines will allow you to see your own errors more clearly and to make neater alterations.
- Get into the habit of crossing out errors with a single line. This will help your work to look as neat as possible.
- For important tests, assignments and exams, use an ink (not a ball-point) pen to maximise your neatness.
- Unless you have a medical condition related to your hands, do not use pencil for written assignments.
- When you start your neat draft, write on alternate lines.

Writing essays

If your French essay is to receive a good mark, it needs to achieve three equally important things:

1 to be a **relevant** response to the question asked
2 to be argued in a structured, **well-organised** way
3 to be grammatically **accurate**.

It's quite a challenge to keep focused on all three points, but if you use the following list of guidelines you will soon develop good essay habits and raise the level of your writing.

Make a plan and keep it relevant

1 Think about different possible points of view in response to the question and jot down key points for each.

2 Decide whether you favour one particular opinion: jot down reasons why and evidence to support your view.

Write in a structured way

1 Start with an **introductory paragraph** – not too long – setting out why the subject is important and the possible responses to the question.

2 Write the **main part** of the essay, which should be around two-thirds of the total piece:
- deal first with the points of view you find less convincing, saying why, backed up with evidence/examples
- now put forward your own views on the question, backing them up with evidence/examples.

3 Write your concluding paragraph – again, not too long:
- refer to the title to show you are still sticking to the question
- make it clear whether you are strongly in favour of one particular response or whether you feel there is equal merit on both sides and are leaving it to your readers to decide for themselves. It is sometimes appropriate to end with one of the following:
  - a question which takes the debate one stage further
  - a quotation which sums up your point of view.

Check your grammatical accuracy

Spend at least ten minutes (in an exam) or an hour (if it is coursework) checking the accuracy of your work before you hand it in. Use this checklist.

Nouns and pronouns
- check the gender

Adjectives
- have you made them feminine and/or plural where necessary?

Verbs
- have you used the right tense?
- have you used the right ending to go with the subject?
- for perfect tenses, check your choice of *être* or *avoir* and make sure that past participles agree where necessary
- watch out for irregular forms – you can check them in the back of your dictionary or in the back of this book

Accents
- ´ ` ^ ¨ ç: check they are all in place

Negatives
- *ne ... pas/jamais/que/plus* – make sure they all have their second half in the right place

Qui/que
- make sure you have chosen the right one

Prepositions
- make sure you have chosen the right one

Inversions
- remember that you need to invert and add hyphens (and sometimes a 't'):
  - after direct speech: '*Vous croyez?*' demanda-t-il?
  - after starting a sentence with *peut-être, aussi,* etc.: '*Peut-être pourrait-on dire que ...*'

Writing formal letters

You are probably already reasonably confident about writing informal letters to French friends. However, for writing more formal letters to a person you don't know or in a business context, there are certain conventions you need to follow.

1 Put your own address top left.

2 Next, on the right, put the name of the person you are writing to, if you know it. Remember to include *Monsieur* or *Madame*.

3 Next, on the right below the name, put the address of the person you are writing to.

4 Next, on the right below the name and address, put the name of your town and the date. Remember that the months do not have capital letters, and the date needs *le*, e.g. *le 23 mars 2000*.

5 Next, on the left, you open your letter by writing one of the following:

  – if you know you are writing to a man, put *Monsieur*;
  – if you know you are writing to a woman, put *Madame*;
  – if you are writing to an organisation and not to an individual, put *Madame/Monsieur*.

Two important points:

  – Do NOT include the person's name here.
  – Do NOT include *Cher* or *Chère* unless you already know the person quite well.

6 State very briefly what your letter is about: *Objet: ...*

7 Next, the main text of the letter, divided into paragraphs to make your message clear.

8 Finally, sign off with one of the standard French phrases for ending a letter. These are longer and more formalised than in English.

  – A useful equivalent of 'Yours faithfully' (to finish a letter to an organisation when you are not addressing an individual) is:
  Je vous prie d'agréer, Messieurs, l'expression de mes sentiments distingués.
  – A useful equivalent of 'Yours sincerely' (to finish a formal letter to an individual) is:
  Croyez, Madame/Monsieur, à l'expression de mes sentiments respectueux.

1
125 Springfield Avenue
Rutland
Bartingham
BE12 3LX
Grande-Bretagne
0044 1234 654321

2/3
Société Protectrice des Animaux
39 Boulevard Berthier
75847 Paris Cedex 17
France

4
A Bartingham, le 17 mars 2000

5
Madame/Monsieur

6
Objet: Informations sur les expériences sur les animaux en France

7
Je suis étudiante en terminale au collège de Rutland à Bartingham dans le comté du Bartshire en Grande-Bretagne. J'étudie le français en tant que matière principale et j'ai décidé de faire un Travail d'Etude et de Recherche sur les animaux qui souffrent à cause d'expériences scientifiques. La réputation de votre organisation dans ce domaine est établie et c'est la raison pour laquelle je vous écris. Mon travail ne serait pas complet, et serait très difficile, sans vous impliquer.

En conséquence, j'ai l'honneur de solliciter quelques minutes de votre temps afin que vous puissiez m'envoyer tous documents ou brochures qui seraient susceptibles de m'aider.

Par avance je vous sais gré de votre collaboration et vous assure que votre contribution sera mentionnée comme il se doit.

Ci-joint un coupon-réponse international pour l'affranchissement de votre réponse.

8
Je vous prie de croire, Madame/Monsieur, à ma sincère reconnaissance et à mes sentiments distingués.

Sarah Foster

Sarah Foster

Le béni-oui-oui

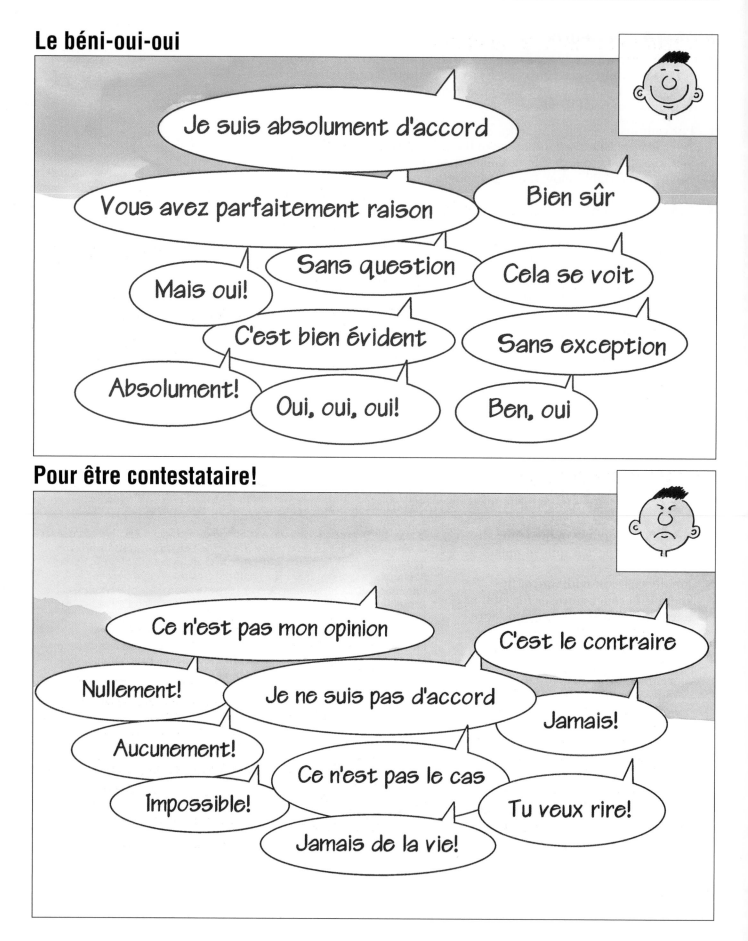

Pour être contestataire!

Ménager la chèvre et le chou!

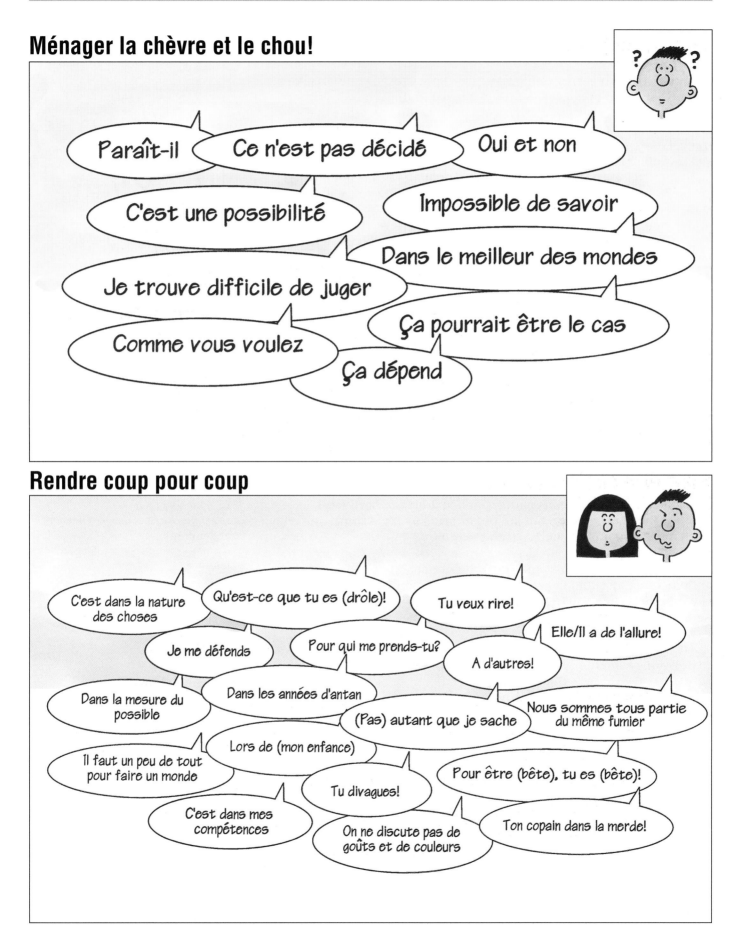

Paraît-il

Ce n'est pas décidé

Oui et non

C'est une possibilité

Impossible de savoir

Dans le meilleur des mondes

Je trouve difficile de juger

Ça pourrait être le cas

Comme vous voulez

Ça dépend

Rendre coup pour coup

C'est dans la nature des choses

Qu'est-ce que tu es (drôle)!

Tu veux rire!

Je me défends

Pour qui me prends-tu?

Elle/Il a de l'allure!

A d'autres!

Dans la mesure du possible

Dans les années d'antan

(Pas) autant que je sache

Nous sommes tous partie du même fumier

Il faut un peu de tout pour faire un monde

Lors de (mon enfance)

Pour être (bête), tu es (bête)!

Tu divagues!

C'est dans mes compétences

On ne discute pas de goûts et de couleurs

Ton copain dans la merde!

Writing about characters in literature studies: Le profil de caractère

If your syllabus requires you to write on literary texts, you will take a somewhat different approach from that used in the general writing tasks in this course. Essentially, you will be pulling together the themes in the work, the days of line-by-line translation having long gone. Underpinning all that you do will be an understanding of the characters in the novel, story or play.

Writing about characters in literature (*personnages*) is not an easy exercise and is certainly very different from anything you will have done for GCSE. However, if you have a basic pattern from which to work, character analysis can be quite straightforward. The *profil de caractère* on page 201 gives you that pattern. Copy and complete a separate *case-profil* (profile box) for each main character in the work you are studying; look through each row of descriptors and see if you can find one (at most, two) to put in the *case-profil* at the end of the line. There may, of course, be cases where none of the adjectives is applicable. After you have worked through all the lines you will have a completed profile box.

When you use the descriptors in your essay, you need to vary your language, since it is very easy to fall into the trap of repetition. A look at a sample paragraph from a student's work makes the point:

> Boris est très vaniteux. Il est aussi distant et rancunier. Il est déraisonnable et peut-être violent. Aussi est-il assez sinistre, impitoyable et agressif. Il n'est pas modeste et il est certainement morbide. Je crois qu'il est mesquin et pessimiste, presque sans âme. Je ne l'aime pas.

The student who wrote this paragraph had done the hard work of probing Boris's character, but did not impress by his writing, since he used the formula *il est + adjectif* all the time.

When you come to write about character, use expressions from the *Exposé de personnalité* list and you will develop a more varied style.

Remember also that people do not show particular characteristics all the time. So, when you talk about how a person behaves, qualify your statements, where appropriate, with expressions such as those in the *Modifications* list.

Look back at the sample paragraph about Boris and re-write it using expressions from the *Profil de caractère* and *Modifications* lists.

Give evidence of your opinions!

It is important always to back up your impressions with *evidence from the text* – on what behaviour from the book are you basing your opinion?

Exposé de personnalité

Boris semble . . .
Il paraît . . .
Il a un côté . . .
Son caractère est . . .
Il donne l'impression d'être . . .
Il crée une impression (+ adjectif au féminin)
Sa personnalité est (+ adjectif au féminin)
Il agit d'une façon (+ adjectif au féminin)
Il se comporte d'une manière (+ adjectif au féminin)
Il se comporte d'une façon (+ adjectif au féminin)
Il agit d'une manière (+ adjectif au féminin)
Référez-vous à la page d'en face.

Modifications

la plupart du temps
de temps en temps
de temps à autre
parfois
si bon lui semble
s'il/si elle en a envie
au bon/mauvais moment
quand elle est fatiguée
quand il a mal, etc.

Profil de caractère

Titre de l'œuvre: ....

Personnage: ....

Choisissez un maximum de deux qualités pour chaque ligne.

compatissant   vaniteux   tragique   névrotique

distant   impulsif   sage   lâche

faible   autoritaire   insouciant   rancunier

fort   comique   anxieux   généreux

déraisonnable   altruiste   hardi   prudent

fier   violent   prévenant   chaleureux

détendu   morne   magnanime   sinistre

plein de compassion   impitoyable   progressif   propre à rien

agressif   affectueux   orthodoxe   calme

circonspect   modeste   exigeant   dédaigneux

abattu   grondeur   grossier   exubérant

doux   sans espoir   plein d'humour   énergique

désespéré   gai   humble   morbide

heureux   plein d'espoir   passif   insécurisé

passionné   mesquin   indulgent   assuré

sérieux   pessimiste   triste   raffiné

sans âme   rustre   truculent   déterminé

CASE-PROFIL

....

....

....

....

....

....

....

....

....

....

....

....

....

....

....

....

....

Après avoir choisi les qualités les plus typiques du caractère du personnage, pensez aux modifications et aux indices.

• pourquoi?
• quand?
• cela se voit comment?

Using dictionaries

You will maximise your progress during your advanced course if you develop really effective dictionary skills. This section gives some practical guidelines on how to take your dictionary skills to advanced level.

Which kind of dictionary?

Our suggestion is that, on moving beyond GCSE, you should initially work with a bilingual (French–English and English–French) dictionary; you should, however, work towards using a monolingual (French–French) dictionary. If you have access to both, the best strategy as you start your course is to use both kinds. At first, you will rely predominantly on your bilingual dictionary, but if you train yourself to look at the explanation of the item in a monolingual one after you have found out from the English what the word means, you will soon become more at ease with the French–French resource. Set yourself a target of using a monolingual dictionary for at least half the time by the half-way point of your course.

Seven key points

The following guidelines are based on item 1.10 on page 14.

Attention to these basic pointers will make it much easier for you to learn your way around the dictionary.

1 The most important thing is to know what kind of word (part of speech) you are dealing with. The abbreviations accompanying the target word in the dictionary will normally tell you. The most frequently encountered abbreviations are listed below.

abbr.	French	English
adj	*adjectif*	adjective
adv	*adverbe*	adverb
inf	*infinitif*	infinitive
nf	*nom féminin*	feminine noun
nfpl	*nom féminin pluriel*	plural feminine noun
nm	*nom masculin*	masculine noun
nmpl	*nom masculin pluriel*	plural masculine noun
prép	*préposition*	preposition
v	*verbe*	verb
vi	*verbe intransitif*	intransitive verb
vt[r]	*verbe transitif*	transitive verb

2 The most important word around which a sentence is built is the verb. If you identify the verb first, it will help you make sense of the whole statement. Verbs are normally listed in the dictionary in their infinitive form, whereas in the passage you are reading or listening to, they will occur in a variety of different persons and tense forms. For instance, when you read about Haïk in 1.10, you will come across these verb forms amongst others (the infinitives are given in brackets here:

s'ennuie (*s'ennuyer* (which will be listed under **e**)), *fait* (*faire*), *pensait* (*penser*), *serait* (*être*), *fonctionnent* (*fonctionner*), *rempli* (*remplir*), *prend* (*prendre*), *ait* (*avoir*).

3 Remember, when checking vocabulary for meaning, that **-ment** at the end of a French adjective usually turns it into an adverb, whose English equivalent will normally (but not always) end in **-ly**. However, you need to be careful, because -*ment* can also be a noun ending and occasionally a verb ending. Spot the noun and the verb amongst the adverbs in the following list:

tellement, seulement, médicament, vraiment, fréquemment, entament

4 A capital letter used for a word in the middle of a sentence – *La Ciotat, Parisiens, Boulogne-Billancourt* – tells you that the word is a proper noun, i.e. the name of a particular place, person, group, title, etc. So the word may not be in your dictionary. However, you will at least know that you are dealing with the name of a place, person, animal, thing, etc. With a listening passage, of course, you cannot see the capitals but if you hear a mysterious word, it could be the name of someone or somewhere. You will probably be right at least half of the time.

5 English speakers have a great advantage when dealing with French, since over 70 per cent of our own intellectual or abstract vocabulary came from our French conquerors after 1066 and from the common Latin they brought along with them. (German, by comparison, is over 70 per cent different!)

– French nouns ending in -*tion* or -*sion* often have similar English equivalents (e.g. *conversation, version*);

– French nouns ending in *-ment* often have similar English equivalents (e.g. *appartement*);

– French nouns ending in *-age*, *-ance* or *-ence* often have similar English equivalents (e.g. *cage, élégance, apparence*);

– French nouns ending in *-aire* often have *-ery/-ary* equivalents in English (e.g. *secrétaire*);

– French nouns ending in *-eur* are likely to have English equivalents ending in *-or* (e.g. *docteur*);

– French adjectives ending in *-el* often have similar English equivalents ending in *-al* (*personnel*).

However, you need to be careful with similar French vocabulary, because English adopted these words so long ago that many meanings have changed over the years.

6 Be careful when making assumptions. It's worth checking the precise meaning of words which seem obvious because they look so similar to English ones – they may have slightly different meanings in English. In Haïk's story, for example, what is the meaning of *envie, animateur, affronté, cases, gardienne, poser, (re)passage, parole*?

7 Many words have several meanings. When, for example, you come across a reference to Haïk's *feuilles de cours*, the idea of course/class leaves makes no sense. The dictionary may have given 'leaves' as the first meaning of *feuilles*, but you need to look further to the second meaning – 'pages/sheets' – for the phrase to make sense.

Using ICT and the Internet

Certain tasks in *Tout droit! Deuxième édition* are particularly suitable for ICT work. These are marked with the following icon:

There are references at numerous points in the course to relevant websites. The following list is a selection of websites which are recommended as interesting sources on aspects of the topics covered in the units of the course; they will also, of course, act as gateways to further sites once you start surfing. The details below are correct at the time of going to press, but it is in the nature of this kind of information that site names change or disappear.

- A good starting point is the French-language search engine **http://www.yahoo.fr/**

- Most French regions have their own website.

- Many past and present French celebrities e.g. footballers, singers, have their own websites plus several other fan sites.

- In addition to news, all of the newspaper sites contain many of the features you would expect to find in a newspaper, such as sport, arts, tourism, culture, etc.

site (all prefixed http://www.)	topic/area
alsapresse.com	**media/regions**: regional daily paper for Alsace
bretagne-online.com	**regions**: Brittany, culture and current affairs
nicematin.fr/mercantour	**Provence/environmental** issues/conservation
ledauphinelibere.com	**media/regions**: site of *Le Dauphiné libéré* newspaper
ladepeche.com	**media/regions**: site of *La Dépêche* newspaper
lefigaro.fr	**media**: site of *Le Figaro* newspaper
lefigaro.fr/campus	starting further/higher **education**
lefigaro.fr/campus/Formation/Formation_Europe.htm	**educational** openings across Europe
lefigaro.fr/campus/BonPlans/cool.htm	**multimedia** news and developments
jir.fr/home.htm	**La Réunion** newspaper: *Le Journal de l'Ile*
lemonde.fr	**media**: site of *Le Monde* newspaper
ouest-france.com	**media/regions**: site of *Ouest-France* newspaper
ouest-france.com/cgi-bin/lettres/bretagne/consult.per1	**Brittany**: short news items
arbedkeltiek.com	**Brittany**: Celtic cultural information and events
leparisien.fr	**media**: site of *Le Parisien* newspaper
laprovence-presse.fr/home/index.html	**Provence**: regional information, strong on sport
topouest.com	updates on the **arts, sport, multimedia** etc., aimed at 15–25 age group
asterix.tm.fr	official **Astérix** site
(no www.) tintin.org	informative **Tintin** site
afp.fr/francais	Agence France-Presse: **current affairs** and **cultural/social** features
francealacarte.org.uk	**arts, cultural** and **regional** features, leisure
diplomatie.fr/culture/france/ressources	official French foreign ministry site with good **data** on aspects of **France and French life**
(no www.) Club.ovh.net/pyrenees	**regions/leisure/tourism**: the outdoors/nature in Pyrenees
giverny.org/giverny.htm	**regions/arts**: guide to Monet's Giverny house/garden/paintings
bordeaux-tourisme.com	**regions/tourism**: local information about Bordeaux
wanadoo.fr	France Télécom search engine which looks only for Francophone sites
disneylandparis.com	**Paris/tourism**: the Disneyland Paris site
alegria.fr	**Paris/arts/tourism**: tourist guide
nyp.ac.sg/fl/fl_fcfrm.htm	language games

Grammar reference

1 Nouns

1.1 Gender of nouns (naming words)

1.1.1

In French there are two genders, *masculine* and *feminine*. An animate noun (a person or animal) normally takes the gender corresponding to the sex of the creature or person referred to:

un chien (m)   *une chienne* (f)
un conducteur (m)   *une conductrice* (f)

Note   Many nouns referring to animals have only one gender:

un papillon, un serpent, une souris, une tortue, une girafe

1.1.2

Other than for people and most animals (see 1.1.1), there is no relationship between the gender of a noun and the notion of sex. Thus, with a concrete object or abstract notion, the gender will simply be grammatical, often without any apparent rhyme or reason:

un *foulard* but **une** *écharpe* (= two sorts of scarf)
la *religion* but **le** *communisme*

1.1.3

Since it is grammar which determines the gender of nouns, there are certain noun endings which are generally either masculine or feminine. The main ones are:

Generally masculine endings
-(i)er
-et
-t
-eur
-age (two syllables +)
-ment (two syllables +)

Examples: *fermier, gibier, berger, verger, projet, rejet, chat, contrat, menteur, proviseur, courage, marécage, froment, serment.*

Generally feminine endings
-e
-té
-ée
-ère
-ière
-erie
-ette
-ion
-tion

Examples: *ferme, marche, bonté, santé, chaussée, cheminée, commère, épicerie, camaraderie, fillette, gestion, station.*

There are, however, exceptions to every rule. It is worth writing up in your vocabulary book the exceptions you come across for each ending. Without any doubt, the nouns which cause most difficulty are those ending in **-e**, but which are masculine. Here is a short list of the most common of these:

acte, adverbe, beurre, caractère, casque, centre, cercle, chèque, chiffre, cimetière, cirque, coffre, collège, commerce, compte, conte, contrôle, costume, derrière, dialogue, disque, divorce, domaine, doute, drame, évêque, exemple, fleuve, foie, génie, genre, groupe, incendie, kiosque, lycée, magazine, malaise, manque, masque, massacre, mélange, mensonge, meuble, monde, monopole, musée, nombre, organe, parapluie, pétrole, peuple, pique-nique, pôle, portefeuille, principe, problème, proverbe, refuge, règne, remède, reste, rêve, réverbère, ridicule, risque, rôle, royaume, sable, service, sexe, siècle, signe, silence, songe, squelette, stade, style, symbole, texte, timbre, triomphe, type, ulcère, véhicule, verbe, verre.

1.2 Plural of nouns

As in English, the great majority of nouns form their plural with the ending **-s**:

des députés, des rats, les maisons, les circonstances

There are, however, modifications and exceptions to this general rule.

1.2.1

Nouns which end in **-s**, **-x** or **-z** in the singular do not change in the plural:

une fois → des fois

Nouns ending in **-(e)au** or **-eu** add an **-x** in the plural:

un chapeau → des chapeaux;
un feu → des feux

Exceptions: *bleus/landaus/pneus.*

The plural of nouns ending in **-al** is **-aux**:

un cheval → des chevaux

Exceptions: *bals, carnavals, chacals, festivals, récitals, régals.*

1.2.2

There are some nouns ending in **-ail** and **-ou** whose plurals are **-aux** and **-oux**:

bail → baux; soupirail → soupiraux;
travail → travaux;
vantail → vantaux;
vitrail → vitraux;

bijou → bijoux; caillou → cailloux; chou → choux;
genou → genoux; hibou → hiboux; joujou → joujoux;
pou → poux

1.2.3

There are some very common nouns which are only used in the plural:

les alentours, les ciseaux, les devoirs
(homework), *les échecs* (chess), *les environs, les fiançailles, les frais, les funérailles, les lunettes, les mœurs, les pourparlers, les vacances*

1.2.4

Proper nouns can be singular or plural:

la France, les Alpes, les Etats-Unis

Family names traditionally have no **-s** in the plural:

les Martin, les Cauchi-Martin, les Dumas

1.2.5

Compound nouns form their plurals by adding the plural ending to the logical element(s):

une pomme de terre → des pommes de terre
un arc-en-ciel → des arcs-en-ciel
un porte-avions → des porte-avions
un chou-fleur → des choux-fleurs

un coffre-fort → des coffres-forts
un sourd-muet → des sourds-muets

Note
Monsieur → Messieurs
Madame → Mesdames
Mademoiselle → Mesdemoiselles

1.3 *Articles*

1.3.1

The use of the indefinite article (= a/an)
The indefinite article is used with an abstract noun + adjective:

*avec **une** douleur incroyable*	with incredible pain
*une femme d'affaires d'**une** ambition indiscutable*	a businesswoman with undeniable ambition

Where English uses the indefinite article simply to indicate a person's job, nationality, rank or religion, French leaves it out:

Elle est infirmière.	She's a nurse.
Il est Ecossais.	He's a Scot.
Elle était adjointe.	She was a deputy mayor.
Ses parents ne sont pas catholiques.	Her parents are not Catholics.

But, if the job, nationality, etc. is accompanied by an adjective, then the indefinite article is used, as in English:

C'est une infirmière impeccable.	She's a first-class nurse.
C'était une adjointe expérimentée.	She was an experienced deputy mayor.

The article is also left out after verbs like *créer, devenir, élire, mourir, naître, nommer, rester*:

Il est devenu chirurgien.	He became a surgeon.
Françoise a été élue députée.	Françoise was elected an MP.

1.3.2

The partitive article: *du/de la/de l'/des*
This article is used to indicate a certain (vague) quantity and corresponds to the English 'some'. It is a combination of *de* and the definite article.

*Il faut **du** temps pour se décontracter.*	You need (**some**) time to relax.
*Je faisais **de la** gymnastique.*	I used to do (**some**) gymnastics.
*Lisez **des** bouquins scientifiques.*	Read (**some**) scientific books.

Note In English, the word 'some' is often omitted. The French equivalent always has to be put into the sentence.

The partitive article is just *de* when:

a an adjective comes in front of a plural noun:
Il a de grands pieds.
Nous sommes de bons amis.

Except when the adjective and the noun are so closely associated as to belong together: *des petits pois, des jeunes gens.*

b it is used in a negative phrase:
Je n'ai plus de pain.
Il n'y a pas de filles ici.

Exceptions: statements starting with *ce n'est pas/ce n'était pas/ce ne sera pas*, etc.

Examples: *Ce n'est pas de la confiture de fraises.*
Ce n'était pas du meilleur.

2 *Pronouns*

2.1 *Personal pronouns*
2.1.1

A pronoun takes the place of a noun in a phrase or sentence. The form of the pronoun depends on whether it is the subject of the sentence or the object (direct or indirect).

		subject	direct object	indirect object
singular	1st person	je	me	me
	2nd person	tu	te	te
	3rd person	il/elle	le/la	lui
plural	1st person	nous	nous	nous
	2nd person	vous	vous	vous
	3rd person	ils/elles	les	leur

Examples:

Je me présente.   *je* = subject; *me* = direct object

Je les aime tous.   *je* = subject; *les* = direct object

Elle t'envoie une photo.   *elle* = subject; *t'* (*te*) = indirect object

Je voudrais leur parler.   *je* = subject; *leur* = indirect object

Ça lui fera plaisir.   *lui* = indirect object
Vous me la donnez.   *vous* = subject; *me* = indirect object; *la* = direct object

2.1.2
Emphatic pronouns are used (often standing alone):

a after prepositions;
b in order to emphasise or draw attention to a person or thing.

singular	1st person	moi
	2nd person	toi
	3rd person	elle, lui
plural	1st person	nous
	2nd person	vous
	3rd person	elles, eux

Je t'envoie une photo de moi.   I'm sending you a photo **of me**.
C'était insupportable pour eux.   It was unbearable **for them**.
Toi, tu es difficile!   **You** are difficult!
Lui, il était toujours en retard!   **He** was always late!

2.1.3
The pronoun *on*
On is always the subject of the verb and has the following two uses:

a as the equivalent of the English pronoun 'one' (= you/someone)

On refers to people in general:

On doit manger et boire pour vivre.   **One** must eat and drink to live.
On y est tranquille.   **One/You** can be quiet there.

or to an indefinite person:

On sonne.   **Someone's** ringing.
On vous demande.   **Someone's** asking for you.

or it is used where English uses the passive:

Ici on parle allemand.   German (is) spoken here.

b as an equivalent of the pronoun *nous*

When *on* is the equivalent of *nous* in casual speech, the **verb** is in the 3rd person singular, but the **adjective** or the past participle acts as if it were with *nous*:

On **va** *au cinéma.*	We're going to the cinema.
On **est** *toujours venus ici*	We always came here.
On **est** *complices.*	We're in it together.

Note When *on* is the object of the verb, it changes to *vous*:

Ça **vous** *aide à comprendre.*	That helps **one/people** to understand.

2.1.4

En and *y* have two uses:

a as adverbial pronouns, the equivalent of the English 'from (out of) there/(to) there'

*J'***en** *suis revenu hier!*	I came back **from there** yesterday.
Non, elle **en** *est sortie.*	She has come out **of there**.
*J'***y** *vais.*	I'm going **(to) there**.
*Je l'***y** *ai rencontrée.*	I met her **there**.

b as personal pronouns, representing *de* or *à* + noun

*Parlons-***en!**	Let's talk **about it**. (*parler* **de**)
*J'***y** *pense.*	I'm thinking **about it**. (*penser* **à**)

2.1.5

Object pronouns are placed immediately in front of the verb (even in a negative expression: *il la voit, il ne la voit pas*).

If there is more than one object pronoun, they are placed in front of the verb in the following order:

me				
te	le	lui		
nous	la	leur	y	en
vous	les			
se				

The only exceptions are positive commands, where object pronouns follow the verb, with a hyphen between verb and pronoun:

*Regarde-***la!***, Allez-***y!**

In such commands, *me* and *te* become *moi* and *toi*, except when they are followed by *y* or *en*:

*Parle-***moi!***, Lève-***toi!***, Va-***t**-en!*

If there are several object pronouns (this rarely happens), they come after the verb as follows:

	nous			
le	vous			
la	lui			
les	leur	y	en	
	moi (m')			
	toi (t')			

*Donne-***m'en!***
*Apporte-***le-nous** *ici!*

If the command is negative, the normal order of pronouns applies:

Ne **me le** *dis pas!*

2.2 Qui/que/où/dont

2.2.1

The relative pronoun *qui* (who/which/that) is the subject of the verb:

Un quatre-pièces **qui** *appartient à mes enfants.*	A four-room flat **which** belongs to my children.
Une boum **qui** *s'achèvera très tard.*	A party **that** will finish very late.
Ecoutez Anne-Sophie **qui** *vous parle.*	Listen to Anne-Sophie, **who** is talking to you.

2.2.2

The relative pronoun *que* (whom/which/that) is the direct object of the verb. It is shortened to *qu'* before a vowel, whereas *qui* is never shortened.

C'est un livre **que** *vous avez adoré.*	It's a book **that** you adored.
Pourquoi sortir avec un garçon **qu'on** *n'aime pas?*	Why go out with a boy **whom** you don't like?
Que *faites-vous?*	**What** are you doing?

2.2.3

Où indicates place:

La boum **où** *je l'ai vu.*	The party **where/at which** I saw him.

Note *Où* and *que* can also indicate **when** something happened/may happen:

Le jour **où** ...	The day **when/on which** ...

*Le jour **où** tu as accepté mon invitation . . .*	The day **on which** you accepted my invitation . . .
*Un jour **que** . . .*	One day **when** . . .
*Un jour **que** je flânais dans les rues . . .*	One day **when** I was wandering round the streets . . .

2.2.4

Dont is a relative pronoun corresponding to the English 'of which/of whom/whose'.

*. . . **dont** le nombre est variable*	**of which** the number varies
*un ami **dont** je connaissais déjà la sœur*	a friend **of whom** I already knew the sister (= **whose** sister I already knew).
*l'expérience **dont** parle le livre*	the experience **of which** the book is talking (= the experience the book is talking about).
J'ai acheté cinq livres, dont deux sont rares.	I bought two books, **of which** two are rare (= including two rare ones).

2.3 *Possessive pronouns*

A possessive pronoun takes the place of a noun which has already been mentioned. It changes according to:

• the person of the owner;
• the gender and number of the thing/person possessed.

The English equivalents are 'mine'/'yours'/'hers'/'ours', etc.

Possessive pronouns are as follows:

Possessor	Object possessed			
	singular		plural	
	masculine	feminine	masculine	feminine
je	*le mien*	*la mienne*	*les miens*	*les miennes*
tu	*le tien*	*la tienne*	*les tiens*	*les tiennes*
il/elle	*le sien*	*la sienne*	*les siens*	*les siennes*
nous	*le nôtre*	*la nôtre*	*les nôtres*	
vous	*le vôtre*	*la vôtre*	*les vôtres*	
ils/elles	*le leur*	*la leur*	*les leurs*	

*Le chien de Jean est plus beau, mais **le mien** est plus intelligent.*	John's dog is nicer-looking, but **mine** is more intelligent.

*Quel appartement – **le nôtre** ou **le sien**?*	Which flat – **ours** or **his/hers**?

2.4 *Demonstrative pronouns*
2.4.1

Demonstrative pronouns indicate and replace nouns which have already been mentioned. The English equivalents are 'this one'/'that one'/'those'/'the ones'. In French, they are formed as follows:

singular		plural	
masculine	feminine	masculine	feminine
celui	*celle*	*ceux*	*celles*

*Quelle voiture? – **Celle** de Claire.*	Which car? – **That** of Claire (= Claire's).
*Je préfère **ceux** (les vins) de la Loire.*	I prefer **those** from the Loire.

2.4.2

When they need to be more precise, demonstrative pronouns often add *-ci* and *-là* and are the equivalent of the English 'this one (here)'/'those (there)', etc.

*Quelle robe vas-tu prendre? – **Celle-ci**.*	This one (here).
*Qui sont les coupables? – **Ceux-là**.*	Those (over) there.

Note   These compound forms very often have a second meaning, corresponding to the English 'the latter'/'the former'.

On choisit Carmen ou Ghislène?	Shall we choose Carmen or Ghislène?
***Celle-ci** est plus expérimentée.*	**The latter** is more experienced.
J'aime lire Stendhal et Camus.	
***Celui-là** est du 19ᵉ siècle.*	**The former** is from the 19th century.

2.5 *Negative pronouns, adjectives and adverbs*

In addition to *ne . . . pas* there is a whole range of negative expressions using *ne*:

Pronouns, adjectives	Adverbs
ne . . . aucun	*ne . . . aucunement*
ne . . . nul	*ne . . . guère*
ne . . . personne	*ne . . . jamais*

ne . . . rien   *ne . . . nullement*
                         ne . . . plus
                         ne . . . point
                         ne . . . que

A negative pronoun or adjective may be the subject or the object of the verb. If it is the subject, it comes at the beginning of the clause.

***Personne ne** sait comment.*	**No one** knows how.
*Je **n'ai** vu **personne**.*	I saw **no one**.

Negative adverbs take the place of *ne . . . pas* in the sentence.

*Elle **ne** sortait **plus** seule.*	She **no longer** went out alone.
*Elles **n'ont plus** de problèmes.*	They have **no more** problems.
*Il **n'était point** d'accord.*	He did **not** agree **at all**.

3 *Adjectives*

3.1 *Agreement of adjectives*

An adjective gives information about a noun. In French, an adjective agrees in gender and number with the noun to which it refers. Normally, the adjective adds the ending **-e** in the feminine and **-s** in the plural.

un grand plaisir	*une grande soirée*
son meilleur film	*les meilleures chances*

3.2 *Adjectival endings*
3.2.1

The adjectives *beau/nouveau/vieux* end in **-el/-eil** in front of a masculine noun beginning in a vowel or a silent **h**.

un bel ami
le nouvel an
un vieil ennemi

These adjectives form their masculine plural with the ending **-x**.

de beaux amis
les nouveaux livres
de vieux amis

3.2.2

Adjectives ending in **-al** in the masculine singular form their plural with **-aux**:

un devoir familial	*des devoirs familiaux*
un ordre général	*des ordres généraux*

3.2.3

There are certain masculine endings which change noticeably in the feminine form.

beau → belle
nouveau → nouvelle
fou → folle
mou → molle
vieux → vieille

Adjectives ending in **-er** change to **-ère** in the feminine.

cher → chère

Adjectives ending in **-f** change to **-ve** in the feminine.

neuf → neuve

Adjectives ending in **-s** change to **-se** in the feminine, with the exception of *bas, épais, gras, gros* and *las* which double the **-s** and add **-e**.

gris → grise
gras → grasse
bas → basse

Adjectives ending in **-x** form their feminine singular with **-se**:

heureux → heureuse

Exceptions are: *fausse, rousse* and *douce*.

Adjectives ending in **-el**, **-eil**, **-en** and **-on** double the final consonant in the feminine.

cruel → cruelle
pareil → pareille
ancien → ancienne
bon → bonne

All adjectives ending in **-et** double the final consonant in the feminine, with the exception of *complet, discret, inquiet* and *secret*, where the ending becomes **-ète**.

coquet → coquette
complet → complète

Adjectives ending in **-ot** form the feminine with **-ote**, with the exception of *boulot, pâlot, sot* and *vieillot* which double the **-t**.

idiot → idiote
pâlot → pâlotte

Adjectives ending in **-c** form their feminine with **-che** or **-que**.

franc → franche
public → publique

Certain adjectives form their feminine with the help of a special suffix: **-euse** (for most adjectives ending in **-eur**) and **-trice** (for many adjectives ending in **-teur**).

menteur → menteuse
indicateur → indicatrice

A certain number of feminine adjectives have special forms which need to be learned.

long → longue
frais → fraîche
favori → favorite
malin → maligne

3.2.4

Masculine adjectives ending in **-s** stay the same in the masculine plural.

un chapeau gris   *des chapeaux gris*

Masculine singular adjectives ending in **-e** stay the same in the feminine singular.

un jeune homme   *une jeune femme*

3.3 *Position of adjectives*

3.3.1

In French, some adjectives come in front of the noun, but the majority come **after** the noun.

l'amour excessif
leurs plats favoris
une destination précise
mes origines italiennes

3.3.2

There are a small number of frequently used adjectives which are normally placed **in front of** the noun. For the most part, these adjectives are very short, being of one or two syllables. The most common are:

beau	joli	sot
bon	long	vaste
grand	mauvais	vieux
gros	meilleur	vilain
haut	moindre	
jeune	petit	

un long séjour
un vaste terrain
mes meilleurs amis
une jeune employée
la meilleure solution
les moindres problèmes

3.3.3

Certain adjectives may be placed in front of **or** after the noun. They change meaning according to their position. The most common of these adjectives are explained below:

un ancien élève	a former pupil
un bâtiment ancien	an ancient building
un brave homme	a good fellow
un soldat brave	a brave/courageous soldier
un certain nombre	a certain (unspecific) number
un succès certain	a definite success
ma chère amie	my dear friend
un cadeau cher	an expensive present
la dernière fois	the last (final) time
l'année dernière	last (the previous) year
de grands artistes	great artists
un homme grand	a tall man
une haute idée	a noble (elevated) idea
une tour haute	a high (tall) tower
un honnête homme	a decent man
une opinion honnête	an honest opinion
la même idée	the same idea
l'idée même!	the very idea!
le pauvre chat	the poor cat
une famille pauvre	a poor family
ma propre invention	my own invention
une assiette propre	a clean plate
de pure fantaisie	pure (sheer) fantasy
de la neige pure	pure snow
mon unique espoir	my only (sole) hope
je suis fils unique	I'm an only son/child

3.4 *Interrogative adjectives:* quel(s)/ quelle(s)

The interrogative adjectives *quel(s)/quelle(s)* agree in gender and number with the noun they describe and are formed as follows:

	masculine	feminine
singular	*quel*	*quelle*
plural	*quels*	*quelles*

***Quelle** a été ta réaction?*	**What** was your reaction?
***Quels** sont tes passe-temps?*	**What** are your hobbies?
***Quelles** idées a-t-il énoncées?*	**What** ideas did he express?
***Quel** toupet!*	**What** a cheek!

3.5 *Demonstrative adjectives:* ce, cet, cette, ces

These adjectives are **demonstrative**, that is, they point out or emphasise the noun referred to, and are the equivalent of the English 'this'/'that'/'these'/ 'those'. They agree in gender and number with the nouns they describe and are formed as follows:

	masculine	feminine
singular	*ce/cet*	*cette*
plural	*ces*	*ces*

Note   In front of a masculine noun beginning with a vowel or silent **h**, *cet* is used instead of *ce*.

Je n'aime pas ce genre de film.	I don't like **this/that** kind of film.
J'étais intéressé par cet instrument.	I was interested in **this** instrument.
dans cette région	in **this** region
ces démonstrations impulsives	**these** impulsive demonstrations

3.6   tout/toute/tous/toutes

The adjective *tout* agrees in gender and number with the noun it describes and is the equivalent of the English 'all'/'every'.

On peut tout lire, voir tous les films, participer à toutes les conversations.	One can read **everything**, see **all** the films, take part in **all** the conversations.
toute ma vie	**all** my life
tous les membres de la famille	**all** members/**every** member of the family
tous les jours comme ça	**every** day like that

Note   *Tout* is often used as an adverb corresponding to the English 'completely'/'quite'/ 'totally'. When *tout* is used in this way there is no agreement.

Elle a parlé tout gentiment.	She spoke **quite** kindly.
Ils ont parlé tout honnêtement.	They spoke **totally** honestly.

3.7 *Possessive adjectives:* mon, ma, mes, *etc.*

A possessive adjective shows the owner. It agrees in gender and number with the noun it describes. The forms of the possessive adjectives are:

	singular		plural
	masculine	feminine	
1st person singular (*je*)	*mon*	*ma*	*mes*
2nd person singular (*tu*)	*ton*	*ta*	*tes*
3rd person singular (*il/elle*)	*son*	*sa*	*ses*
1st person plural (*nous*)	*notre*	*notre*	*nos*
2nd person plural (*vous*)	*votre*	*votre*	*vos*
3rd person plural (*ils/elles*)	*leur*	*leur*	*leurs*

mon prof d'anglais	**my** English teacher
ma sœur	**my** sister
mes camarades	**my** schoolfriends
ses défauts	**her/his/its** faults
vos parents	**your** parents
notre nouvelle rubrique	**our** new column
leur émission théâtrale	**their** theatre broadcast

Note   In front of a feminine noun beginning with a vowel or a silent **h**, *mon, ton, son* are used instead of *ma, ta, sa*.

mon enfance	**my** childhood
ton épreuve	**your** exam
son absence	**his/her/its** absence

3.8 *Comparatives*

There are three types of comparative statement:

- inferior comparison (= the idea of **less**)

Il est moins intelligent (que Nadine).	He is **less** intelligent (**than** Nadine).

- equal comparison (the idea of **as ...... as**)

Nous avons une équipe aussi efficace (que l'autre).	We have **as** effective a team (**as** the other).

- superior comparison (the idea of **more ...... than**)

C'est une solution plus acceptable (que leur suggestion).	It's a **more** acceptable solution (**than** their suggestion).

Thus, if we wish to make a comparison, all we have to do is to place *moins/aussi/plus* in front of the adjective we wish to modify and *que* in front of the noun or pronoun with which the comparison is being made.

3.9 Superlatives

Superlatives convey the idea of 'most'/'least'. To put something in the superlative, we put the definite article (*le/la/l'/les*) or a possessive adjective (*mon/ma/mes*, etc.) in front of *plus* or *moins*.

*C'était **le/son moins** grand succès.*	It was **the/his least** great success.
*Les circonstances **les plus** difficiles.*	**The most** difficult circumstances.

Note   As in English, *bon* and *mauvais* are irregular in the comparative and the superlative:

	comparative	superlative
bon	*meilleur*	*le/la/les meilleur(e)(s)*
mauvais	*pire*	*le/la/les / pire(s)*

*C'était **une meilleure** collègue.*	She was **a better** colleague.
*Nous nous trouvons dans **les pires** difficultés.*	We find ourselves in **the worst** of difficulties.

4   Adverbs

An adverb tells you **how** an action is carried out.

*Parlez **lentement** s'il vous plaît!*
*Elle a répondu **franchement**.*
*Il habitait **toujours** là.*

4.1   Types of adverb

Adverbs give you information about the **time/manner/place**, or, occasionally, the **cause** of the action. In English, they frequently end in **-ly**. In French, they often end in **-ment**, which is normally added to the feminine form of the adjective to form the adverb.

time	manner	place	cause
rarement	*facilement*	*là*	*puisque*
régulièrement	*ainsi*	*partout*	*pourquoi*

4.2   Adverbial phrases

4.2.1

French often uses a noun or a noun + adjective to avoid an adverbial form.

noun	noun + adjective
avec condescendance	*d'un air déçu*
sans patience	*d'une façon admirable*

4.2.2

French avoids using strings of adverbs which tend to weigh down the sentence. Instead of:

incroyablement stupidement	incredibly stupidly

the natural French would be:

avec une stupidité incroyable	with incredible stupidity

4.3   Position of adverbs

4.3.1

The adverb is normally positioned **after** the verb (or the auxiliary verb) which it modifies.

*Elle atteignait **graduellement** son but.*	She was **gradually** achieving her aim.
*Elle a parlé **honnêtement** de sa difficulté.*	She talked **honestly** about her difficulty.
*Il avait **complètement** négligé de le faire.*	He had **completely** omitted to do it.

4.3.2

When an adverb modifies an adjective or another adverb, it is normally placed before this adjective/adverb.

*une décision **totalement** illogique*	a **totally** illogical decision
*un ami **toujours** fidèle*	an **ever**-faithful friend

4.4   Comparative and superlative adverbs

4.4.1

Like adjectives, adverbs may have:

- comparative forms:

  ***aussi** correctement*
  ***moins** honnêtement*

- superlative forms:

  ***le plus** correctement*
  ***le moins** honnêtement*

4.4.2

Since the adverb is not adjectival, the word *le* in the superlative form is invariable, i.e. it never changes for a feminine or plural subject, but always stays the same.

*Elle chantait **le** plus doucement qui soit.*
*Ils travaillaient **le** plus dur possible.*

4.5 Plus que/plus de; moins que/ moins de

4.5.1

Plus que/moins que

To express the ideas 'more than'/'less than', French uses *plus que/moins que*.

*Elle est **plus** intelligente* ***que** son ami.*	She is **more** intelligent **than** her friend.
*Peut-être **moins** souvent* ***que** toi.*	Perhaps **less** often **than** you.

4.5.2

Plus de/moins de

Plus de/moins de are used with a **number**.

*Ils ont **moins de** quinze joueurs.*	They've **fewer than** fifteen players.
*Il y avait **plus d'**une centaine d'élèves.*	There were **more than** a hundred or so pupils.

5 Conjunctions

A conjunction is a joining word which acts as a link between clauses or ideas. Here is a list of the main conjunctions you need to be able to recognise and use.

à cause de	because of
à mesure que	(in proportion) as
ainsi que	as also, like
alors que	whereas
aussi bien que	as well as
depuis que	since (= from the time that)
donc	so, then (= therefore)
en raison de	because of
or	now (beginning a paragraph or part of a story)
ou bien	or else
ou ... ou	either ... or
pendant que	while (= during the time that)
pourtant	however, yet
puisque	seeing that, since (= because)
quand même	even if + conditional
que	replaces *comme, lorsque, quand* to avoid their being repeated in a second clause.
tandis que	whereas, whilst (= contrast)
toutefois	however, nevertheless
vu que	seeing that, since

6 Verbs

6.1 Present

6.1.1

The great majority of verbs belong to three types which are probably very familiar to you. The verbs in these three types always use the same endings. The endings used to form the present tense are shown in the table below.

aimer (type 1)		finir (type 2)		vendre (type 3)	
j'	aim**e**	je	fin**is**	je	vend**s**
tu	aim**es**	tu	fin**is**	tu	vend**s**
il elle	aim**e**	il elle	fin**it**	il elle	vend
nous	aim**ons**	nous	fin**issons**	nous	vend**ons**
vous	aim**ez**	vous	fin**issez**	vous	vend**ez**
ils elles	aim**ent**	ils elles	fin**issent**	ils elles	vend**ent**

Note In all tenses, verbs ending in **-cer** add a **cedilla** (ç) to the **c** in front of an **a** or an **o**.

*Le travail commen**çait** à huit heures.*

Verbs ending in **-ger** add an **e** between the **g** and an **a** or an **o** in all tenses.

*Dans le temps, on man**geait** trop de viande rouge.*

6.1.2

More than 90% of the verbs you will use are perfectly regular. There remain approximately 8%, which are irregular in the present tense. To help you, we have included these verbs in the table on pages 223–8.

6.1.3

When an action which started in the past is still going on in the present, French uses the present, usually with *depuis*.

***J'étudie** le francais **depuis** cinq ans.*	I **have been studying** French **for** five years.

6.1.4

The narrative or dramatic present

In French, in order to communicate the dramatic nature of a past event (especially in a personal conversation or in the press), the present is often used instead of the past, to make the description more dramatic.

*Je **me promène** dans la rue, je **fais** un peu de lèche-vitrines, quand il m'**aborde**, **demande** de l'argent et me **menace**!*

I **was walking** along the street **doing** a bit of window-shopping, when he **came up** to me, **demanded** money and **threatened** me!

6.2 *Imperative*
6.2.1

The **imperative** is mainly used to express:

- an order (*Tais-toi!*);
- a prohibition (*N'insistez pas!*);
- an exhortation (*Essayons une dernière fois!*);
- a request (*Ne me laisse pas seul!*);
- a wish (*Soyez les bienvenus!*).

6.2.2

Generally speaking, the imperative, which can only exist in the present, uses the present tense of the verb, without any mention of the subject.

	aimer (type 1)	finir (type 2)	vendre (type 3)
2nd person singular	aime	finis	vends
1st person plural	aimons	finissons	vendons
2nd person plural	aimez	finissez	vendez

(tu) Sors de la cave!
(nous) Ne restons pas ici!
(vous) Mangez moins!

Note Type 1 verbs (= **-er** verbs, including *aller*) lose their **-s** in the command form of the second person singular.

Range la chambre!
Parle-lui plus gentiment!
Va au lit!

But *Aller* keeps the **-s** of the second person singular when followed by *y*: *Vas-y!*

6.2.3

Avoir, être and *savoir* have a special imperative form.

	avoir	être	savoir
2nd person singular	aie	sois	sache
1st person plural	ayons	soyons	sachons
2nd person plural	ayez	soyez	sachez

Aie confiance! Ne soyons pas bêtes! Sachez la vérité!

6.3 *Reflexive verbs*
6.3.1

In general, a **reflexive verb** is one in which the person or thing doing the action does it to him/her/itself.

*Je **m'habille** avec soin.*
*Ils veulent **se** sentir libres.*

6.3.2

The verb is accompanied by a **reflexive pronoun** belonging to the same person as the subject of the verb.

je	**me**	rappelle
tu	**te**	rappelles
il/elle/on	**se**	rappelle
nous	**nous**	rappelons
vous	**vous**	rappelez
ils/elles	**se**	rappellent

6.3.3

The action is **reflexive**:

- when the subject suffers the action him/her/itself:
  *Je **me** rase à sept heures et demie.*

- when the action occurs between two or more subjects:
  *Vous **vous** opposez sans cesse.*

- as a way of expressing a passive action:
  *Le vin **se** boit frais.*

- with certain verbs which need an object pronoun to complete their sense:
  *Tu **te** précipites sur ton flirt.*

6.4 *Perfect (le passé composé)*
6.4.1

The perfect is used for expressing past actions of which we can see the beginning or the end. These actions often follow on from one another.

*Je **me suis levé**, j'**ai mis** mes vêtements, j'**ai pris** un petit café. Puis, je **suis allé** au travail.*

6.4.2

The perfect is also used as the equivalent of the **perfect tense** in English. It is formed in a similar way to the English, using *avoir* as an auxiliary, where English uses *have*:

*Elle **a** fini.* She (**has**) finished.
*J'**ai** vendu ma vieille bagnole.* I(**'ve**) sold my old banger.

6.4.3

For the most part, the perfect is formed from the present tense of the auxiliary *avoir* followed by the **past participle** of the action verb.

aimer (type 1)		finir (type 2)		vendre (type 3)	
j'**ai**	aimé	j'**ai**	fini	j'**ai**	vendu
tu **as**	aimé	tu **as**	fini	tu **as**	vendu
il/elle/on **a**	aimé	il/elle/on **a**	fini	il/elle/on **a**	vendu
nous **avons**	aimé	nous **avons**	fini	nous **avons**	vendu
vous **avez**	aimé	vous **avez**	fini	vous **avez**	vendu
ils/elles **ont**	aimé	ils/elles **ont**	fini	ils/elles **ont**	vendu

6.4.4

Some intransitive verbs (verbs which do not take a direct object) use the auxiliary *être* NOT *avoir* in the perfect tense. They are:

aller	*venir*
arriver	*partir*
entrer	*sortir*
descendre	*monter*
rester	*tomber*
naître	*mourir*

plus their compounds, of which *rentrer* and *revenir* are the most familiar. They can be grouped as six pairs (as above), making them easier to remember.

Note All reflexive verbs form their perfect tense with *être*.

6.4.5

The past participle of a normal *être* verb agrees with its subject in gender and number.

je suis	allé(**e**)
tu es	ven**u(e)**
elle est	mont**ée**
il est	descend**u**
on est	entr**é(e)(s)**
nous sommes	sort**i(e)s**
vous êtes	rest**é(e)(s)**
elles sont	part**ies**
ils sont	mont**és**

However, the past participle of a reflexive verb agrees with the **reflexive pronoun** and only if it is a **direct object**. As this is the case nine times out of ten, there is no problem, since it looks as if the past participle is agreeing with the subject, just like one of the ordinary *être* verbs in 6.4.4.

*Elle s'est habillé**e**.*
*Ils se sont lavé**s**.*
*Elles se sont levé**es**.*

However, if the reflexive pronoun is an **indirect object**, there will be no agreement, and the past participle may look incomplete to you.

*Elle **s'**est promis un petit cadeau.*
*Ils **se** sont parlé.*
*Elles **se** sont envoyé des lettres.*

6.4.6

Past participles are often used as adjectives. These participle adjectives must agree with their subject just like any other adjective.

un homme expérimenté
*une présidente respecté**e***
*les pays développé**s***
*deux personnes bien connu**es***

6.4.7

Certain past participles are used as nouns. These **participle nouns** are masculine or feminine, singular or plural, according to the gender and number of the subject.

un(e) employé(e)
un(e) délégué(e)
les nouveaux arrivés

6.4.8

The past participle of a verb formed with *avoir* **never** agrees with the subject.

Elles ont été là.

Instead, it agrees in gender and number with a **preceding direct object**.

*Quant à Sylvie, ses parents **l'**ont gâté**e**.*
*Des **livres** que vous avez emprunté**s**.*

6.5 *Imperfect*
6.5.1

The **imperfect** is different from the perfect tense (the *passé composé*, see 6.4) and the past historic (the *passé simple*, see 6.8). Sometimes called the 'used to/was tense', it is the tense of:

- past description
  *Il **était** moins gras à l'époque.*

- interrupted action in the past
  *Je **me maquillais** quand il a téléphoné.*

- repetition in the past
  *Tous les soirs je **devais** couper du bois.*

- past habit
  *Je **faisais** de la gymnastique.*
  *C'**était** l'époque où j'**adorais** sortir.*

6.5.2

We use the imperfect when we can see neither the beginning nor the end of the action or the series of actions. Compare:

*Le Premier ministre Major **gouvernait** pendant la guerre du Golfe.*
*Le Premier ministre Thatcher **a gouverné** onze ans.*

In the first sentence the verb is in the imperfect, since the action of governing was in the process of happening and had not been completed. In the second, we are talking about a completed action. **Imperfect = incomplete.**

6.5.3

The imperfect is easy to form. The imperfect stem of every verb is the same as the stem of the first person plural of the present tense.

	aimer (type 1)	finir (type 2)	vendre (type 3)	avoir
je	aim**ais**	finiss**ais**	vend**ais**	av**ais**
tu	aim**ais**	finiss**ais**	vend**ais**	av**ais**
il/elle/on	aim**ait**	finiss**ait**	vend**ait**	av**ait**
nous	aim**ions**	finiss**ions**	vend**ions**	av**ions**
vous	aim**iez**	finiss**iez**	vend**iez**	av**iez**
ils/elles	aim**aient**	finiss**aient**	vend**aient**	av**aient**

The only exception is *être*:

	être
j'	ét**ais**
tu	ét**ais**
il/elle/on	ét**ait**
nous	ét**ions**
vous	ét**iez**
ils/elles	ét**aient**

6.6 *Pluperfect*
6.6.1

The **pluperfect** relates a past action, which happened before another past action. In English, it is often called the 'had tense'.

*Céline a aperçu l'agent que nous **avions** **rencontré** devant le café.*	Céline spotted the policeman, whom we **had met** in front of the café.
*J'ai compris que tu **étais** **montée** là-haut.*	I realised that you **had gone** up there.

6.6.2

The pluperfect is formed by using the **imperfect** of the *avoir/être* auxiliary together with the **past participle** of the verb.

auxiliary = *avoir*			
j'	avais	rencontré	I had met, etc.
tu	avais	rencontré	
il/elle/on	avait	rencontré	
nous	avions	rencontré	
vous	aviez	rencontré	
ils/elles	avaient	rencontré	

auxiliary = *être*			
j'	étais	monté(e)	I had climbed, etc.
tu	étais	monté(e)	
il/elle/on	était	monté(e)	
nous	étions	monté(e)s	
vous	étiez	monté(e)(s)	
ils/elles	étaient	monté(e)s	

6.7 *Future*
6.7.1

The **future** indicates the time to come. In English, it is often called the 'shall/will tense'. In French, this tense is relatively easy to form. With verbs of Types 1 and 2, we add the endings of the present tense of *avoir* to the **infinitive** of the verb.

	aimer (type 1)	finir (type 2)	
je	aimer**ai**	finir**ai**	I shall/will like/finish, etc.
tu	aimer**as**	finir**as**	
il/elle/on	aimer**a**	finir**a**	
nous	aimer**ons**	finir**ons**	
vous	aimer**ez**	finir**ez**	
ils/elles	aimer**ont**	finir**ont**	

Note The future is formed in the same way for Type 3 verbs. The only difference is that you have to remove the **e** from the infinitive before adding the *avoir* endings.

	vendre (type 3)	
je	vendr**ai**	I shall/will sell, etc.
tu	vendr**as**	
il/elle/on	vendr**a**	
nous	vendr**ons**	
vous	vendr**ez**	
ils/elles	vendr**ont**	

*S'il est difficile, je **contacterai** la police.*
*L'équipe **finira** par gagner le championnat.*
*Ils lui **rendront** l'argent prêté.*

6.7.2
There are a certain number of very common verbs with an irregular future **stem**. The endings are exactly the same as for regular verbs. Below is a short list of the most commonly used irregular futures.

j'aurai	I shall/will have
j'enverrai	I shall/will send
il faudra	it will be necessary
je ferai	I shall/will do/make
j'irai	I shall/will go
il pleuvra	it will rain
je saurai	I shall know
je serai	I shall/will be
je tiendrai	I shall hold
il vaudra	it will be worth
je viendrai	I shall come
je verrai	I shall see
je voudrai	I shall want/like

There are many others which can be found in the verb table on pages 223–8.

Note If the adverbs *quand* and *lorsque* have a future sense, they are followed by the future tense.

*… quand l'un ou l'autre **paiera***	… when one or the other pays
*Je viendrai lorsque tu **décideras**.*	I shall come when you decide.

Compare:

Quand je paie les billets, il me dévisage.	When(ever) I pay for the tickets, he stares at me.

Here, the verb is in the present, because there is no future sense.

6.8 *Past historic* (le passé simple)
6.8.1
The **past historic** is the literary equivalent of the perfect tense (the *passé composé*) and is only used in written language. It is sometimes used in journalism, but is more common in novels and short stories. The *tu* and *vous* forms are very seldom used.

6.8.2
The three types of verb form the past historic as follows:

	aimer (type 1)	finir (type 2)	boire (type 3)
je	aim**ai**	fin**is**	b**us**
tu	aim**as**	fin**is**	b**us**
il/elle/on	aim**a**	fin**it**	b**ut**
nous	aim**âmes**	fin**îmes**	b**ûmes**
vous	aim**âtes**	fin**îtes**	b**ûtes**
ils/elles	aim**èrent**	fin**irent**	b**urent**

Note Type 3 verbs form the past historic either with **-us** or **-is**. Often, if the past participle of the verb ends in **-u**, the past historic of the verb will be of the **-us** type (exception: *vendu*, but *vendis*).

j'ai aperçu	*j'aperçus*
j'ai connu	*je connus*

There are other exceptions: consult the verb table on pages 223–8.

6.8.3

Avoir and *être* form their past historic as follows:

avoir		être	
j'	eus	je	fus
tu	eus	tu	fus
il/elle/on	eut	il/elle/on	fut
nous	eûmes	nous	fûmes
vous	eûtes	vous	fûtes
ils/elles	eurent	ils/elles	furent

6.8.4

Tenir, venir and their compounds form the past historic as follows:

tenir		venir	
je	tins	je	vins
tu	tins	tu	vins
il/elle/on	tint	il/elle/on	vint
nous	tînmes	nous	vînmes
vous	tîntes	vous	vîntes
ils/elles	tinrent	ils/elles	vinrent

6.9 *Conditional present*

6.9.1

Compare the two sentences below.

*Si vous **continuez** à boire, vous **serez** dans un drôle d'état.*	If you continue drinking, you will be in a real state.
*Si vous **continuiez** à boire, vous **seriez** dans un drôle d'état.*	If you continued drinking, you would be in a real state.

In the first sentence, the verbs are in the **present** and **future**. In the second, they are in the **imperfect** and the **conditional**. When a past event is being described, the **future** is replaced by the **conditional** to give the idea of the future in the past.

6.9.2

To form the basic conditional, we add the **imperfect** endings to the **future** stem of the verb.

aimer (type 1)	finir (type 2)	vendre (type 3)
j'aimer**ais**	je finir**ais**	je vendr**ais**
tu aimer**ais**	tu finir**ais**	tu vendr**ais**
il/elle aimer**ait**	il/elle finir**ait**	il/elle vendr**ait**
nous aimer**ions**	nous finir**ions**	nous vendr**ions**
vous aimer**iez**	vous finir**iez**	vous vendr**iez**
ils/elles aimer**aient**	ils/elles finir**aient**	ils/elles vendr**aient**

avoir j'aur**ais**	être je ser**ais**
tu aur**ais**	tu ser**ais**
il/elle/on aur**ait**	il/elle/on ser**ait**
nous aur**ions**	nous ser**ions**
vous aur**iez**	vous ser**iez**
ils/elles aur**aient**	ils/elles ser**aient**

*Me **laisserais-tu** partir seule?*	**Would you let** me go off alone?
*Tu **aurais** une petite chance.*	You **might have** a chance.
*Ça **pourrait** finir.*	That **might/could** finish.
*Ils **pourraient** se demander pourquoi.*	They **might** wonder why.

6.9.3

In French, the conditional is also used for reported speech which is open to doubt or conjecture, and so it is quite common in journalism, when a report is being made before the facts can be checked. English usually gives this feeling of 'not yet confirmed' by means of a qualifying phrase, e.g. 'it was said that . . .', 'apparently . . .'.

Il y aurait une foule de 12 000 personnes.	There was said to be a crowd of 12,000.
Sa femme ne saurait rien de tout ça.	His wife apparently knows nothing about all that.

6.10 Conditional perfect

The **conditional perfect** in French is the equivalent of the English 'should have/would have'. It is formed by using the conditional present of *avoir* or *être* followed by the past participle of the verb.

*Elle **aurait voulu** venir.*	She **would have wanted** to come.
*Autrement, je **serais rentré**.*	Otherwise, I **should have** come back.
*Encore deux minutes et les victimes s'en **seraient sauvées**.*	Two more minutes and the victims **would have** escaped.
*Le responsable **aurait dû** savoir.*	The person in charge **should have** known.

6.11 The subjunctive

6.11.1

Whereas the indicative mood expresses real facts, the **subjunctive mood** communicates certain facts which belong to the mind, i.e. our desires, wishes, fears and regrets. For example, compare the two sentences below.

Je sais qu'il reviendra.	I know he'll come back.
Je crains qu'il ne revienne.	I'm afraid he may come back.
Je souhaite qu'il revienne.	I want him to come back.

6.11.2

Normally, to form the **present subjunctive**, we use the stem of the third person plural of the present indicative plus the endings **-e, -es, -e, -ions, -iez, -ent**.

aimer	finir	vendre
(type 1)	(type 2)	(type 3)
*j'aim**e***	*je fin**isse***	*je vend**e***
*tu aim**es***	*tu fin**isses***	*tu vend**es***
*il/elle/on aim**e***	*il/elle/on fin**isse***	*il/elle/on vend**e***
*nous aim**ions***	*nous fin**issions***	*nous vend**ions***
*vous aim**iez***	*vous fin**issiez***	*vous vend**iez***
*ils/elles aim**ent***	*ils/elles fin**issent***	*ils/elles vend**ent***

However, as you might expect, *avoir* and *être* are irregular.

avoir	être
j'aie	*je sois*
tu aies	*tu sois*
il/elle/on ait	*il/elle/on soit*
nous ayons	*nous soyons*
vous ayez	*vous soyez*
ils/elles aient	*ils/elles soient*

6.11.3

The subjunctive is used after:

- *il faut* or another order + *que*

*Il **faut que vous alliez** à la banque.*	You **have to go** to the bank./**It's essential that you go** to the bank.

- an emotion + *que*, the most common expressions being:

désirer que, vouloir que, souhaiter que, aimer mieux que, s'étonner que, regretter que, préférer que, craindre que (+ ne)
être content/curieux/désolé/fâché/heureux/honteux/ravi que

Je m'étonne qu'elle soit venue.	I'm astonished that she came.
Elle est contente que tu réussisses.	She's pleased you are succeeding.
Il préfère qu'elle parte.	He prefers her to leave.

- the following expressions:

bien que, quoique, avant que, pourvu que, jusqu'à ce que, à condition que, à moins que (+ ne), afin que, pour que, sans que, supposé que, que ... que ..., non que

Pour que tu saches la vérité ...	So that you (may) know the truth ...
Pourvu qu'il fasse le nécessaire ...	Provided he does what's necessary ...
Bien qu'il réagisse comme ça ...	Although he reacts/may react like that ...

6.12 *The passive*

6.12.1

Look at these two sentences:

Une 205 Peugeot a renversé Mme Bernard.
A Peugeot 205 ran over Mme Bernard.

Les sapeurs-pompiers ont transporté Mme Bernard à l'hôpital.
The fire brigade took Mme Bernard to hospital.

Now look at the following version of these two sentences:

*Mme Bernard **a été renversée** par une 205 Peugeot.*
Mme Bernard **was run over** by a Peugeot 205.

*Mme Bernard **a été transportée** par les sapeurs-pompiers à l'hôpital.*
Mme Bernard **was taken** to hospital by the fire brigade.

In the first version of these two sentences, the **subject** of the verb **does** the action, and we say that the verb is in the **active voice**. In the second version, the **subject** of the verb **receives** the action which is done by someone or something else. Here, we say that the verb is in the **passive voice**.

6.12.2

Because a form of the verb *être* is used in every passive construction, the past participle of the main verb functions like an adjective, agreeing in number and gender with its subject:

*Nous avons été renversé**s**.*
*Elles ont été renversé**es**.*

6.12.3

To form the passive of the verb, French uses the past participle of the verb after the auxiliary *être*. By way of example, here are the passive forms of the first person singular of the verb *transporter*:

present: *je **suis** transporté(e)* = I am transported
imperfect: *j'**étais** transporté(e)* = I was transported
future: *je **serai** transporté(e)* = I will be transported
conditional: *je **serais** transporté(e)* = I would be transported
perfect: *j'**ai été** transporté(e)* = I've been/was transported
pluperfect: *j'**avais été** transporté(e)* = I'd been transported
past historic: *je **fus** transporté(e)* = I was transported

6.13 *Constructions with the infinitive*

6.13.1

In French, you will often come across an infinitive linked to another verb by a preposition, normally *à* or *de*. The following lists give you the most common of these verbs:

à + infinitive

aboutir à	*enseigner à*
s'accoutumer à	*s'habituer à*
aider à	*se hasarder à*
s'amuser à	*hésiter à*
s'appliquer à	*s'intéresser à*
apprendre à	*inviter à*
s'apprêter à	*se mettre à*
arriver à	*s'obstiner à*
s'attendre à	*parvenir à*
avoir à	*passer son temps à*
avoir du mal à	*perdre son temps à*
se borner à	*persister à*
chercher à	*se plaire à*
commencer à	*prendre plaisir à*
consentir à	*se préparer à*
consister à	*renoncer à*
continuer à*	*se résigner à*
contribuer à	*rester à*
se décider à	*réussir à*
destiner à	*songer à*
encourager à	*tarder à*
engager à	*tenir à*

de + infinitive

accuser de	*s'excuser de*
achever de	*faire semblant de*
s'arrêter de	*feindre de*
avertir de	*féliciter de*
avoir envie de	*finir de*
avoir peur de	*jurer de*
blâmer de	*manquer de*
cesser de	*menacer de*
commander de	*mériter de*
conseiller de	*offrir de*
se contenter de	*omettre de*
continuer de*	*ordonner de*
convenir de	*oublier de*
craindre de	*pardonner de*
décider de	*parler de*
défendre de	*permettre de*
se dépêcher de	*persuader de*
désespérer de	*prendre garde de*
dire de	*prier de*
s'efforcer de	*promettre de*
empêcher de	*proposer de*
s'empresser de	*recommander de*
s'ennuyer de	*refuser de*
essayer de	*regretter de*
s'étonner de	*remercier de*
éviter de	*se repentir de*

reprocher de   *supplier de*
résoudre de   *tâcher de*
risquer de   *tenter de*
soupçonner de   *se vanter de*
se souvenir de   *se hâter de*

The verb *continuer* may take either *à* or *de*.

6.13.2

There is another group of verbs which link **directly** to an infinitive:

*Elle **va travailler** avec nous.*	She's going to work with us.
*L'arbitre **a dû décider** vite.*	The referee had to decide quickly.
*Je **ne voulais pas rester**.*	I didn't want to stay.
*Il **faut donner** autant que l'on a reçu.*	You should give as much as you have received.

Here is a list to help you:

aimer	*écouter*	*préférer*
aimer mieux	*entendre*	*prétendre*
aller	*entrer*	*regarder*
avouer	*envoyer*	*retourner*
compter	*espérer*	*savoir*
courir	*faire**	*sembler*
croire	*falloir*	*sentir*
daigner	*laisser*	*valoir mieux*
déclarer	*oser*	*voir*
désirer	*paraître*	*vouloir*
devoir	*pouvoir*	

*Faire + infinitive needs special attention. Note the following examples:

Elle le fait siffler.	She makes him whistle.
Elle lui fait siffler la chanson.	She makes him whistle the song.

If *faire* is linked directly to a simple infinitive, the pronoun object is direct. If the infinitive has a direct object of its own, the pronoun with *faire* becomes indirect.

Note In spoken French, people tend just to use the direct object in all circumstances, so you may well **hear** *elle le fait siffler la chanson*.

6.13.3

Certain adjectives are also linked to an infinitive by *à* or *de*:

*Je suis **enclin à** vous **croire**.*	I'm inclined to believe you.
*Sa famille était **heureuse d'accueillir** le jeune Allemand.*	His/her family were happy to welcome the young German.

The following lists should be helpful:

à + **infinitive:** *enclin à   disposé à   prêt à   propre à   prompt à   lent à   lourd à   le/la seul(e) à   le premier/la première à   facile à   difficile à*

de + **infinitive:** *heureux de   capable de   certain de   content de   sûr de*

6.13.4

Certain nouns are linked to an infinitive by *de*:

*Vous avez **le droit de** vous **plaindre**.*	You have the right to make a complaint.
*Elle n'a pas eu **le temps de s'échapper**.*	She didn't have time to escape.

Here is a list of the most frequent of these nouns:

le besoin de	*l'honneur de*
la bonté de	*l'occasion de*
le désir de	*le plaisir de*
le droit de	

6.13.5

Beaucoup, plus, moins, trop, suffisamment, quelque chose, rien and *énormément* are linked to an infinitive by *à*:

*Le déménagement lui avait donné **beaucoup à faire**.*	Moving house had given him/her a lot to do.
*Elle avait **moins à rattraper** que lui.*	She had less to catch up than him.
*J'ai **quelque chose à** leur **dire**.*	I've got something to tell them.
*Il n'a jamais **rien à faire**.*	He's never at a loose end.

Nouns can be linked to an infinitive in the same manner:

*J'ai des tas de choses **à** faire.*	I've got loads to do.
*J'ai un examen **à** passer.*	I've got an exam to sit.

6.13.6

Pour/afin de and *sans* link directly to an infinitive. They are used frequently in both spoken and written French.

***Pour améliorer** leur connaissance en langue étrangère . . .*	To improve their knowledge of a foreign language . . .
***Pour avoir** si souvent **dormi** . . .*	Because I had slept so often . . .
*Je suis trop âgée **pour suivre** des cours à la fac.*	I'm too old to take a college course.
***Afin de répondre** à tous les types de demandes . . .*	In order to respond to all types of demand . . .
***Sans vouloir** vous insulter . . .*	Without wishing to insult you . . .

Irregular *Verb Table*

Infinitive	Past participle / Present participle	Present	Future	Conditional	Perfect	Pluperfect	Imperfect	Past historic
ACHETER	acheté achetant	j'achète tu achètes il/elle/on achète nous achetons vous achetez ils/elles achètent	j'achèterai	j'achèterais	j'ai acheté	j'avais acheté	j'achetais	j'achetai
ALLER	allé allant	je vais tu vas il/elle/on va nous allons vous allez ils/elles vont	j'irai	j'irais	je suis allé(e)	j'étais allé(e)	j'allais	j'allai
APPELER	appelé appelant	j'appelle tu appelles il/elle/on appelle nous appelons vous appelez ils/elles appellent	j'appellerai	j'appellerais	j'ai appelé	j'avais appelé	j'appelais	j'appelai
APPRENDRE voir PRENDRE								
S'ASSEOIR	assis asseyant	je m'assieds tu t'assieds il/elle/on s'assied nous nous asseyons vous vous asseyez ils/elles s'asseyent	je m'assiérai	je m'assiérais	je me suis assis(e)	je m'étais assis(e)	je m'asseyais	je m'assis
AVOIR	eu ayant	j'ai tu as il/elle/on a nous avons vous avez ils/elles ont	j'aurai	j'aurais	j'ai eu	j'avais eu	j'avais	j'eus
BALAYER	balayé balayant	je balaie tu balaies il/elle/on balaie nous balayons vous balayez ils/elles balaient	je balaierai	je balaierais	j'ai balayé	j'avais balayé	je balayais	je balayai
BATTRE	battu battant	je bats tu bats il/elle/on bat nous battons vous battez ils/elles battent	je battrai	je battrais	j'ai battu	j'avais battu	je battais	je battis
BOIRE	bu buvant	je bois tu bois il/elle/on boit nous buvons vous buvez ils/elles boivent	je boirai	je boirais	j'ai bu	j'avais bu	je buvais	je bus
CHANGER voir MANGER								
COMMENCER	commencé commençant	je commence tu commences il/elle/on commence nous commençons vous commencez ils/elles commencent	je commencerai	je commencerais	j'ai commencé	j'avais commencé	je commençais	je commençai
COMPRENDRE voir PRENDRE								
CONDUIRE	conduit conduisant	je conduis tu conduis il/elle/on conduit nous conduisons vous conduisez ils/elles conduisent	je conduirai	je conduirais	j'ai conduit	j'avais conduit	je conduisais	je conduisis
CONNAÎTRE	connu connaissant	je connais tu connais il/elle/on connaît nous connaissons vous connaissez ils/elles connaissent	je connaîtrai	je connaîtrais	j'ai connu	j'avais connu	je connaissais	je connus
CONSTRUIRE voir CONDUIRE								

Infinitive	Past participle / Present participle	Present	Future	Conditional	Perfect	Pluperfect	Imperfect	Past historic
CORRIGER	corrigé corrigeant	je corrige tu corriges il/elle/on corrige nous corrigeons vous corrigez ils/elles corrigent	je corrigerai	je corrigerais	j'ai corrigé	j'avais corrigé	je corrigeais	je corrigeai
COURIR	couru courant	je cours tu cours il/elle/on court nous courons vous courez ils/elles courent	je courrai	je courrais	j'ai couru	j'avais couru	je courais	je courus
COUVRIR voir **OUVRIR**								
CROIRE	cru croyant	je crois tu crois il/elle/on croit nous croyons vous croyez ils/elles croient	je croirai	je croirais	j'ai cru	j'avais cru	je croyais	je crus
DÉCOUVRIR voir **OUVRIR**								
DÉCRIRE voir **ÉCRIRE**								
DÉRANGER voir **MANGER**								
DESCENDRE	descendu descendant	je descends tu descends il/elle/on descend nous descendons vous descendez ils/elles descendent	je descendrai	je descendrais	je suis descendu(e)	j'étais descendu(e)	je descendais	je descendis
DEVENIR voir **VENIR**								
DEVOIR	dû devant	je dois tu dois il/elle/on doit nous devons vous devez ils/elles doivent	je devrai	je devrais	j'ai dû	j'avais dû	je devais	je dus
DIRE	dit disant	je dis tu dis il/elle/on dit nous disons vous dites ils/elles disent	je dirai	je dirais	j'ai dit	j'avais dit	je disais	je dis
DIRIGER voir **CORRIGER**								
DISPARAÎTRE voir **PARAÎTRE**								
DORMIR	dormi dormant	je dors tu dors il/elle/on dort nous dormons vous dormez ils/elles dorment	je dormirai	je dormirais	j'ai dormi	j'avais dormi	je dormais	je dormis
ÉCRIRE	écrit écrivant	j'écris tu écris il/elle/on écrit nous écrivons vous écrivez ils/elles écrivent	j'écrirai	j'écrirais	j'ai écrit	j'avais écrit	j'écrivais	j'écrivis
S'ENDORMIR	endormi endormant	je m'endors tu t'endors il/elle/on s'endort nous nous endormons vous vous endormez ils/elles s'endorment	je m'endormirai	je m'endormirais	je me suis endormi(e)	je m'étais endormi(e)	je m'endormais	je m'endormis
S'ENNUYER	ennuyé ennuyant	je m'ennuie tu t'ennuies il/elle/on s'ennuie nous nous ennuyons vous vous ennuyez ils/elles s'ennuient	je m'ennuierai	je m'ennuierais	je me suis ennuyé(e)	je m'étais ennuyé(e)	je m'ennuyais	je m'ennuyai
ENVOYER	envoyé envoyant	j'envoie tu envoies il/elle/on envoie nous envoyons vous envoyez ils/elles envoient	j'enverrai	j'enverrais	j'ai envoyé	j'avais envoyé	j'envoyais	j'envoyai
ÉPELER voir **APPELER**								

Infinitive	Past participle / Present participle	Present	Future	Conditional	Perfect	Pluperfect	Imperfect	Past historic
ESPÉRER	espéré / espérant	j'espère / tu espères / il/elle/on espère / nous espérons / vous espérez / ils/elles espèrent	j'espérerai	j'espérerais	j'ai espéré	j'avais espéré	j'espérais	j'espérai
ESSAYER	essayé / essayant	j'essaie / tu essaies / il/elle/on essaie / nous essayons / vous essayez / ils/elles essaient	j'essaierai	j'essaierais	j'ai essayé	j'avais essayé	j'essayais	j'essayai
ÊTRE	été / étant	je suis / tu es / il/elle/on est / nous sommes / vous êtes / ils/elles sont	je serai	je serais	j'ai été	j'avais été	j'étais	je fus
EXAGÉRER voir ESPÉRER								
FAIRE	fait / faisant	je fais / tu fais / il/elle/on fait / nous faisons / vous faites / ils/elles font	je ferai	je ferais	j'ai fait	j'avais fait	je faisais	je fis
FALLOIR	fallu	il faut	il faudra	il faudrait	il a fallu	il avait fallu	il fallait	il fallut
SE LEVER	levé / levant	je me lève / tu te lèves / il/elle/on se lève / nous nous levons / vous vous levez / ils/elles se lèvent	je me lèverai	je me lèverais	je me suis levé(e)	je m'étais levé(e)	je me levais	je me levai
LIRE	lu / lisant	je lis / tu lis / il/elle/on lit / nous lisons / vous lisez / ils/elles lisent	je lirai	je lirais	j'ai lu	j'avais lu	je lisais	je lus
LOGER voir MANGER								
MANGER	mangé / mangeant	je mange / tu manges / il/elle/on mange / nous mangeons / vous mangez / ils/elles mangent	je mangerai	je mangerais	j'ai mangé	j'avais mangé	je mangeais	je mangeai
MENACER voir COMMENCER								
METTRE	mis / mettant	je mets / tu mets / il/elle/on met / nous mettons / vous mettez / ils/elles mettent	je mettrai	je mettrais	j'ai mis	j'avais mis	je mettais	je mis
MOURIR	mort / mourant	je meurs / tu meurs / il/elle/on meurt / nous mourons / vous mourez / ils/elles meurent	je mourrai	je mourrais	je suis mort(e)	j'étais mort(e)	je mourais	je mourus
NAGER voir MANGER								
NAÎTRE	né / naissant	je nais / tu nais / il/elle/on naît / nous naissons / vous naissez / ils/elles naissent	je naîtrai	je naîtrais	je suis né(e)	j'étais né(e)	je naissais	je naquis
NÉGLIGER voir CORRIGER								
NETTOYER	nettoyé / nettoyant	je nettoie / tu nettoies / il/elle/on nettoie / nous nettoyons / vous nettoyez / ils/elles nettoient	je nettoierai	je nettoierais	j'ai nettoyé	j'avais nettoyé	je nettoyais	je nettoyai
OBTENIR voir TENIR								
OFFRIR voir OUVRIR								

Infinitive	Past participle / Present participle	Present	Future	Conditional	Perfect	Pluperfect	Imperfect	Past historic
OUVRIR	ouvert / ouvrant	j'ouvre, tu ouvres, il/elle/on ouvre, nous ouvrons, vous ouvrez, ils/elles ouvrent	j'ouvrirai	j'ouvrirais	j'ai ouvert	j'avais ouvert	j'ouvrais	j'ouvris
PARAÎTRE	paru / paraissant	je parais, tu parais, il/elle/on paraît, nous paraissons, vous paraissez, ils/elles paraissent	je paraîtrai	je paraîtrais	j'ai paru	j'avais paru	je paraissais	je parus
PARTIR	parti / partant	je pars, tu pars, il/elle/on part, nous partons, vous partez, ils/elles partent	je partirai	je partirais	je suis parti(e)	j'étais parti(e)	je partais	je partis
PAYER	payé / payant	je paie, tu paies, il/elle/on paie, nous payons, vous payez, ils/elles paient	je paierai	je paierais	j'ai payé	j'avais payé	je payais	je payai
PERMETTRE voir **METTRE**								
PLACER voir **COMMENCER**								
SE PLAINDRE	plaint / plaignant	je me plains, tu te plains, il/elle/on plaint, nous nous plaignons, vous vous plaignez, ils/elles se plaignent	je me plaindrai	je me plaindrais	je me suis plaint(e)	je m'étais plaint(e)	je me plaignais	je me plaignis
PLAIRE	plu / plaisant	je plais, tu plais, il/elle/on plaît, nous plaisons, vous plaisez, ils/elles plaisent	je plairai	je plairais	j'ai plu	j'avais plu	je plaisais	je plus
PLEUVOIR	plu / pleuvant	il pleut	il pleuvra	il pleuvrait	il a plu	il avait plu	il pleuvait	il plut
POUVOIR	pu / pouvant	je peux, tu peux, il/elle/on peut, nous pouvons, vous pouvez, ils/elles peuvent	je pourrai	je pourrais	j'ai pu	j'avais pu	je pouvais	je pus
PRÉFÉRER voir **ESPÉRER**								
PRENDRE	pris / prenant	je prends, tu prends, il/elle/on prend, nous prenons, vous prenez, ils/elles prennent	je prendrai	je prendrais	j'ai pris	j'avais pris	je prenais	je pris
PRODUIRE voir **CONDUIRE**								
SE PROMENER	promené / promenant	je me promène, tu te promènes, il/elle/on se promène, nous nous promenons, vous vous promenez, ils/elles se promènent	je me promènerai	je me promènerais	je me suis promené(e)	je m'étais promené(e)	je me promenais	je me promenai
PROMETTRE voir **METTRE**								
PRONONCER voir **COMMENCER**								
RANGER voir **MANGER**								
RAPPELER voir **APPELER**								
RECEVOIR	reçu / recevant	je reçois, tu reçois, il/elle/on reçoit, nous recevons, vous recevez, ils/elles reçoivent	je recevrai	je recevrais	j'ai reçu	j'avais reçu	je recevais	je reçus
RECOMMENCER voir **COMMENCER**								
RECONNAÎTRE voir **CONNAÎTRE**								

Infinitive	Past participle / Present participle	Present	Future	Conditional	Perfect	Pluperfect	Imperfect	Past historic
RÉDUIRE voir CONDUIRE								
REMETTRE voir METTRE								
REMPLACER voir COMMENCER								
REPRENDRE voir PRENDRE								
RESTER	resté / restant	je reste / tu restes / il/elle/on reste / nous restons / vous restez / ils/elles restent	je resterai	je resterais	je suis resté(e)	j'étais resté(e)	je restais	je restai
RETENIR voir TENIR								
RÉVÉLER voir ESPÉRER								
REVENIR voir VENIR								
REVOIR voir VOIR								
RINCER voir COMMENCER								
RIRE	ri / riant	je ris / tu ris / il/elle/on rit / nous rions / vous riez / ils/elles rient	je rirai	je rirais	j'ai ri	j'avais ri	je riais	je ris
SATISFAIRE voir FAIRE								
SAVOIR	su / sachant	je sais / tu sais / il/elle/on sait / nous savons / vous savez / ils/elles savent	je saurai	je saurais	j'ai su	j'avais su	je savais	je sus
SENTIR	senti / sentant	je sens / tu sens / il/elle/on sent / nous sentons / vous sentez / ils/elles sentent	je sentirai	je sentirais	j'ai senti	j'avais senti	je sentais	je sentis
SERVIR	servi / servant	je sers / tu sers / il/elle/on sert / nous servons / vous servez / ils/elles servent	je servirai	je servirais	j'ai servi	j'avais servi	je servais	je servis
SORTIR	sorti / sortant	je sors / tu sors / il/elle/on sort / nous sortons / vous sortez / ils/elles sortent	je sortirai	je sortirais	je suis sorti(e)	j'étais sorti(e)	je sortais	je sortis
SOUFFRIR	souffert / souffrant	je souffre / tu souffres / il/elle/on souffre / nous souffrons / vous souffrez / ils/elles souffrent	je souffrirai	je souffrirais	j'ai souffert	j'avais souffert	je souffrais	je souffris
SOURIRE voir RIRE								
SE SOUVENIR voir VENIR								
SUFFIRE	suffi / suffisant	je suffis / tu suffis / il/elle/on suffit / nous suffisons / vous suffisez / ils/elles suffisent	je suffirai	je suffirais	j'ai suffi	j'avais suffi	je suffisais	je suffis
SUIVRE	suivi / suivant	je suis / tu suis / il/elle/on suit / nous suivons / vous suivez / ils/elles suivent	je suivrai	je suivrais	j'ai suivi	j'avais suivi	je suivais	je suivis
SURPRENDRE voir PRENDRE								
SE TAIRE	tu / taisant	je me tais / tu te tais / il/elle/on se tait / nous nous taisons / vous vous taisez / ils/elles se taisent	je me tairai	je me tairais	je me suis tu(e)	je m'étais tu(e)	je me taisais	je me tus

Infinitive	Past participle / Present participle	Present	Future	Conditional	Perfect	Pluperfect	Imperfect	Past historic
TENIR	tenu / tenant	je tiens / tu tiens / il/elle/on tient / nous tenons / vous tenez / ils/elles tiennent	je tiendrai	je tiendrais	j'ai tenu	j'avais tenu	je tenais	je tins
TRADUIRE voir CONDUIRE								
VALOIR	valu / valant	je vaux / tu vaux / il/elle/on vaut / nous valons / vous valez / ils/elles valent	je vaudrai	je vaudrais	j'ai valu	j'avais valu	je valais	je valus
VENIR	venu / venant	je viens / tu viens / il/elle/on vient / nous venons / vous venez / ils/elles viennent	je viendrai	je viendrais	je suis venu(e)	j'étais venu(e)	je venais	je vins
VIVRE	vécu / vivant	je vis / tu vis / il/elle/on vit / nous vivons / vous vivez / ils/elles vivent	je vivrai	je vivrais	j'ai vécu	j'avais vécu	je vivais	je vécus
VOIR	vu / voyant	je vois / tu vois / il/elle/on voit / nous voyons / vous voyez / ils/elles voient	je verrai	je verrais	j'ai vu	j'avais vu	je voyais	je vis
VOULOIR	voulu / voulant	je veux / tu veux / il/elle/on veut / nous voulons / vous voulez / ils/elles veulent	je voudrai	je voudrais	j'ai voulu	j'avais voulu	je voulais	je voulus
VOYAGER voir MANGER								

Vocabulary

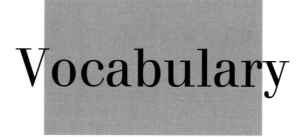

The first meaning of each word or phrase in this list corresponds to its use in the context of this book. Alternative meanings are **sometimes** given to avoid confusion, especially if these meanings are more common. This list contains only the vocabulary in *Tout droit!* This list does **not** replace your dictionary (see page 202).

A

à contrecœur   *reluctantly*
à fond les manettes   *full throttle*
à la hauteur de   *level with*
à la suite de   *as a result of*
à l'amiable   *out of court*
à mi-temps   *part-time*
à moindres frais   *for less money*
à nouveau   *again, anew*
à partir de …   *from … on(wards)*
à peu près   *approximately, about*
à plaindre   *to be pitied*
à répétition   *repeatedly*
à terme   *eventually*
à tour de rôle   *one after the other*
abonné(e) (m/f)   *subscriber*
aborder   *to tackle*
abriter   *to shelter (sthg/so)*
s'abriter   *to take shelter*
accéder à   *to gain access to*
accommoder   *to prepare (food)*
s'accommoder de   *to come to terms with*
accro (m/f) (pop.)   *keen fan, enthusiast*
accroche (f)   *hooking point, foothold, toe-hold*
accueil (m)   *reception; welcome*
adepte de   *fan of*
ado (m/f)   *adolescent, teenager*
s'adonner à   *to devote oneself to*
adresse (f)   *skill*
affiche (f)   *poster*
affiner   *to sharpen (up)*
s'affirmer   *to assert oneself*
affluer   *to flock in*
affranchi   *liberated*
affreux   *frightening; awful*
affronté à   *face to face with*
afin de   *in order to*
agent immobilier (m)   *estate agent*
agglomération (f)   *built-up area*
ailleurs   *elsewhere*
aîné   *eldest*

aléa (m)   *risk, hazard*
alléchant   *enticing*
allées et venues (fpl)   *comings and goings*
allocation (f)   *allowance*
alpiniste (m/f)   *mountain climber*
ambiance (f)   *atmosphere, 'scene'*
aménagement (m)   *development*
amitié (f)   *friendship*
amorcer   *to start*
amplitude (f)   *range*
analphabète   *illiterate*
ancien   *former*
angoisse (f)   *hurt, pain*
animateur (m)   *presenter*
ANPE (f)   *Job Centre*
Antilles (fpl)   *West Indies*
antiquaire (m)   *antique dealer*
appartenir à   *to belong to*
apport (m)   *additive; contribution; supply*
ASSEDIC (f) (Association pour l'emploi dans l'industrie et le commerce)   *organisation managing unemployment insurance payments*
atout (m)   *asset*
atteindre   *to reach*
atteint de   *suffering from*
attendre   *to wait for*
s'attendre à   *to expect*
attendu   *expected*
atterrir   *to land*
atterrissage (m)   *landing*
attirer   *to attract*
attristant   *saddening*
au fin fond de   *in the depths of*
au mieux de   *at the top of*
au préalable   *beforehand*
au ralenti   *at a slower pace*
au trot!   *at the double!*
auscultation (f)   *listening to the heart and lungs*
autonome   *independent*
autoroute (f) de la communication   *communication highway*

229

avec éclat   *brilliantly*
avenir (m)   *future*
avoir envie (f) de   *to feel like, to want to*
avoir hâte (f) de   *to look forward to*

B

bac(calauréat) (m)   *post-16 qualification (≈ A levels)*
bachelier/-ière (m/f)   *someone who has passed their baccalauréat; A-level qualified*
bachoter   *to cram, swot*
bagne (m)   *the grind, (literally) prison*
banlieue (f)   *suburbs*
bâtonnet (m)   *little stick*
beignet (m)   *doughnut*
bénévole   *voluntary*
béton (m)   *concrete*
bibelot (m)   *trinket, knick-knack*
bien-être (m)   *well-being*
bienveillant   *benevolent, tolerant*
bilan (m)   *sum, total, balance; (death) toll*
bille (m)   *marble (toy)*
bon marché   *good value; inexpensive*
bouclier (m)   *shield*
bouder   *to shun, ignore; to sulk*
bouffer (pop.)   *to eat*
boulot (m)   *(spare-time/casual) job; work*
brocantes (fpl)   *secondhand goods, sales*
bruyant   *noisy*
BTS (m) (Brevet de Technicien Supérieur)   *vocational qualification after* baccalauréat
butte (m)   *hillock, mound*

C

ça ne m'a rien dit du tout   *it didn't appeal to me at all*
câblé   *connected to cable TV*
cadre (m)   *context, framework; ≈ executive*
cageot (m)   *crate*
caïman (m)   *cayman crocodile*
calfeutré   *made very comfortable*
calibrage (m)   *grading*
camelot (m)   *street hawker*
candidature (f)   *application (for job)*
canton (m)   *district*
CAP (certificat d'aptitude professionnelle)   *vocational training qualification*
caprice (m)   *whim*
carrière (f)   *career; quarry*
casse-cou (m/f/adj)   *reckless (person)*
casser sa tire-lire (f)   *to break into one's piggy bank*
cerner   *to grasp, understand; to encircle, surround*
chacun (+ sg. vb)   *everybody*
chaleureux(-euse)   *warm (personality)*
chauffard (m)   *reckless driver; road-hog*
chef-lieu (m)   *principal town; headquarters*
chemin (m)   *road, path*
chercheur(-euse) (m/f)   *researcher*

chiner   *to rummage*
chute (f)   *drop; fall*
ciblé   *targeted*
cinglé de   *nuts about*
citadin   *urban*
cobaye (m)   *guinea pig*
collet monté   *straight-laced*
combler   *to fill*
commune (f)   *≈ parish, district*
compatir   *to sympathise*
comportement (m)   *behaviour*
se comporter   *to behave*
compris   *understood; included/including*
comptable (m/f)   *accountant*
concurrence (f)   *competition*
concurrent (m)   *competitor*
conduire   *to lead; to drive*
confier   *to entrust*
se confier à   *to trust (in)*
confins (mpl)   *confines, limits*
conjoint(e) (m/f)   *spouse*
connerie (f) (vulg.)   *stupid thing*
conscient   *aware*
consommateur (m)   *consumer*
constater   *to notice; to verify*
contournable   *avoidable*
contraindre   *to force*
convaincu   *convinced*
convenir (à qqn)   *to suit, agree, fit*
convoité   *sought after*
cortège (m)   *procession*
cotisation (f)   *subscription*
coudre   *to sew, stitch*
coupe-vent (m)   *wind-break*
courant   *usual*
coûteux   *costly, expensive*
créer   *to create*
croiser   *to bump into*
croissant   *growing*
CRS (Compagnie républicaine de sécurité)   *≈ state security police*
CSA (Conseil supérieur de l'audiovisuel)   *≈ Independent Broadcasting Authority*
cueillette (f)   *harvesting, picking fruit*

D

d'ailleurs   *what's more, besides*
dans un premier temps   *at first*
d'antenne (f)   *on air*
davantage   *more*
de 28 ans révolus   *over (the age of) 28*
de quoi couper le souffle   *enough to take your breath away*
de retour de   *having returned from*
de rigueur (f)   *essential*
débloquer   *to ease; to release*

débouché (m)   *opening*
débouler   *to shoot out, emerge (unexpectedly)*
se débrouiller   *to cope, manage, get by*
décalage (m)   *difference, time-lag*
décerner   *to award*
décrocher   *to let go; to pick up (phone)*
défense de (+ inf.)   *it is forbidden to …*
dégâts (mpl)   *damage*
se déguiser en   *to disguise oneself as*
délaisser   *to drop, give up*
démarrer   *to get started; start off*
demeure (f)   *dwelling*
dénivellation (f)   *gradient, difference in level*
dépasser   *to exceed*
dépenser   *to spend (money, effort, energy)*
se déplacer   *to get around*
se déporter   *to veer off course*
dépôt (m) d'ordures (fpl)   *rubbish dump*
désabusé   *disenchanted, disillusioned*
désormais   *from now on*
désosser   *to remove the bones from*
destiné à   *meant, intended for*
se détendre   *to relax*
détendu   *relaxed, laid back*
détestable   *hateful, odious*
dialoguer   *to talk to each other*
diffusé   *broadcast; distributed*
se diriger   *to steer*
disponibilité (f)   *availability*
disposer de   *to have at one's disposal*
se disputer avec   *to argue, quarrel with*
distrait   *absent-minded*
divers   *different*
DOM (département d'outre-mer)   *overseas département of France*
domaine (m)   *field, area*
se donner à fond   *to give oneself up to*
doté de   *endowed with*
doué   *talented, gifted*
douillet   *cosy, snug*
doux(-ce)   *gentle*
draguer   *to chat up*
dragueur (m)   *woman-chaser*
drôle   *funny*
drôlement   *very; peculiarly*
d'un seul coup   *in one go*
dur   *hard*
durer   *to last*
DUT (Diplôme Universitaire de Technologie)
   technical college diploma taken at baccalauréat + 2

E

échantillon (m)   *sample*
échappatoire (f)   *way out, loophole*
écriture (f)   *(hand)writing*

EDF (Electricité de France)   *French electricity company*
effectif (m)   *total number, complement; staff*
effrayant   *frightening*
s'égarer   *to wander*
embauche (f)   *employment*
embaucher   *to take on (staff)*
émission (f)   *(single) programme*
s'emparer de   *to seize*
en alternance   *sandwich (course, work experience); alternately*
en dépit de   *despite*
en effervescence   *full of excitement*
en fait   *in fact, actually*
en herbe   *budding*
en marge de   *on the margins of*
en moyenne   *on average*
en prime   *as a bonus*
en raison de   *because of, due to*
en revanche   *on the other hand*
en tant que   *(in one's capacity) as*
ENA (f)(Ecole Normale d'Administration)
   Competitive-entrance college training top civil servants
encadré   *chaperoned, shadowed*
énervant   *irritating, annoying*
enfiler   *to slip on*
s'enfoncer   *to go deep*
englober   *to cover*
engouement (m)   *infatuation*
enjeu (m)   *ulterior motive; stake*
enquête (f)   *survey*
enseignant(e)   *teacher*
ensemble   *together*
s'entendre avec   *to get on with*
entente (f)   *understanding*
enthousiaste   *enthusiastic*
entorse (f)   *twist*
entourage (m)   *crowd, circle*
entourer   *to surround*
s'entretenir   *to keep oneself fit*
entretien (m)   *maintenance; job interview; conversation*
envie (f)   *wish, desire*
s'envoler   *to fly away, disappear*
épanouissement (m)   *blossoming*
épatant   *breathtaking*
éplucher   *to peel (fruit, etc.)*
éprouvant   *trying*
épuisant   *exhausting, tiring, wearing*
équilibre (m)   *balance*
erroné   *mistaken, erroneous*
escalade (f)   *climbing, ascent*
essoufflement (m)   *breathlessness*
s'essouffler   *to tail off*

s'estomper   *to diminish*
étape (f)   *stage (of process, journey, etc.)*
étayer   *to back up, support*
étouffer   *to stifle*
étroit   *close; narrow; tight-fitting (clothing)*
éveiller   *to awaken*
éventuel   *possible*
exécuter   *to carry out*
exemplaire (m)   *copy*
exercer   *to exercise (e.g. authority), to fulfil*
expédié   *sent*
s'exprimer   *to express oneself*
s'extirper   *to extricate oneself*
e-zine   *electronic magazine*

F

fac(ulté) (f)   *university*
fâché   *angry*
faible   *weak*
faire griller   *to get beaten to*
se faire inscrire   *to sign up, enrol*
faire l'école buissonnière   *to play truant*
faire marcher quelqu'un   *to pull someone's leg*
faire preuve de   *to prove, show*
falaise (f)   *cliff*
famille (f) d'accueil (m)   *host family*
fantasmer   *to fantasise*
faubourg (m)   *suburb*
ferraille (f)   *(scrap) iron*
fiable   *reliable*
ficelage (m)   *tying up*
fidèle   *loyal, faithful*
filière (f)   *channel, route, opening; stream (in school)*
flâner   *to stroll around*
flash (m)   *news flash*
fleuve (m)   *(major) river*
foie (m)   *liver*
foncier   *relating to the land*
fonder   *to found, start*
fonds (mpl)   *funds*
footing (m)   *jogging, running*
force (f)   *strength*
forcément   *necessarily, of necessity*
formation (f)   *training (e.g. for a job)*
formel   *definite, categoric*
formule (f)   *method, system*
forum (m)   *meeting place*
fouiller   *to rummage*
fouineur (m)   *nosey*
(au) foyer   *(at) home*
frais (mpl)   *costs, expenses*
France métropolitaine   *mainland France*
franchir   *to cross, pass*
franchir les étapes   *pass the hurdles*
francophone   *French-speaking*

francophonie (f)   *French-speakers worldwide*
frileux   *cautious; chilly*
frissonner   *to shiver*

G

galérer   *to work like a slave*
gamme (f)   *range, gamut*
gare à … !   *watch out for … !*
se gâter   *to spoil, go wrong*
GDF (Gaz de France)   *French gas company*
gêner   *to block, impede; to embarrass*
génial   *brilliant, fantastic*
gens (mpl) du coin   *the locals*
gentil   *friendly*
glisser   *to slip*
grande surface (f)   *hypermarket*
grief (m)   *grievance*
gypse (m)   *gypsum*

H

hameçon (m)   *fishing hook*
hautement   *highly*
hebdo(madaire)   *weekly*
hébergement (m)   *accommodation, lodging*
hécatombe (f)   *slaughter*
hêtraie (f)   *beech plantation*
heure (f) de perm(anence)   *study period*
Hexagone (m)   *= France*
histoire de (+ infinitive)   *for the sake of, in order to*
hors de portée   *out of reach*
hyper-vexant   *mega-irritating*

I

îlot (m)   *small island*
immeuble (m)   *block of flats*
immobilier (m)   *property, real estate*
inabordable   *inaccessible*
inaperçu   *unnoticed*
inéluctable   *(unpleasantly) inevitable*
infidèle   *unfaithful*
informatique (f)   *ICT, computer science*
ingrat   *thankless, ungrateful*
inonder   *to flood*
s'inscrire   *to apply, sign up, enrol*
insensible   *insensitive*
insouciant   *casual*
instituteur(-trice) (m/f)   *primary school teacher*
insupportable   *unbearable*
interdit (m)   *no entry; prohibition; forbidden*
inverse   *opposite*
irréductible (m/f) de tabac (m)   *hardened smoker*
issu de   *coming from*
IUT (m) (Institut Universitaire de Technologie)
   Institute teaching two-year technical courses

J

jeune d'esprit *young at heart*
JO (mpl) (Jeux olympiques) *Olympic Games*
jument (f) *mare*
juridiquement *by law*
juriste (m/f) *legal expert*

L

lâcher les baskets *to give someone some space, get off someone's back*
laconiquement *very briefly*
lancé *launched*
lancer *to launch*
lessivé *washed out*
libraire (m) *bookseller*
licencié(e) (m/f) *graduate; licence holder; someone who has been sacked*
lié *linked*
location (f) *rent, hiring,*
logé et nourri *given board and lodging*
loi (f) *law*
louer *to rent, hire*
loupe (f) *magnifying glass*
lutter *to struggle*
luxe (m) *luxury*

M

magasinier (m) *warehouse keeper*
magnétoscope (m) *video recorder*
maillage (m) *network*
maillot (m) *jersey, top*
maillot (m) de bain (m) *bathing costume*
mairie (f) *town hall*
maître mot (m) *key word*
maîtriser *to control, master*
maladroit *clumsy*
malgré *in spite of*
manifestation (f) *demonstration, protest*
mannequin (m) *(fashion) model*
manquer de *to be short of*
manuel (m) *textbook*
manutentionnaire (m/f) *packer; shelf-stacker*
marché (m) *market*
marcher *to work, function satisfactorily*
marrant *good fun*
marteler *to hammer away*
masse (f) grasse *(stored) fat*
mécanique (f) *engineering*
médias (mpl) *media*
médiatique *media (adj)*
méfiance (f) *distrust*
mélange (m) *mixture*
même *even; same*
ménage (m) *household, housework*
se ménager *(here) to provide for oneself*
mener le foyer *to run the household*

mensuel *monthly*
se méprendre à *to misunderstand, misinterpret*
mépriser *to look down on, scorn, have contempt for*
mercerie (f) *haberdashers*
messagerie (f) *modem*
métier (m) rural *rural trade*
se mettre à *to begin to*
mettre à profit *to make the most of*
mettre en cause *to involve*
mettre fin à *to put an end to*
mi-temps (f) *half-time*
mieux vaut (+ inf.) *(it's) better to ...*
mièvre *lukewarm;half-hearted*
mijoter *to simmer*
mille galères *sheer hell*
minable *pathetic*
Minitel (m) *France-Télécom small domestic computer, replacing phone directory*
moindre *smaller; slightest*
momentané *temporary*
moquette (f) *carpet(ing)*
moue (f) *scowl, unpleasant face*
moustique (m) *mosquito*
mouvementé *exciting; lively*
moyen(ne) *average*
moyennant *in return for*
municipalité (f) *≈ local (town) council*

N

napper *to cover with a(nother) layer*
napperon (m) *small, linen cloth*
nem (m) *spring roll*
net *neat, tidy*
nettoyé *cleaned*
niché *snug*
niché dans *fitting snugly into*
niçois *from/belonging to Nice*
n'importe quel(le)(s) *any (at all)*
niveau (m) *level*
nom (m) *noun; name*
notaire (m/f) *solicitor*
notamment *in particular, among others*
nouer *to knot; establish*
se nouer *to be established; to join together*

O

obtention (f) *obtaining*
œil (m) distrait *half an eye*
onéreux(-euse) *costly; hard to bear*
organisation (f) caritative *charity*
s'orienter vers *to move towards (career, etc.)*
orthographe (f) *spelling*
ours (m) en peluche *teddy bear*
outil (m) *tool*
ouvrage (m) *(piece of) work*

P

Papa-gâteau (m)   *indulgent father*
papoter   *to have a chat*
par écrit   *in writing*
par roulement (m)   *on a rota basis*
paraître (paru)   *appear(ed)*
parentèle (f)   *relatives*
parfois   *sometimes*
pari (m)   *bet, wager*
paroi (f)   *rock face*
part (f)   *share*
partage (m)   *sharing*
partager   *to share*
parvis (m)   *(church) square*
passer au crible   *to examine closely*
passer le relais   *hand over the baton*
passer outre   *to let it go/pass*
pâte brisée (f)   *shortcrust pastry*
pâtes (fpl)   *pasta*
patin (m)   *skate*
patrimoine (m)   *héritage*
patrimonial   *relating to heritage*
se payer   *to afford*
paysage (m)   *landscape*
percer dans   *to penetrate*
percevoir   *to receive; to perceive*
pérenniser   *to perpetuate*
perfuser   *to put on a drip*
périple (m)   *long journey*
périurbain   *on the edge of the town*
personnel (m)   *staff; workforce*
pétarade (f)   *backfire*
petit(e) chéri(e)   *little darling*
petit con (m) (vulg.)   *little idiot*
peu fiable   *unreliable*
peu porteur d'avenir   *without prospects*
piège (m)   *trap, pitfall*
piéton(ne) (m/f)   *pedestrian*
pirogue (f)   *dug-out canoe*
piste (f)   *track*
piston (m)   *string-pulling*
pistonner   *to pull strings*
piton (m)   *piton (climbing bolt)*
plagiste (m/f)   *beach worker*
se plaindre de   *to complain about*
sur le plan de …   *on a … level*
plébiscite (m)   *poll*
plein de choses   *heaps of things*
plombier (m)   *plumber*
plonge (f) (fam.)   *washing-up*
plongeon (m)   *dive*
plutôt   *rather/more*
pochette (f)   *handkerchief; small case (for sthg)*
un point c'est tout   *and that's that*
point de   *no, not any*
point (m) de départ (m)   *starting point*

pomponné (e)   *dolled up*
posé   *steady, settled*
poser   *to put (question)*
postulant (m)   *applicant*
postuler   *to apply*
pot (m)   *jar, drink (of beer, etc.)*
pouls (m)   *pulse*
pourtant   *and yet, however*
pousser   *to push; to grow, spring up*
pratique (f)   *practice (as in 'the practice of …')*
préciser   *to state precisely, specify*
préjugé (m)   *prejudice*
prenant   *fascinating*
prendre en charge   *to look after*
présage (m)   *sign, omen*
prestations (fpl)   *services*
prétendre   *to claim*
prétendre à   *to aspire to*
preuve (f)   *proof*
prévenir   *to warn, inform*
prise (f) de main (f)   *handhold*
proclamer   *to declare*
profiter de   *to take advantage of*
projet (m) de raid (m)   *plan for a long trek*
propice   *favourable*
puces (fpl)   *flea market(s); fleas*

Q

quasiment   *almost*
quatre-pièces (m)   *four-roomed flat*
quelque part   *somewhere*
quotidien (m)   *daily (newspaper)*

R

raccordement (m)   *connection*
se raccrocher à   *to cling on to*
raffermir   *to firm (up)*
se rajouter à   *to be added to*
ramassage (m)   *picking*
rampe (f)   *(theatre) footlights*
ramper   *to crawl*
rapport (m)   *relationship*
ratisser   *to comb through*
se rattacher à   *to link to*
rattraper le retard   *to make up for lost time*
rayon (m)   *radius; shelf; department in shop*
rayonnage (m)   *shelving*
réaliser   *to produce; to realise (e.g. an ambition)*
reboisé   *reforested*
rebonjour   *hello again*
reconnaissant   *grateful*
recueilli   *gathered*
redoutable   *fearsome, formidable*
règle (f) du jeu   *rule(s) of the game*
reins (mpl)   *kidneys*
rejeton (m)   *offspring*

réjour   *to appeal to, delight*
relever   *to note down*
relié(e)   *linked, connected*
remplir l'attente de   *to fulfil the expectations of*
se rencontrer   *to meet (half-way)*
rendre la réciproque   *to reciprocate, do the same back*
se renseigner   *to inform oneself*
rentabiliser   *to make profitable*
rentrée (f)   *return (after summer)*
renvoi (m)   *suspension, exclusion*
repassage (m)   *ironing*
répéter   *to rehearse*
requis   *required*
RER (m) (Réseau express régional)   *Paris district railway*
réseau (m)   *network*
résonner de   *to resound with*
restauration (f)   *catering*
retard (m)   *delay*
rétro/rétrograde   *old-fashioned*
revenir en arrière   *to put the clock back*
revenu (m)   *income*
revers (m) de la médaille   *the other side of the coin*
rien de meilleur   *nothing better*
rigolo (fam.)   *funny, amusing*
ringard   *old-fashioned*
ronces (fpl)   *brambles*
rondelet   *tidy (sum)*

S

sac (m) de couchage (m)   *sleeping bag*
saisonnier   *seasonal*
saisonniers (mpl)   *seasonal workers*
salut (m)   *salvation*
sanguin   *relating to blood*
sans   *without*
sans arrêt   *constantly*
sans cesse   *all the time*
sans pudeur   *without embarrassment*
saut (m)   *jump*
sauter un cours   *to cut a class*
sauvage   *wild, savage*
séance (f)   *session*
sécurité (f)   *safety*
séduit   *fascinated; tempted*
séjour (m)   *stay*
sensé   *sensible*
sensible   *sensitive*
servir à   *to be used for*
si ça vous dit   *if you like the idea*
siège (m) social   *registered office(s); headquarters*
siéger   *to sit, take a seat*
SMIC (m) (Salaire minimum interprofessionnel de croissance)   *guaranteed minimum wage*
soigner   *to care for*

soit ... soit   *either ... or*
sondage (m)   *poll, survey*
sortie (f)   *exit;* (here) *release*
souci (m)   *care, worry, concern*
soudeur(-euse)   *welder*
souffle (m)   *breath*
soupape (f) de sûreté (f)   *safety valve*
sous (mpl)   *cash*
sous-vide (m)   *vacuum packing*
spéléologie (f)   *potholing*
stade (m)   *limit, level; stadium*
stagiaire (m/f)   *trainee/participant*
subit   *sudden*
subventionner   *to subsidise*
suffrages (mpl)   *votes*
surdiplômé   *over-qualified*
surinvestir   *to overinvest*
surmonter   *to overcome, conquer*

T

tâche (f)   *task*
taille (f)   *size; waist*
tailler dans   *to whittle down*
tant ... que   *as much ... as*
taquin   *teasing, a tease*
tardivement   *late*
des tas de   *loads of*
tasser   *to press down.*
taux (m) d'échec (m)   *failure rate*
télécommande (f)   *remote control*
télévendeur(-euse (m/f)   *telephone sales person*
tellement   *so (much)*
témérité (f)   *recklessness*
temps (m)   *stage; weather*
tenace   *tenacious, stubborn*
se tenir   *to take place, be held*
tenir compte de   *to make allowances for*
tenir de   *to take after (= resemble)*
tenir la route   *to keep up*
tenter de   *to try to*
tenue (f)   *dress/kit*
terne   *lacklustre, drab*
terre à terre   *down to earth*
terroir (m)   *land*
tertiaire (m)   *service (sector)*
tiers (m)   *a third*
titulaire (m/f)   *holder*
TOM (territoires d'outre-mer)   *overseas territories*
tonique (adj)   *well-toned*
toque (f)   *chef's hat*
torticolis (m)   *stiff neck*
tout au plus   *at the very most*
tout court   (here) *full stop*
toutes mes tripes   *my all*
tranche (f) d'âge (m)   *age group*
tranche (f) horaire   *hourly timetable spot*

troc (m)   *bartering, exchange*
se tromper de   *to mistake*
tronc (m)   *torso*
truc (m)   *something or other, thingy, whatsit*

V

vachement (pop.)   *very*
vaincre   *to overcome, conquer*
valorisant   *worthwhile*
vannetais   *from Vannes (in Brittany)*
varappe (f)   *rock climbing*
vêlage (m)   *calving*
vendange (f)   *grape harvest*
vendeuse (f)   *salesperson*
vente (f) aux enchères (fpl)   *auction*
veuf (m), veuve (f)   *widower, widow*
ville (f) natale   *native town*
viser   *to aim*
volant (m)   *steering wheel*
volonté (f)   *will(power), determination*
volontiers   *gladly, willingly*
voltige (f)   *aerobatics*
VTT (m) (vélo tout terrain)   *mountain bike*

Y

y compris   *including*